Der Kosmos-Insektenführer

J. Zahradnik

Der Kosmos-Insektenführer

Ein Bestimmungsbuch
mit 780 Farbbildern von F. Severa

Kosmos
Gesellschaft der Naturfreunde
Franckh'sche Verlagshandlung
Stuttgart

Aus dem Tschechischen übertragen von J. Ostmeyer
Text von Dozent Dr. Jiří Zahradník
Mit 780 Farbbildern und 122 einfarbigen Zeichnungen von František Severa
Grafische Gestaltung von A. Krejča

Schutzumschlag von Edgar Dambacher unter Verwendung einer
Farbzeichnung von František Severa

**Fachliche Beratung für die deutsche Ausgabe: Dr. Karl Wilhelm Harde,
Staatliches Museum für Naturkunde, Stuttgart**

CIP — Kurztitelaufnahme der Deutschen Bibliothek

Zahradnik, Jiří:
Der Kosmos-Insektenführer: e. Bestimmungsbuch /
J. Zahradnik. Mit 780 Farbbildern von F. Severa.
[Aus d. Tschech. übertr. von J. Ostmeyer]. — 4.
Aufl. — Stuttgart: Franckh, 1984.
(Kosmos-Naturführer)
Aus d. Ms. übers.
ISBN 3-440-05383-0
NE: Severa, František:

4. Auflage/41.—55. Tausend
Franckh'sche Verlagshandlung, W. Keller Co., Stuttgart/1984
Sämtliche Rechte, einschließlich der Wiedergabe durch Film, Funk, Fernsehen,
fotomechanische und andere Mittel, auch in Form von Auszügen sind dem
Artia-Verlag vorbehalten.
© 1976 Artia, Prag
Für die deutsche Ausgabe:
© 1976, 1980, Franckh'sche Verlagshandlung, W. Keller & Co., Stuttgart
Printed in Czechoslovakia / Imprimé en Tchécoslovaquie 3/07/06/52-04
LH 14 He / ISBN 3-440-05383-0 / Gesamtherstellung: Artia, Prag

Der Kosmos-Insektenführer

Einleitung

Insekten leben schon fast 350 Millionen Jahre auf unserem Planeten. Dagegen wird die Zeit, seit der sich der Mensch zu entwickeln begann, auf knapp eine Million Jahre geschätzt. Als der Mensch kam, hatten die Insekten bereits einen langen und vielseitigen Entwicklungsgang hinter sich, der bis heute noch nicht abgeschlossen ist: Einige Insektenordnungen stehen erst am Anfang ihrer Entwicklung. Die Gegenwart müßte nicht nur als die Ära des Menschen, sondern auch als die Ära der Insekten bezeichnet werden. Lange Zeit vor den Anfängen primitiver Kulturen und der Entdeckung erster Werkzeuge konnten die Insekten schon manches, was der Mensch erst sehr viel später fertiggebracht hat. Jahrmillionen, bevor die ersten Papyrusrollen beschrieben wurden, stellten die Wespen aus Holz sehr haltbares Papier her, das sie als Baumaterial für ihre Nester verwenden. Ehe der Mensch mühsam die ersten Bohrwerkzeuge erfand, beherrschten verschiedene Käfer und Larven die Technik, auch in sehr hartes Holz ihre Gänge zu bohren. Darüber hinaus betäuben und lähmen Insekten ihre Beute so vollendet, daß sie als Nahrung viele Tage frisch bleibt. Seit jeher erzeugen Insekten süßen Sirup, scheiden Wachs aus als Schutz- und Baumaterial, exkretieren starke Schellackkrusten, kilometerlange feine Seidenfasern und sehr beständigen karminroten Farbstoff.

Auch können Insekten leuchten, sie wandeln in einem sehr komplizierten Vorgang Energie in Licht um. Bis heute ist es dem Menschen nicht gelungen, das Produktionsgeheimnis dieses kalten Lichtes zu lüften, das aus den „Lämpchen" der Leuchtkäfer strahlt.

Gleichzeitig sind die Insekten hervorragende Baumaterialhersteller und Baumeister. Viele Arten kleben aus verschiedenen Stoffen für ihre Nachkommen kleine Nester, die Termiten verfertigen aus solidem „Holzbeton" feste und hohe Bauten, deren Zweckmäßigkeit und Orientierung nach den Himmelsrichtungen Anerkennung und Bewunderung verdienen. Insekten können schneiden, nähen, weben und bestatten, und nicht zuletzt sei daran erinnert, daß Insekten die Schöpfer der ersten organisierten Gesellschaften sind, streng in Kasten gegliederter Staaten. Alle unterstehen gleichermaßen der Königin, die nicht nur Gründerin des Staates ist, sondern in den meisten Fällen auch die Mutter aller seiner Bewohner, wie etwa bei Ameisen, Bienen, Wespen oder Termiten.

Bei der Sorge um die Eier sind die Insekten sehr vielseitig und stellen nicht selten wunderschöne seidige Hüllen oder Behälter her, bzw. „nähen" Blätter für ihre Gelege zusammen. Manchmal geht diese Fürsorge noch weiter — die Muttertiere wachen selbst bei den abgelegten Eiern, belecken sie und halten sie sauber. Sie pflegen sogar die jungen Larven, füttern sie und warten in einigen Fällen auch das Schlüpfen der neuen Generation ab.

Als sich im Laufe der Zeit in kleinen Schritten die menschliche Zivilisation entwickelte und die ersten Formen von Landwirtschaft aufkamen, prallten die Interessen des Menschen und der Insekten aufeinander. Die Tiere, Insekten nicht ausgenommen, umgaben den Menschen schon von Anbeginn seiner Existenz. Das war schon ältesten Kulturen bewußt. Zur Zeit der ägyptischen Pharaonen wurden Insekten als heilig verehrt und häufig abgebildet, wie der *Scarabaeus*, der als Symbol der Wiedergeburt galt, oder auch die Biene. Diese Zeugnisse kommen einem Betrachter sehr alt vor, aber in der Entwicklungsgeschichte der Schöpfung sind ein paar Jahrtausende überhaupt nichts.

Der Beginn der Landwirtschaft bedeutete eine einschneidende Veränderung im Charakter

6

der damaligen Landschaften. Die ursprünglichen Waldbestände verschwanden langsam, und an ihre Stelle traten Kultursteppen, später auch Waldmonokulturen. Damit wandelte sich auch die Insektenwelt: Die Bewohner der Urwälder verschwanden, und an ihre Stelle traten andere, völlig unterschiedliche Arten. Sie fanden genügend Nahrung und entwickelten sich allmählich zu Wald- und Feldschädlingen. Schließlich mußte der Mensch diese ungebetenen Gäste bekämpfen, die er einst eigentlich erst durch seine Arbeit in seine Nähe gelockt hatte. Im Altertum, auch noch in den jüngst vergangenen Jahrhunderten, war der Mensch den Insekten gegenüber wehrlos. Er stürzte sich mit bloßen Händen oder mit Stöcken in den Kampf, beschwor die Insekten oder stieß — mit wahrscheinlich ziemlich geringem Erfolg — Bannflüche gegen sie aus. Insekten brachten Krankheiten und Hungersnöte. Heuschreckenschwärme, die sich auf eine Landschaft niederließen und alles bis auf den letzten Halm kahlfraßen, wurden für eine Strafe Gottes gehalten. Es wäre jedoch falsch zu behaupten, daß die Insekten dem Menschen nur schaden. Immerhin leisten sie uns seit jeher nützliche Dienste, deren Bedeutung erst in letzter Zeit voll gewürdigt wurde. Sie sind die wichtigsten Blütenbestäuber und sorgen so nicht nur für die Ernte verschiedener Nutzpflanzen, sondern stellen die Existenz der gesamten Pflanzenwelt sicher. Raubinsekten fressen die weniger räuberischen, dem Menschen aber lästigen Arten und tragen so dazu bei, den Bestand der Schädlinge zu dezimieren. Als „Gesundheitspolizei" entfernen Insektenarmeen vielerlei verwesende Stoffe organischer Herkunft, d. h. tierische oder pflanzliche Produkte aus der Natur. Nicht zuletzt bereiten die Insekten dem Menschen durch ihr bloßes Vorhandensein Freude. Es genügt, an die unnachahmliche Schönheit vieler Tagfalter, wie des Pfauenauges oder des Admirals zu erinnern, an den eleganten Libellenflug, an die bizarren Gestalten vieler Insekten und an ihre merkwürdigen Ornamente und Farben. Wer ihr Leben näher kennengelernt hat, bewundert ihre unglaubliche Anpassungsfähigkeit. Die Insekten sind eine Tiergruppe, die unsere maximale Aufmerksamkeit verdient.

Was ist ein Insekt?

Laien bezeichnen mit dem Ausdruck „Insekten" alle möglichen Lebewesen, also nicht nur die eigentlichen Insekten, sondern auch Spinnen, Milben, Skorpione, Tausendfüßer, Schnurasseln und sogar Krustentiere. Diese Bezeichnung ist aber falsch. Richtig wäre es, alle diese Tiere als Gliederfüßer zu bezeichnen. Insekten an sich stellen nur eine Klasse der Gliederfüßer, auch wenn es sich um eine sehr artenreiche und vielgestaltige Klasse handelt, zu der über dreißig Ordnungen gehören. Daher ist es nicht ganz einfach, für alle Insekten gemeinsame Merkmale zu finden.

Für die meisten Insekten gilt dasselbe wie für eine Reihe anderer Gliederfüßer: Ihr Körper besteht aus drei Hauptteilen: Kopf, Brust und Hinterleib. Am Kopf befinden sich die Fühler, zusammengesetzte und einfache Augen und die Mundwerkzeuge; an der Brust sitzen die Gliedmaßen. Im Unterschied zu allen anderen Gliederfüßern sind die Insekten mit einem oder zwei Flügelpaaren ausgestattet. In einer Gesamtübersicht der Insekten tauchen aber auch Gruppen auf, deren Körper nicht so deutlich gegliedert ist, es gibt da ganze Familien und Ordnungen, deren Gliedmaßen verkümmert sind, bei zahlreichen Arten in den

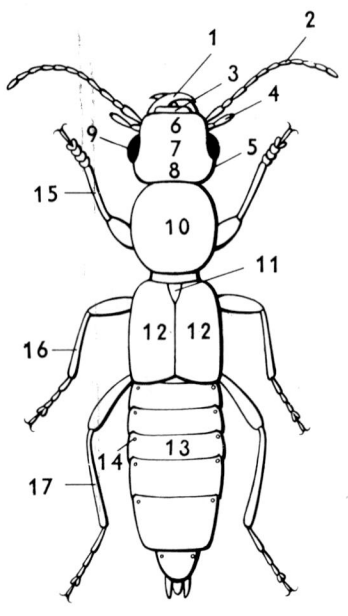

1 Schema des Insektenkörpers
1 — Oberkiefer (Mandibeln) 2 — Fühler
3 — Oberlippe (Labrum) 4 — Kiefertaster
(Palpus maxillaris) 5 — Kopf 6 — Clypeus
7 — Stirn (Frons) 8 — Scheitel 9 — Facettenauge 10 — Schild 11 — Schildchen
12 — Vorderflügel (hier: Flügeldecken)
13 — Hinterleib 14 — Atemöffnung
15 — 16 — 17 — Vorder-, Mittel- und Hinterbeine

verschiedensten Ordnungen sind die Flügel zurückgebildet bzw. gar nicht vorhanden. Auch Augen, Fühler und nicht zuletzt die Mundwerkzeuge unterliegen vielerlei Reduktionen und fehlen manchmal ganz. Der Insektenkopf besteht ursprünglich aus sechs, die Brust aus drei und der Hinterleib aus elf Segmenten oder Abschnitten. Am leichtesten lassen sich die Brustabschnitte erkennen. Die Kopfglieder sind miteinander verwachsen, die Hinterleibssegmente meist nur in geringerer Anzahl auszumachen.

Die äußere Hülle des Insektenkörpers besteht aus einer unterschiedlich starken Haut (Cuticula), die gelegentlich weich, aber in den häufigsten Fällen stark sklerotisiert, d. h. mit Chitin und anderen Stoffen gepanzert ist. Bei vielen Arten ist die Cuticula sehr hart. So bildet sie ein Außenskelett (Exoskelett). Die einzelnen Teile, die zu diesem Skelett gehören, die sog. Sklerite, sind zwar sehr fest, jedoch leicht gegeneinander beweglich und mit einem dünnen, elastischen Häutchen untereinander verbunden. Oft überlappen sich die einzelnen Sklerite dachartig. Dank des festen Außenskeletts ist es möglich, viele Insekten als Trockenobjekte in Sammlungen aufzubewahren (z. B. Käfer, Wanzen, Geradflügler, Schmetterlinge u. a.).

Von den drei Körperabschnitten ist der Kopf (Caput) der kleinste. Er ist verschieden geformt und nimmt zum Körper drei verschiedene Stellungen ein: Entweder zeigt er gerade nach vorn (prognather Kopf), oder er ist abwärts geneigt (orthognather Kopf), oder er zeigt unter dem Körper nach hinten (opistognather Kopf).

Der Kopf trägt die Mundwerkzeuge, Fühler und Augen (Komplex- und Nebenaugen) und wird von einer Reihe von Nähten unterteilt. Ganz vorne sitzt die Oberlippe (Labrum), die die Oberkiefer (Mandibeln) von oben schützt. Daran schließt der Kopfschild (Clypeus) an, die Stirn (Frons), der Scheitel (Vertex) und schließlich das Hinterhaupt (Occiput). Hinter den Augen befinden sich die Wangen (Genae). Von unten ist die Unterlippe (Labium) zu erkennen. Diese einzelnen Bestandteile des Kopfes sind jedoch nicht immer und überall klar auszumachen.

Die Fühler sind in Form und Gliederzahl sehr unterschiedlich. Sie sind in der Hauptsache Geruchssinnesorgane und sitzen mit ihrem Schaft in einer Fühleröffnung im Kopf. Man unterscheidet eine Vielfalt von Fühlertypen; am verbreitetsten sind folgende: Fadenfühler

2 Insektenkopf

1 — Fühler 2 — Facettenauge
3 — Punktauge (Ocelle) 4 — Stirn
5 — Clypeus (Kopfschild)
6 — Oberlippe (Labrum) 7 — Oberkiefer (Mandibeln) 8 — Unterkiefer
(Maxillen) 9 — Kiefertaster (Palpus maxillaris) 10 — Unterlippe
(Labium) 11 — Lippentaster (Palpus labialis)

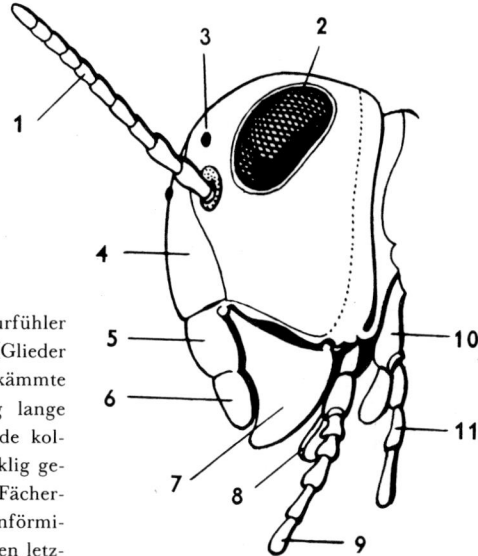

(lang mit dünnen Gliedern), Perlschnurfühler (rundliche Glieder), gesägte Fühler (Glieder an einer Seite kurze Fortsätze), gekämmte Fühler (Glieder ein- oder beidseitig lange Fortsätze), gekeulte Fühler (Fühlerende kolbenförmig), gekniete Fühler (rechtwinklig geknickt und am Ende kolbenförmig), Fächerfühler (lamellenartiger Fächer), borstenförmige Fühler (nur einige Glieder, aus deren letztem eine lange Borste herauswächst). Beispiele für die erwähnten Fühlertypen finden sich in fast allen Insektenordnungen. Die meisten Insekten haben Fühler, wenn auch häufig in reduzierter Form. Ganz fehlen sie bei den Beintastlern (*Protura*), bei denen die Vordergliedmaßen ihre Funktion übernommen haben.

Die Mundwerkzeuge liegen im Kopfvorderteil. Der bekannteste und wohl auch ursprünglichste Typ sind die beißend-kauenden Mundwerkzeuge, die bei den Käfern am besten zu sehen sind. Sie bestehen aus vier Teilen: Oben sitzt die unpaarige Oberlippe (Labrum), die keine Anhänge hat. Darunter folgen die Oberkiefer (Mandibeln), auffallende, oft große, in der Regel stark sklerotisierte Organe, die meist gezahnt und scharf sind. Sie bewegen sich scherenartig gegeneinander und zerkleinern die Nahrung nur grob. Unter ihnen liegen die Unterkiefer (Maxillen). Sie tragen gegliederte Anhänge, die Kiefertaster (Palpi maxillares). Darunter sitzt dann die Unterlippe (Labium), entstanden aus verwachsenen weiteren Kiefern. Dieser Teil ist sekundär unpaarig und trägt die Lippentaster (Palpi labiales).

Die einzelnen Bestandteile der Mundwerkzeuge haben bestimmte Funktionen. Außer den beißend-kauenden gibt es noch eine Reihe anderer Typen, in denen die ursprünglichen Bestandteile verschiedene Abwandlungen erfahren haben. So entstanden z. B. stechend-saugende, leckend-saugende, leckende Mundwerkzeuge u. a.

Bei diesen Typen haben sich verschiedene Rüsselformen ausgebildet, wie man sie von den Schmetterlingen kennt. Ein solcher Rüssel kann sogar eine ziemliche Länge erreichen (Schwärmer).

Die Mundwerkzeuge der ausgewachsenen Tiere (Imagines) unterscheiden sich häufig von denen der Larven (z. B. Schmetterling — Raupe).

Die meisten ausgewachsenen Insekten besitzen Augen. Meist treten zwei Facettenaugen (auch Seiten-, Komplex- oder Netzaugen) auf und dazu zwei bis drei Punktaugen (Ocellen, Neben-, Scheitel-, Stirnaugen), wie bei Köcherfliegen, Schmetterlingen, Zweiflüglern, Wanzen u. a.; in einigen Fällen sind nur Facettenaugen vorhanden (bei den meisten Käfern), gelegentlich auch nur Punktaugen (bei der Mehrzahl der Schildlausmännchen). Die Punktaugen der Larven haben einen anderen Bau als die der Imagines.

Die Komplex- oder Facettenaugen sind rund, oval oder nierenförmig. Sie sind flach oder gewölbt und setzen sich aus unterschiedlich vielen winzigen Sehkeilen oder Ommatidien zusammen. Diese Ommatidien können in einem Auge alle gleich, aber auch verschieden sein; ihre Anzahl schwankt sehr stark. Es gibt Insektenarten, die nur wenige haben, andere haben Dutzende, Hunderte, ja sogar Tausende von Ommatidien. Vor allem Libellen, Totengräber u. a. zeichnen sich durch besonderen Facettenreichtum aus. Jede Facette ist eine selbständige Seheinheit, die einen Ausschnitt des Gesichtsraumes wahrnimmt. Erst in der Summierung dieser Teilbilder entsteht das mosaikartige Gesamtbild.

Einige Insekten besitzen auffallend große Augen (Libellen, einige Zweiflügler, Käfer), bei anderen sind die Augen sehr klein. Dabei muß die Augengröße durchaus nicht immer der Körpergröße entsprechen. Einige sehr kleine Käfer überraschen durch ihre großen Augen und umgekehrt.

Die Brust (Thorax) besteht aus drei Segmenten: Vorderbrust (Prothorax), Mittelbrust (Mesothorax) und Hinterbrust (Metathorax). Die einzelnen Segmente sind deutlich voneinander abgeteilt und oft auf verschiedene Weise miteinander verbunden. An jedem Brustabschnitt sitzt je ein Gliedmaßenpaar und an Mittel- und Hinterbrust je ein Flügelpaar. Die Gliedmaßen der Insekten bestehen aus fünf Teilen, der letzte, der Fuß, setzt sich wiederum aus fünf Gliedern zusammen. Die Hüfte (Coxa) verbindet Körper und Bein. An sie schließt der kleine Schenkelring (Trochanter) an, auf den der Schenkel (Femur) folgt. An ihm sitzt die Schiene (Tibia) und daran der Fuß (Tarsus). Den Abschluß bildet die Kralle (Unguiculus). Der Grundtyp der Gliedmaßen ist das Laufbein mit langen und verhältnismäßig schwachen Gliedern (z. B. beim Laufkäfer). Gelegentlich ist das letzte Beinpaar zu Sprungbeinen umgebildet und hat entweder breite Schenkel (Lang- und Kurzfühlerschrecken) oder lange Schienen (Zikaden). Man kennt auch Grabbeine (Maulwurfsgrille, Totengräber u. a.), Fangbeine

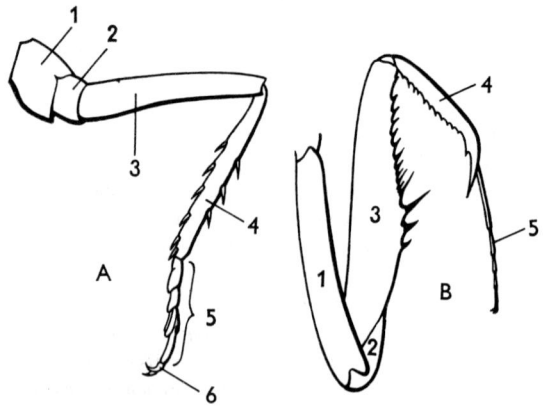

3 **Insektengliedmaßen**
A (gängiger Typ): 1 — Hüfte (Coxa) 2 — Schenkelring (Trochanter) 3 — Schenkel (Femur) 4 — Schiene (Tibia) 5 — Fuß (Tarsus) 6 — Kralle (Unguiculus)
B — abgewandelte Beinform (Fangbein der Gottesanbeterin)

4 Insektenflügel
Die wichtigsten Längsadern:
C — Costa   Sc — Subcosta
R — Radius   M — Media
Cu — Cubitus   PCu — Post-
cubitus   A   — Analis
Ju — Jugum

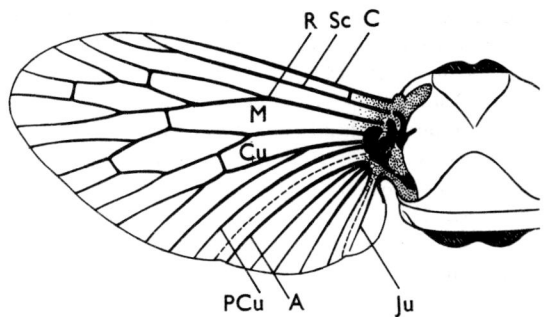

(Fangschrecken, Fanghafte) und Schwimmfüße (Schwimmkäfer). Nicht selten sind ein oder mehrere Beinpaare verkümmert (Schildläuse) bzw. die Beine fehlen ganz (Fächerflügler und einige Schildlausweibchen usw.).

Die Gliedmaßen sind die wichtigsten Fortbewegungsorgane der Insekten, tragen aber auch Sinnesorgane wie z. B. verschiedene Sinnesborsten (Geruchsorgan) oder Gehörorgane. Viele Insekten erzeugen durchdringende Zirptöne, manchmal nur mit den Beinen, gelegentlich werden aber zur Geräuscherzeugung noch weitere Körperteile herangezogen (z. B. Flügeldecken oder Hinterleibsteile).

Typische und wichtige Organe sind die Flügel der Insekten; es gibt jedoch auch einige Ordnungen mit primär flügellosen Arten. Das Vorhandensein von Flügeln galt lange Zeit als Hauptkriterium bei der Einteilung der Insekten in zwei Unterklassen. Primär flügellose Insekten gehörten in die nicht sehr umfangreiche Unterklasse der Urinsekten (*Apterygota*). Alle übrigen zählten zur Unterklasse der Fluginsekten (*Pterygota*). Aber auch unter den Fluginsekten gibt es viele Arten, Gattungen, Familien, sogar ganze Ordnungen, die keine Flügel haben (Läuse, Kieferläuse, Flöhe). Diese Flügellosigkeit ist jedoch sekundär. Heute tritt diese Einteilung allmählich in den Hintergrund. Manchmal sind nur gewisse Stadien flügellos (Schildlaus- und einige Blattlausweibchen), in anderen Fällen sind die Arten dauernd (Schildlausmännchen) oder nur vorübergehend geflügelt (Ameisen- und Termitenweibchen).

Die Flügel dienen zwar zur Fortbewegung, doch sind sie nicht ursprünglich Fortbewegungsorgane, sondern verschiedenartig modifizierte Hautausstülpungen. Der wichtigste Typ ist der Hautflügel. Er besteht aus zwei dicht aufeinanderliegenden Häutchen, zwischen denen Äderchen verlaufen, die die Nervatur oder das Geäder bilden. Die Längsadern sind durch Queradern miteinander verbunden. Manchmal sind nur einzelne Adern ausgebildet, meist ist das Geäder aber recht kompliziert (Libellen, Hautflügler). Jede Ader trägt eine eigene Bezeichnung, die vor allem bei der detaillierten Bestimmung einiger Arten und Gattungen von Bedeutung ist. Für unsere Zwecke genügt es, nur die Hauptadern anzuführen, die im Flügelschema zu sehen sind (siehe Bild 4).

Typische Hautflügel besitzen z. B. die Hautflügler (*Hymenoptera*), Zweiflügler (*Diptera*), Netzflügler (*Planipennia*), Libellen (*Odonata*), Eintagsfliegen (*Ephemeroptera*) und andere. Die Hautflügel der Schmetterlinge (*Lepidoptera*) sind von verschiedenfarbigen Schuppen bedeckt, die dachziegelartig auf dem Flügel sitzen und sich teilweise überlappen. Eigenartige Flügel tragen die Fransenflügler (*Thysanoptera*). Sie sind starr und schmal mit sehr einfachem Geäder und von einer großen Anzahl verhältnismäßig langer, dünner Fransen umsäumt.

Bei zahlreichen Insektengruppen erfahren die Vorderflügel alle möglichen Abänderungen. Es bilden sich z. B. Halbdecken (Hemielytren), deren Basisteil lederartig zäh ist und in ein häutiges Ende ausläuft (Wanzen), oder der ganze Flügel ist hart, dann ist es ein Deckflügel, der keine Spur von Geäder mehr trägt (Käfer, Ohrwürmer).

Ursprünglich haben die Insekten zwei Flügelpaare, aber auch da treten zahlreiche und vielgestaltige Abweichungen auf. So ist z. B. bei den Zweiflüglern nur das erste Flügelpaar ausgebildet, das zweite hat sich in kleine Organe, Schwingkölbchen (Halteren) genannt, verwandelt. Etwas Ähnliches liegt bei den Schildlausmännchen vor. Bei den Fächerflüglermännchen ist andererseits nur das 2. Flügelpaar entwickelt, das erste Paar ist reduziert.

In der Ruhe nehmen die Flügel verschiedene Stellungen ein. Viele Insekten legen sie dachförmig zusammen (Köcherfliegen, einige Zweiflügler u. a.), bei anderen sind sie waagerecht zusammengelegt, oder sie stehen senkrecht vom Körper ab (Eintagsfliegen, Tagfalter u. ä.). Einigen Insekten dienen die Flügel nur zu kurzen Flügen, es gibt aber auch Arten, die man als ausgezeichnete Flieger bezeichnen muß. Das sind in erster Linie Schwärmer und Libellen, die nicht nur sehr schnell, sondern auch ausdauernd fliegen können.

Den letzten Körperabschnitt bildet der Hinterleib (Abdomen). Er trägt keine Gliedmaßen; nur bei den primitiven Urinsekten hat er zahlreiche Auswüchse. Die Springschwänze besitzen am Hinterleib einen besonderen Sprungapparat. Einige Insekten haben am Körperende Anhänge (Ohrwürmer, Schaben, Eintagsfliegen u. a.).

Die Weibchen etlicher Insektengruppen besitzen am Hinterleib einen Legeapparat (Heuschrecken, Hautflügler u. a.).

Die Anordnung der inneren Organe ist gleichfalls recht interessant. Eine genaue Beschreibung würde aber über den Rahmen dieses Buches hinausführen. Erwähnenswert sind jedoch Form und Funktion der Atemorgane. Sie bestehen aus röhrenartigen Luftkanälen, den Tracheen, die an der Körperoberfläche in Öffnungen münden, die Spiraculi genannt werden (weniger korrekt auch „Stigmen"), und die die Luft direkt den Organen zuführen. Darin liegt ihre Besonderheit im Vergleich zur Kiemen- und Lungenatmung. Die Tracheen sollen hier nicht nur als biologische Besonderheit erwähnt werden; Zahl, Anordnung und Form der Spiraculi dienen auch der Systematik bei der Bestimmung einiger Gruppen.

Wie viele Insektenarten gibt es auf der Erde?

Die Insekten stellen etwa 80 % aller Lebewesen unserer Erde und sind damit ohne Frage die größte Tierklasse. Über die Zahl ihrer Arten liegen nur geschätzte Angaben vor, die auch in der Fachliteratur um einige Zehntausend schwanken. Man kann aber ruhig annehmen, daß bis jetzt etwa 800 000 bis 1 000 000 beschriebener und registrierter Arten bekannt sind. Außerdem ist noch eine große Anzahl von Arten bisher noch nicht beschrieben worden. Vor allem die ausgedehnten Tropengebiete Afrikas, Asiens und Südamerikas haben noch längst nicht alle ihre Geheimnisse preisgegeben. Aber man muß nicht einmal in die fernen Tropen gehen. Selbst in Europa, das entomologisch bisher am gründlichsten durchforscht ist, werden jährlich einige Dutzend, ja Hunderte neuer Arten festgestellt. Fachleute schätzen die bisher noch nicht entdeckten Arten auf etwa eine weitere Million. Das bedeutet, daß erst die Hälfte aller die Erde bevölkernden Insekten bekannt ist.

Die Anzahl der Insektenarten kann man also nur schätzen. Völlig unmöglich ist es, die Zahl aller auf der Erde befindlichen Exemplare zu berechnen oder zu schätzen. Jede vorsichtige, nur annähernde Schätzung würde sofort zu astronomischen Ziffern führen.

Die Entwicklung der Insekten

Die überwiegende Zahl aller Insekten legt Eier (ovipare Arten), die in der Regel befruchtet sind; es gibt aber viele Arten, deren Weibchen unbefruchtete entwicklungsfähige Eier ablegen. Diese Vermehrungsweise heißt Jungfernzeugung oder Parthenogenese und kommt bei Blattläusen, Stabheuschrecken u. a. vor.

Neben den oviparen Insekten gibt es zahlreiche lebendgebärende (vivipare) Arten bzw. ovovivipare Arten. Die viviparen Weibchen bringen lebende Junge zur Welt (Larven, seltener Puppen), ovovivipare legen Eier, aus denen schon nach sehr kurzer Zeit Larven schlüpfen.

Mit der Befruchtung des Eies setzt die Embryonalentwicklung ein, die bis zum Ausschlüpfen der ersten Eilarve dauert. Nun folgt eine komplizierte Entwicklung, in deren Verlauf jedes Tier tiefgreifende morphologische Verwandlungen durchmacht.

Diese Verwandlungen oder Metamorphosen sind aber nicht bei allen Insekten gleich. Sie verlaufen im wesentlichen nach zwei Schemata. Danach werden die Insekten in zwei Kategorien eingeteilt: Zur ersten gehören Insekten mit unvollständiger Verwandlung (Heterometabolie), zur zweiten die mit vollständiger Verwandlung (Holometabolie).

Die Gesamtdauer der Entwicklung ist von verschiedenen Faktoren abhängig, in erster Linie von der Temperatur. Bei höheren Temperaturen geht die Entwicklung schneller vonstatten, deshalb weist das Auftreten verschiedener Entwicklungsstadien (einschließlich Imago) starke Schwankungen auf. Sie erscheinen in Gegenden mit höherem Temperaturdurchschnitt ohne weiteres einige Wochen früher als dort, wo der Temperaturdurchschnitt niedriger liegt (z. B. im Gebirgsvorland und im Gebirge). Einige Arten bringen zwei oder mehr Generationen im Jahr hervor.

Die unvollständige Verwandlung ist der einfachere Typ der Metamorphose. In zeitlicher Aufeinanderfolge treten folgende Entwicklungsstadien auf: Ei — Larve — Imago. Die verschiedenen Larvenstadien sind einander sehr ähnlich, ihre Anzahl ist jedoch unterschiedlich. Je älter die Larve ist, desto ähnlicher wird sie der Imago. Allmählich bilden sich an der Larve Flügelstummel, bis aus dem letzten Larvenstadium die Imago schlüpft. Sie unterscheidet sich von der Larve durch die vollkommen ausgebildeten Flügel, das Vorhandensein von Geschlechtsorganen und durch ihre Größe. Bei der unvollständigen Verwandlung gibt es kein Ruhestadium, die Entwicklung verläuft ohne Unterbrechung. Zu den Heterometabolen gehören zahlreiche Insektenordnungen, wie z. B. Eintagsfliegen, Libellen, Kurz- und Langfühlerschrecken, Gleichflügler, Wanzen, Fransenflügler, Termiten, Läuse u. a.

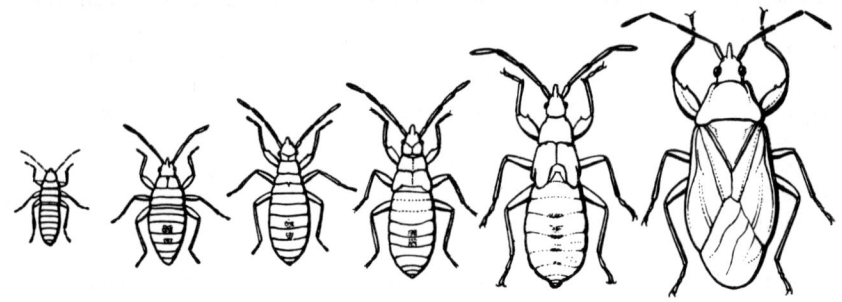

5 Unvollkommene Verwandlung der Insekten
5 Larvenstadien + Imago

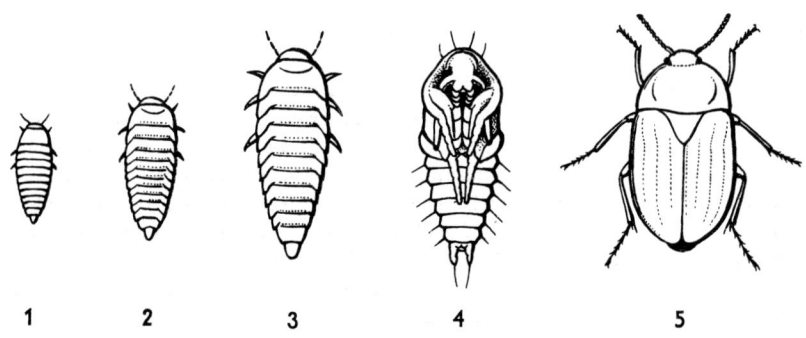

1   **2**   **3**   **4**   **5**

6 Vollkommene Verwandlung der Insekten
1 — 3 Larvenstadien 4 — Puppe 5 — Imago

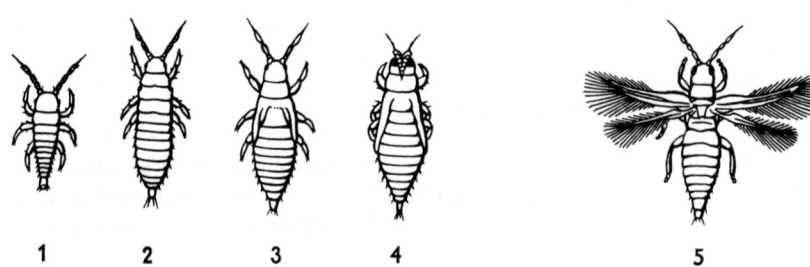

1   **2**   **3**   **4**   **5**

6a Komplizierte Verwandlung der Fransenflügler
1 — 2 — Larvenstadien 3 — Vorpuppe, 4 — Puppe 5 — Imago

Die vollständige Verwandlung unterscheidet sich vom vorigen Typ durch das Vorhandensein der Puppe, dem Ruhestadium zwischen der letzten Larve und dem Vollkerf. In der Entwicklungsreihe mit vollständiger Verwandlung ähneln sich die einzelnen Stadien überhaupt nicht. Der Unterschied zwischen Larve und Puppe ist genauso auffällig wie zwischen Puppe und Imago. Zu den Holometabolen gehören in erster Linie die vier artenreichsten Ordnungen: Käfer, Schmetterlinge, Hautflügler und Zweiflügler, ferner einige weniger artenreiche Ordnungen wie Flöhe, Kamelhalsfliegen usw.

In beiden Entwicklungsreihen kommt es jedoch zu einer Reihe von Abweichungen. Manchmal tritt noch ein weiteres Stadium auf, und die Entwicklung wird komplizierter (Fransenflügler, Ölkäfer). Auf diese Einzelheiten wird in der Übersicht der Ordnungen eingegangen.

Daneben gibt es eine ganze Anzahl primitiver Insektenarten, deren Entwicklung praktisch ohne Metamorphose vor sich geht. Die Larve ist fast mit der Imago identisch, nur ist sie kleiner, hat weniger Segmente und ist nicht fortpflanzungsfähig. Dabei macht sie sehr viele (bis zu 30) Häutungen durch. Bei diesen Arten häuten sich auch ausgewachsene Exemplare.

Das Ei

In der Regel sind Insekteneier sehr klein, sie sind häufig nur unter dem Mikroskop sichtbar. Bei einigen Arten erreichen sie aber eine beachtliche Größe. So werden z. B. die Eier einiger großer Laufkäfer einige Millimeter lang. Das Ei des Lederlaufkäfers mißt sogar 8 mm. Die Größe hängt meist sowohl von der Anzahl der abgelegten Eier als auch von der Lebensweise der künftigen Larven ab. Manche Arten legen eine beträchtliche Anzahl Eier, die in die Tausende geht (Blattläuse, einige Schildläuse u. ä.). Arten, die eine komplizierte Verwandlung durchmachen, sind ebenfalls gezwungen, die Existenz der kommenden Generation durch eine große Eierzahl zu sichern (z. B. Ölkäfer). Wo sich jedoch die Entwicklung im Verborgenen vollzieht und die Larven Schutz vor Feinden und verschiedenen ungünstigen Einflüssen finden, ist die Zahl der Eier klein bzw. relativ klein. So legen die Totengräber nur etwa zehn Eier ab, da sich die Larvenentwicklung unterirdisch in relativer Sicherheit abspielt und die Larven sogar vom Muttertier gefüttert werden.

Ähnlich ist es bei den Mistkäfern, bei denen die Eltern ihren künftigen Nachkommen hinreichend Nahrung bereitstellen, und bei den Borkenkäfern, deren Larven unter der Baumrinde Schutz finden.

Abgelegte Eier können während ihrer gesamten Existenz ihre Farbe beibehalten. Meist sind sie weißlich, hell- oder dunkelgelb, grünlich oder auch dunkel. Häufig kommt es aber nach einigen Stunden zur Veränderung der ursprünglichen Färbung.

Die Eier sind sehr vielgestaltig. In der Regel sind sie rundlich oder eiförmig, gelegentlich an einem oder auch an beiden Enden zugespitzt (einige Wanzenarten), manche haben einen Aufsatz (Stabheuschrecken, Springschwänze u. ä.). Bei den in Wassernähe lebenden Arten sind die Eier mit Schwimmfäden (Eintagsfliegen) oder Schwimmkörpern (Stechmücken) versehen. Interessant sind die gestielten Eier der Florfliegen, die auf Blättern festgeklebt werden.

Die Eioberfläche ist meist glatt, viele Eier haben aber auf ihrer Oberfläche reiche und komplizierte Skulpturen. Besonders bei Schmetterlingseiern bilden sich auf der Oberfläche sehr feine und komplizierte Ornamente.

Die Weibchen legen ihre Eier einzeln, in Reihen oder in Häufchen ab. Manche legen sie auf Pflanzen, andere ins Fell oder Gefieder von Tieren, die dritten suchen einen geeigneten Unterschlupf und legen sie in die Erde, in Ritzen von Stämmen und Ästen, unter die Rinde und ins Holz, unter Steine oder stechen sie in verschiedene Lebewesen, legen sie in Nahrungsmittel oder gelagerte Vorräte (Getreide, Gewürz, Mehl usw.), in Textilien und ähnliches. Sehr häufig suchen die Weibchen eine Stelle aus, in deren Nähe die jungen Larven Nahrung finden. Eier, die an ungeschützter Stelle abgelegt werden, werden meist mit einer Schutzschicht bedeckt (z. B. bei Käfern und Schmetterlingen). Einige Weibchen legen die Eier in Behälter (Ootheken) oder stellen für sie Hüllen aus Blättern her. Auffällige Ootheken scheiden die Schabenweibchen aus, sie sehen wie kleine Damenhandtaschen aus. Auch die Fangschreckenweibchen bilden große Ootheken. Interessante Eierbehälter spinnen die Weibchen der Kolbenwasserkäfer.

Die Dauer des Eistadiums ist recht unterschiedlich. Sie kann einige Tage, manchmal aber auch Wochen und Monate betragen. Im Herbst gelegte Eier überwintern normalerweise. Sie machen ein Ruhestadium, die sog. Diapause durch; die Larven schlüpfen erst im nächsten Jahr.

Die Larven

Nach einer unterschiedlich langen Zeitspanne schlüpft die Larve aus dem Ei (1. Larvenstadium). Bald nach dem Ausschlüpfen beginnt sie mit der Nahrungsaufnahme und wächst sehr schnell. Sobald dem Tier die Haut zu eng wird, kommt es zur ersten Häutung (Ekdysis). Die Haut reißt auf, und die neue Larve kriecht durch die entstandene Öffnung ins Freie (2. Larvenstadium). Die Nahrungsaufnahme wird fortgesetzt, das Tier wächst weiter. Nach einiger Zeit kommt es wiederum zur Häutung. In der Regel häuten sich die Larven vier- bis fünfmal, aber viele Insekten durchlaufen noch mehr Larvenstadien.

Die Larve ist ständig auf Nahrungssuche. Die Größe des späteren Vollkerfs hängt nämlich davon ab, unter welchen Bedingungen die Larve aufwächst und wieviel Nahrung sie während ihres Lebens findet. Die ausgeschlüpfte Imago, das erwachsene Insekt also, wächst selbst nicht mehr. Größenunterschiede, die besonders bei großen Arten mehrere Millimeter, ja sogar Zentimeter ausmachen können, sind vor allem im Verlauf der Larvenentwicklung begründet.

Larven leben unterschiedlich lange. Bei einigen Arten folgen die Häutungen rasch aufeinander (z. B. bei den Totengräbern, bei denen die Verwesungszeit der Nahrung die Länge des Larvenzustandes bedingt), bei anderen vergehen zwischen den einzelnen Ekdysen mehrere Tage oder Wochen. Einige Arten überwintern auch als Larven (z. B. einige Schmetterlinge, Käfer u. a.).

Die Larven einiger Insektenordnungen haben sehr typiche Formen und sind daran leicht von den übrigen zu unterscheiden. Zu den bekanntesten Larven gehören Schmetterlingsraupen, Afterraupen der Blattwespen und die Larven vieler Käfer, Zweiflügler, Köcherfliegen, Libellen, Eintagsfliegen u. ä.

Nach der Gliederung des Körpers werden vier Larvengruppen unterschieden:

1. Protopode Larve — mit ungegliedertem bzw. nur wenig gegliedertem Hinterleib. Sie kommt selten vor.

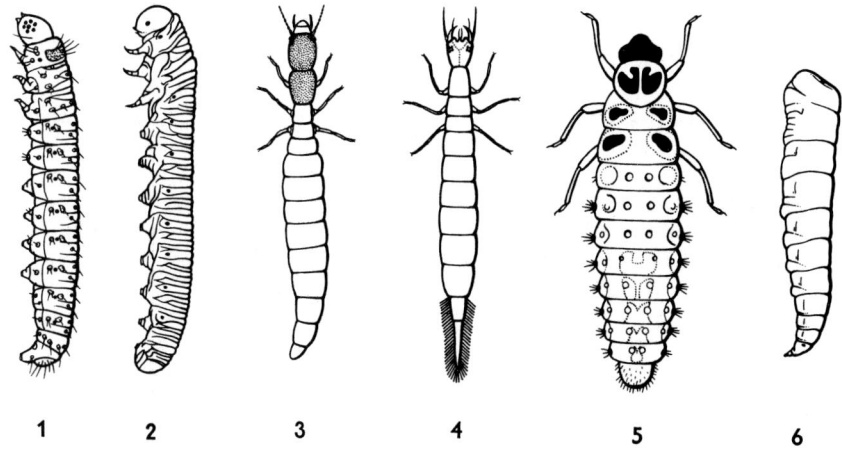

7 Verschiedene Typen von Insektenlarven
1 — Schmetterlingsraupe 2 — Afterraupe der Hautflügler 3 — Kamelhalsfliegenlarve
4 + 5 — Käferlarven 6 — Zweiflüglerlarve

2. Oligopode Larve — weit verbreiteter Typ (z. B. Käferlarven). An der Brust hat sie drei Gliedmaßenpaare, der Hinterleib trägt keine Anhänge. In dieser Larvengruppe unterscheidet man:
   a) doppelschwanzartige Larven mit prognathem Kopf, drei langen Beinpaaren und beinlosem, in zwei Borsten auslaufendem Hinterleib
   b) gedrungene Engerlinge der Blatthornkäfer
   c) harte Drahtwürmer (Schnellkäfer)
   d) Trianguline mit dreigezackter Kralle (Ölkäfer)
3. Polypode Larven — außer den drei Vorderbeinpaaren haben sie noch unterschiedlich viele Beinpaare an den Hinterleibssegmenten. Die bekanntesten Larven dieser Kategorie sind die Schmetterlingsraupen und die Afterraupen der Blattwespen.
4. Apode Larven — beinlos. In diese Gruppe gehören vor allem Zweiflüglerlarven, Larven verschiedener Käfer (Rüsselkäfer, Bockkäfer, Borkenkäfer) sowie Larven von Schmetterlingen, Hautflüglern, usw.

Aus dem letzten Larvenstadium geht entweder die Imago (in der Entwicklungsreihe der heterometabolen Insekten) oder die Puppe (Pupa) hervor. Im letzteren Falle stellt die Larve im letzten Larvenstadium oft einen Behälter her, der der künftigen Puppe Schutz bietet. Diese Behälter werden entweder aus seidigen Fäden gewebt (die Kokons vieler Schmetterlinge) oder aus Erdteilchen, Sand und Steinchen mit Ausscheidungen und verschiedenen Drüsensekreten zusammengeklebt.

Die Puppe

Sie stellt ein Ruhestadium dar, in dem keine Nahrung aufgenommen wird, und ist bis auf wenige Ausnahmen nicht aktiv bewegungsfähig. In diesem Stadium ist das Tier allen Feinden wie Raubinsekten, Vögeln, Insektenfressern gegenüber hilflos. Für die Sicherheit der Puppe sorgen nur Kokons oder Hüllen. Darin erfährt der gesamte Organismus einen sehr komplizierten Umbauprozeß. Bis auf wenige Ausnahmen kommt es zur Auflösung (Histolyse) des Gewebes (junge Puppen sind mit dünner Flüssigkeit gefüllt). Später bilden sich in der Puppe allmählich die Organe der künftigen Imago.

Die Puppen einiger Insektenordnungen haben ein charakteristisches Aussehen. Insgesamt unterscheidet man zwei Typen:

    a) Die Mumienpuppe (Pupa obtecta). Ihre entstehenden Flügel und Gliedmaßen sind unter einer festen Schale verborgen (z. B. Schmetterlinge).

    b) Die freie Puppe (Pupa libera). An ihr sind die künftigen Gliedmaßen, Fühler und Flügel gut auszumachen (z. B. Käfer).

Die Dauer des Puppenstadiums ist unterschiedlich. Bei Arten, deren Puppen auf spezielle Bedingungen angewiesen sind oder ungeschützt und frei an Pflanzen hänge (z. B. Marienkäfer), dauert es nur kurze Zeit. In vielen Fällen verlängert sich dieses Ruhestadium jedoch über Wochen und Monate, sehr viele Arten überwintern als Puppe, eine ganze Reihe sogar zweimal.

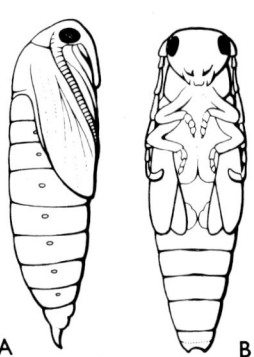

8 Schmetterlingspuppe (A) und Käferpuppe (B)   **A**   **B**

Die Imago

Die aus der Puppe geschlüpfte Imago ist in der Regel weich, feucht, hell oder ganz weiß gefärbt. Nach einigen Minuten, manchmal erst nach einigen Stunden wird ihre Haut hart und nimmt die endgültige Färbung an.

Viele Insektenarten schlüpfen schon im Herbst aus der Puppe (Käfer). Auch wenn die Tage noch sonnig und warm sind, verläßt die Imago die Puppenwiege noch nicht, sondern bleibt bis zum darauffolgenden Frühling in ihr. Auch die Imagines leben unterschiedlich lange, manche nur einige Stunden, andere sogar mehrere Jahre. Eine sehr kurze Lebensdauer haben z. B. Eintagsfliegen, Fächerflügler- und Schildlausmännchen; sie leben nur wenige Stunden. Die durchschnittliche Lebensdauer von Schmetterlingen beträgt drei bis fünf Wochen. Zu den langlebigen Insekten zählen z. B. einige Käfer (der Kartoffelkäfer 2 Jahre, große Laufkäfer, der Große Braune Rüsselkäfer 3 Jahre), von den Urinsekten lebt die Borstenschwanzart *Machilis germanica* 3 Jahre, das Silberfischchen (*Lepisma saccharina*) 2–3 Jahre.

Bei vielen Insekten, die als Imago nur kurze Zeit leben, dauert die Entwicklung mehrere Jahre. So leben z. B. Maikäfer nur vier Wochen, ihre Larve, der Engerling, aber entwickelt sich in drei bis vier Jahren.

Die Verbreitung der Insekten

Insekten bewohnen fast die ganze Erde: Sie leben in den Tropen, Subtropen, den gemäßigten Zonen und sogar jenseits des nördlichen und südlichen Polarkreises. In den Tropen herrscht das reichste Insektenleben. Dort finden sich die größten und farbenprächtigsten Arten. Nach der Verbreitung der Tiere werden auf der Erdkugel neun zoogeographische Regionen unterschieden: die paläarktische, nearktische, neotropische, australische, orientalische, aethiopische, madagassische, arktische und antarktische Region. Einige Insektengruppen sind in mehreren Regionen vertreten, aber jede zoogeographische Region zeigt eine für sie charakteristische Insektenwelt.

Die paläarktische Region nimmt die größte Fläche ein. Grob umrissen umfaßt sie fast ganz Europa (bis zum nördlichen Polarkreis), Nordafrika, Klein- und Vorderasien, den Nordteil der arabischen Halbinsel, große Teile der UdSSR und Chinas sowie Japan. Es ist also ein Gebiet, das sehr unterschiedliche Biotope umfaßt und sich klimatisch über die subtropische und gemäßigte Zone erstreckt. Daher findet man hier wenig Rieseninsekten, aber eine Reihe wirtschaftlich bedeutungsvoller Arten.

Die nearktische Region besteht aus dem nordamerikanischen Kontinent und einem Teil Mittelamerikas. Die Entomofauna der nearktischen Region steht der der paläarktischen sehr nahe, deshalb werden beide häufig als holoarktische Region zusammengefaßt.

Die neotropische Region reicht vom Rio Grande del Norte in Mexiko bis zum Südzipfel des südamerikanischen Kontinents. Diese Region ist ungeheuer reich an großen Insektenarten. Hier leben die größten Käfer der Welt (z. B. *Titanus giganteus, Macrodontia cervicornis, Dynastes hercules* u. a.), auch der größte Schmetterling *Thysania agrippina* kommt hier vor, gleichfalls herrliche Arten der Gattung *Morpho* u. ä. Im Hinblick auf die Entomofauna ist dieses Gebiet noch sehr unzureichend durchforscht.

Die australische Region umfaßt vor allem den Kontinent Australien, dazu kommen Tasmanien, Neuseeland, Neuguinea, Celebes, die Molukken und weitere kleinere Inseln. Dieses interessante Gebiet kann wegen seiner ungewöhnlichen Tierwelt noch in mehrere Unterregionen aufgeteilt werden.

Die orientalische Region (auch indomalaiische Region genannt) grenzt an die paläarktische und schließt Vorder- und Hinterindien, Ceylon, Südchina, Taiwan und Philippinen ein. Sie ist bekannt für ihre herrlichen Käferarten *(Lucanidae, Cetoniidae)* und Schmetterlinge.

Die aethiopische Region erstreckt sich auf dem afrikanischen Kontinent südlich vom Wendekreis des Krebses und schließt den Südzipfel der arabischen Halbinsel ein. Ihre Insektenfauna ist außerordentlich reich und prächtig, die hier lebenden Insekten erreichen riesige Größen (Goliathkäfer, Riesenpfauenaugen u. ä.).

Häufig wird Madagaskar zur aethiopischen Region gerechnet, einige Experten sehen es aber als selbständige Region an.

Die Nord- und Südkappe der Erdkugel sind die Gebiete der arktischen und antarktischen Region. Faunistisch sind sie sehr arm, hier können nur sehr widerstands- und anpassungsfähige Arten überleben (einige Schmetterlingsarten, Hummeln, Urinsekten u. ä.)

Das System der Insekten

Die Insekten (*Insecta*) gehören zum Tierstamm der Gliederfüßer (*Arthropoda*). Zur leichteren Orientierung wird dieser Stamm in kleinere Einheiten unterteilt. Dabei wird auf verschiedene Kriterien Bezug genommen: zunächst auf Anordnung und Form der Mundwerkzeuge, danach auf die verschiedenen Atmungsweisen.

Die Einordnung der Gliederfüßer ins zoologische System und die Stellung der Insekten unter den Gliederfüßern wird am klarsten aus der folgenden Übersicht:

Reich (Regnum): Tiere (*Animalia*). Das Reich umfaßt alle auf der Erde lebenden Tierarten.

Unterreich (Subregnum): Vielzeller (*Metazoa*). Hierher gehören Lebewesen, deren Köper aus einer Vielzahl von Zellen besteht (im Gegensatz zu den Einzellern — *Protozoa*).

Stamm (Phylum): Gliederfüßer (*Arthropoda*). Ihr Körper gliedert sich in drei Hauptteile: Kopf, Brust und Hinterleib. Der Stamm der Gliederfüßer zerfällt je nach Mundwerkzeugen in zwei Abteilungen:

1. Abteilung (Divisio) *Amandibulata:* Ihre Mundwerkzeuge bestehen aus Cheliceren und Pedipalpen. Zu den Amandibulata gehören zwei Unterstämme: Unterstamm *Trilobitomorpha*, der ausgestorben ist.
Unterstamm *Chelicerata*, zu dem die Klasse der Spinnen (*Arachnida*) zählt.

2. Abteilung (Divisio) *Mandibulata:* Sie haben in ihren Mundwerkzeugen ein Oberkieferpaar (Mandibeln) und zwei Unterkieferpaare (Maxillen und Labium). Auch diese Abteilung hat zwei Unterstämme:
Unterstamm Kiemenatmer (*Brancheata*), zu dem die Klasse der Krustentiere (*Crustacea*) zu rechnen ist.
Unterstamm Tracheenatmer (*Tracheata*), die mit Hilfe fester Luftröhrchen atmen. Zu diesem Unterstamm gehören vier Klassen: *Symphylla, Diplopoda, Chilopoda* und *Insecta*.
Die Klasse der Insekten unterteilt sich weiter in zwei Gruppen von sehr verschiedener Größe: in die ursprünglich ungeflügelten Urinsekten (*Apterygota*) und in die Fluginsekten (*Pterygota*). Die Urinsekten sind nur wenigen Naturliebhabern bekannt, obwohl man ihnen bei jedem Schritt in der Natur begegnet. Aber wegen ihrer Winzigkeit, ihrer verborgenen Lebensweise und ihrer Unscheinbarkeit werden sie von den Nichtkundigen kaum beachtet, ihrem Studium widmen sich fast ausschließlich Fachleute. Einige Spezialisten sind auch der Ansicht, daß diese Tiergruppe eigentlich gar nicht zu den Insekten gehöre. Einige Apterygoten haben eigenartige Sprungapparate, die sich sonst bei Insekten nicht finden; die Beintast-

ler tragen Gliedmaßenrudimente an den ersten drei Hinterleibsgliedern — wiederum ein Merkmal, das bei den Insekten völlig fehlt. Auch die Doppelschwänze werden gelegentlich von den Insekten getrennt, und so blieben nach diesen Ansichten nur die Borstenschwänze und Fischchen als Urinsekten bei der Klasse der Insekten. Mit Rücksicht auf den allgemeinen Gebrauch und wegen der Unbeständigkeit solcher Meinungen werden vorerst noch alle Urinsektenordnungen bei der Klasse der Insekten belassen. Dafür sprechen auch praktische Gründe, denn jeder, der nur ein wenig Aufmerksamkeit für die Natur aufbringt, begegnet auf Schritt und Tritt vielen ihrer Vertreter.

Das System der Insekten

Klasse: Insekten (*Insecta*)
  Urinsekten (*Apterygota*)
  Unterklasse: *Entotropha*
  Ordnungen: Doppelschwänze, *Diplura,*
        Beintastler, *Protura*
        Springschwänze, *Collembola*
  Unterklasse: *Ectotropha*
  Ordnungen: Borstenschwänze, *Archaeognatha*
        Fischchen, *Zygentoma*
  Fluginsekten (*Pterygota*)
  Ordnungen: Eintagsfliegen, *Ephemeroptera*
        Libellen, *Odonata*
        Stein- oder Uferfliegen, *Plecoptera*
        Fußspinner, *Embioptera*
        Ohrwürmer, *Dermaptera*
        Fangschrecken, *Mantodea*
        Schaben, *Blattaria*
        Termiten, *Isoptera*
        Gespenstschrecken, *Phasmida*
        Langfühlerschrecken, *Ensifera*
        Kurzfühlerschrecken, *Caelifera*
        Staubläuse, *Psocoptera (Corrodentia)*
        Kieferläuse, *Mallophaga*
        Echte Läuse, *Anoplura*
        Fransenflügler, *Thysanoptera*
        Gleichflügler, *Homoptera*
        Wanzen, *Heteroptera*
        Schlammfliegen, *Megaloptera*
        Kamelhalsfliegen, *Raphidioptera*
        Echte Netzflügler, *Planipennia*
        Käfer, *Coleoptera*
        Hautflügler, *Hymenoptera*
        Köcherfliegen, *Trichoptera*

Schmetterlinge, *Lepidoptera*
Schnabelfliegen, *Mecoptera* (*Panorpata*)
Zweiflügler, *Diptera*
Flöhe, *Siphonaptera*
Fächerflügler, *Strepsiptera*

Die Entwicklung des Systems und seiner Terminologie

Am System der Insekten wird schon über zweihundert Jahre gearbeitet, trotzdem ist es bis heute bei weitem nicht vollendet. Die erste feste Grundlage hat der schwedische Naturforscher **Carolus Linnaeus (Carl v. Linné)** mit der zehnten Ausgabe seines berühmten Werkes „Systema Naturae" im Jahre 1758 gelegt.

Grundeinheit der Systematik ist die Art (Species). Schon seit der Zeit Linnés wird sie mit zwei Worten bezeichnet: Das erste bestimmt die Gattung, das zweite den Eigennamen der Art. Die moderne Systematik hat noch weitere Kategorien eingeführt, vor allem die geographische Rasse. Zu ihrer Bezeichnung wird noch ein drittes Wort hinzugefügt. Nicht selten werden auch noch detailliertere Bezeichnungen verwendet wie Morpha, Natio oder Forma.

Zur Gattungs-, Arten- oder subspezifischen Bezeichnung wird noch der Name des Forschers hinzugefügt, der die betreffende Art (oder eine andere Kategorie) zum ersten Mal beschrieben hat, d. h. ihr einen Namen gegeben hat. In der Regel wird der Name ganz ausgeschrieben, manchmal aber auch abgekürzt, wie z. B. bei **Linné** oder **Fabricius L.** bzw. **F.**

Die wissenschaftlichen Bezeichnungen der einzelnen Kategorien, die aus dem Griechischen oder Lateinischen abgeleitet sind, sind international verbindlich.

Daneben stehen Namen, die sich in jeder Sprache herausgebildet haben, aber keine internationale Gültigkeit besitzen. Die volkstümliche Nomenklatur ist oft unzuverlässig und uneinheitlich, so daß sich für ein und dieselbe Art mehrere Namen finden. Aus diesem Grunde ist es in der populären und populärwissenschaftlichen Literatur üblich, neben dem volkstümlichen Namen auch den wissenschaftlichen anzuführen, der einzig und allein Arten und Gattungen zuverlässig angibt.

Übersicht der Insektenordnungen

Unterklasse Entotropha

1. Ordnung Doppelschwänze, Diplura

Die Doppelschwänze erinnern an Insektenlarven, sie sind blind, etwa 3 — 10 mm lang und hell gefärbt. Sie haben lange Fadenfühler, und ihre Mundwerkzeuge sind in die Kopfplatten eingelassen. Der Hinterleib läuft entweder in zwei gegliederte und borstenbesetzte Aftergriffel (Cerci) aus oder trägt ein zangenförmiges Ende. An der Unterseite der Hinterleibsglieder sitzen feine Anhänge (Styli), die für Gliedmaßenrudimente gehalten werden.

Die Doppelschwänze sind Pflanzenfresser, gelegentlich leben sie auch räuberisch. Sie lieben feuchte und dunkle Umgebung. Deshalb halten sie sich am liebsten unter Moos, tief unter Steinen, im Boden, im Mulm alter Baumstümpfe und in Höhlen auf.

Bekannt sind etwa 500 Arten, von denen aber nur ein geringer Prozentsatz in Europa lebt, jedoch sind viele Gebiete in dieser Hinsicht noch unerforscht. Obwohl die Ordnung wärmeliebend ist, dringen einige Arten bis in den hohen Norden vor (Gattung *Campodea*).

2. Ordnung Beintastler, Protura

Die Exemplare dieser Ordnung sehen wohl am allerwenigsten wie Insekten aus. Ihre etwa 2 mm langen, dünnen Körper sind gelblich oder gelbweiß. Sie sind blind und besitzen keine Fühler. Deren Funktion hat das 1. Beinpaar übernommen, das nach vorne gerichtet ist und Sinnesborsten trägt. Der Hinterleib eines ausgewachsenen Beintastlers besteht aus 12 Gliedern. Die Jungtiere haben nur acht Glieder, bei jeder Häutung kommt ein weiteres hinzu. An der Unterseite der ersten drei Abdomensegmente sitzen deutlich sichtbare Anhänge, wohl rudimentäre Gliedmaßen.

Es handelt sich hier um kleine Raubinsekten, die aber auch mit Pflanzennahrung vorliebnehmen. Sie leben in feuchter Umgebung, im Humus von Nadelwaldböden, im Moos, unter Steinen, verwesender Rinde usw. Wegen ihrer geringen Größe, unauffälligen Färbung und verborgenen Lebensweise werden sie in der Natur oft gar nicht wahrgenommen. Aus diesem Grund ist bisher über ihre Entwicklung und ihre Lebensweise verhältnismäßig wenig bekannt.

Auf der ganzen Welt sind etwa 140 Arten beschrieben, in den europäischen Ländern lebt etwa ein Zehntel davon.

Ähnlich wie die meisten Urinsekten lassen sich die Beintastler nur unter dem Mikroskop zuverlässig bestimmen.

3. Ordnung Springschwänze, Collembola

Springschwänze sind verhältnismäßig kleine, meist nur 1 – 3, in Ausnahmefällen auch 7 bis 9 mm lange Lebewesen. Eine sehr feine Haut umgibt ihren Körper, der manchmal langgestreckt, gelegentlich auch gedrungen und fast kugelförmig sich aus Kopf, drei Brustsegmenten und höchstens sechs Hinterleibsabschnitten zusammensetzt.

Sie sind häufig bunt gefärbt, viele Arten haben aber nur eine unauffällige Färbung: blau, graublau, gelblich oder weißlich. Am Kopf sitzen Fühler, Komplexaugen, die nur aus einigen Ommatidien bestehen, und Mundwerkzeuge, die im Kopfbehälter geborgen sind.

Charakteristisches Merkmal aller Springschwänze ist die Springvorrichtung. Ihre wichtigsten Teile sind die gespreizte Sprunggabel (Furca) und ihre Haltevorrichtung (Retinaculum). In der Ruhestellung liegt die Sprunggabel unter den Körper geklappt, wo sie vom Retinaculum gehalten wird. Aus der Unterseite des ersten Abdominalsegments wächst der sog. Ventraltubus heraus, ein Organ, das sich nur bei den Springschwänzen findet.

Es gibt aber auch einige Collembolengruppen, die keinen Sprungapparat besitzen. Der Sprung vermittels der Gabel ist jedoch nicht die eigentliche Fortbewegungsart der Spring-

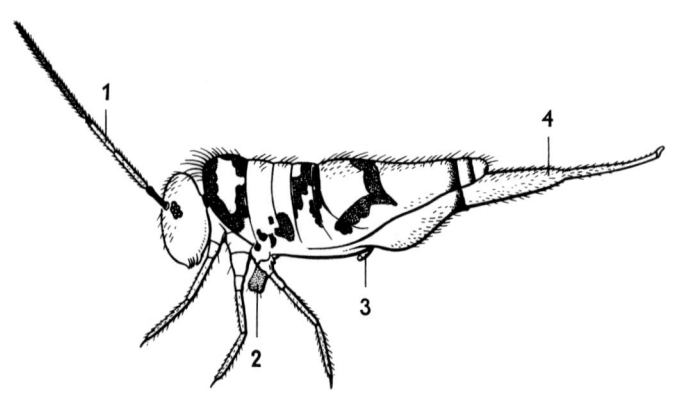

9 Schema der Springschwänze (Collembola)
1 — Fühler 2 — Ventraltubus 3 — Retinaculum (Halteapparat) 4 — Furcula
(Furca, Sprunggabel)

schwänze. Meist kriechen sie langsam auf ihren drei schlanken Laufbeinpaaren herum; nur wenn sie sich in Gefahr fühlen, suchen sie springend ihr Heil in der Flucht.

Die Springschwänze ernähren sich von allerlei verwesenden organischen Stoffen und auch von lebenden Pflanzenteilen. Sie kommen sehr zahlreich in den oberen Humusschichten vor. Mit zunehmender Tiefe nimmt ihre Zahl stark ab, aber einige Arten finden sich noch in der Tiefe von einigen Dezimetern. Was die Zahl der Einzelexemplare betrifft, so gehören sie zu den zahlreichsten Insekten. Es wird angenommen, daß sich bei europäischen Verhältnissen auf der Fläche von 1 m² und bis zur Tiefe von 30 cm zwischen 50 000 und 400 000 Tiere dieser Ordnung aufhalten. Sie leben im Hochgebirge bis zur Gletschergrenze, ihre Verbreitung erstreckt sich sogar über die Antarktis.

Die Weibchen legen ihre Eier in kleinen Häufchen ab. Während der Entwicklung, aber auch ausgewachsen häuten sich die Springschwänze vielfach. Sie sind für die leichte Regenerierung von Gliedmaßen und Fühlern bekannt.

Die Tiere bewohnen verschiedene Biotope, sie kommen im Boden, auf Pflanzen (viele Arten auf Moos und Pilzen), in Wassernähe oder auf der Wasseroberfläche, in verwesenden tierischen und pflanzlichen Stoffen, in Ameisenhaufen, Höhlen usw. vor. Die meisten von ihnen findet man das ganze Jahr über, auch im Winter.

Springschwänze sind in der Natur von großer wirtschaftlicher Bedeutung, da sie organische Zerfallsprozesse beschleunigen und somit für die Humusbildung sorgen.

Phylogenetisch gehören sie zu den ältesten Tiergruppen, da sie schon im Paläozoikum, genauer gesagt im Devon, auf dieser Erde auftraten. Man kennt etwa 3500 Arten, von denen in Mitteleuropa bloß 300 vorkommen, jedoch werden jedes Jahr neue Arten entdeckt.

Eine verläßliche Bestimmung ist meist nur mit Hilfe mikroskopischer Präparate möglich.

Unterklasse Ectotropha

4. Ordnung Borstenschwänze, Archaeognatha

Diese größten Urinsekten erreichen eine Länge von etwa 20 mm. Sie sind oft mit feinen, grauschimmernden Schuppen bedeckt, die manchmal Ornamente bilden. Der Köper wird nach hinten schmaler und trägt zwei Afterfühler (Cerci), zwischen denen ein langer fadenförmiger Terminalanhang sitzt, so daß der Hinterleib von drei Borsten abgeschlossen wird. Borstenschwänze besitzen lange und fadenförmige Fühler, beißende Mundwerkzeuge und Ocellen-Augen. Wie bei Beintastlern und Doppelschwänzen tragen auch hier Hinterleibssegmente Anhänge (Styli). Die langen und schlanken Beine brechen sehr leicht ab, haben aber die Fähigkeit, nachzuwachsen. Die Borstenschwänze können sehr schnell laufen. Sie ernähren sich von kleinen Pflanzen (Algen, Flechten und Pilzfasern), aber auch von kleinen Lebewesen. Sie leben im Steingeröll, in Steinbrüchen, unter Steinhaufen auf Feldern oder unter der Rinde von Baumstümpfen. Erst abends kommen sie aus ihren Schlupfwinkeln hervor. Ihre Entwicklung geht relativ langsam vonstatten. Die Weibchen legen nur wenige, oft mikroskopisch kleine Eier. Die jungen Tiere häuten sich sehr oft. Auf der Welt sind etwa 250 Arten bekannt. Ihre Bestimmung ist schwierig, da die konservierten Exemplare ihre Schuppen und damit die Färbung verlieren. Zur genauen Determinierung ist meist das Mikroskop nötig. Gesammeltes Material wird in 70–80%igem Alkohol aufbewahrt, einzelne Exemplare können auch aufgeklebt werden, trocknen dann aber aus. Die Anordnung der Schuppen läßt sich am besten mit Hilfe der Makrofotografie festhalten.

5. Ordnung Fischchen, Zygentoma

Die stets ungeflügelten, 5–12 mm messenden Arten haben längliche, meist mit Schuppen besetzte Körper. Ihre Fühler sind lang und gegliedert, Ocelli sind nicht vorhanden. Am Körperende tragen sie zwei Cerci, zwischen denen die fadenförmige Verlängerung der letzten Rückenplatte sitzt, also insgesamt drei Borsten. Sie ernähren sich von kleinen Pflanzen und Tieren; meist leben sie in Häusern oder Ameisenhaufen. Ihre Entwicklung geht langsam vor sich; die erwachsenen Exemplare leben mehrere Jahre und häuten sich dabei sehr oft. Von den existierenden knapp 300 Arten leben in Europa nur einige. Sie werden in 70–80%igem Alkohol konserviert. Die Angehörigen dieser und der vorhergehenden Ordnung werden oft zu einer Ordnung, den *Thysanura,* zusammengefaßt. Die Unterschiede liegen im Vorhandensein bzw. Fehlen von Punktaugen und im Bau der Mundwerkzeuge.

Gruppe Fluginsekten, Pterygota

In diese Gruppe werden alle übrigen Insekten, die meist häutige oder davon abgewandelte

Flügel besitzen, eingeordnet. Tauchen unter ihnen trotzdem ungeflügelte Arten auf (z. B. Schildläuse, Ameisen, Wanzen usw.), ist diese Flügellosigkeit als sekundäres Merkmal anzusehen.

6. Ordnung Eintagsfliegen, Ephemeroptera

Die in diese Ordnung gehörenden Insekten haben eine dünne Haut: Ihre Länge (ohne Borsten) schwankt zwischen 3 und 40 mm. Die Basalglieder der kurzen Fühler sind stark, während die übrigen eine feine Geißel bilden. Die Mundwerkzeuge sind verkümmert. Charakteristische Erkennungszeichen der Eintagsfliegen sind zwei lange, auseinanderstrebende und gegliederte Borsten am Körperende, zwischen denen sich oft noch eine dritte Borste befindet. Meist sind zwei Flügelpaare entwickelt, manchmal aber auch nur das erste, das zweite Paar fehlt dann völlig. In Ruhestellung werden die Flügel mit der Oberseite aneinandergelegt und stehen senkrecht nach oben. An dieser Flügelstellung lassen sich die Eintagsfliegen sehr leicht von allen anderen Wasserinsekten unterscheiden. Die Flügel sind reich geädert, durchsichtig, gelblich, weißlich oder bräunlich, manchmal glänzend. Das erste Beinpaar ist bei den Männchen auffallend lang. Eintagsfliegen nehmen keine Nahrung auf, denn sie leben meist nur einige Stunden. In Wassernähe kann man sie am Spätnachmittag in größeren Mengen beobachten. Jedoch werden sie bei uns immer seltener, da sie in den immer stärker verschmutzten Gewässern langsam aussterben.

Die Eintagsfliegen machen eine unvollständige Metamorphose durch. Die Weibchen lassen ihre Eier einfach ins Wasser fallen, wo aus ihnen Larven schlüpfen, die sich mehrfach häuten. Je nach Art dauert die Entwicklung zwischen einem und drei Jahren. Ehe die Imago erscheint, tritt noch eine weitere Entwicklungsstufe auf, die sog. Subimago. Sie lebt einige Stunden bzw. Tage und ist der ausgewachsenen Eintagsfliege sehr ähnlich.

Die Larven der Eintagsfliegen leben in sauberen Gewässern, die reich an Sauerstoff sind. Dort kriechen sie auf Steinen, an Wasserpflanzen oder über den Grund. Sie atmen mittels Tracheenkiemen, die zu beiden Seiten des Hinterleibs sitzen.

Eintagsfliegen und ihre Larven sind eine wichtige Nahrungsquelle für Fische und andere Wasser- und Landtiere (Vögel, Fledermäuse). Sie traten schon im Erdaltertum auf, im Karbon, einer Formation des Paläozoikums. Aus dieser Zeit sind zahlreiche Abdrücke von Imagines und Larven erhalten geblieben.

Gegenwärtig kennt man auf der Erde etwa 2000 Eintagsfliegenarten. In den mitteleuropäischen Ländern kommen etwa 70—80 vor. Gesammeltes Material wird in Reagenzgläsern mit Alkohol aufbewahrt, nur zu Ausstellungszwecken werden Eintagsfliegen mit gespreizten Flügeln präpariert, ähnlich wie Libellen oder Schmetterlinge.

7. Ordnung Libellen oder Wasserjungfern, Odonata

Im allgemeinen sind die Libellen recht große Insekten, deren Länge zwischen 20 und 80 mm schwankt und die eine Flügelspannweite bis zu 110 mm erreichen. Die Körper sind schlank langgestreckt oder kurz gedrungen. Sie sind auffällig gefärbt, oft gestreift oder gefleckt. Der Kopf ist mit der Brust durch einen dünnen Stiel verbunden. Ihre Fühler sind nur kurz, gleich hinter ihnen sitzen die großen, gewölbten Augen, die bei der Jagd sehr wichtig sind. Ihre Ommatidien sind oft unterschiedlich groß. Die Mundwerkzeuge sind

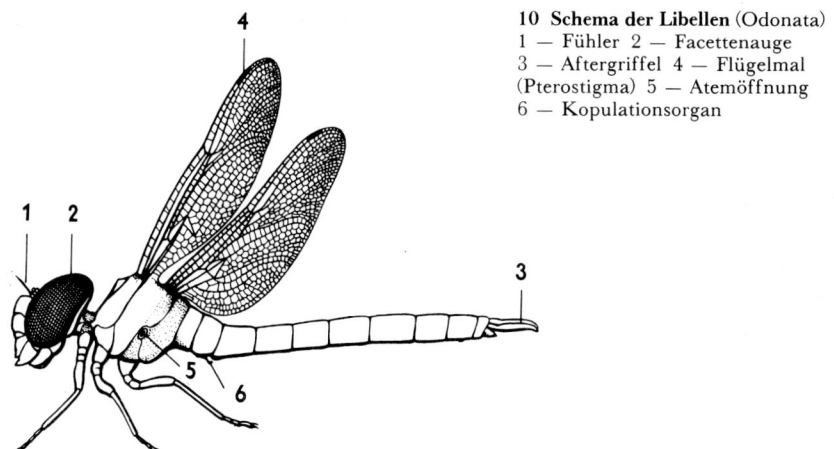

10 **Schema der Libellen** (Odonata)
1 — Fühler 2 — Facettenauge
3 — Aftergriffel 4 — Flügelmal
(Pterostigma) 5 — Atemöffnung
6 — Kopulationsorgan

beißend-kauend. Die Flügel sind häutig, beide Paare sind gleich bzw. annähernd gleich groß. In der Form länglich gestreckt, sind sie glasartig durchsichtig oder mit dunklen Feldern und Flecken verziert. In Ruhestellung werden die Flügel entweder aneinandergelegt oder waagerecht vom Körper abgespreizt. Einige Libellen fliegen nur langsam und flatternd (Prachtlibellen), andere wiederum zeichnen sich durch sehr rasanten, geräuschlosen und ausdauernden Flug aus. Die langen Beine tragen an den Enden dreigliedrige Füße, das Körperende bilden kurze, eingliedrige Anhänge.

Libellen sind Raubinsekten, die ihre Beute direkt im Flug ergreifen. Als Nahrung dienen ihnen vor allem Insektenarten, die sich in Wassernähe aufhalten, z. B. Stechmücken, Fliegen usw., aber auch viele andere Arten. Libellen fliegen tagsüber in der Frühlings- und Sommersonne. Meist halten sie sich in der Nähe von Gewässern oder über der Oberfläche stehender oder langsamfließender Gewässer auf. Sie entfernen sich aber auch weit von dem Platz, an dem sie geschlüpft sind, und so kommt es, daß man ihnen auf Waldlichtungen, Wegen, Feldern und sogar in den Straßen der Städte begegnen kann. Junge Tiere verlassen in der Regel für einige Zeit den Wasserrand, kehren aber wieder dorthin zurück.

Bei ihrer Entwicklung durchlaufen sie eine unvollständige Verwandlung. Die Weibchen legen ihre rundlichen, verhältnismäßig kleinen Eier (0,5 — 2 mm) entweder direkt ins Wasser, in den Schlamm oder in den Sand ab oder stechen sie mit Hilfe eines kurzen Legeapparats ins Gewebe von Wasserpflanzen. Manchmal geschieht das unter Mitwirkung des Männchens, das sich mit seinen Hinterleibsanhängen am Weibchen festhält. Aus den Eiern schlüpfen zunächst die sog. Vorlarven, aus denen sich schon nach wenigen Sekunden die ersten Larven entwickeln. Sie sind räuberisch und ernähren sich von vielerlei Lebewesen, z. B. von Wasserflöhen, kleinen Würmern usw. Zum Nahrungsfang dient ihnen eine besondere Vorrichtung, die Maske genannt wird, und eigentlich eine umgestaltete Unterlippe ist. Die Larven leben in Tümpeln, Teichen, toten Flußarmen usw. Ihre Entwicklung dauert je nach Art ein bis vier Jahre. Die ausgewachsene Larve nimmt keine Nahrung mehr auf, kriecht an Wasserpflanzen teilweise oder ganz über die Oberfläche empor und verwandelt sich dort nach ein paar Tagen in die Imago. Überwinterungsstadien sind Eier und Larven, nur Arten der Gattung *Sympetrum* überwintern als Imago. Libellen sind sehr nützliche Tiere, da ihre Nahrung oft aus blutsaugenden Insekten besteht. Es ist Übertreibung, die Larven als Schädlinge in Fischzuchtteichen anzusehen.

Libellen zählen zu den entwicklungsgeschichtlich sehr alten Insektengruppen. Sie sind schon aus dem Paläozoikum bekannt, besonders aus dem Perm. Unter ihnen befanden sich Arten, deren Flügelspannweite bis zu 700 mm betrug.

Bisher sind etwa 4700 Libellenarten beschrieben. Von ihnen kommen nur 80—100 Arten in Europa vor. Sie gehören zu zwei Unterordnungen: Etwa ein Drittel der Arten zählt zur Unterordnung *Zygoptera*, zwei Drittel zur Unterordnung *Anisoptera*.

Zu Sammlungszwecken werden die Exemplare trocken präpariert.

8. Ordnung Stein- oder Uferfliegen, Plecoptera

In diese Ordnung gehören größere und kleinere Arten mit einer Flügelspannweite von maximal 50 mm und weichem, langgestrecktem Körper. Das Körperende trägt zwei oft lange, gegliederte Borsten. Die Fühler sind lang und vielgliedrig. Charakteristisches Merkmal der Uferfliegen: Form und Ruhestellung der Flügel. Die Vorderflügel sind einfach und oval, die hinteren etwas breiter. In Ruhe werden sie flach auf dem Rücken zusammengelegt. Die Beine sind gleich ausgebildet und tragen einen dreigliedrigen Fuß. Ausgewachsene Uferfliegen ernähren sich von Algen, kleinen Flechten, Wasser oder nehmen überhaupt keine Nahrung auf. Die Männchen leben nur ein bis zwei Wochen, die Weibchen etwa eine Woche länger.

Die meisten Uferfliegen fliegen nur wenig und nicht weit. Sie sitzen im Schatten auf Pflanzen und Holzstücken am Wasser, unter Steinen und an Brückenpfeilern. Uferfliegen ver-

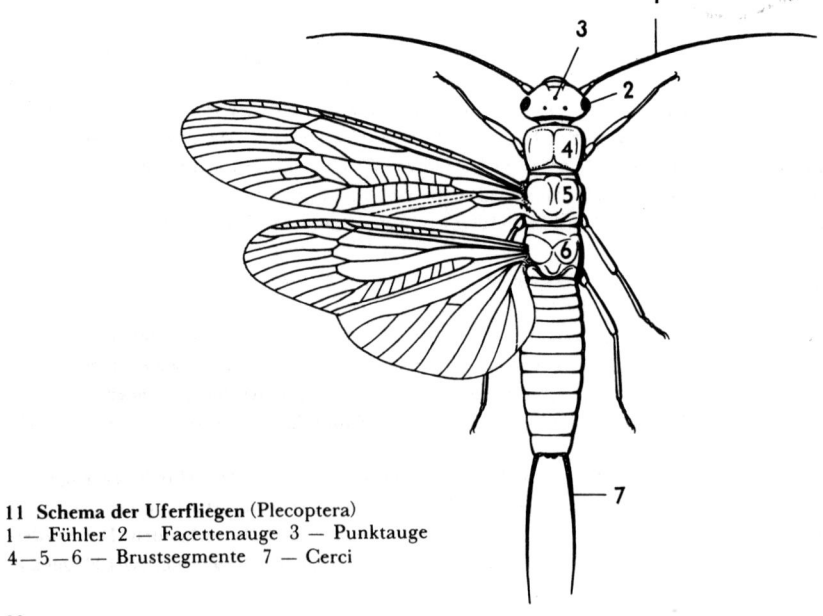

11 **Schema der Uferfliegen** (Plecoptera)
1 — Fühler 2 — Facettenauge 3 — Punktauge
4—5—6 — Brustsegmente 7 — Cerci

ständigen sich untereinander durch eine Art Trommeln, das sie mit Hilfe der in den Beinen sitzenden Sinnesorgane wahrnehmen.

In ihrer Entwicklung machen sie eine unvollständige Verwandlung durch. Die Weibchen legen Eipakete ins Wasser ab, darin entwickeln sich die Larven in einem oder auch mehreren Jahren und häuten sich in dieser Zeit 20—30mal. Sie brauchen sauerstoffreiches Wasser, deshalb sind sie in Gebirgsbächen und -flüssen am häufigsten, wo sie auf dem Grund unter Steinen leben. Uferfliegenlarven sind Fleisch-, Pflanzen- oder Allesfresser; sie atmen durch Kiemen. Die ausgewachsene Larve kriecht ans Ufer und verwandelt sich binnen kurzem an einem Stein oder einer Wasserpflanze zur Imago.

Larven und Imagines der Uferfliegen dienen Fischen und anderen Tieren als Nahrung. Wie auch die Eintagsfliegenlarven kann man sie als Indikator für die Sauberkeit der Wasserläufe ansehen.

Auch die Uferfliegen gehören zu den entwicklungsgeschichtlich alten Insekten; man kennt sie schon aus dem Paläozoikum (Älteres Karbon). Von den ca. 2000 auf der Erde lebenden Arten findet man in West- und Mitteleuropa etwa 80 bis 100. Sie gehören dreien Unterordnungen an.

In einer Sammlung verwahrt man die Uferfliegen am besten in Alkohol auf, da eine genaue Bestimmung nur nach den Kopulationsorganen möglich ist, die sich in getrocknetem Zustand deformieren würden.

9. Ordnung Fußspinner, Embioptera

Die Insekten dieser Ordnung sind meist nur einige Millimeter lang und haben beißende Mundwerkzeuge und richtige Facettenaugen, aber keine Ocellen. Die Männchen besitzen zwei einander ähnliche Flügelpaare, die nur schwach geädert sind. Die Weibchen sind flügellos.

Fußspinner sind leicht an den eiförmig erweiterten ersten Fußgliedern der Vorderbeine zu erkennen. In ihnen sitzen eine Reihe Spinndrüsen. Sie ernähren sich von Pflanzenteilchen und Abfällen. Oft leben sie in Gesellschaften zusammen und halten sich in selbst gesponnenen Röhren auf. Die Weibchen legen ihre Eier darin ab, schützen sie und halten sie sauber, manchmal bringen sie auch Nahrung für die frischgeschlüpften Larven herbei.

Auf der ganzen Welt sind über 200 Arten bekannt. In Mitteleuropa kommen sie nicht vor, aber auf dem Balkan, in West- und Südeuropa treten einige Arten recht zahlreich auf.

10. Ordnung Ohrwürmer, Dermaptera

Die Arten dieser Ordnung messen zwischen 5 und 20 mm und zeichnen sich dadurch aus, daß sich am Ende ihres langgestreckten, abgeflachten Körpers bei beiden Geschlechtern zwei zangenförmige Anhänge befinden, deren Innenseiten entweder glatt oder mit einem bzw. mehreren Zähnchen versehen sind. In der Färbung der Ohrwürmer überwiegen Gelb und Braun.

Der prognathe Kopf ist deutlich sichtbar von der Brust abgeteilt. Die Mundwerkzeuge sind beißend, die Facettenaugen liegen hinter den Fühlern, die nicht sehr lang sind, aber aus dreißig und mehr Gliedern bestehen. Punktaugen sind ebenfalls vorhanden. Die Vorderbrust wird von oben durch den Schild bedeckt. Meist haben die Ohrwürmer zwei Flügelpaare: Das erste Paar ist kurz, hart und glatt ohne Äderung (Flügeldecken). Das zweite Paar bilden breite Hautflügel, die doppelt unter den Vorderflügeln zusammengelegt werden. Es kommt auch vor, daß das zweite Flügelpaar gar nicht ausgebildet ist. Die Gliedmaßen sind Laufbeine, die Füße dreigliedrig. Alle Beinpaare sind einander ähnlich. Männchen und Weibchen lassen sich leicht an der Zahl der Hinterleibssegmente unterscheiden. Sie beträgt bei den Männchen zehn, bei den Weibchen bloß acht.

Als Nahrung dienen den Ohrwürmern sowohl pflanzliche Stoffe (z. B. Früchte) als auch tierische (Insekten).

Ohrwürmer sind wärmeliebende Insekten, deshalb halten sie sich oft in allerlei Verstecken auf: unter Steinen und altem Holz, unter der Rinde von Baumstümpfen; oft suchen sie in Häusern Unterschlupf und verbergen sich im Keller, in der Speisekammer u. ä. Einige Arten leben auch auf sandigen Ufern.

Die Verwandlung der Ohrwürmer ist unvollständig. Die Weibchen legen ihre Eier in unterirdischen Kammern ab, tragen sie zu kleinen Häufchen zusammen und pflegen sie. Durch stetes Belecken schützen sie sie vor Schimmelpilzen. In ähnlicher Weise kümmern sich die Muttertiere auch um die ausgeschlüpften Larven.

Die ältesten Überreste von Ohrwürmern aus vergangenen Erdzeitaltern stammen aus dem Mesozoikum (Jura).

Die Ohrwürmer sind typische Tropenbewohner. Von den bisher bekannten 1300 Arten finden sich in Mitteleuropa nur sieben bis acht.

Sie lassen sich gut als Trockenpräparate aufbewahren.

11. Ordnung Fangschrecken, Mantodea

Aus dieser Ordnung kommt in Mitteleuropa nur eine Art, die Gottesanbeterin, vor. Das große, 4—8 cm lange Insekt fällt auf den ersten Blick durch die eigenartige Haltung der Vordergliedmaßen, der Fangbeine, auf. Schenkel und Schienen sind mit scharfen Zähnen bewehrt und lassen sich taschenmesserartig gegeneinander schließen, wodurch ein gefangenes Beutetier fest zwischen ihnen eingeklemmt wird. Die übrigen Gliedmaßenpaare sind lang und schlank.

Der nach unten geneigte Kopf trägt mittellange Fühler, Komplex- und Punktaugen sowie mächtige Beißwerkzeuge. Die Vorderbrust ist auffallend lang und frei beweglich. Die gut ausgebildeten Flügel werden flach auf dem Körper zusammengelegt, wobei das vordere Flügelpaar härter und schmäler ist als das hintere. Trotzdem sind die Fangschrecken aber keine besonders guten Flieger.

Imago und Larve sind Räuber und ernähren sich in erster Linie von verschiedenen Insektenarten.

Die Verwandlung ist unvollständig. Die Weibchen legen ihre Eier in großen Ootheken ab, von denen sie während ihres Lebens eine ganze Reihe herstellen. Sie befestigen diese Eipakete an Pflanzenzweigen oder Steinen. Das Material der Oothek schützt die Eier nicht nur vor Feinden, sondern auch vor dem Austrocknen und Überhitzen. Die Larven häuten sich während ihrer Entwicklung mehrmals.

Alle Fangschreckenarten sind sehr wärmeliebend, deshalb bewohnen die insgesamt etwa 2000 Arten vorwiegend die Tropen und Subtropen.

Das Insekt wird als Trockenpräparat aufbewahrt.

12. Ordnung Schaben, Blattaria

Die meisten Arten dieser Ordnung sind mittelgroß, nur wenige messen 5 mm. Der Schaben-
körper ist in dorsoventraler Richtung stark abgeplattet. Am Hinterleibsende finden sich
zwei Cerci, die Männchen besitzen zwei weitere Anhänge. Die meisten Schaben sind
schwarzbraun bzw. ockerfarbig. Der Kopf ist nach hinten gerichtet und wird von oben von
dem breiten Schild bedeckt. Die Mundwerkzeuge sind beißend, die Fühler lang und vielgliedrig. Die Flügel sind meist ausgebildet, es kommen aber auch ungeflügelte Formen vor.
Bei den Männchen sind sie besser entwickelt, bei den Weibchen meist verkürzt, oder sie
fehlen ganz. Beide Flügelpaare unterscheiden sich in Größe und Bau voneinander. Das erste
Paar ist in der Regel stärker, hart und deckenartig, das zweite häutig und breit. Die Schaben
fliegen aber nur sehr kurze Strecken; zur Fortbewegung dienen ihnen die Laufbeine mit
starken Hüften und fünfgliedrigen Füßen. Schaben sind gute und schnelle Läufer.
Die im Freien lebenden Schaben sind sämtlich Pflanzenfresser, die „Hausschaben" hingegen
Allesfresser. Letztere sind im Gegensatz zu den erstgenannten auch Nachttiere. Die frei
lebenden Schaben sind unschädlich, Hausschaben verdienen jedoch den Namen „Ungezie-
fer".
Die Schaben haben eine unvollständige Verwandlung. Die Weibchen legen die Eier in
charakteristischen Ootheken ab, die einige Arten eine Zeitlang am Hinterleib mit sich her-
umtragen.
Die Schaben sind eine sehr alte Ordnung. Zahlreiche Gattungen und Arten sind schon aus
dem Paläozoikum (Karbon, Perm) bekannt. Die Gesamtzahl der Arten wird auf etwa 3000
geschätzt, von denen die meisten in den Tropen heimisch sind. Nur ein Zehner bewohnt
Mittel- und Westeuropa.
Schaben eignen sich als Trockenpräparate.

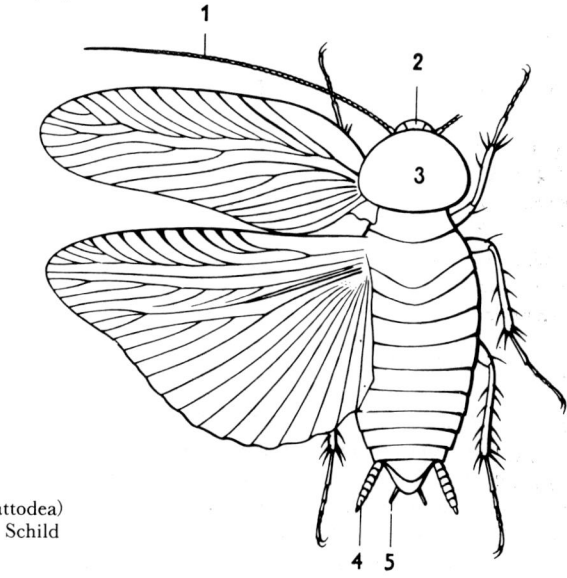

12 **Schema der Schaben** (Blattodea)
1 — Fühler 2 — Kopf 3 — Schild
4 — Cerci 5 — Styli

13. Ordnung Termiten, Isoptera

Die Termiten werden als nahe Verwandte der Schaben angesehen. Ihr Körper ist aber kaum abgeflacht, sondern langgestreckt, weichhäutig und mit Ausnahme der Geschlechtstiere pigmentlos. Ihre Größe schwankt zwischen wenigen Millimetern und 2,2 cm. Am Kopf befinden sich die gut entwickelten Beißwerkzeuge und verhältnismäßig kurze Fühler. Augen fehlen häufig ganz. An den Beinen sitzen viergliedrige Füße.

Termiten sind Insekten, die in Gesellschaften leben. Ihre straff organisierten Staaten bewohnen verschiedenartige Nester. Jeder Staat umfaßt mehrere Kasten, deren Angehörige sich voneinander morphologisch und physiologisch unterscheiden. An der Spitze des Staates steht das Königspaar, weitere Kasten bilden die Arbeiter und Soldaten. Alle Kasten erfüllen im Staat spezielle Aufgaben. Die Geschlechtstiere sind zeitweise geflügelt, werfen aber die Flügel nach dem Hochzeitsflug ab.

Als Nahrung dient den meisten Termiten Zellulose, also Holz oder Pflanzengewebe; andere Arten fressen Humus oder sind Allesfresser. Bei der Zelluloseverdauung helfen ihnen kleine Geißeltierchen (Flagellaten), die in großer Zahl den Verdauungstrakt der Termiten bewohnen. Für die Nahrungsbeschaffung sorgen die Arbeiter, die alle übrigen Kasten im Staat füttern.

Ihre Verwandlung ist unvollständig. Die Königin ist die Mutter aller im Staate lebenden Tiere.

In den Tropen, dem Hauptlebensraum der Termiten, sind diese Insekten von großer wirtschaftlicher Bedeutung. Einerseits tragen sie zur Zersetzung abgestorbener Pflanzen bei, andererseits sind sie gefürchtete Feinde aller Holzbauten usw. Von den über 2000 bekannten Arten leben in den subtropischen Zonen Europas nur einige. Ihre Einschleppung in Bereiche, in denen sie ursprünglich nicht vorkommen, ist jedoch leicht möglich, wie Verschleppungsfälle in mitteleuropäische Gebiete beweisen.

14. Ordnung Gespenst- oder Stabschrecken, Phasmida

Gespenstschrecken sind verhältnismäßig große Insekten. Ihr Körper ist entweder walzenförmig langgestreckt und mit einer Vielzahl von Auswüchsen übersät oder flach und grün, einem Blatt ähnlich.

Auf der ganzen Welt leben etwa 2500 Arten, die über die Tropen und Subtropen verbreitet sind. Nur wenige Vertreter dieser merkwürdigen Ordnung finden sich in Europa (Mittelmeerraum). Wegen ihrer Anspruchslosigkeit in Ernährungs- und Lebensbedingungen werden bei uns manchmal gezüchtet.

15. Ordnung Langfühlerschrecken, Ensifera

In dieser Ordnung finden sich meist mittelgroße, in der Regel etwa 3 cm lange Insekten. Ihre Hauptvertreter sind Laubheuschrecken, Maulwurfs- und andere Grillen. Der Körper ist seitlich abgeflacht, der Hinterleib fest mit der Brust verbunden. Der nach unten geneigte Kopf trägt starke Kiefer. Ihre Fühler sind mindestens so lang wie der ganze Körper. Die Langfühlerschrecken haben meist zwei Flügelpaare, von denen das erste stärker, ledrig und schmal ist, das zweite jedoch häutig und breit. Das Geäder auf den Flügeln ist reich entwikkelt, auf dem hinteren Flügelpaar ist es fächerförmig. Die Flügel sind meist grünlich, bräunlich oder grünlichbraun gefärbt. Es gibt auch kurzflügelige (brachyptere) und flügellose Arten. Das hintere Beinpaar hat sehr starke Schenkel; es dient zum Springen. Der Fuß ist in der Regel vier-, bei den Grillen nur dreigliedrig. Die Weibchen besitzen einen unterschiedlich langen, oft säbelartig gebogenen Legeapparat. Viele Arten sind Fleischfresser und stellen kleineren und größeren Insekten nach. Einige (z. B. Maulwurfsgrillen) sind Allesfresser, andere Pflanzenfresser (Grillen).

Viele Langfühlerschrecken geben laute Töne von sich, die manchmal auch über größere Entfernung zu hören sind. Sie werden meist von den Männchen erzeugt und entstehen durch Aneinanderreiben von dazu ausgebildeten Teilen der Vorderflügel. Diese Töne sind im Leben der Insekten offenbar wichtig; so haben die Schrecken an den Schienen der Beine Tympanalorgane (Gehörorgane), mit deren Hilfe sie Geräusche registrieren.

In Mitteleuropa treten die Langfühlerschrecken vor allem im Hochsommer und Frühherbst auf. Sie lieben die Wärme und bewohnen Gebüsche, Wiesen und baumbestandene Hänge, Waldlichtungen und Wege. Einige Arten haben sich dem Menschen eng angeschlossen (Heimchen) und leben in Häusern und Gewächshäusern botanischer Gärten und Gärtnereien. Ihre Verwandlung ist unvollständig. Die Weibchen legen die Eier mit Hilfe eines Legebohrers entweder in die Erde oder in Pflanzengewebe. Die Larven schlüpfen nach unterschiedlich langer Zeit aus, häuten sich mehrmals und haben große Ähnlichkeit mit der fertigen Imago.

Im Freien sind die Langfühlerschrecken dem Menschen nützlich, da sie eine beachtliche Menge verschiedener, oft schädlicher Insekten vertilgen.

Auf der ganzen Welt leben etwa 8000 Arten, davon in Mitteleuropa ungefähr 30.

Langfühlerschrecken werden in Sammlungen als Trockenpräparate aufbewahrt.

16. Ordnung Kurzfühlerschrecken, Caelifera

Bis vor kurzem wurden Lang- und Kurzfühlerschrecken in einer einzigen Ordnung vereint — Geradflügler (*Orthoptera, Saltatoria*).

Sie unterscheiden sich aber in einigen morphologischen Merkmalen und vor allem in der Stridulationstechnik (im Zirpen) voneinander. Auch haben sie eine unterschiedliche Ernährungsweise.

Der Körper der Kurzfühlerschrecken ist ebenfalls seitlich abgeflacht, die Oberkiefer sind stark entwickelt, aber die Fühler sind nicht länger als der Kopf und das erste Brustsegment zusammen. Der Legeapparat ist sehr kurz, die Füße haben nur drei Glieder.

Das erste Flügelpaar ist kurz und fest, meist nur unauffällig gefärbt, das zweite Paar besteht aus breiten Hautflügeln, die bei vielen Arten auch bunt gefärbt sind: blau, rot und gelb.

Auch die Kurzfühlerschrecken geben durch Reiben der Beine an den Flügeldecken Zirptöne von sich. Das stärkste Zirpen lassen wohl die Arten der Familie Acrididae hören.

Im Sommer und Herbst halten sich die Kurzfühlerschrecken gern im offenen Gelände auf — auf Wiesen, Lichtungen, an Waldrändern. Sie sind Pflanzenfresser, deswegen sind einige Arten als Schädlinge bekannt. Das trifft vor allem für die Gebiete des Nahen Ostens zu, wo verschiedene Wanderheuschreckenarten noch heute gelegentlich Verwüstungen hervorrufen. Heuschreckenschwärme waren schon in der alten Geschichte bekannt, eine der „ägyptischen Plagen" aus der Bibel war ein Heuschreckenkahlfraß, und bereits im 6. Jahrhundert

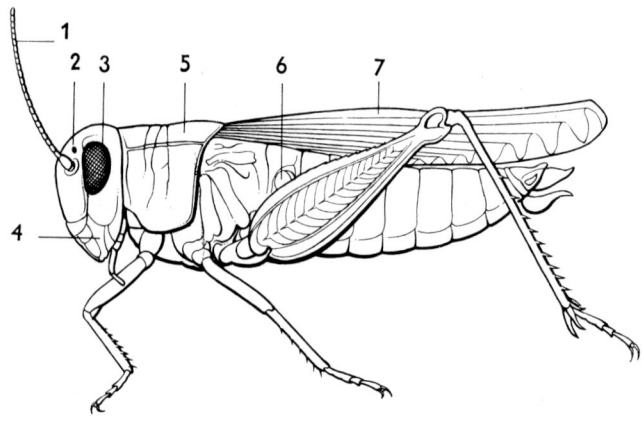

13 Schema der Kurzfühlerschrecken (Caelifera)
1 — Fühler 2 — Punktauge 3 — Facettenauge 4 — Oberkiefer
5 — Vorderbrust 6 — Tympanalorgan 7 — Flügel

unserer Zeitrechnung erscheinen in alten Chroniken Vermerke über Heuschreckeneinfälle auch in Europa. Selbst älteste Kulturen kannten die Heuschrecken: Neben Bienen und heiligen Scarabäen wurden sie schon von den alten Ägyptern dargestellt.
Auf der ganzen Welt gibt es über 10 000 Arten, von denen in Europa nur rund 80 leben.
Auch Kurzfühlerschrecken eignen sich zur Trockenpräparation.

17. Ordnung Staubläuse, Psocoptera

Zwar kommen Staubläuse sowohl im Freien als auch in der Nähe menschlicher Behausungen recht zahlreich vor, doch sind sie so unauffällig, daß man sie meistens übersieht.
Sie sind unscheinbar klein (1—4 mm) und weichhäutig, meist gelb oder bräunlich und manchmal gemustert.
Im Vorderteil des relativ großen Kopfes liegen die beißenden Mundwerkzeuge, die Augen und recht lange Fühler, die von 50 Gliedern gebildet werden. Der Kopf ist durch einen weichhäutigen Hals mit der Brust verbunden, der Prothorax ist sehr viel kleiner als die übrigen Brustabschnitte. An der Brust sitzen entweder 2 Paare voll ausgebildeter Flügel, die länger als der Körper sind, oder bei einigen Arten nur kurze oder auch zu unscheinbaren Schuppen zurückgebildete Flügel; manchmal fehlen sie auch ganz. Die Flügel sind meist durchsichtig, das 1. Paar trägt dunklere Flecken. In Ruhestellung werden sie dachförmig zusammengelegt.
Als Nahrung dienen den Staubläusen einzellige Algen, Schimmelpilze und andere organische Stoffe. Sie lieben die Wärme und bevorzugen darum trockene Biotope. Im Freien findet man sie im Wald (unter Stämmen, Rinde, im Laub), auf Felsen, in Vogelnestern und Ameisenhaufen; andere Arten leben in Vorräten, Medikamenten, altem Papier, Heu, Stroh, in zoologischen und botanischen Sammlungen.

Einige Arten stellen eine Art Schutzgespinst her, unter dem sie sich gut verbergen können. Die Verwandlung der Staubläuse ist unvollständig. Die Eier werden in Gruppen abgelegt, die Larve häutet sich während ihrer Entwicklung fünf- bis sechsmal. Einige Arten bringen nur eine, andere zwei, in Ausnahmefällen auch drei Generationen jährlich hervor.

Wirtschaftliche Bedeutung haben vor allem die Arten, die in der Nähe des Menschen leben. Besonders in entomologischen Sammlungen machen sie sich unangenehm bemerkbar, da sie die Härchen präparierter Objekte abfressen und das Material verunreinigen.

Insgesamt sind mehr als 1000 Arten bekannt. Von ihnen leben in Mitteleuropa 70−100, ein erstaunlich hoher Prozentsatz. Die Bestimmung einiger Arten läßt sich zwar mit der Lupe durchführen, die der meisten aber nur mit dem Mikroskop.

Staubläusesammlungen bestehen vorwiegend aus mikroskopischen Präparaten.

18. Ordnung Kieferläuse, Mallophaga

Die Länge der meisten europäischen Kieferläuse schwankt zwischen 1 und 5 mm, es gibt aber auch größere Arten. Ihre Körperform ist abgeflacht, entweder breit-oval oder langgestreckt. Die Färbung ist schlicht, meist gelb, gelbbraun oder braun. Der Kopf ist im Verhältnis zum Körper auffallend groß und deutlich von der Brust abgesetzt. Außer den beißenden Mundwerkzeugen und den Augen trägt er kurze, meist nur drei- bis fünfgliedrige Fühler. Die Mittelbrust ist von der Vorderbrust deutlich abgesetzt, die Hinterbrust aber oft kaum zu erkennen. Flügel fehlen völlig. Die Beine sind gut entwickelt, meist haben sie ein bis zwei Klauen.

Als Nahrung dienen den Kieferläusen Feder- und Hautreste, nur einige Arten parasitieren und ernähren sich vom Blut ihres Wirtes.

Kieferläuse halten sich vor allem im Gefieder von Vögeln auf, wo sie sich mit ihren Oberkiefern festhalten. Von den in Europa heimischen Arten leben rund zwei Drittel nur auf Vögeln, die übrigen im Fell von Säugetieren, z. B. bei Katzen, Hunden, Ziegen, Schafen, Rindern, Pferden, Rehen und Mardern; bei Fledermäusen, Maulwürfen und einigen anderen Säugetieren sind sie nicht bekannt; auch Menschen werden nicht befallen. Häufig sind die Kieferläuse auf eine bestimmte Wirtstierart spezialisiert, auf der sich dann ihr gesamter Lebenszyklus abspielt, manchmal auch auf einen bestimmten Körperteil des Wirtes. Manche Arten wechseln allerdings von einer Wirtsart auf die andere über.

Kieferläuse sind in erster Linie nur lästige Insekten, die das Gefieder von Haustieren verunreinigen und anfressen, sie können bei stärkerer Vermehrung vor allem in Hühnerfarmen sehr unangenehm werden.

Von den über 3000 vorhandenen Arten sind in Europa rund 700 heimisch, die Gesamtzahl liegt schätzungsweise aber wesentlich höher.

Kieferlaussammlungen bestehen aus mikroskopischen Präparaten.

19. Ordnung Echte Läuse, Anoplura

Die Echten Läuse sind allgemein bekannt; zu ihnen gehören auch einige auf dem Menschen parasitierende Arten.

Sie sind höchstens etwa 6 mm lang. Ihr Körper ist dorsoventral abgeflacht, oval oder gestreckt, weißlich oder grauweiß. Die Brustsegmente verschmelzen in der Regel zu einer

14 Die beiden häufigsten auf dem Menschen vorkommenden Läusearten: *Pediculus humanus* (links) und *Phthirius pubis* (rechts)

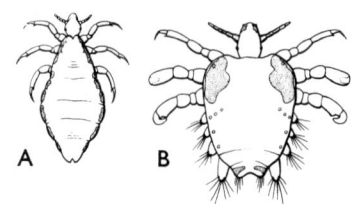

Einheit. Flügel sind nie vorhanden, dafür in vielen Fällen mächtige, mit einer Kralle versehene Gliedmaßen. Diese Kralle bildet mit dem ihr gegenüberstehenden, an der Schiene sitzenden Ausläufer ein besonderes Klammerorgan, das es der Laus ermöglicht, sich an den Haaren oder im Fell des Wirtes festzuklammern.

Als Ektoparasiten vieler Säuger ernähren sich die Läuse vom Blut ihrer Wirte. Sie leben auf Menschen, Hunden, Nagetieren, Pferden, Rindern, Schafen und Ziegen, daneben auch auf Rehen, Hirschen und Schweinen. Nicht befallen werden Katzen, Fledermäuse, Igel, Maulwürfe u. a. Meist sind die Läusearten auf das Blut eines bestimmten Wirtes spezialisiert.

Die Laus durchläuft eine unvollständige Verwandlung. Das Weibchen legt ziemlich große Eier, die sog. Nissen, die so fest im Haar oder Fell festkleben, daß sie nicht vom Wasser abgespült werden können. Drei Larvalstadien führen zur Imago. Die Entwicklung vollzieht sich unterschiedlich schnell und ist nicht nur von der Art, sondern auch von der Temperatur und einigen weiteren Bedingungen abhängig.

Läuse gehören zu den unangenehmen Schädlingen. Sie peinigen ihre Wirte nicht nur durch Blutsaugen, sondern übertragen auch verschiedene gefährliche Infektionskrankheiten; noch vor gar nicht allzulanger Zeit lösten sie Fleck- und Wechselfieberepidemien aus.

Etwa 400 Läusearten sind über die ganze Welt verbreitet. Die Bestimmung von Läusen ist ohne Mikroskop meist unmöglich. In Sammlungen werden sie als mikroskopische Präparate aufbewahrt.

20. Ordnung Fransenflügler, Thysanoptera

Das sind kleine, unscheinbare, meist nur 1 — 3 mm lange Insekten mit länglichem braunem, schwarzem oder gelbem Körper. Die Mundwerkzeuge sind asymmetrisch gebaut und stechend-saugend. Die Fühler bestehen nur aus 6 — 9 Gliedern.

Die meisten Fransenflügler weisen zwei typische Merkmale auf: die besondere Flügelform und die ausstülpbaren Blasen an den zweigliedrigen Füßen.

Die Flügel sind schmal und an Vorder- und Hinterrand von vielen feinen Fransen umsäumt, die am Hinterrand meist dichter und länger sind als vorne. Das Geäder beider Flügelpaare ist nur sehr einfach. Eine Reihe Fransenflüglerarten ist jedoch völlig flügellos.

Fransenflügler ernähren sich vorwiegend von Pflanzensäften, die sie mit ihren stechend-saugenden Mundwerkzeugen aus Blättern und Blüten aufnehmen. Einige Arten saugen aber auch Blattläuse und andere Fransenflügler aus.

Meist halten sich die Tiere auf Pflanzen, besonders in Blüten und Blütenständen auf (sehr häufig kommen sie auf Korbblütlern vor). Auch Blattscheiden von Gräsern (fast immer sind sie in den Blattscheiden von Getreide zu finden), alte Pilze, Laub u. ä. suchen sie gerne auf.

Die Verwandlung der Fransenflügler ist unvollständig. Die mit Legeapparat ausgestatteten

Weibchen legen die Eier ins Pflanzengewebe ab, die übrigen in Blattscheiden, Blüten usw. In ihrer Entwicklung durchlaufen sie zwei Larvenstadien, die der Imago recht ähnlich sehen. Darauf folgen zwei bis drei Ruhestadien, in denen keine Nahrung aufgenommen wird. Dieser Verwandlungstyp nähert sich der vollständigen Verwandlung, er heißt Remetabolie.

Fransenflügler sind vor allem in den Tropen und Subtropen von wirtschaftlicher Bedeutung, doch auch einige mitteleuropäische Arten können zu unangenehmen Schädlingen werden, wenn sie in größerer Anzahl auftreten. Die befallenen Pflanzen leiden nicht nur unter dem Saftverlust, sondern erleiden auch verschiedene Mißbildungen, sie welken und sterben gegebenenfalls ab. Mitunter treten die Imagines an feuchtschwülen Tagen in großen Mengen auf und können dann auf der Haut des Menschen unangenehme Juckreize verursachen. Es sind die im Volksmund als „Gewitterwürmchen" bezeichneten Insekten.

Auf der Erde sind ungefähr 4000 Arten bekannt, davon in Mitteleuropa rund 300. Sie gehören zwei Unterordnungen an: den *Terebrantia* (mit Legebohrer ausgestattet) und den *Tubulifera* (ohne Legebohrer). Die Verbreitung der Fransenflügler erstreckt sich bis weit in den Norden hinauf (Grönland).

Fransenflügler werden als mikroskopische Präparate aufbewahrt.

21. Ordnung Gleichflügler, Homoptera

Die Gleichflügler oder Pflanzensauger wurden früher mit der nachfolgenden Ordnung, den Wanzen (*Heteroptera*) zu einer einzigen Ordnung gezählt, *Rhynchota* oder *Hemiptera* genannt. Der Grund dafür lag vor allem im Bau ihrer Mundwerkzeuge, die bei beiden stechend-saugend sind. Zwischen den Gleichflüglern und den Wanzen besteht aber eine Reihe morphologischer und bionomischer Unterschiede, die ihre Trennung in zwei selbständige Ordnungen rechtfertigen.

Die Gleichflügler sind eine recht uneinheitliche Ordnung. Einerseits umfaßt sie Arten, deren Länge knapp 1 mm ausmacht, andererseits aber auch solche, die mehrere Zentimeter lang werden. Ihre Färbung ist gleichfalls vielgestaltig, einige sind nur einfarbig, andere lebhaft gefleckt oder gestreift.

Die Mundwerkzeuge sitzen an der Kopfunterseite und sind nach hinten gerichtet. Sie sind stechend-saugend und erreichen bei einigen Arten eine beträchtliche Länge. Lediglich in Ausnahmefällen sind sie zurückgebildet. Die Fühler sind unterschiedlich lang, sie können vielgliedrig, aber auch zu einem kurzen Stummel reduziert sein. Bei den Augen verhält es sich ähnlich: Sie sind entweder gut entwickelt oder fehlen gelegentlich ganz.

Bei einigen Arten sind die Körperteile — Hals, Brust und Hinterleib — deutlich gegeneinander abgesetzt; bei anderen gehen sie ineinander über oder sind miteinander verwachsen, so daß der Körper wie ein länglicher oder breiter Sack aussieht (Schildläuse, *Coccina*). Die Flügel sind in der Regel ausgebildet, es gibt aber auch ungeflügelte Arten. Beide Flügelpaare sind gleich: Hautflügel, die bei den einen durchsichtig, bei den anderen schön gefärbt sein können. Bei einigen Gleichflüglergruppen haben nur die Männchen Flügel (Schildlaus), andere sind nur in einem bestimmten Stadium geflügelt (Blattlaus).

Auch die Beine sind verschieden ausgebildet; sie tragen ein- bis dreigliedrige Füße. Gelegentlich sind sie verkümmert oder fehlen völlig.

Gleichflügler sind bedeutende Pflanzenparasiten, die in der Regel mehr Saft aus den Pflan-

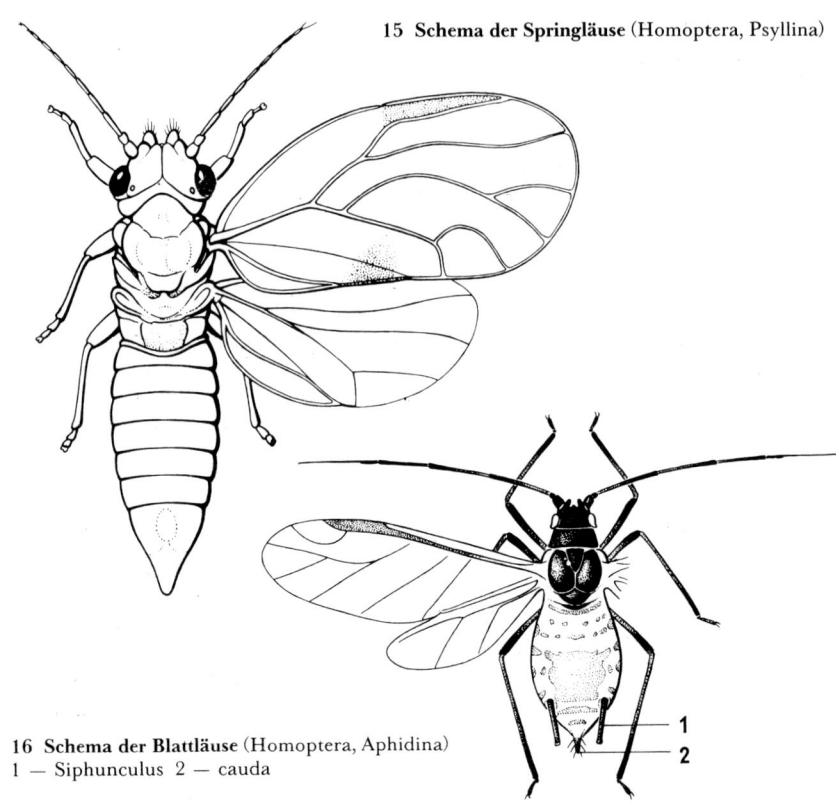

15 **Schema der Springläuse** (Homoptera, Psyllina)

16 **Schema der Blattläuse** (Homoptera, Aphidina)
1 — Siphunculus 2 — cauda

zen saugen, als sie für ihre Existenz benötigen. Sie setzen sich an den verschiedenen Pflanzenorganen fest, selbst an den Wurzeln. Einige Arten bewegen sich als ausgewachsene Tiere nicht mehr fort, sondern saugen sich an einer Stelle fest und haben keine Möglichkeit mehr zum Ortswechsel (Schildläuse).

Gleichflügler machen in der Entwicklung eine unvollständige Verwandlung durch. Aus den Eiern schlüpfen Larven, die sich einige Male häuten. Bei manchen Gruppen verläuft die Entwicklung nicht so einfach, es haben sich komplizierte Entwicklungszyklen herausgebildet, in denen ungeschlechtliche auf geschlechtliche Generationen folgen und die Wirtspflanzen gewechselt werden (Blattläuse), oder die Entwicklung von Männchen und Weibchen läuft verschiedenartig: Während die Entwicklung der Weibchen eine typisch unvollständige Verwandlung darstellt, treten in der Entwicklung der Männchen zwei Ruhestadien auf, die als Propupa und Pupa bezeichnet werden (Schildläuse), bei anderen Arten kommt es bei beiden Geschlechtern zu einem Ruhestadium, dem sog. Puparium (Mottenläuse).

Viele Gleichflüglerarten schädigen die Pflanzen, an denen sie saugen. Einerseits entziehen sie ihnen lebenswichtige Säfte, andererseits führen sie giftige (toxische) Stoffe in die Pflanzenteile ein. Mit ihrem Rüssel beschädigen sie Zellen und verschiedene Gewebe mechanisch. Viele Arten scheiden im Übermaß süßlichen Honigtau aus. Dieser kann die Pflanzen sehr beeinträchtigen, da er ihnen das Atmen erschwert und einen geeigneten Nährboden für Rostpilze darstellt, die sich an den befallenen Stellen leicht ansetzen und wuchern. Einige Arten übertragen auch Viruserkrankungen auf die Pflanzen. Werden Pflanzen von einer größeren Anzahl Gleichflügler heimgesucht, so verlieren sie an Kraft, welken und vertrocknen schließlich. Auch für Zierpflanzen in Haushalten und Gewächshäusern sind einige Gleichflügler, vor allen Dingen die Blattläuse (*Aphidina*) und Schildläuse (*Coccina*), unangenehme Schädlinge.

Nach Schätzungen von Fachleuten kennt man etwa 50 000 Gleichflüglerarten, von denen in Mitteleuropa ungefähr 2500 verbreitet sind. Diese Ziffer steigt jedoch mit jedem Jahr an. Die Gleichflügler teilen sich in fünf ziemlich heterogene Unterordnungen: Zikaden (*Cicadina*), Blattläuse (*Aphidina*), Schildläuse (*Coccina*), Mottenläuse (*Aleurodina*) und Springläuse (*Psyllina*).

Einige Gleichflügler werden in Sammlungen als Trockenpräparate aufbewahrt, die große Mehrheit jedoch als mikroskopische Präparate.

22. Ordnung Wanzen, Heteroptera

In Mitteleuropa erreichen Wanzen eine durchschnittliche Größe von 0,5 — 2 cm, in den Tropen finden sich aber auch über 10 cm große Arten. Ihr Körper ist oval oder langgestreckt, in den meisten Fällen dorsoventral abgeflacht. Ihre Färbung ist vorwiegend schlicht bräunlich oder gräulich, es gibt aber auch einige bunte Arten, meist rote, grüne oder braune, die mit farbigen Streifen geschmückt sind. Am Kopf sitzen die mächtig ausgebildeten stechend-saugenden Mundwerkzeuge; die Fühler sind ursprünglich viergliedrig. Neben den Komplexaugen sind in der Regel auch Ocellen vorhanden. Hinter dem Kopf sitzt ein unterschiedlich gestalteter, häufig breiter und großer Schild (Pronotum) und das Schildchen (Scutellum). Auch es ist gut zu erkennen und erreicht oft eine beträchtliche Größe.

Flügel sind meistens vorhanden, es gibt aber auch ungeflügelte Arten. Der Bau der Vorderflügel ist eigenartig: Zu zwei Dritteln sind sie ledrig-fest, der Endteil (Distalteil) aber häutig. Dieser Flügel wird als Halbdecke bezeichnet (Hemielytra), sein Geäder ist wichtig für die Artenbestimmung. Das hintere Hautflügelpaar ist kleiner. In Ruhestellung werden die Flügel flach an den Körper gelegt. Die Beine haben eine normale Gliederzahl, ihre Länge ist von der Lebensweise der Tiere abhängig. Darin unterscheiden sich die im Wasser lebenden Arten von den Landbewohnern.

Charakteristisches Merkmal der Wanzen sind ihre Stinkdrüsen, die ein durchdringend, unangenehm und langanhaltend stinkendes Sekret absondern.

Die Wanzen bewohnen verschiedene Biotope im Wasser und auf dem Lande, in Wäldern, auf Feldern und Wiesen, einige Arten sind auf den Pflanzen von Müllhalden, in Vogelnestern und Säugetierbehausungen zu finden. Die meisten Wanzen saugen Pflanzensäfte; einige Arten ernähren sich von Blut (Bettwanzen), manche sind Räuber und jagen andere Insekten. Wanzen machen eine unvollständige Verwandlung durch. Bei seiner Entwicklung durchläuft ein Tier vier bis fünf Larvenstadien, die der Imago immer ähnlicher werden, allerdings kleiner sind. Während der Entwicklung entstehen auch allmählich die Flügel. Wanzen haben eine gewisse wirtschaftliche Bedeutung. Eine Reihe von Arten gehört zu den

17 Schema der Wanzen (Heteroptera)
1 — Punktauge 2 — Pronotum (Schild)
3 — Scutellum (Schildchen)
4 — Halbdecke 5 — lederartiger Teil
der Halbdecke 6 — membranartiger Teil
der Halbdecke

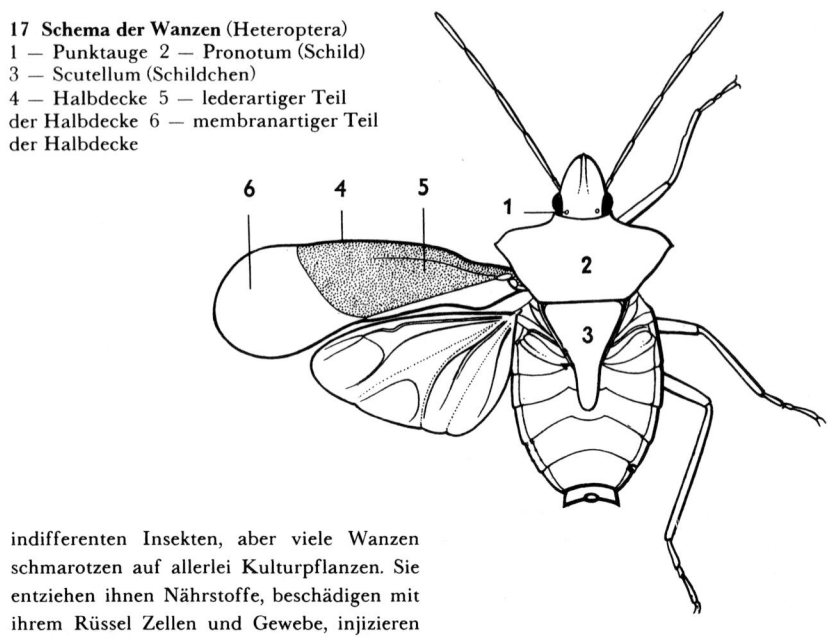

indifferenten Insekten, aber viele Wanzen
schmarotzen auf allerlei Kulturpflanzen. Sie
entziehen ihnen Nährstoffe, beschädigen mit
ihrem Rüssel Zellen und Gewebe, injizieren
Giftstoffe und können auch Viruskrankheiten übertragen. Bettwanzen saugen Menschenblut und können in Wohnungen und anderen Unterkünften sehr lästig werden. Eine Reihe
von Arten gehört nachweislich zu den Nützlingen. Das sind Raubwanzen, die schädlichen
Insekten nachstellen. Aus diesem Grund werden sie in der biologischen Schädlingsbekämpfung eingesetzt.
Je nach ihrem Lebensraum werden die Heteroptera in Land- und Wasserwanzen eingeteilt.
Systematisch verteilen sie sich auf acht Familienreihen. Die Ordnung der Wanzen ist sehr
artenreich; etwa 40 000 Arten sind bekannt. In Mitteleuropa sind sie relativ reich vertreten,
bisher wurden 800 — 1000 Arten festgestellt.
Wanzen werden als Trockenpräparate aufbewahrt.

23. Ordnung Schlammfliegen, Megaloptera

Die Imago ist mittelgroß und erreicht eine Flügelspannweite von 20 — 40 mm. Die drei
Hauptabschnitte des langgestreckten, braungrauen Körpers sind gut zu erkennen. Die zwei
breiten Hautflügelpaare sind fast gleich groß; auch sie sind dunkel gefärbt und werden in
Ruhestellung dachförmig über dem Körper zusammengelegt.
Schlammfliegen halten sich in Wassernähe auf. Meist sitzen sie auf Uferpflanzen und
fliegen schwerfällig davon, wenn sie gestört werden. Diese Insekten machen eine vollständi-
ge Verwandlung durch. Die Weibchen legen einige hundert Eier auf Uferpflanzen und
Steine ab. Die Larve braucht zwei Jahre zu ihrer Entwicklung; sie lebt am Grunde von
Gewässern und ernährt sich von kleineren Lebewesen. Am Ende des letzten Larvenstadiums
kriecht sie ans Ufer und gräbt sich in die Erde ein, wo sie sich dann verpuppt.

Auf der ganzen Welt leben etwa 200 Arten, in Mittel- und Westeuropa nur zwei bis drei. In Sammlungen wird ein Teil des Materials in 70%igem Alkohol aufbewahrt, ein Teil wird auf Nadeln präpariert.

24. Ordnung Kamelhalsfliegen, Raphidioptera

In älteren Systemen wurden die Kamelhalsfliegen gewöhnlich mit anderen Gruppen zu einer gemeinsamen Ordnung, den *Neuroptera*, zusammengefaßt. Kamelhalsfliegen sind recht eigenartige Insekten. Die Arten sind etwa 8—18 mm lang und haben eine Flügelspannweite von 12—38 mm. Hinter dem flachen und verhältnismäßig großen Kopf mit beißenden Mundwerkzeugen sitzt eine sehr lange Vorderbrust. Sie ist nach oben abgewinkelt, was in Verbindung mit ihrer Länge und der großen Beweglichkeit des Kopfes wichtig ist bei der Jagd. Die zwei fast gleich großen Flügelpaare sind durchsichtig und werden in Ruhe dachförmig zusammengelegt. Ihr charakteristisches Merkmal ist das dichte Längs- und Quergeäder.

Die Weibchen haben einen Legeapparat.

Kamelhalsfliegen sind Räuber, die allen möglichen Insekten nachstellen (Blattläusen, kleinen Käfern u. a.). Schon im zeitigen Frühjahr zeigen sie sich an Waldrändern, wo sie sich in Gebüschen, auf gefällten Stämmen u. ä. aufhalten. Sie gehören zu den Insekten mit einer vollständigen Verwandlung. Die Weibchen legen eine nicht allzu große Eierzahl (10—15) in Rindenspalten ab. Die Larven halten sich unter der Rinde auf, und dank ihrer langgestreckten, schlanken Körperform können sie sich in den Gängen der Rindenbewohner bewegen, die ihnen als Nahrung dienen. Daher gehören sowohl Larven als auch Imagines zu den Nützlingen, die viele Borkenkäferlarven und andere Schädlinge vertilgen. Ihre Puppe ist aktiv bewegungsfähig.

Kamelhalsfliegenreste sind schon aus den Permschichten des Paläozoikums sowie aus dem Mesozoikum bekannt.

Auf der ganzen Welt kennt man rund hundert Arten, davon leben in Mitteleuropa nur zwölf.

Sie werden teils als Trockenpräparate, teils in Alkohol aufbewahrt.

25. Ordnung Echte Netzflügler, Planipennia

In diese Ordnung gehören einerseits Arten, deren Flügelspannweite nur einige Millimeter beträgt, andererseits solche, die eine Spannweite von 60, 80, sogar 150 mm haben. In ihrer Körperform ähneln sie nicht selten anderen Insektenordnungen — Libellen, Fangschrecken, Blattläusen usw.

Ihre Färbung ist sehr vielfältig, häufig unauffällig oder grünlich. Die Fühler sind unterschiedlich lang und sitzen zwischen den Augen. Flügel sind bei allen Arten stets ausgebildet. Es sind fast gleich große Hautflügel, häufig durchsichtig mit grünem Geäder oder gelben und dunklen Flecken. In Ruhe werden sie dachförmig über dem Körper zusammengelegt. Einige Netzflügler sind ausgezeichnete Flieger (*Ascalaphidae*), andere flattern nur schwerfällig über kurze Strecken dahin (*Osmylidae, Chrysopidae*).

Die meisten Netzflügler sind Räuber, die andere Insekten im Flug oder auf Pflanzen erbeuten. Einige Arten sammeln süßen Honigtau, wieder andere nehmen überhaupt keine Nah-

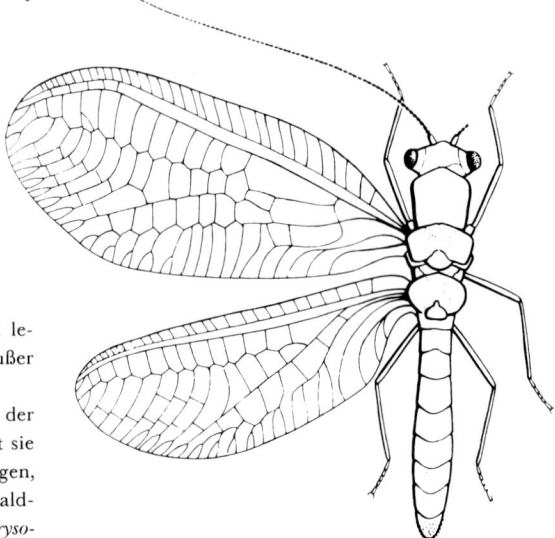

rung zu sich. Durchschnittlich leben sie etwa vier Wochen (außer den überwinternden Arten). Die Imago hält sich häufig an der Blattunterseite auf. Man findet sie an buschbestandenen Hängen, Waldrändern, auf sandigen Waldböden und in Wassernähe. *Chrysopidae* fliegen auch in Häuser ein.

Sie machen eine vollständige Verwandlung durch. Die Weibchen legen ihre Eier einzeln oder häufchenweise im Boden ab. Einige Gruppen legen gestielte Eier, die sie an die Blattunterseite kleben. Die Larven leben auf dem Trockenen. Sie sind Fleischfresser und stellen Insekten nach (häufig Blattläusen), die sie mit Hilfe ihrer Oberkiefer aussaugen. Ihren Körper bedecken sie mit Staub und den Häuten von Beutetieren. Sie leben unter Steinen, im Moos, auf Blättern oder heben sich Fangtrichter aus, in denen sie auf ihre Beute lauern (*Myrmeleonidae*).

Nur die Larven der Familie *Sisyridae* leben im Wasser (in Süßwasserschwämmen), die Larven der Gattung *Osmylus* sind amphibisch. Die ausgewachsene Larve verpuppt sich in einem Kokon. Einige Arten brauchen zu ihrer Entwicklung mehrere Jahre, andere bringen innerhalb eines Jahres zwei Generationen hervor (*Chrysopidae*). In der Regel überwintert die Larve, manchmal auch die Imago. Allgemein bekannt sind die Florfliegen oder Goldaugen (*Chrysopidae*), die im Herbst Zimmer und Dachböden zur Überwinterung aufsuchen.

Die Mehrzahl der Netzflüglerarten ist nützlich, denn Larven und Imagines ernähren sich von lästigen Insekten, meist von Blattläusen und allerhand Zweiflüglerlarven.

Da sie sehr wärmeliebend sind, lebt der größte Teil von ihnen in den Tropen und Subtropen. Es gibt etwa 7000 Arten, davon in Mitteleuropa etwa 70.

Netzflüglersammlungen bestehen teils aus Trockenpräparaten, teils werden die Exemplare in Alkohol konserviert.

26. Ordnung Käfer, Coleoptera

Gemeinsam mit den Schmetterlingen gehören die Käfer zu den Ordnungen, denen die Naturliebhaber das größte Interesse entgegenbringen. Käfer erregen viel Bewunderung durch ihre Formschönheit, die Eleganz ihrer Bewegungen und ihre merkwürdige Lebensweise. Sie lassen sich auch im Verhältnis zu den Angehörigen vieler anderer Ordnungen leicht fangen, präparieren und bestimmen. Trotz ihres Formenreichtums sind die Käfer eine morphologisch sehr einheitliche Ordnung. Es ist nicht sehr schwer, einen Käfer von anderen Insekten zu unterscheiden. An seinem Körper lassen sich gut drei Abschnitte ausmachen, die allerdings nicht genau Kopf, Brust und Hinterleib entsprechen. Vorn angefangen sind das der Kopf, anschließend der Schild und die Flügeldecken. Der Schild bedeckt nicht die ganze Brust, sondern nur ihren vorderen Teil, die Vorderbrust. Unter den Flügeldecken finden sich nicht nur die Hinterleibssegmente, sondern auch die verbleibenden Brustsegmente: Mittel- und Hinterbrust. Davon kann man sich am besten überzeugen, wenn man den Käfer auf den Rücken dreht. Die Brustabschnitte erkennt man daran, daß an ihnen die Gliedmaßen sitzen.

Die Größe der Käfer schwankt stark. Die kleinsten europäischen Arten erreichen eine Länge von nur einigen Zehntelmillimetern, die größte in Europa vorkommende Art mißt einschließlich Oberkiefer 75 mm. In den Tropen leben wesentlich größere und massivere Käfer. Auch die Gestalt der Käferkörper läßt sich nicht in einem Satz beschreiben. Bei den meisten ist er zwar in Richtung der Längsachse gestreckt, aber viele Käfer sind auch eiförmig oder rund. Der Körper ist in der Regel gewölbt (Marienkäfer, Blattkäfer), daneben gibt es aber auch zahlreiche Arten mit einem flachen Körper (Plattkäfer u. a.).

Auch die Färbung der Käfer ist verschieden. Nicht wenige sind farblich unauffällig, unscheinbar, gewöhnlich bräunlich, grau und schwarz. Viele Käferarten prangen aber in herrlichen Farben. Häufig kommen sog. Metallfärbungen vor, solche Tiere glänzen in grünen, goldenen, grüngoldenen, purpurnen, violetten, blauvioletten und anderen Farbtönen. An der Körpervorderseite sitzt der gut erkennbare Kopf. Er ist rundlich, dreieckig, oval oder zu einem spitzen, bzw. stumpfen Rüssel ausgezogen und zeigt normalerweise nach vorn (prognath) oder nach unten (orthognath). An seiner Vorderseite sitzen die beißenden Mundwerkzeuge; einige Käfer sind mit besonders kräftigen Oberkiefern (Mandibeln) ausgestattet, die häufig gezahnt sind. Die Komplexaugen sind bei den Käfern gut entwickelt, die Nebenaugen fehlen bis auf wenige Ausnahmen ganz,

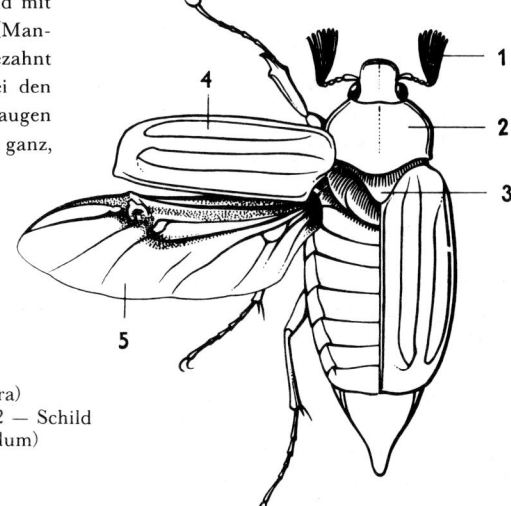

19 **Schema eines Käfers** (Coleoptera)
1 — Fühler (hier: Fächerfühler)   2 — Schild (Scutum)   3 — Schildchen (Scutellum)
4 — 1. Flügelpaar (Flügeldecken)
5 — 2. Flügelpaar

obwohl sie gewöhnlich bei allen anderen Insektenordnungen ausgebildet sind. Man kennt auch völlig blinde, in der Erde oder in Höhlen lebende Käfer.

Eine wichtige Rolle im Leben der Käfer spielen die Fühler. In der ganzen Ordnung kommen derart viele morphologisch differenzierte Typen vor, daß man schwerlich etwas Vergleichbares finden kann. Die häufigsten Fühlertypen sind Faden- und Perlschnurfühler, gesägte, einseitig gefiederte, gekeulte, gekniete und Fächerfühler. Meist bestehen sie aus elf Gliedern, nicht selten aber auch aus 12 oder weniger. An den meisten Fühlergliedern sitzen Sinnesstäbchen und -borsten. Die Fühler einiger Käfer sind außerordentlich kurz, dafür haben andere Arten sehr lange Fühler, die die Körperlänge erreichen oder sie gar übertreffen. Der Schild (Scutum) ist in jedem Falle entwickelt, bei einigen Arten sogar sehr auffällig. Bei manchen sitzt der Kopf unter ihm verborgen. Form und Größe des Schildes variieren stark, er ist manchmal sichtlich schmaler als die anschließenden Flügeldecken, oder er erreicht die gleiche Breite wie sie. Er kann länger als breit sein oder umgekehrt. Im Grundriß ist er oval, langgestreckt oder eckig, sein Rand ist entweder glatt oder verschieden breit gesäumt. Bei vielen Arten ist der Schild mit dornartigen Fortsätzen bewehrt.

Meist sind zwei Flügelpaare entwickelt. Das erste Paar bilden die festen, lederartigen Flügeldecken (Elytren). Das zweite Paar besteht aus Hautflügeln, die unter den Deckflügeln zusammengelegt werden. Die Decken haben keine Äderung, werden längs der Mittelnaht aneinandergelegt und verwachsen bei einigen Arten an dieser Stelle völlig miteinander. Zahlreiche Käfer haben ganz glatte Decken, bei anderen tragen sie Leisten, Vertiefungen und Auswüchse. Bei manchen Arten reichen die Flügeldecken über den ganzen Hinterleib, bei anderen sind sie kürzer als der Körper. Hautflügel sind bei den meisten Käfern vorhanden; sie sind relativ groß und tragen verschiedenartige Äderungen. Käferbeine sind immer ihrer Funktion entsprechend gestaltet. Flugunfähige Käfer haben lange Laufbeine, andere besitzen z. B. Grabfüße, Ruderfüße usw.

Sexualdimorphismus ist bei Käfern eine häufige Erscheinung, die Männchen unterscheiden sich in zahlreichen Merkmalen von den Weibchen. Sie weisen verschiedene Auswüchse auf Kopf und Schild auf (Nashornkäfer), stärker entwickelte Oberkiefer (Hirschkäfer), anders gebaute Gliedmaßen (Schwimm- und Laufkäfer), Fühler (Bockkäfer, Schnellkäfer, Blatthornkäfer u. a.) und weitere Merkmale. Unterschiede bestehen auch in der Färbung (Bockkäfer).

Einige Käfer lassen recht laute Töne hören, eine Art Klopfen oder Zirpen (Pochkäfer, Bockkäfer, Kolbenwasserkäfer, Borkenkäfer u. a.). Sie nehmen diese Töne vermittels spezieller, in den Gliedmaßen sitzender Organe wahr. Manche Käfer scheiden stinkende Stoffe oder Haemolymphe aus (Laufkäfer, Schwimmkäfer, Blasenkäfer, Marienkäfer, Blattkäfer u. a.), andere haben die Fähigkeit zu leuchten.

Ihrer Nahrung entsprechend werden die Käfer grob in drei Gruppen eingeteilt: in Fleischfresser, Pflanzenfresser und Allesfresser.

Käfer kommen in allen möglichen Biotopen vor: in Wäldern, Feldern und Gärten, auf Wiesen und Feldrainen, in Gewässern und an Gewässerrändern, auf Sandböden und in Steppen, in der Nähe menschlicher Behausungen und in Wohnungen, Lagerräumen u. ä. Einige halten sich nur in Niederungen auf, andere wiederum nur im Hochgebirge; viele sind jedoch vom Tiefland bis ins Gebirge hinein anzutreffen. Sie tauchen in allen zoogeographischen Bereichen auf und dringen sogar bis über den Polarkreis vor.

Käfer machen eine vollständige Verwandlung durch. Die Weibchen legen eine unterschiedliche Anzahl Eier vereinzelt oder in Gruppen in verschiedenste Verstecke ab: unter Rinde, in die Erde, ins Holz, auf Pflanzen usw. Die Weibchen vieler Arten stellen für ihre Eier einen Behälter her (Kolbenwasserkäfer, Rüsselkäfer) oder überziehen sie mit einer Schutzschicht. Nach einer unterschiedlich langen Zeitspanne schlüpfen die Larven aus, die der Imago überhaupt nicht ähnlich sind. Ehe sie sich in eine Puppe verwandeln, durchlaufen sie mehrere Häutungen. Die letzte Larve verfertigt häufig einen Kokon. Die Imagines vieler Arten schlüpfen schon im Herbst aus, verlassen aber ihre Verstecke erst im Frühjahr.

Viele Käfer versorgen ihre Brut mit Nahrung (Mistkäfer); auch gibt es Arten mit Brutpflege an den jungen Larven durch die Muttertiere (Totengräber).

Wie die Imagines nehmen auch die Larven Fleisch- oder Pflanzennahrung zu sich, bzw. sind Allesfresser. Die Nahrung der Larven kann sich aber von der des erwachsenen Käfers unterscheiden.

Die Entwicklung geht bei den meisten Käfern recht langsam vonstatten, sie dauert in der Regel ein Jahr, bei vielen Arten jedoch wesentlich länger (2 – 4 Jahre oder noch mehr). Zwei Generationen jährlich sind selten, drei stellen eine Ausnahme dar.

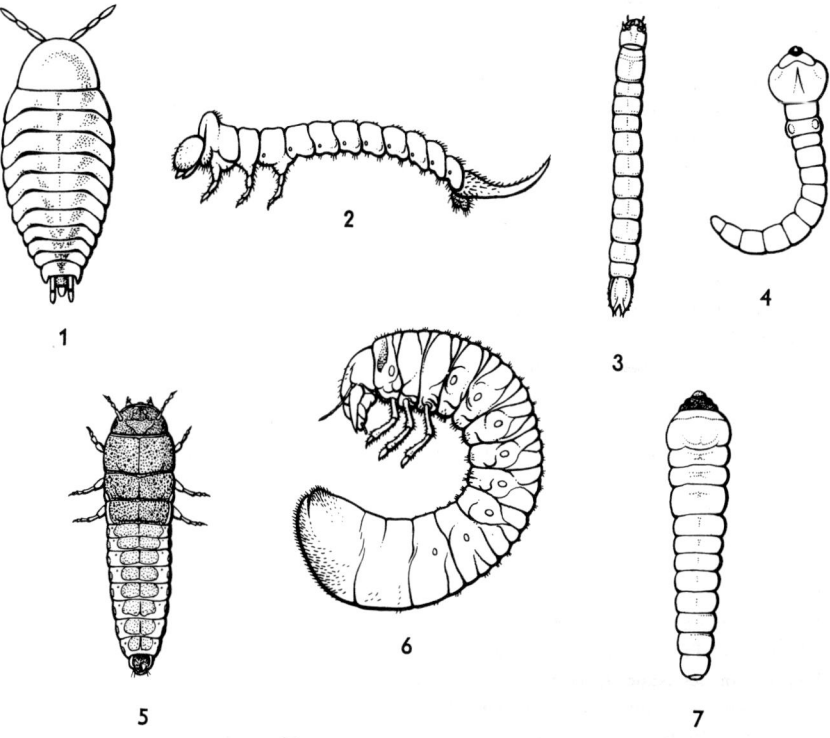

20 **Verschiedene Typen von Käferlarven**
1 — Silphidae   2 — Lymexylidae   3 — Elateridae   4 — Buprestidae
5 — Coccinellidae   6 — Scarabaeidae   7 — Cerambycidae

Käfer sind in der Natur von großer Bedeutung. Sieht man von den indifferenten, d. h. für die menschliche Wirtschaft bedeutungslosen Arten ab, finden sich unter den Käfern sehr viele Nützlinge. Das sind vor allem räuberische Käfer, deren Nahrung aus allen möglichen Larven oder Raupen, gegebenenfalls auch aus Imagines schädlicher Insekten besteht. Aus diesem Grund wurde eine Reihe von Käfern in andere Gebiete eingeführt, aus der Alten in die Neue Welt und umgekehrt, damit sie bei der Reduzierung überhandnehmender Insektenschädlinge mitwirkten. In der biologischen Schädlingsbekämpfung haben sich besonders die Marien- und Laufkäfer bewährt. Käfer betätigen sich auch bei der Beseitigung verschiedener tierischer Exkremente und bei der Beseitigung kleiner Tierkadaver („Gesundheitspolizei"). Einige Arten sind auch in der Lage, Blüten zu bestäuben. Unter den Käfern finden sich jedoch auch zahlreiche Wald-, Feld-, Garten- und Haushaltungsschädlinge.

Die Käfer stellen nicht nur die artenreichste Insektenordnung, sondern die größte Ordnung im ganzen Tierreich. Heute kennt man auf der Erde schon etwa 350 000 Arten und ständig werden noch neue beschrieben. In Mitteleuropa gehören über 8000 Arten zu zwei ungleich großen Unterordnungen: den Fleischfressern (Adephagen) und den Allesfressern (Polyphagen). Das System der Familien und Familienreihen ist noch nicht endgültig festgelegt.

Käfer werden in Sammlungen als Trockenpräparate entweder an Nadeln oder auf Klebeplättchen aufbewahrt. Für die Bestimmung einer Reihe von Arten müssen von den Kopulationsorganen mikroskopische Präparate angefertigt werden.

27. Ordnung Hautflügler, Hymenoptera

In dieser Ordnung sind die Unterschiede in der Körpergröße ebenfalls ganz beträchtlich. In einigen Familien finden sich Arten, die nur Millimeterbruchteile groß sind, in anderen solche, die bis zu 40 mm erreichen.

Die Mehrzahl besitzt einen langgestreckten Körper, an ihm sitzt deutlich erkennbar der Kopf. Die Hautflügler werden in zwei ungleich große Unterordnungen eingeteilt: *Symphyta*, deren Hinterleib breit an der Brust ansetzt, und *Apocrita*, die eine sog. Wespentaille haben.

Die Färbung vieler Arten ist recht unauffällig, es überwiegen die Töne Braun und Rotbraun (Bienen). Nicht wenige zeichnen sich aber durch ihre leuchtend bunten Farben aus, hierbei kommt es oft zur Kombination von Gelb und Schwarz (Wespen). Eine Reihe von Arten zeigt eine geradezu strahlende Farbenpracht (Goldwespen).

Der Kopf ist mit beißenden und leckend-saugenden Mundwerkzeugen ausgestattet. Die Komplexaugen setzen sich aus einer großen Zahl von Ommatidien zusammen. Die Fühler sind lang und dünn, gelegentlich auch kürzer und kräftig bzw. gekniet. Der Fühlerbau der Männchen unterscheidet sich oft von dem der Weibchen (*Symphyta*).

In der Regel sind zwei Hautflügelpaare ausgebildet, das erste ist größer als das zweite. Die Flügel sind schuppenlos, dafür aber mit einer großen Menge feiner Härchen besetzt und meist durchsichtig, bei einigen Arten schimmern sie bräunlich oder violett.

Die Gliedmaßen sind als Schreitbeine ausgebildet, es sind typische Insektenbeine mit allen Abschnitten. An den Enden der fünfgliedrigen Füße sitzen verschieden gestaltete Krallen. Die Hinterbeine der Bienen sind zum Pollensammeln eingerichtet.

Die Weibchen zahlreicher Arten besitzen eine Legeröhre (*Symphyta*), die bei einigen anderen Gruppen zu einem Stachel umgestaltet ist (*Apocrita*). Der Stich einiger Hautflügler ist sehr schmerzhaft.

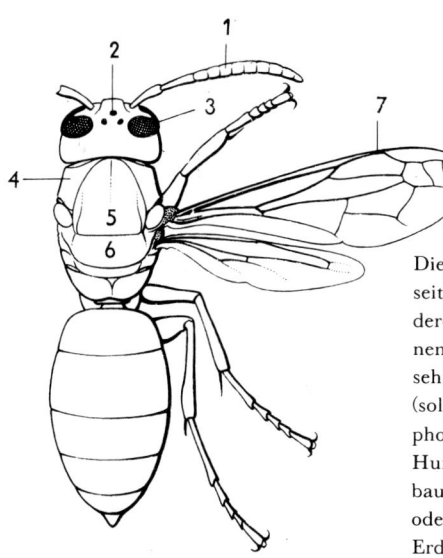

21 Schema der Hautflügler
(Hymenoptera)
1 — Fühler 2 — Punktauge
3 — Facettenauge 4 — Pronotum
5 — Mesonotum 6 — Schildchen
7 — Flügelmal

Die Nahrung der Hautflügler besteht einerseits aus Blättern und Blüten (*Symphyta*), andererseits aus Pollen, Nektar oder verschiedenen Insekten (*Apocrita*). Ihre Lebensweise ist sehr interessant. Einige Arten leben einzeln (solitär), andere bilden Staaten mit sich morphologisch unterscheidenden Kasten (Bienen, Hummeln, Wespen, Hornissen, Ameisen). Sie bauen Nester aus Wachs, Papier, Lehm, Sand oder verschiedenen Holzteilchen unter der Erde, auf Bäumen und im Bauminneren, unter Steinen, auf Felsen und in Körben (Bienenkörbe). Die Nester einiger Arten sind unnachahmliche architektonische Gebilde.

Hautflügler leben auf Wiesen und Steppen, in Wäldern, Gärten und Häusern. Sie halten sich auf Blüten und anderen Pflanzenteilen auf, ebenfalls auf Hauswänden, Meterholz und im Gras.

Hymenopteren machen eine vollständige Verwandlung durch. Aus den Eiern schlüpfen Larven, die außer den eigentlichen drei Gliedmaßenpaaren noch sog. Scheinfüße (Afterraupen) haben können, oft aber beinlos sind. Die Larven vieler Arten ernähren sich von süßen Säften oder sind auf Pflanzengewebe, vor allem auf Blätter spezialisiert; einige leben im Holz und bohren darin Gänge, andere bilden typische Galläpfel aus (Gallwespen), wieder andere sind Fleischfresser.

Die Entwicklung vieler Hautflüglerarten geht recht kompliziert vor sich. Viele Weibchen stellen für ihre Larven Fleischnahrung bereit, meist Insektenlarven oder Spinnen, die sie betäuben und in ein Nest eintragen. Auf die erbeuteten Tiere legen sie dann ihre Eier ab. Andere Arten legen ihre Eier direkt auf Wirtstiere oder in deren Körper ab, ohne sie vorher zu betäuben. Die Larven ernähren sich von ihnen und verpuppen sich auch auf der Körperoberfläche oder im Körperinneren (Ektoparasiten und Endoparasiten). Die Larven einiger Arten können sich nicht allein ernähren und sind auf die Pflege von Arbeiterinnen angewiesen (Bienen, Wespen u. a.).

Die Larven häuten sich mehrmals und gehen in ein Ruhestadium über (Puppe), aus dem sie nach einer unterschiedlich langen Zeitspanne als Imago ausschlüpfen.

Für die Belange des Menschen stellen die Hautflügler zweifellos eine der wichtigsten Insektengruppen dar. Zunächst sind sie arten- und zahlenmäßig wohl die bedeutendsten Blütenbestäuber. Viele Arten legen ihre Eier in Insektenschädlinge ab, wodurch sie zur Erhaltung eines natürlichen Gleichgewichts beitragen und den Schädlingsbestand regulieren. Diese Fähigkeit wird in zunehmendem Maße bei der biologischen Schädlingsbekämpfung ausgenutzt (siehe S. 73).

Der wichtigste Honig- und Wachsspender gehört zu den Hautflüglern — die Honigbiene (*Apis mellifera*). Allerdings findet sich unter den Hautflüglern auch eine Reihe von Arten, deren Larven Pflanzenfresser sind und sich von den Blättern verschiedener Kulturpflanzen ernähren.

Einige dieser Arten gehören zu den bekannten Waldkultur- und Obstschädlingen. Auf jeden Fall aber überwiegt die Nützlichkeit der Hautflügler den Schaden, den ihre Larven anrichten, um ein Vielfaches.

Die Artenzahl der Hautflügler wird auf über 100 000 geschätzt, in Mitteleuropa leben mehr als 10 000 Arten. Die angeführten Zahlen sind jedoch nur als grobe Annäherungswerte zu verstehen; weder in Europa noch auf der ganzen Welt ist die Hautflüglerfauna hinreichend erforscht, in verschiedenen Gebieten werden immer noch neue Arten entdeckt.

Hautflüglersammlungen bestehen meist aus trockenen Präparaten, einiges Material wird auch in Alkohol aufbewahrt.

28. Ordnung Köcherfliegen, Trichoptera

Sie stehen den Schmetterlingen recht nahe, einige Arten werden leicht mit ihnen verwechselt.

Die Größe der Köcherfliegen schwankt stark. Neben Arten, die nur einige Millimeter messen, stehen solche, deren Flügelspannweite 50—60 mm beträgt. Sie haben langgestreckte gelbbraune oder graue Körper. Ihre Fühler sind fadenförmig und so lang wie die Vorderflügel, manchmal sogar noch länger, gelegentlich aber auch kürzer. Neben den Komplexaugen sind drei einfache Nebenaugen vorhanden, die Mundwerkzeuge leckend-saugend, so daß sie nur flüssige Nahrung aufnehmen können.

Flügel sind immer vorhanden und mit feinen Härchen (nur in Ausnahmen mit Schuppen) bedeckt. Die Vorderflügel sind größer und kräftiger gefärbt als die hinteren. In Ruhestellung werden sie entweder dachförmig oder flach über dem Hinterleib zusammengelegt. Sie werden allerdings nicht viel zur Fortbewegung benutzt, Köcherfliegen fliegen nie über weite Strecken. Die dünnen Beine haben lange Glieder, bei denen die Schienen gelegentlich mit Borsten besetzt sind.

Die Imago nährt sich meist von Blütensäften. Sie hält sich in der Nähe fließender oder stehender Gewässer auf, an Steinen oder Pflanzen. Einige Arten fliegen tagsüber, die meisten aber erst in der Dämmerung oder in der Nacht.

Die Weibchen legen ihre Eier in Paketen ab, die sie mit einer gallertigen Masse umkleiden. Sie kleben die Eier entweder an Pflanzen fest, legen sie auf feuchte Stellen oder ins Wasser.

Köcherfliegenlarven haben ein charakteristisches Aussehen; je nach Form teilt man sie in zwei Gruppen ein: starke, raupenähnliche Larven oder dünne, langgestreckte und leicht abgeplattete Larven (sog. campodeide Larven). Die meisten Larven stellen sich einen Köcher her, in dem der weiche Teil ihres Körpers geschützt ist. Der Köcher besteht entweder aus einem weichen Gespinst oder aus Sandkörnchen, kleinen Steinchen, Nadellaub und kleinen Schneckenhäusern. Nach den verwendeten Baumaterialien kann man oft die Art bestimmen. Viele Arten verwenden jedoch alles, was sie finden. Einige Köcherfliegenlarven stellen Netze her, die ihnen zum Beutefang dienen. Auch die Verpuppung spielt sich in einem Köcher ab. Dazu wird entweder der alte Larvenköcher benutzt und umgebaut, oder sie stellen sich eine neue Puppenhülle her.

Die Larven sind Pflanzenfresser, oder sie jagen Lebewesen wie Plankton und auch andere Insektenlarven.

Köcherfliegen sind über die ganze Welt verbreitet und dringen bis hoch in den Norden vor. Bekannt sind mehr als 6000 Arten, von denen etwa 300 in Mitteleuropa leben. Die Bestimmung einiger größerer Arten ist nicht besonders schwierig, andere lassen sich nur an den Kopulationsorganen sicher erkennen, die zu diesem Zweck als mikroskopische Präparate aufbereitet werden müssen.

Teilweise werden die Köcherfliegen als Trockenpräparate, zum anderen Teil in Alkohol aufbewahrt.

29. Ordnung Schmetterlinge, Lepidoptera

Mit dem Sammeln und dem Studium von Schmetterlingen befassen sich viele Liebhaberentomologen, die vor allem in Europa viel zur Kenntnis über Vorkommen und Verbreitung beigetragen haben.

Obwohl einige Schmetterlinge anderen Insekten ähneln (Köcherfliegen, Hornissen, Wespen z. B.), sind sie im ganzen eine ziemlich einheitliche Ordnung.

Der Größenunterschied zwischen den kleinsten und größten Arten in Europa ist sehr groß. Während der kleinste Schmetterling, die Zwergmotte (*Nepticulidae*) nur eine Flügelspannweite von 2 – 3 mm hat, beträgt die Spannweite des Vorderflügelpaares beim großen Nachtpfauenauge (*Saturnia pyri*) 120 – 140 mm. Bei den tropischen Arten fällt dieser Unterschied noch mehr ins Auge (die größte Art mißt 320 mm!).

Der Körper der Schmetterlinge ist deutlich in Kopf, Brust und Hinterleib gegliedert. Einige Arten haben einen schlanken, andere einen gedrungenen Körper, der oft dicht behaart oder mit Schuppen bedeckt ist. Am Kopf befinden sich Fühler, Augen und Mundwerkzeuge. Die Fühler bestehen manchmal nur aus wenigen, manchmal aus einigen Dutzend Gliedern, am kürzesten sind sie bei der Familie *Hepialidae*, am längsten bei den *Adelidae*. Sie sind fadenförmig (Eulenfalter), borstenförmig (Spanner), gekeult (Tagfalter), gesägt, kahl oder fein behaart. Die Fühlerform dient als wichtiges Erkennungsmerkmal bei der Bestimmung von Art und Geschlecht; bei den Männchen sind die Fühler oft ein- oder beidseitig gekämmt. Die Mundwerkzeuge sind bei den allermeisten Arten als Rüssel ausgebildet, der spiralig unter dem Körper zusammengerollt wird. Bei vielen Schmetterlingen hat er eine beachtliche Länge und läßt sich gut in Blütenröhren einführen. Nur primitive Schmetterlingsarten besitzen noch beißende Mundwerkzeuge (Familie *Micropterygidae*).

In der Regel sind zwei Paar Flügel ausgebildet, sie sind die besondere Zierde der Schmetterlinge. Nur bei wenigen Arten sind sie reduziert oder können ganz fehlen (einige Spannerweibchen der Familie *Geometridae*). Die Flügel sind häutig, manchmal sind beide Paare fast gleich groß, in der Regel aber ist das hintere Paar wesentlich kleiner als das vordere. In der Fachliteratur tragen die Flügelteile spezifische Bezeichnungen: Die Basis ist die Flügelwurzel, vorn und hinten sind der Flügelvorder- bzw. Hinterrand, dazwischen der Außenrand. Wo Vorder- und Außenrand zusammenstoßen, liegt die Vorderecke, zwischen Außen- und Hinterrand die Innenecke, die bei den Hinterflügeln Afterecke heißt.

Meist bestehen die Flügel aus einem Stück, bei manchen Familien setzen sie sich aber aus mehreren feinen Teilen zusammen, die an Flaumfedern erinnern (Familien *Orneodidae*, *Pterophoridae*). Auch kann der Flügelrand kürzer oder länger gefranst sein (Familien *Lyone-*

22 Schema eines Schmetterlings
(Lepidoptera)
1 — vorderer Flügelrand
2 — hinterer Flügelrand
3 — Außenrand
4 — vordere Flügelecke
5 — innere Flügelecke

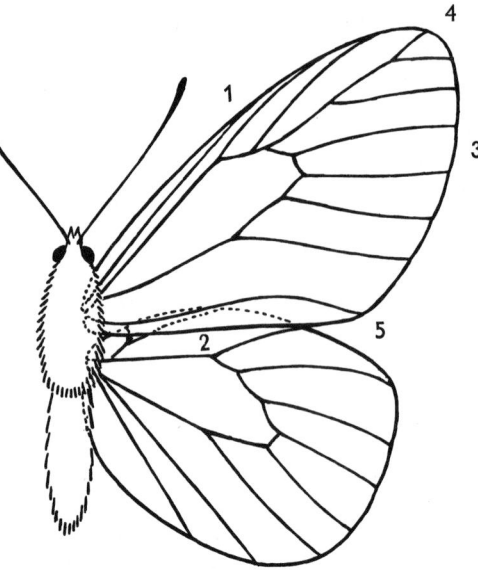

tiidae, Argyresthiidae, Yponomeutidae
u. a.). Das Geäder der Flügel ist insgesamt relativ einfach, die waage-
rechten Adern sind nur durch einige
Queradern verbunden.
Die Mehrzahl der Schmetterlinge
trägt auf beiden Flügelseiten einen
Belag aus kleinen Schuppen, die
dicht nebeneinander stehen und sich
häufig gegenseitig überdecken. Die
Schuppen sind 0,07 — 0,4 mm lang
und kompliziert gebaut. Sie bestehen
aus einer Ober- und Unterlamelle, zwischen denen ein Hohlraum oder Plasma ausgebildet
ist. Die Oberlamelle trägt eine feine und reiche Skulpturierung, die von Längs- und Querlei-
sten gebildet wird. Die Schuppenform ist nicht einheitlich, oft sind die Schuppen einfach
und nur etwas gestreckt oder breit und auf der Oberseite reich verästelt. In den Schuppen
ist Farbstoff enthalten, von dem das Farbmuster des Flügels abhängt. Bei einer Reihe von
Schmetterlingen entsteht der Farbeffekt auch durch Lichtbrechung auf den Schuppenleisten
(sog. Schillerfarben). Einige Schmetterlingsarten bilden dunkle, sog. melanistische Formen
aus, bei anderen treten Farbunterschiede zwischen der Frühjahrs- und Herbstgeneration
auf. Auf den Flügeln zahlreicher Arten, besonders bei den Männchen, befinden sich Duftschuppen, die mit einer Drüse verbunden sind und spezifische Duftstoffe ausscheiden. Diese
Duftschuppen bilden manchmal ganze Felder. Eine weitere Schuppenkategorie sind die
Sinnesschuppen.
In Ausnahmefällen gibt es auch Schmetterlinge mit durchsichtigen Flügeln (Familie *Sesii-
dae*), solche Schmetterlinge ähneln verschiedenen Hautflüglerarten.
Unter den Schmetterlingen gibt es ausgezeichnete Flieger, aber auch langsame und träge
Arten. An Geschwindigkeit und Ausdauer werden alle zweifellos von den Schwärmern über-
troffen. Zu den langsameren und schwächeren Fliegern gehören z. B. Mohrenfalter, Blutströpfchen u. a. Im Flug werden die Flügelpaare zuweilen miteinander verbunden. Die meisten Schmetterlinge besitzen an der Vorderkante der Hinterflügel eine kräftige Borste (Fre-
nulum), die in dem Retinaculum, einer auf der Unterseite des Vorderflügels gelegenen Falte,
verankert wird. Einige Familien, z. B. die *Hepialidae,* haben stattdessen am Hinterrand der
Vorderflügel einen spitzen Hautlappen (Jugum), der in den vorderen Rand der Hinterflügel
greift. Bei Schmetterlingen, die nicht über solche Koppelungsvorrichtungen verfügen, übernehmen besondere Adern in den Flügeln die gleiche Aufgabe (z. B. bei *Nymphaliden*). In

Ruhestellung stehen die Flügel entweder senkrecht vom Körper ab (Tagfalter) oder sie werden flach bzw. dachförmig über dem Körper zusammengelegt (Nachtfalter).

Beine sind bei Schmetterlingen zwar entwickelt, ihre Bedeutung als Fortbewegungsorgan ist jedoch nicht groß; mit ihnen kriechen sie nur kurze Strecken und halten sich während einer Flugpause auf einer Unterlage fest. Bei einigen Familien sind einzelne Beinglieder zurückgebildet, es kann aber auch zur völligen Verkümmerung der Beine kommen. An den hinteren und mittleren Beinen haben einige Schmetterlinge Sinnesorgane oder Zellen, die als Geschmackssinnesorgane funktionieren.

Geschlechtsdimorphismus bzw. Dichroismus zeigt sich bei den Schmetterlingen in vielfältigen Formen. Die Weibchen einiger Schmetterlinge sind gänzlich flügellos bzw. haben Flügel, die zu kleinen Schuppen reduziert sind (Spanner — *Geometridae*). Die Geschlechter mancher Nachtfalter unterscheiden sich sehr klar in der Fühlerform (Augenspinner — *Saturniidae*). Häufig sind Männchen und Weibchen verschieden gefärbt, die Männchen in der Regel farbenprächtiger. So leuchten z. B. Zitronenfaltermännchen intensiv gelb, die Weibchen sind hingegen weißlich. Auch in der Lebensweise unterscheiden sich die Geschlechter.

Die Tatsache, daß auch Schmetterlinge vielerlei Töne von sich geben, ist wenig bekannt. Sie stridulieren, trommeln und pfeifen.

Die Töne nehmen sie vermittels besonderer Gehörorgane wahr, die an verschiedenen Körperteilen sitzen.

Der Rüssel gestattet den Schmetterlingen nur die Aufnahme flüssiger Nahrung. Die Imagines fliegen deshalb meist Blüten an und saugen Nektar. Einige Arten haben einen größeren Flüssigkeitsbedarf und sind aus diesem Grund oft in größerer Anzahl an Pfützen auf Waldwegen anzutreffen. Andere ernähren sich von verwesenden Stoffen, zu denen sie geflogen kommen. Die Augenfalter (*Satyridae*) lassen sich auch Menschen „schmecken" und sitzen gern auf der menschlichen Haut, um Schweiß zu saugen. Eine Reihe von Arten nimmt überhaupt keine Nahrung auf.

Bei uns bewohnen Schmetterlinge fast alle Biotope, sowohl die natürlichen als auch die von Menschenhand geschaffenen. Am liebsten halten sie sich auf Blüten und Pflanzen auf, welche den Raupen als Wirtspflanzen dienen. Die Falter sitzen aber auch auf Steinen, Zäunen und Telegrafenstangen und schmiegen sich an die Rinde von Baumstämmen und Ästen. Sie bewohnen Waldränder und Lichtungen, fliegen Wege entlang, zeigen sich auf Feldern, Wiesen und in Gärten. Viele Arten haben sich auf das Leben in feuchter Umgebung spezialisiert — in Mooren, an Teich-, Bach- und Flußufern. Auch in menschlicher Umgebung fehlen sie nicht, sie fliegen durch die Straßen der Städte und kommen in Wohnungen, Lagerräume und Nahrungsmittelspeicher.

Die Verbreitung der Schmetterlinge reicht vom Tiefland bis ins Hochgebirge. Einige Arten können überall existieren (*Nymphalidae*), andere haben sich auf bestimmte Höhen spezialisiert.

Schmetterlinge überwintern in verschiedenen Entwicklungsstadien. In gemäßigten Breiten fliegen sie am zahlreichsten im Frühling und Sommer, einige Arten im Herbst, und eine ganze Reihe ist sogar noch in den Wintermonaten anzutreffen. Manche Arten lieben die pralle Sonne, andere bevorzugen eher die Dämmerung, und viele kommen erst nach Eintritt völliger Dunkelheit in den späten Nachtstunden aus ihren Verstecken hervor, einige auch erst gegen Morgen. Man unterteilt allgemein die Schmetterlinge in Tag- und Nachtfalter.

Diese Einteilung ist aber ungenau und systematisch nicht brauchbar: Es gibt „Nachtfalter", die auch am Tage fliegen (Blutströpfchen — *Zygaenidae*) und umgekehrt.

Einige Schmetterlingsarten unternehmen weite Züge; in der Regel von Süden nach Norden; dort angekommen, pflanzen sie sich fort und sterben ab (Schwärmer). Ihre Nachkommen überleben auch nicht. Die Schmetterlingszüge können aber auch in umgekehrter Richtung von Nord nach Süd verlaufen.

Die Schmetterlinge machen eine vollständige Verwandlung durch. Ihre Larven, Raupen genannt, und ihre Puppen sind verhältnismäßig leicht zu erkennen. Die Eier werden einzeln oder gruppenweise (in Reihen oder Kränzen) auf Pflanzen, Holz, in verschiedene Verstecke, in Vorräte und Textilien abgelegt. Die nach unterschiedlich langer Zeit ausschlüpfenden Raupen haben am Kopf deutlich sichtbare Oberkiefer, der Kopf geht unmittelbar in die Brust über. An ihr sitzen die drei Gliedmaßenpaare, an den Hinterleibsabschnitten noch einige Paare, sog. Bauchfüße, am Hinterleibsende Nachschieber. Raupen sind langgestreckt und zeichnen sich häufig durch schöne Färbung und dichten Haarpelz aus. Die Raupen einiger Arten sind eigenartig geformt (Gattung Zahnspinner, *Notodonta*), Schwärmerraupen haben als Besonderheit einen Dorn auf dem Hinterleib (Familie *Sphingidae*).

Die Raupen leben auf verschiedenen Pflanzenorganen, meistens fressen sie Blätter. Einige fressen die Blätter ganz ab, andere leben unter der Blatthaut und stellen im Blatt Gänge (Minen) her (Familie Langhornminiermotten, *Lyonetiidae*). Weniger häufig bohren Raupen im Holz (Familie Holzbohrer, *Cossidae*), oder sie leben in Ameisenhaufen (einige Bläulinge, *Lycaenidae*).

Der größte Teil der Raupen kommt auf dem Land vor, im Wasser gibt es nur einzelne Arten. Die Raupen sind teils durch ihre Färbung, teils durch Stinkdrüsen oder durch Haare geschützt. Nur manchmal bauen sie sich aus Blattstücken sackartige Schutzhüllen (Sackspinner, *Psychidae*).

Die Raupen vieler Schmetterlinge leben einzeln, nur einige Arten kommen gesellig in Gemeinschaftsnestern vor, die aus einer Art Seidenfaser gesponnen werden (Familie Gespinstmotten — *Yponomeutidae*, Prozessionsspinner — *Thaumetopoeidae* u. a.).

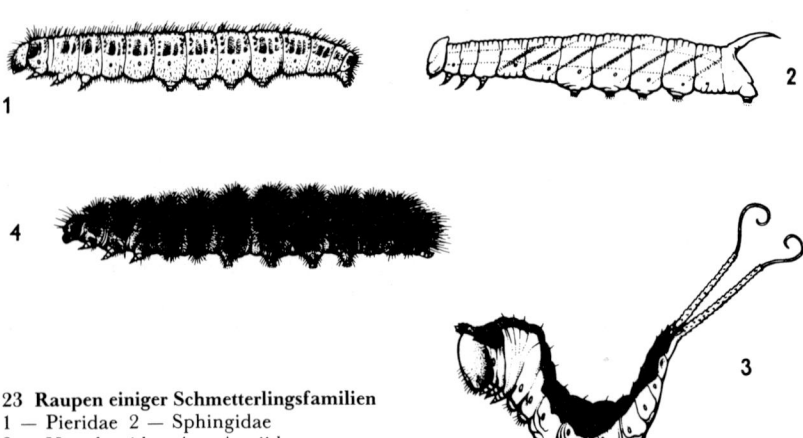

23 Raupen einiger Schmetterlingsfamilien
1 — Pieridae 2 — Sphingidae
3 — Notodontidae 4 — Arctiidae

Nach einer unterschiedlichen Lebensdauer verpuppt sich die Raupe schließlich. Häufig spinnt sie sich vorher einen Kokon. Die Puppen sind meist dunkel gefärbt, der häufigste Typ ist die sog. Pupa obtecta mit einem teilweise beweglichen Hinterteil.

Schmetterlinge erfreuen uns nicht nur in Wäldern, Feldern, Wiesen und Gärten, sie haben auch große Bedeutung als Pflanzenbestäuber. Einige Arten (Familie Echte Spinner — *Bombycidae*) sind in Europa und im Orient als Hersteller von Seide bekannt. Einige Schmetterlingsraupen ernähren sich von Unkrautpflanzen und erweisen so dem Menschen einen gewissen Dienst. Allerdings finden sich auch unter den Schmetterlingen viele schädliche Arten. Dabei kann die Imago, der fertige Schmetterling, durchaus nützlich sein, nur seine Raupe frißt Kulturpflanzen. Einige Arten sind berüchtigte Waldschädlinge (Familie Nonnenartige, *Lymantriidae*, Prozessionsspinner — *Thaumetopoeidae* u. a.), andere treiben in Gärten (Familien Zünsler — *Pyralididae* und Langhornminiermotten — *Lyonetiidae*) und Wohnungen ihr Unwesen (Familie Echte Motten — *Tineidae*). Schmetterlinge und Raupen haben aber sehr viele natürliche Feinde, die dafür sorgen, daß sie nicht überhandnehmen. Das sind Vögel, Säugetiere und zahlreiche Insekten, denen Eier und Raupen ein willkommener Leckerbissen sind (Käfer — *Coleoptera*, Hautflügler — *Hymenoptera*). Auch Pilz- und Bakterienkrankheiten dezimieren die Schmetterlingsbestände.

Nach ungefähren Schätzungen leben auf der ganzen Welt etwa 140 000 Arten. Die größten und farbenprächtigsten sind in den Tropen und Subtropen zu Hause. In ihrem Artenreichtum stehen die Schmetterlinge den Käfern kaum nach. Von den in Mitteleuropa lebenden 3000 Arten entfällt nur ein geringer Anteil — etwa 230 Arten — auf die Tagfalter. Die Ordnung teilt sich in zwei Unterordnungen: *Zeugloptera* (mit der Familie *Micropterygidae* — Urmotten) und *Glossata*. Schmetterlingssammlungen bestehen aus Trockenpräparaten.

30. Ordnung Schnabelfliegen, Mecoptera, Panorpata

Außer kleinen Arten (2,5 mm) gehören zu den Schnabelfliegen auch 20 mm lange Arten, deren Flügel bis zu 40 mm spannen. Ihr Körper ist meist langgestreckt und braun gefärbt. Der Kopf ist vorn lang ausgezogen, am Ende sitzen die beißenden Mundwerkzeuge. Die Augen sind gewöhnlich groß, die Fühler lang.

Die Flügel sind verschieden entwickelt. Sind bei dem Insekt beide Paare ausgebildet, dann sind es Hautflügel von fast gleicher Größe mit braunen Flecken. Bei einigen Arten sind die Flügel zu kleinen Stümpfen reduziert. Der Flug einer Schnabelfliege ist unbeholfen, meist fliegt sie nur kurze Entfernungen. Die langen Beine sind gut entwickelt und dienen zum Beutefang (Familie Mückenhafte — *Bittacidae*). Winterhafte können springen (*Boreidae*). Die Männchen einiger Arten haben am Hinterleibsende zangenartige Fortsätze.

Schnabelfliegen ernähren sich von abgestorbenen Pflanzen und toten Tieren; einige Arten sind auch Räuber und jagen Insekten (*Bittacidae*).

Schnabelfliegen findet man auf Wiesen, in Gebüschen und oft auch an Wasserläufen. Winterhafte (*Boreidae*) erscheinen zwischen Oktober und April auf verschneiten Flächen.

Die Weibchen legen ihre Eier flach in den Boden oder an Pflanzen (*Bittacidae*). Die Larven leben im Erdreich, in Sand und im Unterwuchs. Sie verpuppen sich unter der Erde.

Schnabelfliegen stammen aus dem späteren Paläozoikum (Perm). Viele Arten sind nur als Überreste bekannt, es gibt mehrere völlig ausgestorbene Unterordnungen.

Von ungefähr 350 Arten leben in Mitteleuropa nur etwa 10.

31. Ordnung Zweiflügler, Diptera

Die Zweiflügler sind in Körper und Flügelbau sehr einheitlich. Dennoch gleichen einige Arten anderen Insektenordnungen (Schwebfliegen — *Syrphidae*, Trauer- oder Wollschweber — *Bombyliidae* u. a.).

Die kleinste Zweiflüglerart wird nur einige Zehntel- bzw. einen Millimeter groß (Gallmükken — *Cecidomyidae*), die größten messen rund 3 cm (Raubfliegen — *Asilidae*, Bremsen — *Tabanidae*, Schnaken — *Tipulidae*). Die durchschnittliche Länge europäischer Arten liegt etwa bei 1 cm.

Der Körper mancher Zweiflügler ist langgestreckt und schlank (Schnaken — *Tipulidae*, Stechmücken — *Culicidae*), bei anderen ist er kürzer, breit und gedrungen (Echte Fliegen — *Muscidae*, Bremsen — *Tabanidae*). Ihre Färbung ist sehr unterschiedlich. Viele Arten sind grau, graubraun, rostfarben und unauffällig, einige sind bunt und farbenfroh (Schwebfliegen — *Syrphidae*, Bohr- und Fruchtfliegen — *Trypetidae*, einige Echte Fliegen — *Muscidae* u. a.).

Die drei Hauptabschnitte des Körpers sind gut ausgeprägt. Am Kopf sitzen Fühler, Komplex- und Nebenaugen. Die Fühler können lang sein, sogar länger als der Körper (*Nematocera*), oder auch nur stummelartig kurz (*Brachycera*). Viele Gruppen haben große und oft auch farbige Augen (Fliegen — *Muscidae*, Bremsen — *Tabanidae* u. a.). Die Mundwerkzeuge sind stechend-saugend oder leckend-saugend. Einige Arten besitzen einen auffällig langen Rüssel (Trauer- u. Wollschweber, *Bombyliidae*). Die große Mehrheit verfügt über gut entwickelte Flügel. Das vordere Paar besteht aus meist durchsichtigen Hautflügeln, das hintere ist zu kleinen Anhängen zurückgebildet, den sog. Schwingkölbchen (Halteren). Die Vorderflügel weisen nur eine geringe Anzahl Adern auf. In Ruhestellung sind sie meist in waagerechter Stellung gespreizt, bei einigen Arten dachförmig über dem Körper zusammengelegt (Schmetterlingsmücken — *Psychodidae*).

Unter den Zweiflüglern finden sich auch flügellose Arten (Bienenläuse — *Braulidae*, Fledermausfliegen — *Nycteribiidae*) oder solche mit Flügelrudimenten (Lausfliegen — *Hippoboscidae*).

Die Beine haben gewöhnlich fünf Glieder. Sie sind entweder kräftig und mit Borsten besetzt

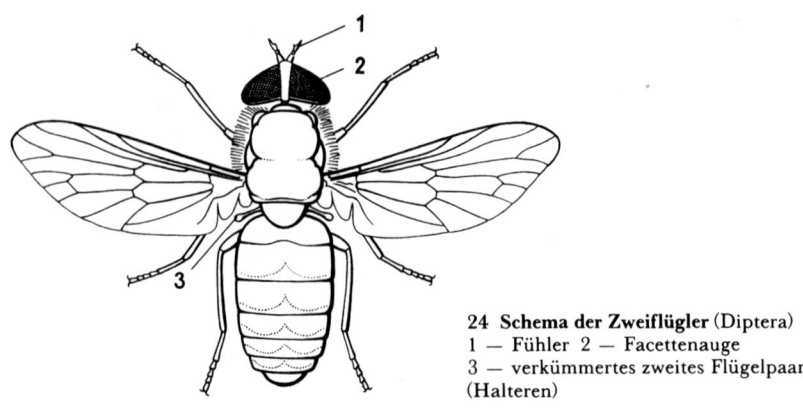

24 Schema der Zweiflügler (Diptera)
1 — Fühler 2 — Facettenauge
3 — verkümmertes zweites Flügelpaar (Halteren)

(Fliegen — *Muscidae*, Bremsen — *Tabanidae*) oder dünn und auffallend lang (Schnaken — *Tipulidae*). In den Füßen sitzen Geschmacksinnesorgane.

Einige Arten lassen im Flug hohe surrende Töne hören (Stechmücken — *Culicidae*, Raubfliegen — *Asilidae*).

Die Zweiflügler suchen verschiedenerlei Nahrung. Viele Arten ernähren sich von süßem Pflanzennektar, räuberische Arten stellen anderen Insekten nach (Raubfliegen — *Asilidae*, Tanzfliegen — *Empididae* u. a.). Auch kommt es vor, daß beide Geschlechter eine unterschiedliche Ernährungsweise haben: Die Männchen suchen süße Säfte, die Weibchen sind Blutsauger (Stechmücken — *Culicidae*, Gnitzen — *Ceratopogonidae*, Bremsen — *Tabanidae*). Einige Arten fliegen gerne verwesende und stinkende Stoffe tierischen oder pflanzlichen Ursprungs an.

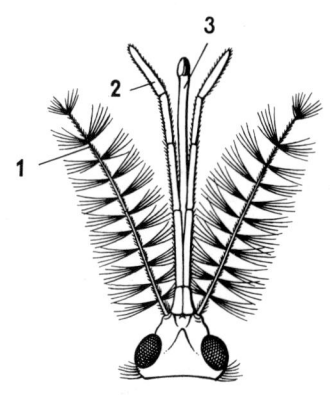

25 **Kopf eines Mückenmännchens** (Gattung Aedes) 1 — Fühler 2 — Taster 3 — Saugrüssel

Zweiflügler kommen in der Natur sehr häufig vor und bewohnen die verschiedensten Biotope. Einige fallen den Menschen gar nicht auf, andere sind sehr aufdringlich. Zahlreiche Arten sind Waldbewohner. An Sommertagen „hängen" viele Schwebfliegen in der Luft, auch Bremsen, Stechmücken (*Tabanidae* und *Culicidae*) und andere kann man beobachten. Viele Arten fliegen auf Wiesen (Bremsen — *Tabanidae*) oder in Wassernähe herum (*Culicidae*,

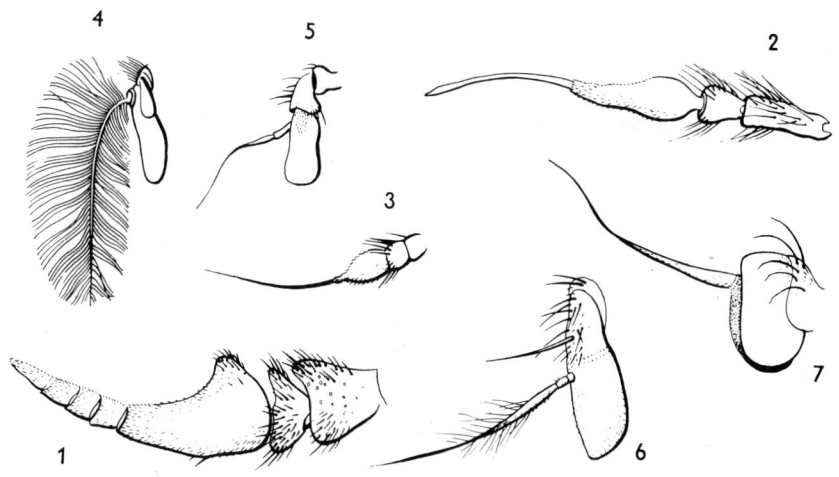

26 **Fühler verschiedener Zweiflügler**
1 — Tabanidae   2 — Bombylidae   3 — Platypezidae   4 — Syrphidae
5 — Scatophagidae   6 — Sarcophagidae   7 — Hypodermatidae

Kriebelmücken — *Simuliidae*). Auch auf Feldern und in Gärten sind sie zahlreich; einige Zweiflügler sind synanthrop, d. h. sie suchen menschliche Nähe (Echte Fliegen — *Muscidae*, Schmeißfliegen — *Calliphoridae*, Taufliegen — *Drosophilidae* u. a.). Ihr Hauptvorkommen fällt in Frühjahr und Sommer, vereinzelte Arten erscheinen auch im Schnee (Gattung Schneefliege — *Chionea*).

Die Verwandlung der Dipteren ist vollständig. Die Weibchen legen ihre Eier ins Erdreich, auf Pflanzen, auf die Wasseroberfläche, in verwesende organische Stoffe und in offene Wunden ab. Einige Arten sind ovipar, andere ovovivipar, selten kommt es vor, daß lebende Larven oder Puppen zur Welt gebracht werden. Die Larven sind tönnchenförmig oder langgestreckt, weichhäutig und beinlos. Sie finden sich im Boden, unter Rinde, in verwesenden Stoffen, in Nahrungsmitteln, in Früchten (Bohr- und Fruchtfliegen — *Trypetidae*), in den Organen verschiedener höherer Lebewesen (Dasselfliegen — *Oestridae*, Magendasseln — *Gastrophilidae*), im Körper anderer Insekten (Raupenfliegen — *Tachinidae*) oder in Galläpfeln (Gallmücken — *Cecidomyidae*). Die Mehrzahl lebt an Land, viele Zweiflügler machen aber ihre Larvenzeit im Wasser durch: Stechmücken (*Culicidae*), Zuckmücken (*Chironomidae*), Kriebelmücken (*Simuliidae*), Waffenfliegen (*Stratiomyidae*) u. a.

Vor der Verpuppung verlassen die Larven einiger Zweiflüglergruppen ihre gewohnte Umgebung und verkriechen sich meist ins Erdreich. Andere Larven verpuppen sich an Ort und Stelle. Die Larven der höher entwickelten Zweiflügler schließen sich in einem sog. Puparium ein; das ist die Haut des letzten Larvenstadiums.

Dipteren gehören zu den wichtigsten Insektenordnungen. Auch unter ihnen finden sich Nützlinge und Schädlinge. Raubfliegen (*Asilidae*), Raupenfliegen (*Tachinidae*) und Schwebfliegen (*Syrphidae*) gehören zu den nützlichen Arten. Viele Fliegen sind lästige Insekten z. B. Bremsen (*Tabanidae*), Stechmücken (*Culicidae*), Kriebelmücken (*Simuliidae*); ihre Weibchen saugen das Blut von Menschen und Tieren. Die Fruchtfliegen (*Trypetidae*) entwickeln sich in Kirschen und anderem Obst. Gallmücken verunstalten Blätter und Schößlinge, Pilzmückenlarven bewohnen Pilze. Unangenehme Zweiflügler sind auch die Dasselfliegen (*Oestridae*), Magendasseln (*Gastrophilidae*) und weitere Tierparasiten aus den Familien *Braulidae, Hippo-*

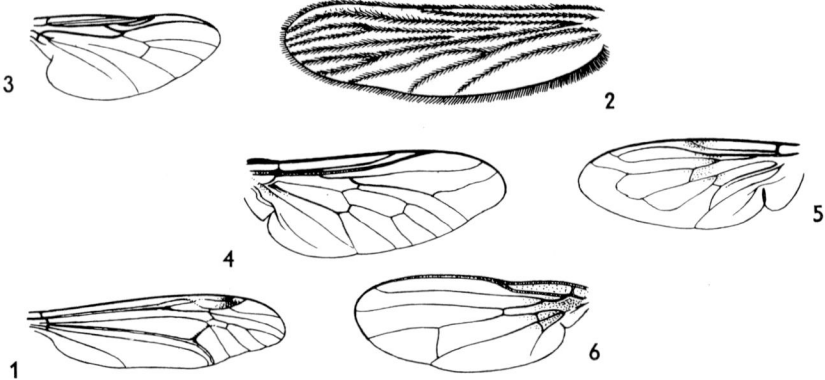

27 Verschiedene Flügeltypen bei Zweiflüglern (Diptera)
1 — Tipula 2 — Anopheles 3 — Bibio 4 — Tabanus 5 — Volucella 6 — Psila

boscidae (Lausfliegen) u. a. Zweiflügler können Infektionskrankheiten übertragen. In dieser Hinsicht ist die Bedeutung dieser Insekten in den tropischen und subtropischen Zonen wesentlich größer als bei uns. Dort übertragen sie gefährliche Krankheitserreger auf Menschen und Tier (Schlafkrankheit, Malaria usw.). Die Zahl der auf der ganzen Erde beheimateten Zweiflüglerarten wird auf 85 000—100 000 geschätzt, in Mitteleuropa auf etwa 7000. Diese Zahlen sind nur ungefähre Werte. Sie verteilen sich auf zwei Unterordnungen: *Nematocera* und *Brachycera,* zu denen etwa 95 Familien gehören.

In Sammlungen werden sie meist als Trockenpräparate aufbewahrt, einige sehr kleine Arten auch als mikroskopische Dauerpräparate.

32. Ordnung Flöhe, Siphonaptera

Eine eigenartige und leicht kenntliche Insektenordnung sind die Flöhe, die sich durch ihren seitlich abgeplatteten Körper auszeichnen. Meist sind sie nur 2—4 mm, in Ausnahmefällen auch 6 mm lang. Normalerweise sind Flöhe rostbraun, schwarz oder gelbbraun gefärbt. An den Körpersegmenten tragen sie nach hinten gerichtete Borsten, auch ihre Beine sind damit besetzt.

An der Kopfvorderseite sitzen die stark entwickelten stechend-saugenden Mundwerkzeuge, die Punktaugen (die auch fehlen können) und hinter ihnen in einer Vertiefung die kurzen, starken Fühler.

Alle Floharten sind flügellos. Dafür haben sie kräftige Beine, die sich zum Laufen und Springen eignen. Sie sind Parasiten, die sich gut dem Leben im Vogelgefieder und im Fell der Säugetiere angepaßt haben. Sie ernähren sich von Blut. Einige Arten sind monophag (d. h. sie leben nur auf einem Wirt), die meisten sind aber polyphag und saugen auf einer ganzen Reihe verschiedener Tierarten. Flöhe können viele Tage ohne Nahrung auskommen. Ihre Verwandlung ist vollständig. Die Weibchen legen weiße Eier bis zu einigen hundert in den Müll und auf Abfälle, wo sich auch die Larven entwickeln. Sie verfügen über beißende Mundwerkzeuge und ernähren sich von allerlei Nahrungsresten, die sich im Staub und in den Abfällen finden. Auch Fell- und Gefiederreste verschmähen sie nicht. Am Ende der Larvenzeit stellen sie sich einen Kokon her, in dem sie sich verpuppen.

In Europa sind die Flöhe für Mensch und Tier nur lästig; in den Tropen und Subtropen gehören sie dagegen zu den gefährlichen Insekten, die sogar Pesterreger übertragen können. Auf der ganzen Erde sind etwa 1600 Arten bekannt, von ihnen kommen in Mitteleuropa nur rund 100 vor. Eine genaue Bestimmung läßt sich nur anhand gut angefertigter mikroskopischer Präparate durchführen.

33. Ordnung Fächerflügler, Strepsiptera

Noch bis vor kurzem hielt man die Fächerflügler nur für eine Familie bzw. Unterfamilie der Käfer. Dann sah man sie als selbständige Ordnung an und hielt sie für Verwandte der Hautflügler oder der Käfer. Die Verwandtschaftsbeziehungen zu den Insektenordnungen sind aber heute noch nicht eindeutig geklärt.

Es sind kleine, nur ca. 3—5 mm lange Insekten mit stark ausgeprägtem Geschlechtsdimorphismus. Der Körper des Männchens ist langgestreckt. Auf dem Kopf trägt es vier- bis

siebengliedrige Fühler, einige Glieder sind mit Anhängen versehen. Augen sind zwar entwikkelt, doch gleichen sie eher einer Anhäufung von Punktaugen als Komplexaugen. Die Flügel
sind ungewöhnlich: Das vordere Paar ist zu kleinen, langgestreckten und festen Schuppen
umgebildet, das hintere besteht aus breiten, faltigen Hautflügeln mit reduziertem Geäder.
Die Weibchen der in Mittel- und Westeuropa heimischen Arten der Familie *Stylopidae*
gleichen einem wenig gegliederten Säckchen. Sie sind beinlos, haben keinerlei Spuren von
Flügeln und lassen weder Augen, Fühler noch Mundwerkzeuge erkennen. Sie sind in die
Häute der letzten beiden Entwicklungsstadien eingeschlossen und ruhen zwischen den Hinterleibssegmenten des Wirtes, meist Wespen, Bienen, Zikaden, gelegentlich auch Geradflüglern. Insekten, deren Hinterleib von einem Fächerflügler befallen ist, werden als stylopisiert
bezeichnet (abgeleitet von dem Gattungsnamen *Stylops*).
Da ihre Mundwerkzeuge zurückgebildet sind, nehmen die erwachsenen Fächerflügler keine
Nahrung auf. Die Männchen leben nur einige Stunden. Die Entwicklung eines Fächerflü-
glers verläuft sehr kompliziert. Im Grunde handelt es sich um eine vollständige Verwandlung. Die Larve wird lebend geboren, wegen ihrer Ähnlichkeit mit den Ölkäferlarven wird
sie genau wie diese Triungulinus genannt. Mit dem Wirt des Muttertieres, einer stylopisier-
ten Wespe oder Biene, gerät die Larve auf eine Blüte. Hier verläßt sie den Wirt und wartet
den Anflug einer anderen Biene oder Wespe ab, an der sie sich festklammert und sich von
ihr ins Nest tragen läßt. Dort dringt sie in eine Larve ein. Die Entwicklung von weiblichen
und männlichen Larven verläuft andersartig, die Weibchen bleiben für immer in ihrem
Wirtstier, die ausgewachsenen Männchen verlassen es und fliegen davon.
Auf der ganzen Welt gibt es rund 400 bekannte Arten, in Mittel- und Westeuropa etwa 25.
Fächerflüglersammlungen bestehen aus mikroskopischen Präparaten.

Schlüssel zur Bestimmung der Insektenordnungen

Die Bestimmung von Insektenarten ist wegen ihrer ungeheuren Vielzahl nicht einfach.
Wesentlich leichter ist die Bestimmung der Zugehörigkeit zu den Insektenordnungen.
Der hier folgende Bestimmungsschlüssel ist schon vielfach direkt im Gelände erprobt wor-
den. Wie alle anderen Schlüssel besteht er immer aus einer These und der dazugehörigen
Antithese. Bei der Bestimmung ist es deshalb angebracht, stets beide Möglichkeiten durch-
zulesen und sich dann für eine von beiden zu entscheiden. Steht am Ende einer These bzw.
Antithese nicht direkt die Bezeichnung der Ordnung, fährt man nach der angegebenen
Nummer fort, bis man auf die Bezeichnung der Ordnung kommt.
Beispiel: Wir werden irgendeine „Stubenfliege", die zu jeder Jahreszeit zur Hand ist, bestimmen. Bei der ersten Antithese stellen wir fest, daß die Flügel immer vorhanden sind, wir
fahren also mit Nr. 26 fort. Hier müssen wir zwischen zwei Möglichkeiten entscheiden: ob
das Insekt ein oder zwei Flügelpaare hat. Unser Exemplar hat nur ein einziges Flügelpaar,
deshalb geht es bei Nr. 27 weiter. Unter dieser Nummer stellen wir fest, daß unser Exemplar
nur entwickelte Vorderflügel hat, die Hinterflügel werden von kleinen Schuppen gebildet.
Darum Nr. 28: das Exemplar hat Hautflügel, deshalb weiter unter Nr. 31. Hier suchen wir
von zwei Möglichkeiten die zweite aus: Die Flügel sind klein. Mit Nr. 32 sind wir am Ziel
und haben festgestellt, daß wir einen Vertreter der Ordnung Zweiflügler vor uns haben.

Schlüssel

1 Völlig flügelloses Exemplar oder nur mit unscheinbaren Flügelstümpfen 2
— Flügel stets entwickelt 26
2 Fühler fehlen völlig 3
— Fühler entwickelt, wenn auch reduziert 4
3a Vorderbeine nach vorn gerichtet, Körper dünn, langgestreckt, farblos oder gelblich, etwa 2 mm lang, lebt im Boden . . . **Beintastler** *(Protura)*
3b Es fehlen nicht nur die Fühler, sondern auch Augen, Beine, Mundwerkzeuge. Körper tönnchenförmig. Lebt in Hinterleibsgliedern anderer Insekten, vor allem in Hautflüglern (besonders Wespen), seltener in Gleichflüglern (Zikaden) oder Geradflüglern. Ziemlich selten zu finden . . . **Fächerflügler** *(Strepsiptera)*, ♀ der Familie *Stylopidae*
4 Hinterbeine mit mächtigen Schenkeln und zum Sprung geeignet. Körper seitlich abgeflacht. Größere, nicht parasitierende Insekten. Oft in Gewächshäusern von botanischen Gärten und Gärtnereien (Nachttiere) . . . **Langfühlerschrecken** *(Ensifera)*
— Hinterbeine wie die anderen Gliedmaßenpaare (Ausnahme: Flöhe, vergl. Nr. 15) 5
5 Auffallende Terminalanhänge am Körperende 6
— Körperende ohne Anhänge oder nur kurze und unauffällige Anhänge 10
6 Anhänge fadenförmig, lang oder geblättert, stark 7
— Anhänge in Zangenform 9
7 Drei Anhänge entwickelt, Körper nach hinten zu verengt, kleines oder größeres, schnell laufendes Insekt. Einige Arten besonders in steinigen Hängen (Ordn. **Borstenschwänze**, *(Archaeognata)*, oder in der Nähe des Menschen (Nachttiere in Badezimmern oder Speisekammern) oder mit Ameisen zusammenlebend (Ordn. **Fischchen**, *Zygentoma*)
— Zwei Anhänge entwickelt 8

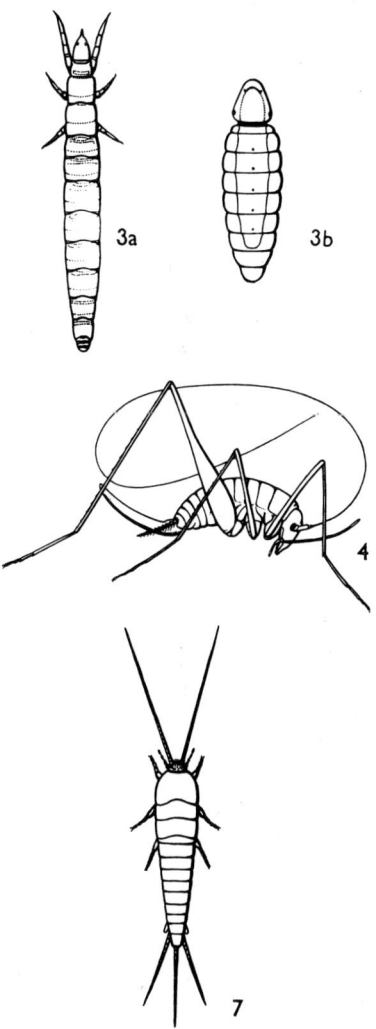

3a 3b

4

7

8a Körper langgestreckt, schmal, gelblich gefärbt; lebt unter Rinde und im Erdreich ...
Doppelschwänze *(Diplura),* Familie *Campodeidae*

8b Körper breit, flach und groß mit auffallend
flachem Schild, unter dem der Kopf verborgen ist. Beißende Mundwerkzeuge. Größere,
meist dunkel gefärbte Tiere mit langen,
vielgliedrigen Fühlern. Geschlechtsdimorphismus: Weibchen mit rudimentären Flügeln, Männchen mit 2 Flügelpaaren. Oft in
der Nähe des Menschen (Nachttiere). Gute,
schnelle Läufer ...... **Schaben** *(Blattaria)*

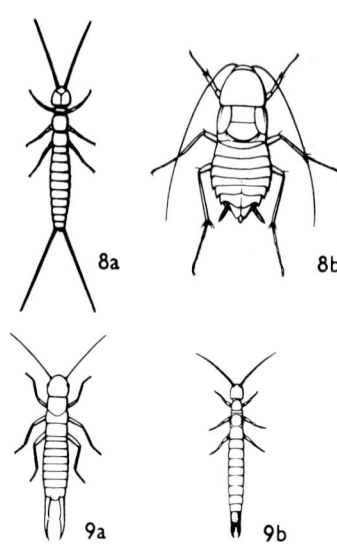

9a Dreigliedriger Fuß. Größeres Insekt ...
... **Ohrwürmer** *(Dermaptera)*

9b Eingliedriger Fuß. Kleineres Insekt mit
weichem Körper, pigmentlos, nur Hinterleibsende und eingliedrige Anhänge sind
sklerotisiert (und dunkel gefärbt).
Bodenbewohnende Tiere, in Mitteleuropa
bisher nur selten gefunden, in Südeuropa
häufiger ... **Doppelschwänze** *(Diplura),* Familie *Japygidae*

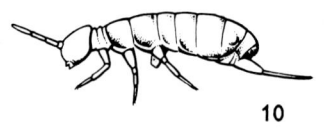

10 An der Körperunterseite besondere Sprung-
vorrichtung, mit der sich das Insekt hoch-
schnellt. Hinterleib mit 6 Segmenten, Körperlänge meistens nur 0,3 bis 6 mm (aus-
nahmsweise auch größere Arten). Meist unauffällig — blaugrau, grau, weißlich oder
gelblich gefärbt, manche auch mit bunter
Zeichnung. Mehrzahl der Arten an feuchteren Stellen — im Boden, Laub, Streu, Moos,
unter Steinen, unter Baumrinde usw. Fast
überall sehr häufig das ganze Jahr über
(auch im Schnee) ... **Springschwänze** *(Collembola)*

— Sprungapparat nicht entwickelt. Falls das
Exemplar doch springt, dann vermittels
Gliedmaßen   **11**

11 Stabförmiger Körper, langgestreckt, einige
cm lang, Kopf sehr klein. Lebt in Mitteleuropa nicht im Freien, in Süd- und Westeuropa kommen einige Arten vor. Wird oft
gezüchtet ... **Gespenstschrecken** *(Phasmida)*

— Andere Körperform   **12**

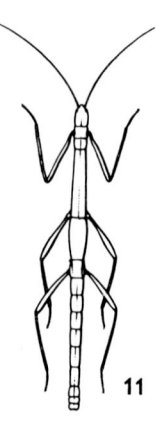

12 Kopf rüsselartig ausgezogen, am Ende beis-
sende Mundwerkzeuge ... **Schnabelfliegen**
(Mecoptera)
— Kopf nicht rüsselartig ausgezogen, Mundwerkzeuge verschiedenartig 13
13 Tier unter kleinem Wachschitinschild bzw.
-behälter verborgen oder selbst in schildför-
miges Gebilde verwandelt, in ausgewachsenem Zustand unbeweglich. Schild meistens
rundlich, kommaförmig oder birnenförmig,
sehr unauffällig gefärbt (grau, bräunlich),
aber auch weißlich. Das unter dem Schild
verborgene Tier ist des öfteren gelb,
weiß oder karminrot. (♂ geflügelt, vergl. Nr.
32) ... **Gleichflügler**, Unterordn. **Schildläuse**
(Homoptera, Coccina)
— Das Tier beweglich 14

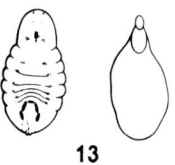

14 An den Vorderfüßen besondere Spinndrüsen. Leben in Röhrchen (in Mitteleuropa
nicht vorhanden, aber im Mittelmeerraum).
Nur wenige Arten. (♂ geflügelt, vergl. Nr.
34 . . . . **Fußspinner** *(Embioptera)*, ♀
— Ohne Spinndrüsen an den Füßen 15
15 Körper seitlich auffallend abgeflacht, nur
wenige mm lang, mit vielen starken Borsten
versehen. Fühler sehr kurz. Mundwerkzeuge
zu Stechborste und Saugrüssel ausgebildet.
Mehrzahl der Arten unauffällig gefärbt
(braun, braunschwarz, gelblich).
Beine zur Sprungbewegung geeignet. Parasiten, die sich von Vogel- und Säugetierblut
(einschl. Menschenblut) ernähren ... **Flöhe**
(Siphonaptera)
— Körper seitlich nicht abgeflacht 16

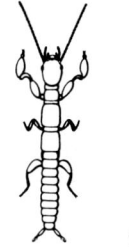

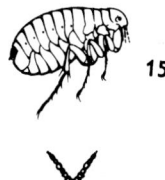

16 Ausstülpbare Haftblasen am Fuß. Lebt in
Blüten, unter Blattscheiden usw. Kleines,
meist schwarzes oder gelbes Insekt ... **Fransenflügler** *(Thysanoptera)*
— Keine ausstülpbaren Haftblasen an den Füßen 17

17 Kopf auffallend groß   18
— Kopfgröße in normalem Verhältnis zu den
   anderen Körperabschnitten   21
18 Mundwerkzeuge stechend. An den Beinen
   starke Krallen entwickelt, mit deren Hilfe
   sich die Tiere an den Haaren der Wirtstiere
   festhalten. Körper 1 — 5 mm lang, weich, behaart, meistens weißlich bis bräunlich gefärbt. Kopf schmäler als Brust. Lästige Parasiten mancher wildlebenden und gezüch-
   teten Säugetiere, auch des Menschen ...

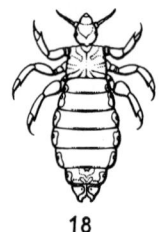

18

                    ... **Läuse** *(Anoplura)*
— Beißende Mundwerkzeuge   19
19 Augen nicht entwickelt, Fühler nicht länger
   als Kopf und Brust. Der Körper sehr weich,
   hell gefärbt. Leben in Gesellschaften zusammen, Kastenbildung. Die Angehörigen
   einzelner Kasten sind morphologisch und
   biologisch unterschieden (vergl. Nr. 54 —
   geflügelte Individuen). Holzfresser. In Mitteleuropa nur wenige, eingeschleppte Arten,
   mehr in Süd- und Westeuropa ...

19

                    ... **Termiten** *(Isoptera)*, Arbeiter- und Sol-
   datenkaste
— Augen in der Regel entwickelt   20
20a Fühler kurz, Vorderbrust kenntlich. Meist
   in Vogelgefieder, seltener im Säugetierfell
                    ... **Kieferläuse** *(Mallophaga)*
20b Fühler lang, fadenförmig, hinter dem großen Kopf ein sehr kurzer Hals. Tiere mit
   weicher Haut, nur wenige mm lang. Beißende Mundwerkzeuge. Oft in Haushalten, in
   Speisekammern und in Bibliotheken. Regelmäßig in Lagerräumen und in naturwissenschaftlichen Sammlungen. (Viele Arten sind
   geflügelt, vergl. Nr. 52) ...

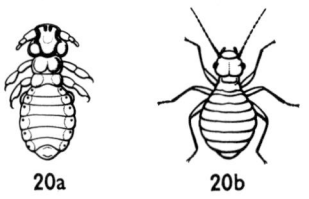

20a   **20b**

                    ... **Staubläuse** *(Psocoptera)*
21 Körper mit Schuppen bedeckt, oft Flügel-
   stümpfe verschiedener Länge sichtbar. Dik-
   ke, behaarte Tiere, einige Arten schon bald
   im Frühling, andere Spätherbst. (Fast alle
   Arten, die zu dieser Ordnung gehören, sind
   mit zwei Flügelpaare versehen, vergl. Nr.
   46) ... **Schmetterlinge** *(Lepidoptera)*, Weibchen der Familie **Spanner** *(Geometridae)*
— Körper ohne Schuppen   22

21

22 Hinterleib durch einen deutlichen Stiel vom Brustabschnitt getrennt. Meistens schwarz, schwarzbraun, braun oder gelb gefärbte Tiere, welche gesellig in Nestern zusammenleben. Kastenbildung. Arbeiter stets flügellos, Weibchen und Männchen anfangs mit Flügeln versehen, später flügellos ...

... **Hautflügler,** Oberfamilie **Ameisen** *(Hymenoptera, Formicoidea)*

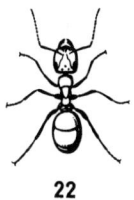

22

— Hinterleib in voller Breite an der Brust sitzend oder abgeteilt, aber nicht durch einen Stiel   23

23 Fuß gewöhnlich zwei- bis dreigliedrig   24

— Fuß gewöhnlich fünfgliedrig   25

24a   **24b**

24a Körper sehr flach, bräunlich gefärbt. Blutsaugende Parasiten der Wirbeltiere, manchmal auch in Wohnungen. (Die meisten Angehörigen dieser Ordnung sind mit 2 Flügelpaaren versehen, vergl. Nr. 38) ...

... **Wanzen,** Familie **Plattwanzen** *(Heteroptera, Cimicidae)*

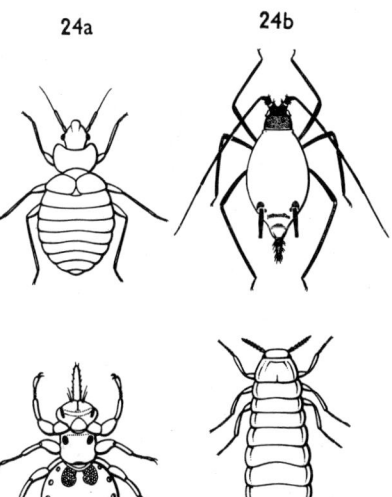

24b Körper gewöhnlich gewölbt, weichhäutig. Fühler oft lang, Pflanzenparasiten ... **Gleichflügler, Blattläuse, Schildläuse** *(Homoptera, Aphidina, Coccina)*

25a Kurze Fühler, an den Beinen deutlich sichtbare Krallen. Meistens in Säugetierpelzen, einige im Schnee ... **Zweiflügler** *(Diptera)*

25b Gesamtform erinnert an eine gegliederte Larve. Hinterleib deutlich segmentiert. Körper weich. An der Körperunterseite Leuchtorgane. (In der ganzen Ordnung finden sich nur vereinzelt ungeflügelte Arten. Überwiegende Mehrzahl aller Arten ist mit zwei Flügelpaaren versehen, von denen das erste in Flügeldecken umgeformt ist; vergl. Nr. 41) ... **Käfer,** Familie **Leuchtkäfer** *(Coleoptera, Lampyridae),* ♀

25a   **25b**

26 Nur ein Flügelpaar entwickelt. Das andere (meist zweite) Paar zu kurzen Stummeln umgestaltet   27

— Beide Flügelpaare gut entwickelt   33

27 Vorderflügel zu einer winzigen Schuppe umgestaltet, Hinterflügel im Verhältnis zum Körper groß, fächerförmig zusammengelegt ... **Fächerflügler** *(Strepsiptera)* ♂

— Vorderflügel entwickelt, Hinterflügel soweit vorhanden, bilden eine winzige Schuppe   28

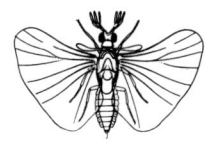

27

28 Flügel hart, deckenartig   29
Flügel häutig   31

29 Hinterbeine sind Sprungbeine mit mächtigen Schenkeln. Größere Insekten. Auf Pflanzen ... **Lang- und Kurzfühlerschrecken** *(Ensifera* und *Caelifera)*

— Hinterbeine wie die anderen Beinpaare   30

30 Am Körperende starke, zangenartige und zueinander gebogene Anhänge. Die Flügel kurz und deckenartig, bedecken nicht den Hinterleib ... **Ohrwürmer** *(Dermaptera)*

— Am Körperende keine zangenförmigen Anhänge. Flügeldecken stark entwickelt, bedecken in der Regel den Hinterleib ... **Käfer** *(Coleoptera)*

31 Flügel auffallend groß mit reichem Geäder, in Ruhe senkrecht auf dem Körper stehend. Am Körperende 2—3 lange Borsten ... **Eintagsfliegen** *(Ephemeroptera)*

— Flügel in der Regel klein   32

32a Flügelgeäder stark reduziert, nur aus einer verästelten Ader bestehend. Anstatt des zweiten Flügelpaares nur sogenannte Halteren entwickelt. Hinterleibsende oft mit Wachsfäden versehen. Normalerweise nur Punktaugen, Mundwerkzeuge verkümmert ...

... **Gleichflügler,** Unterordnung **Schildläuse** *(Homoptera, Coccina),* ♂

32b Flügelgeäder relativ kompliziert, das zweite Flügelpaar in winzige Schuppen — sogenannte Halteren — umgewandelt. Augen (Komplexaugen) meist groß, oft bunt gefärbt (rot, grün, gebändert). Mundwerkzeuge entwickelt ...

... **Zweiflügler** *(Diptera)*

33 Flügel schmal und kräftig, mit feinen Fransen besetzt. Kleine, nur wenige mm lange Insekten, meistens gelb, braun oder dunkel gefärbt, in Blüten und Blütenständen (Fam. *Asteraceae),* oft viele Exemplare zusammen ... **Fransenflügler** *(Thysanoptera)*

— Flügel normalerweise ohne feine Fransen   34

34 An den Vorderfüßen besondere Spinndrüsen. Beide Flügelpaare gleich groß ... **Fußspinner** *(Embioptera)* ♂

— Vorderfüße ohne Spinndrüsen, Flügel gleich oder verschieden groß   35

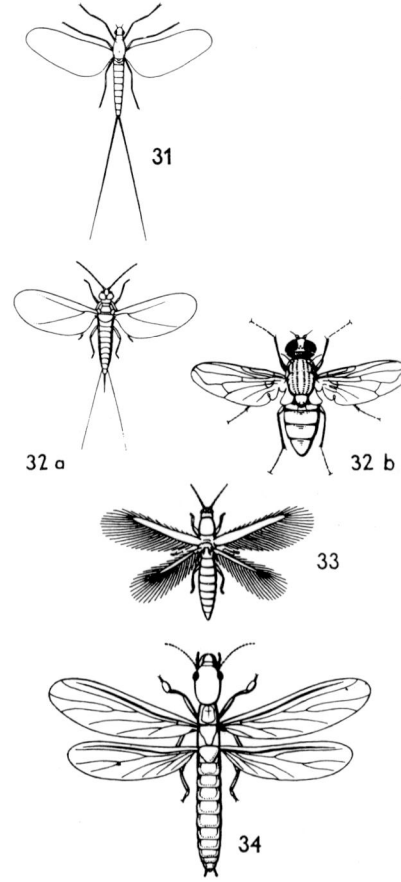

31

32 a

32 b

33

34

35 Hinterbeine mit mächtigen Schenkeln. Meist große Arten, die sich springend fortbewegen, Vorderflügel schmaler und fester als die hinteren, die unter ihnen zusammengelegt werden 36

— Hinterbeine unterscheiden sich nicht sonderlich von den anderen Paaren 37

36a Fühler fadenförmig, mindestens so lang bzw. länger als der Körper, mit über 30 Gliedern (außer Maulwurfsgrille). Beißende Mundwerkzeuge. Manche Arten grünlich gefärbt. Weibchen mit verschieden langem und starkem Legeapparat versehen...

... **Langfühlerschrecken** *(Ensifera)*

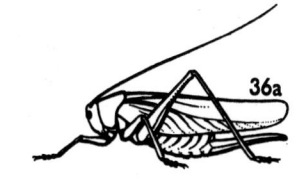

36b Fühler kurz, nicht länger als der Kopf und der erste Brustabschnitt zusammen. Mundwerkzeuge mit starken Mandibeln versehen. Viele Arten bräunlich, untere Flügel oft bunt gefärbt (rot, blau, gelb). Füße dreigliedrig. Weibchen besitzen einen nur kurzen Legeapparat. An Gräsern, besonders im Sommer und Herbst... **Kurzfühlerschrecken** *(Caelifera)*

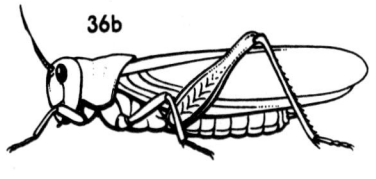

37 Vorder- und Hinterflügelpaar unterscheiden sich deutlich in Bau und Beschaffenheit 38

— Vorder- und Hinterflügel unterscheiden sich in Bau und Beschaffenheit gar nicht oder nur unwesentlich voneinander, ihre Größe kann sehr verschieden sein 43

38 Die Vorderflügel sind an der Basis lederartig, an den Spitzen häutig (Halbdecken), Mundwerkzeuge stechend-saugend. Mittelgroße Arten. Manche sind grün oder bräunlich, andere wiederum bunt gefärbt. Meist leben sie auf Pflanzen (an Blättern und in Blüten) einige auch im Wasser. Durchdringender Geruch ...... **Wanzen** *(Heteroptera)*

— Vorderflügel lederartig, auffallend stärker als die hinteren 39

39 Vordergliedmaßen sind Fangbeine, lang, mit vielen Stacheln. In Mitteleuropa nur eine einzige große Art in Gebieten mit Steppencharakter. In Süd- und Westeuropa mehrere Arten vorfindlich... **Fangschrecken** *(Mantodea)*

— Vordergliedmaßen keine Fangbeine 40

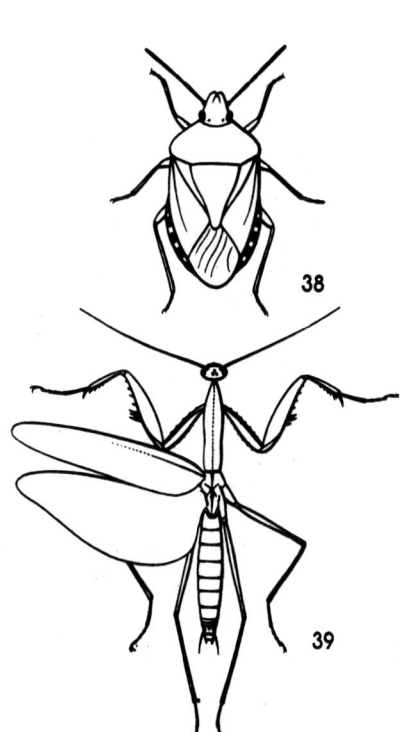

40 Flügel dachförmig zusammengelegt, oft auffällig gefärbt. Schiene des Hinterbeines oft lang und stachelbewehrt. Bewegt sich springend. Kopf unter dem Körper nach hinten gebogen. Mundwerkzeuge stechend saugend. Auf Pflanzen ... **Gleichflügler,** Familie **Zikaden** *(Homoptera, Cicadina)*

— Flügel nicht dachförmig zusammengelegt, bewegt sich nur selten springend **41**

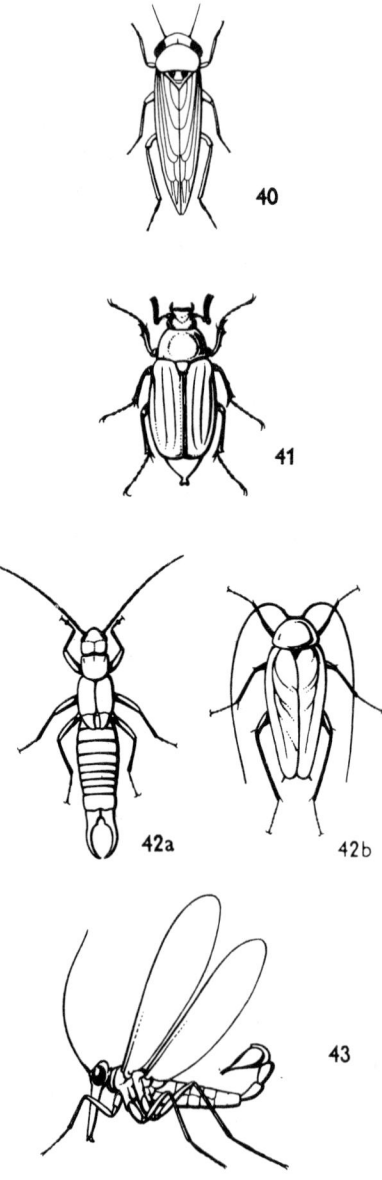

40

41 Körperende ohne Anhänge. Vorderflügel sind zu festen und harten Decken umgewandelt, die sich an der Naht berühren. Unter den Decken liegen Hautflügel. Außer der Pigmentfärbung ist Metallfärbung bekannt. Viele Arten sind tief schwarz. Winzige (um 1 mm) bis einige cm lange Tiere. Leben auf Pflanzen, unter der Baumrinde, unter Steinen, in Höhlen, im Wasser, manche auch in der Nähe des Menschen (in Wohnungen) .... **Käfer** *(Coleoptera)*

— Das Körperende trägt auffällige Anhänge **42**

41

42a Anhänge haben Zangenform. Flügeldecken kurz u. hart, unter ihnen liegen zusammengefaltet die Hautflügel. Leben in verschiedenen Verstecken (oft unter Steinen, unter der Rinde, auch in Wohnungen), an Ufern von Gewässern. In Mitteleuropa nur wenige Arten .... **Ohrwürmer** *(Dermaptera)*

42b Anhänge langgestreckt, auseinanderlaufend. Vorderes Flügelpaar kräftiger, die Hautflügel bedeckend. Lange Fühler, Insekt läuft sehr schnell. Mittelgroße bis große Insekten. Einige Arten leben in Wäldern, andere in der Nähe des Menschen (in Wohnungen, Speisekammern, in Bäckereien, Krankenhäusern usw.) ... **Schaben** *(Blattaria)*

42a   42b

43 Kopf rüsselartig ausgezogen, an der Spitze beißende Mundwerkzeuge ... **Schnabelfliegen** *(Mecoptera)*

— Kopf nicht rüsselartig ausgezogen **44**

43

44 Vorderbrust auffallend lang, mehrfach so lang wie breit **45**

— Vorderbrust nicht besonders lang **46**

45a Vorderbeine sind ähnlich wie die übrigen Gliedmaßen ausgebildet. Kopf flach und beweglich ... **Kamelhalsfliegen** *(Raphidioptera)*

45b Vordergliedmaßen sind Fangbeine ... **Netzflügler** *Planipennia,* Familie *Mantispidae*

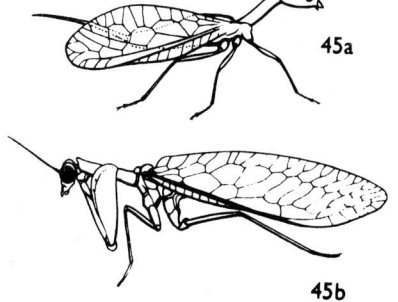

45a

45b

46 Flügel von einer großen Menge kleiner Schuppen bedeckt, welche verschiedene Form haben. Einige sind bläulich, andere weißlich, gelblich, bräunlich usw. Die Kombination der Farben von allen Schuppen zusammen bestimmt die gesammte Färbung des Flügels. Oft kommt Sexualdichroismus vor. Der Körper ist entweder schlank oder dick, meistens mehr oder weniger dicht behaart. Meist auf Blüten. Einige Arten fliegen tagsüber, andere nachts (Tag- und Nachtfalter) ... **Schmetterlinge** *(Lepidoptera)*

— Flügel nicht mit Schuppen bedeckt **47**

47 Flügel durchsichtig oder verschieden gefärbt **48**

— Flügel mit feinen Wachskörnchen übersät. Arten winzig klein **56**

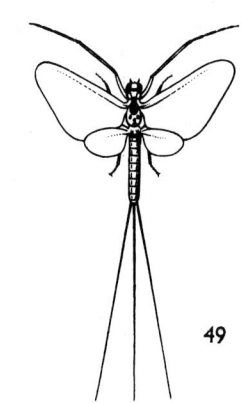

46

48 Am Körperende sitzen 2—3 fadenförmige lange Anhänge **49**

— Körperende ohne Anhänge oder mit kurzen und starken Anhängen **50**

49 Anhänge (2 oder 3) sind aus vielen Gliedern zusammengesetzt. Sind etwa zweimal so lang wie der Körper. Fühler sehr kurz, Vorderbeine länger als die übrigen Beinpaare (beim Männchen sind die Vorderbeine beträchtlich länger als beim Weibchen). Körper sehr weich. Flügel in Ruhe senkrecht über dem Körper zusammengeklappt. Oft in Schwärmen in Wassernähe ... **Eintagsfliegen** *(Ephemeroptera)*

— Zwei Anhänge am Körperende. Hinterflügel größer als Vorderflügel. In Ruhe flach auf dem Körper zusammengelegt ... **Stein-** oder **Uferfliegen** *(Plecoptera)*

49

50 Fühler sehr kurz, kaum kenntlich. Körper sehr lang (25 mm), oft blau, gelb, grün und rot; schwarz gestreift. Kopf groß, Flügel von gleicher Größe. Oft in Wassernähe und in Wäldern .... **Libellen** *(Odonata)*
— Fühler verhältnismäßig lang   51

51 Flügel meist dicht mit feinen Härchen besetzt, seltener mit Schuppen (andere Schuppen als bei Schmetterlingen). Vorderflügel meist länger als hintere, gelegentlich stärker, in Ruhe dachförmig. In Wassernähe ...

.... **Köcherfliegen** *(Trichoptera)*
— Flügel nicht dicht mit Härchen besetzt, es sind durchsichtige, farbige bis dunkle Hautflügel. Geäder einfach oder kompliziert   52

52 Fuß ein- bis dreigliedrig. Geäder beider Flügelpaare ziemlich einfach.
a) Kopf mit stechend-saugenden Mundwerkzeugen; unter dem Körper nach hinten gerichtet. Bei einigen Arten ist am Hinterleibsende ein Ausläufer (sogenannte Kauda) und an den Hinterleibsseiten sind sogenannte Siphunculi vorhanden. Pflanzensauger, oft an Stengeln, Blättern, Blüten und Wurzeln lebend ...

... **Gleichflügler,** Unterordn. **Blattläuse** *(Homoptera, Aphidina)*
b) Beißende Mundwerkzeuge. Meist winzige Arten mit sehr weichem Körper. Auf dem großen Kopf liegen auffallend lange Fühler. Flügel in der Ruhe dachförmig zusammengelegt .... **Staubläuse** *(Psocoptera)*
— Fuß vier- bis fünfgliedrig   53

53 Beide Flügelpaare fast gleich groß   54
— Hinteres Flügelpaar kleiner als vorderes. Unterschiedlich große Arten, manchmal auffallend gestreift, gedrungen oder schlank. Der vordere Körperteil ist entweder vom Hinterteil durch einen Stiel getrennt, oder sitzt am Hinterleib dem Brustabschnitt in voller Breite an. Weibchen einiger Arten mit Legeröhre versehen. Einige Gruppen leben in Kolonien (Wespen, Bienen, Hummeln). Wichtige Blütenbestäuber .... **Hautflügler** *(Hymenoptera)*

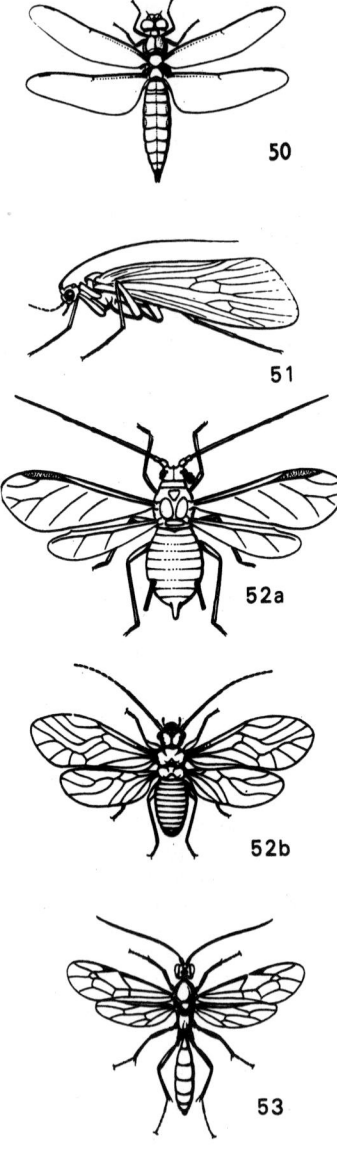

54 Äderung verläuft meist in Längsrichtung, Flügel werden flach zusammengelegt. Fühler sind nicht länger als Kopf und Brust zusammen. Soziale, kastenbildende Insekten, welche morphologisch und biologisch verschieden sind. Ernähren sich von Zellulose. In Mitteleuropa nur wenige, eingeschleppte Arten ....**Termiten** *(Isoptera)* ♀ und ♂ (Die meisten Exemplare im Termitennest sind flügellose Arbeiter und Soldaten, vergl. Nr. 19)

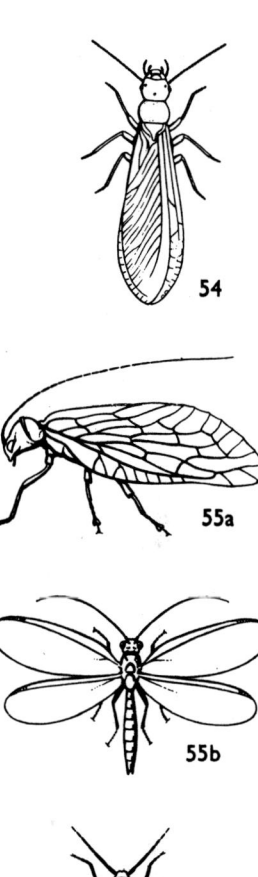

54

— Längs- und Queradern bilden auf den Flügeln ein kompliziertes Netzwerk. Flügel werden in Ruhe dachförmig zusammengelegt. Faden- oder gekeulte Fühler 55

55a Mundwerkzeuge nach vorn gerichtet. Flügel dunkelbraun. Fühler lang, fadenförmig. An Gewässern ... **Schlammfliegen** *(Megaloptera)*

55a

55b Mundwerkzeuge abwärts gerichtet. Flügel meistens durchsichtig, oft mit grünlicher, bräunlicher oder bläulicher Nervatur. Seltener sind die Flügel mit gelben und schwarzen Flecken versehen. Fühler entweder fadenförmig oder gekeult. Oft während des Winters in Wohnungen ...

... **Netzflügler** *(Planipennia)*

55b

56 Fühler siebengliedrig, Füße zweigliedrig. Geäder sehr einfach. Mundwerkzeuge stechend-saugend. Kleine Insekten mit weißen Flügeln, besonders an der Blattunterseite verschiedener Bäume und Sträucher ...

... **Gleichflügler,** Unterordn. **Motten(schild)-läuse** *(Homoptera, Aleurodina)* (Abb. 56)

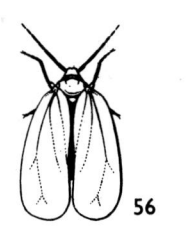

56

— Fühler haben mindestens 14 Glieder, manchmal auch mehr. Fuß fünfgliedrig. Geäder recht kompliziert. Mundwerkzeuge beißend ... **Netzflügler,** Familie Staubhafte *(Planipennia, Coniopterygidae)*

Die Insekten und der Mensch

Insekten haben für den Menschen eine sehr große Bedeutung. Um das zu beweisen, braucht man keine Belege aus der Geschichte anzuführen; es genügt, sich dem Insektenproblem unseres Jahrhunderts zuzuwenden, in dem es zu einem nie dagewesenen Aufschwung der Insektenkunde (Entomologie) gekommen ist. Die Zeiten, in denen Insekten nicht mehr als ein Sammlerhobby waren, sind längst vorbei. Mit der Erforschung ihres Lebens, ihrer Systematik und den von ihnen angerichteten Schäden befassen sich überall auf der Welt wissenschaftliche Institute. Insekten wurden für die Volkswirtschaft zu einem Faktor, mit dem unbedingt gerechnet werden muß.

Je nach ihren Beziehungen zum Menschen werden die Insekten gewöhnlich in drei Gruppen eingeteilt: in Nützlinge, Schädlinge und indifferente Arten, die sich im Hinblick auf den Menschen in keiner wichtigen Weise betätigen, aber doch im Kreislauf des Lebens ihren Platz einnehmen.

Die Nützlichkeit der Insekten zeigt sich auf die verschiedenste Weise. Sie bestäuben Pflanzen, liefern Honig, Wachs, Seidenfasern, Schellack und Farbstoffe, sie beseitigen verwesende Stoffe und fressen Schädlinge und deren Larven. Einige Produkte werden zwar schon von synthetischen Stoffen ersetzt (z. B. Seide, Farbstoffe und Schellack), aber bei der Blütenbestäubung und in der Schädlingsbekämpfung sind die Insekten nach wie vor konkurrenzlos. Diese Tätigkeit läßt sich durch nichts ersetzen.

Die Blütenbestäubung durch Insekten wird oft als Symbiose angesehen. Blüten und Insekten sind derart aufeinander angewiesen, daß die einen ohne die anderen nicht existieren könnten. Verschwänden die Blüten, so müßten Zehntausende von Insektenarten zugrunde gehen, und umgekehrt: Wenn die Bestäuber verschwinden würden, käme die Natur um eine große Menge Pflanzenarten.

Unter den Insekten gibt es sehr viele Arten, die Blüten bestäuben; sie gehören zu verschiedenen Ordnungen. Am wichtigsten sind die Hautflügler. Sie besuchen die Blüten auf der Nahrungssuche, vor allem werden sie durch Nektar und Pollen angelockt. Auch die Schmetterlinge sind bedeutende Blütenbestäuber, sie saugen zuckerhaltigen Nektar. Dazu sind sie mit einem langen Rüssel ausgestattet, der bei einzelnen Schwärmern sogar die ungewöhnliche Länge von 80 mm erreicht. Die Tagfalter werden von den bunten Farben der Blüten angelockt, die Nachtfalter (Schwärmer) meist von Duftstoffen, die viele Blüten nur in der Nacht ausströmen. Einige Zweiflügler (*Diptera*) bestäuben ebenfalls. Viele Fliegen halten sich aber nicht auf Blüten, sondern in anderer Umgebung auf. Schwebfliegen (*Syrphidae*), Wollschweber (*Bombyliidae*), Haarmücken (*Bibionidae*) und Dickkopffliegen (*Conopidae*) sind die eifrigsten Blütenbesucher.

Weitere Blütenbestäuber sind Käfer und einige kleinere Gruppen aus veschiedenen Ordnungen. Von den Käfern seien als Bestäuber vor allem die Bockkäfer (*Cerambycidae*) und einige Blatthornkäfer genannt, z. B. der Pinselkäfer (*Trichius fasciatus*) und der Rosenkäfer (*Cetonia aurata*).

Seit jeher ist die Honigbiene (*Apis mellifera*) als Honiglieferant berühmt. Sie ist zwar nicht die einzige Art, die Honig herstellt, viele wilde Bienen- und Hummelarten füllen die Waben ihrer Erdnester auch mit Honig, verbrauchen ihn aber selbst als Nahrung. Nur die Honigbiene lagert große Mengen, und der Mensch bringt sie regelmäßig um den Erfolg ihrer

Arbeit. Sie wird in allen Teilen der Welt gezüchtet und gilt gewissermaßen als Haustier, „gezähmt" hat man sie jedoch nicht. Die ersten Versuche, Bienen zu halten, sind sehr alt. Neben Honig liefern Bienen auch Wachs, das sie aus ihren Wachsdrüsen ausscheiden. Mit dieser Fähigkeit stehen sie nicht allein da. Die männlichen Larven der in China beheimateten Schildlausart *Ericerus pela* erzeugen so viel davon, daß man damit ein Hühnerei füllen könnte. Die Chinesen sammeln und verwerten dieses Wachs.

Von alters her ist der Maulbeerseidenspinner (*Bombyx mori*) bekannt, dessen Raupen vor der Verpuppung Seidenfasern ausscheiden, aus denen sie weiße oder gelbliche Kokons spinnen. Die Wurzel der Seidenraupenzucht liegt in China, wo der Seidenspinner schon im dritten Jahrtausend vor unserer Zeitrechnung gezüchtet wurde. Diese Kunst wurde als strenges Geheimnis gehütet. Trotzdem gelangte der „Seidenwurm" im 6. Jahrhundert unserer Zeitrechnung nach Griechenland und später nach Frankreich, wo er weite Verbreitung erlangte. Die Faser eines Kokons erreicht eine Länge von rund 2000 m, verarbeiten läßt sich etwa die Hälfte.

Der Maulbeerseidenspinner ist aber nicht der einzige Seidenlieferant. In China und heute auch in der UdSSR wird der große Chinesische Seidenspinner (*Antheraea pernyi*) gezüchtet, der eine Flügelspannweite von 180 mm besitzt und dessen Raupen sich von Eichenlaub ernähren. Sein Kokon ist etwa dreimal so schwer wie der des Maulbeerseidenspinners. Annähernd gleich schwer ist der Kokon des Japanischen Seidenspinners (*Antheraea yamamai*), der in Japan und Korea gezüchtet wird.

In der heutigen Zeit wird die Naturseide allmählich von Kunstfasern verdrängt, trotzdem wird die Seidenraupenzucht in manchen Gebieten Asiens noch in großem Maßstab betrieben.

Schildläuse liefern Schellack und Farbstoffe. Schellack erzeugende Arten sind in Indien, Afrika, dem tropischen Amerika und in Australien zu Hause. Imagines und junge Larven scheiden Lack rings um sich her aus. Die von diesen Schildläusen bewohnten Äste sind von einer dicken Lackschicht umgeben, die gesammelt und verarbeitet wird.

Darüber hinaus sind einige Schildläuse als Farbstoffhersteller bekannt. Am berühmtesten ist wohl die mexikanische Cochenillelaus (*Dactylopius coccus*), die einen karminroten Farbstoff, die Cochenille, ausscheidet, der früher zum Textilfärben verwendet wurde. Diese natürliche Färbetechnik war stark verbreitet. Auch in Europa kommt eine Reihe von Arten vor, die roten Farbstoff herstellen. Ihre Bedeutung war aber nie so groß.

Insekten sind ein wichtiger Faktor bei der Beseitigung organischer Stoffe aus der Natur. Viele Arten ernähren sich von verwesenden tierischen und pflanzlichen Stoffen und tragen so zu ihrem Zerfall bei. Das tun meist Larven, machmal auch die Imagines. Auf diesem Feld betätigen sich vor allem Käfer (z. B. Mistkäfer, Kurzflügler, Aaskäfer, Totengräber), Zweiflüglerlarven, Springschwänze u. a.

Ein unschätzbar wertvoller Helfer bei der Regulierung des biologischen Gleichgewichts in der Natur sind die nützlichen Insekten, die Raupen, Blattläuse, Schildläuse, Fliegen usw. jagen. Solche Nützlinge sind Käfer, Hautflügler, Netzflügler, Libellen und andere.

Raubinsekten sind unentbehrliche Helfer des Menschen bei seinen Bemühungen, den Schädlingsbestand zu verringern, sie erfüllen ihre Aufgabe ohne jedes menschliche Zutun.

Zu den wichtigsten Regulierern des Schädlingsbestandes gehören unter den Käfern vor allem Marienkäfer (*Coccinellidae*), Laufkäfer (*Carabidae*), Kurzflügler (*Staphylinidae*), Aaskäfer (*Silphidae*), Glanzkäfer (*Nitidulidae*), Buntkäfer (*Cleridae*) u. a. Marienkäfer machen sich überall dort nützlich, wo sich Blatt- und Schildläuse zeigen. Die Larven vieler Marienkäfer-arten sind sogar noch räuberischer als die Imagines. Wichtig sind der häufig vorkommende Siebenpunkt-Marienkäfer (*Coccinella septempunctata*), der Zweipunkt (*Adalia bipunctata*) u. a. Von den räuberischen Laufkäferarten sind die in Wald und Feld lebenden wirtschaftlich von Bedeutung. In den Wäldern gehören alle Arten der Gattung Puppenräuber (*Calosoma*) zu den wertvollen Helfern; auf den Feldern sind es besonders die großen *Carabus*-Arten, wie Goldlaufkäfer (*Carabus auratus*), Körniger Laufkäfer (*Carabus granulatus*), Körnerwarze (*Carabus cancellatus*) und die Arten *Carabus ullrichi* sowie *Pterostichus vulgaris*, die eifrig alle möglichen Schädlingslarven einschließlich der des Kartoffelkäfers jagen.

Käfer und Käferlarven fressen ihre Beute; Hautflügler verwenden sie oft als Nahrung für ihre Nachkommenschaft, da sie sich selbst meist von süßen Pflanzensäften ernähren. Sie legen ihre Eier in das Opfer oder auf seine Körperoberfläche ab. Aus den Eiern schlüpfen Larven, die sich von der Körpersubstanz des Exemplars ernähren, in dem sie geschlüpft sind. Da die Eier auch in viele Schädlingslarven abgelegt werden, sind diese Hautflügler ebenfalls nützlich. Viele Arten haben sich auf bestimmte Insektengruppen spezialisiert, z. B. auf Käferlarven, Schmetterlingsraupen, Blattläuse, Schildläuse usw., andere legen ihre Eier in verschiedene Larven ab. Das gilt besonders für die größeren Hautflügler wie Schlupfwes-pen (*Ichneumonidae*) und Brackwespen (*Braconidae*). Bedeutsam für die Schädlingsreduzie-rung sind gleichfalls Ameisen, vor allem die großen roten Waldameisen (*Formica rufa*). In der Umgebung ihrer Ameisenhaufen sind so gut wie keine Larven oder kleine Insekten festzustellen. Diese Ameise steht in der Bundesrepublik Deutschland und in einer Reihe anderer Länder unter Naturschutz. Viele Hautflüglerarten sind so klein, daß man sie im Freien nur schwer zu Gesicht bekommt. Aber gerade unter ihnen befinden sich eine große Anzahl Schildlaus-, Blattlaus- und Raupenparasiten. Nimmt man von einer Exkursion einen von Napf- oder Deckelschildläusen befallenen Zweig mit nach Hause und gibt ihn in ein großes Glas, dann fliegen meist schon nach kurzer Zeit kleine Erzwespen der Familien *Chalcididae, Encyrtidae, Aphelinidae* u. a. von ihm auf.

Außer bei Käfern und Hautflüglern, unter denen sich der höchste Prozentsatz nützlicher Insekten findet, gibt es auch in anderen Ordnungen Arten oder auch ganze Gruppen, die den verschiedenen Schädlingen nachstellen. Das gilt vor allem von zahlreichen Netzflüglern (*Planipennia*). Am bekanntesten sind die Florfliegen (Familie *Chrysopidae*) und die Taghafte (*Hemerobiidae*), die räuberisch leben und weichleibige Insekten jagen, also meist Blattläuse und deren Larven. Auch die Kamelhalsfliegen (*Raphidioptera*) und ihre Larven gehören zu den Nützlingen. Die Imago hält sich im Gebüsch auf, die Larve jagt unter Rinde und Moos. Die Bedeutung dieser Gruppen ist aber wesentlich geringer, da sie nur in kleiner Anzahl auftreten.

Auch unter den Wanzen (*Heteroptera*) kommen einige räuberische Arten vor, die anderen Insekten nachstellen, sie anstechen und aussaugen. Eine solche Wanzenart wurde absicht-lich nach Europa eingeführt, um probeweise im Kampf gegen den Kartoffelkäfer eingesetzt zu werden.

Wenn man von zweiflügeligen Insekten hört, denkt man zunächst meist an lästige Fliegen, Mücken, Bremsen, Haarmücken, die uns empfindlich stechen. Aber auch in dieser Ordnung gibt es viele Arten, die verschiedene schädliche Insekten jagen. Zu diesen nützlichen Arten gehören vor allen Dingen die Familien Raupenfliegen (*Tachinidae*), Raubfliegen (*Asilidae*), Schwebfliegen (*Syrphidae*) usw.

Insekten als „Schädlinge"

Insekten richten alljährlich Riesenschäden an. Schädlinge leben in allen möglichen Biotopen: etwa in Wäldern, auf Feldern und in Gärten, in Gewächshäusern, Getreidespeichern, Speisekammern, in Textilien, allen möglichen Sammlungen. Einige Arten sind als Überträger von gefährlichen Krankheitserregern auf Mensch und Tier berüchtigt. Insekten haben also Bedeutung für Land- und Forstwirtschaft, Industrie und Gesundheitswesen.

Einige Schädlinge sind nur auf bestimmte Gebiete beschränkt, andere über die ganze Welt verbreitet (Kosmopoliten). Sie haben sich per Schiff, Bahn und Flugzeug in Pflanzensendungen und anderen Waren verbreitet.

Die Schädlinge haben sich in den neuen Gebieten in der Regel gut eingebürgert und konnten sich stark vermehren, da sie keine natürlichen Feinde vorfanden.

Jede Kulturpflanze hat ihre Insektenschädlinge. Einige sind auf eine bestimmte Wirtspflanze spezialisiert, andere sind nicht wählerisch und können auf verschiedenen, einander nicht verwandten Pflanzenarten leben. Diese Schädlingsarten sind am gefährlichsten.

Einige Insekten treten nur in einem bestimmten Stadium als Schädlinge (z. B. als Larven) auf, andere sind als Larven und als Imago schädlich.

Zu den wichtigsten Landwirtschafts- und Forstschädlingen gehören in erster Linie Kurzfühlerschrecken (*Caelifera*), Fransenflügler (*Thysanoptera*), Gleichflügler (*Homoptera*), einige Käfer (*Coleoptera*), Schmetterlingsraupen (*Lepidoptera*), Pflanzenwespen (Sägewespen), Termiten (*Isoptera*) und Kieferläuse (*Mallophaga*). In Lebensmittellagern, Textilien, Leder usw. treiben hauptsächlich einige Käferfamilien und Mottenlarven ihr Unwesen.

Im Bereich der Hygiene machen Insekten vor allem als Überträger von Krankheitserregern von sich reden. Sie saugen Menschen- und Tierblut und mit ihm auch parasitierende Urtierchen und andere Mikroorganismen. Zu diesen Insekten gehören hauptsächlich Zweiflügler (*Diptera*) und andere Blutsauger wie z. B. Flöhe (*Siphonaptera*). Auch die Läuse (*Anoplura*) können gefährlich werden.

Wollte man den Versuch unternehmen, ein Gesamtbild aller von Insekten verursachten Schäden aufzuzeigen, so entstünde sicher ein sehr buntes Mosaik, das alle Bereiche menschlichen Lebens einschlösse. Insekten fressen Blätter ab oder beschädigen Blüten, Früchte und Stengel, nagen Gänge in der Rinde, im Splint und im Bast, in frischem oder totem Holz (in Möbeln, Parkett, Kunstwerken), zerstören Getreidevorräte, Nahrungsmittel, Gewürze, Textilien, Leder und auch Kunststoff, vernichten Holzbauten, Naturkundesammlungen, belästigen Mensch und Tier und bedrohen manchmal sogar deren Gesundheit.

Dem Menschen bleibt daher nichts anderes übrig, als unter bestimmten Bedingungen den Insekten den Kampf anzusagen.

Insektenbekämpfung

Dieser Kampf wird mechanisch, chemisch und biologisch geführt. Oft werden diese Möglichkeiten auch kombiniert, um bessere Ergebnisse zu erzielen.

Am einfachsten ist die mechanische Bekämpfung. Sie wird nur in kleinen, abgegrenzten Gebieten durchgeführt, die Schädlinge werden gesammelt und vernichtet. Eine gewisse Art mechanischer Schädlingsbekämpfung in der Landwirtschaft besteht in einer geeigneten

Agrotechnik (Fruchtwechsel). Diese Methoden sind einfach, nicht kostspielig und für die menschliche Gesundheit unschädlich. Von der chemischen Insektenbekämpfung läßt sich das nicht behaupten.

Der chemische Kampf gegen Insekten wird mit insektiziden Präparaten geführt, die die Tiere auf verschiedene Weise töten. Kontaktgifte müssen mit der Körperoberfläche des Insekts in Berührung kommen, andere Gifte werden von Pflanzen gelöst aufgenommen, die Insekten nehmen sie mit der Nahrung auf und sterben. Vor Jahren schien es, als ob mit der Entdeckung des Insektizids DDT ein neuer Weg in der Insektenbekämpfung gefunden worden wäre. Niemand ahnte damals, wie sich seine massenhafte Anwendung auswirken würde. Zwei Jahrzehnte seiner Verwendung zeitigten nicht nur verheerende Wirkungen auf die Natur, sondern auch auf den menschlichen Organismus. Seine Verwendung wurde daher in Kulturstaaten verboten.

Chemiewerke entwickeln ständig neue Insektizide und informieren in Flugblättern und anderem Propagandamaterial über ihre Verwendung und ihre Giftigkeit. Die Anweisung zum Einsatz eines Insektengiftes darf erst nach reiflicher Überlegung und nach gründlichem Studium der ganzen Biozoenose, in der das Mittel eingesetzt werden soll, erteilt werden. In vielen Fällen wurden mit diesen Mitteln sehr bedauernswerte Ergebnisse erzielt. Zwar wurde der Schädling bis zu einem gewissen Maß vernichtet, gleichzeitig wurden aber alle nützlichen Lebewesen in dem betreffenden Lebensraum mitbetroffen und das natürliche Gleichgewicht empfindlich gestört. Viele Insekten sind auch gegen Insektizide immun geworden.

Die dritte Technik in der Schädlingsbekämpfung ist der biologische Kampf, der sich auf wissenschaftliche Forschungsergebnisse über den räuberischen Charakter anderer Insekten und ihre Beziehung zur Umwelt stützt. In der freien Natur spielt sich zwischen den Insekten ein ständiger „Krieg" ab. Nachdem seine Gesetzmäßigkeiten aufgedeckt worden waren, konnte er zum Vorteil des Menschen ausgenutzt werden. Die so entstandene Methode biologischer Schädlingsbekämpfung besteht darin, einander feindliche Insekten sich gegenseitig bekämpfen zu lassen. Die biologische Schädlingsbekämpfung könnte die chemische in gewissem Maß ersetzen bzw. sie angemessen ergänzen (integrierte Schädlingsbekämpfung, diese Technik findet immer mehr Anhänger).

Die biologische Bekämpfungsmethode hat zweifellos eine große Zukunft. Sie ist jedoch nicht so einfach, wie sie auf den ersten Blick schien. Es genügt nicht, einfach irgendwelche nützlichen Insektenarten in schädlingsbefallene Gärten und Wälder zu bringen. Sie muß von einer gründlichen wissenschaftlichen Erforschung des Schädlings und seines Feindes ausgehen, Nahrungsabhängigkeit, jährliche Generationenzahl und -dauer feststellen usw. Erst wenn alle wichtigen Angaben bekannt sind, können Überlegungen angestellt werden, welche Insektenart zur Bekämpfung geeignet ist und Erfolg verspricht.

Die biologische Bekämpfung ist eine verhältnismäßig junge Methode. Zwar wurden erste Versuche schon vor über hundert Jahren in den USA angestellt, doch wird sie erst in der heutigen Zeit intensiver betrieben.

In der biologischen Insektenbekämpfung haben sich vor allem Käfer (*Coleoptera*) und Hautflügler (*Hymenoptera*) bewährt. An der Spitze der Käfer stehen die Marienkäfer (*Coccinellidae*), die auch die ersten konkreten Beispiele für biologische Schädlingsbekämpfung geliefert haben. Eine der bekanntesten und seit über hundert Jahren in der biologischen Bekämpfung bewährten Art ist der australische Marienkäfer (*Rodolia cardinalis*). Dieser kleine Käfer wurde zum erstenmal während der zweiten Hälfte des vorigen Jahrhunderts in Kalifornien zur Schädlingsbekämpfung eingesetzt. Damals war ein großer Teil des Landes von der gefährlichen Schildlausart *Pericerya purchasi* betroffen, die die Citrusplantagen derart verwüstete, daß nichts anderes übrigblieb, als die Bestände auf großen Flächen zu roden und zu verbrennen. Die Forscher fanden heraus, daß die Schäden, die diese Schildlaus im heimatlichen Australien anrichtete, sich in erträglichen Grenzen hielten. Sie erkannten, daß dort der Schädlingsbestand durch die obengenannte Marienkäferart reguliert wird. Der Marienkäfer wurde nach Kalifornien eingeführt, in Insektarien gezüchtet und nach und nach in den befallenen Plantagen ausgesetzt. Nach kurzer Zeit verringerte sich die Zahl der Schildläuse so stark, daß die Schädlingsgefahr gebannt war. *Rodolia cardinalis* ist heute über die Tropen und Subtropen der ganzen Welt verbreitet, wird in Insektarien gezüchtet und überall dort eingesetzt, wo sich die erwähnte Schildlausart in größerer Menge findet.

In der letzten Zeit wird den Marienkäfern allgemein große Aufmerksamkeit gewidmet, Lebens- und Ernährungsweise werden studiert und ihre Winterverstecke festgestellt. Gartenliebhaber sammeln sie auf ihren Spaziergängen und setzen sie in ihren Gärten aus.

Neben den Marienkäfern wurden versuchsweise auch Laufkäfer, vor allem mittlere und große Arten, gezüchtet. Auch mit ihnen wurden in der biologischen Bekämpfung gute Ergebnisse erzielt.

Von den Hautflüglern werden vor allem die kleinen Arten der Familie Erzwespen (*Aphelinidae*) in größerem Maßstab gezüchtet, z. B. die Blutlauszehrwespe (*Aphelinus mali*) oder die Art *Prospaltella perniciosi* u. a. Schon oft wurden sie erfolgreich in der Bekämpfung von Deckelschildläusen eingesetzt (Familie *Diaspididae*).

Sammeln und Präparieren von Insekten

Das Sammeln von Insekten ist für viele Naturfreunde ein beliebtes Hobby. Darüber hinaus ist es aber auch eine sehr wichtige Tätigkeit. Ein Sammler, der sich eine Insektensammlung anlegt, kann mit seinem Material zur Lösung verschiedener entomologischer Probleme beitragen. Er hält nämlich in seiner Sammlung das Bild des Insektenvorkommens der Gegend, in der er sammelt, fest. Das ist vor allem dort nötig, wo sich große landschaftliche Veränderungen abspielen. Sammler beteiligen sich auch bei der Erforschung der Großstadtentomofauna, bei der Registrierung wandernder Arten und helfen nicht selten bei der Lösung schwerwiegender Fragen in der Schädlingsbekämpfung.

Jeder ernsthafte Sammler schont die Natur und auch die Arten, die er sammelt. Vor allem zerstört er die Lokalitäten nicht, an denen eine Art in größerer Anzahl vorkommen kann. Nach der Entnahme von Materialproben (Streu, Mulm usw.) stellt er den ursprünglichen Zustand des Fundorts wieder her.

Gegenwärtig wird die Natur in kurzer Zeit ungeheuer tiefgreifend verändert. Der Sammler muß deshalb auch Naturschützer sein und darauf achten, daß durch seine Sammeltätigkeit kein Schaden entsteht. Er muß Vorschriften und Gesetze über Natur- und Landschaftsschutz respektieren, geschützte Tiere und Pflanzen kennen, sie schützen und vor Zerstörung von anderer Seite bewahren.

Sammelgeräte

Wer Insekten sammeln will, muß sich eine Ausrüstung anschaffen, zu der einige Geräte gehören, die bei jeder Fangart Verwendung finden, daneben eine Reihe Spezialwerkzeuge, die nur zum Sammeln bestimmter Gruppen dienen. Nicht alle Insektengruppen lassen sich mit derselben Methode fangen.

Zu den wichtigsten Sammelgeräten gehören in erster Linie Sammelgläser (Tötungsgläser) verschiedener Größe, verschiedene Netze, ein Exhaustor, Insektensieb, Klopfschirm, Pinzetten, Röhrchen mit Alkohol, eine Lupe, gegebenenfalls Fallen oder Lampen.

Als Sammelgläser dienen mittelgroße Glasröhrchen mit gut schließenden Korkverschlüssen. Es empfiehlt sich, mehrere Gläser auf eine Exkursion mitzunehmen. In die Gläser werden etwas grobe Sägespäne oder Löschpapierschnitzel getan.

Ein Kescher (entomologisches Netz) besteht aus einer zerlegbaren Ringkonstruktion, die mit einer Klemmschraube an einem Stab befestigt wird. An diesem Ring werden Säcke aus verschiedenen Stoffen angebracht, je nachdem zu welcher Fangtechnik der Kescher benutzt werden soll (Schmetterlings- oder Streifnetz, Wasserkescher).

Schmetterlingssammler benutzen Netze mit einem Durchmesser von ca. 30 cm und einer Länge von etwa 60 cm. Sie sind aus leichtem Gewebe angefertigt, das sehr luftdurchlässig sein muß (Gaze). Das ist beim Fang wichtig, da fester Stoff zu viel Luftwiderstand leisten würde.

Das Streifnetz dient zum Fang verschiedener Insektengruppen, z. B. von Käfern, Wanzen, Zikaden, Heuschrecken, Zweiflüglern, Hautflüglern usw. Es besteht aus einem festen Leinenstoff, läuft am Ende konisch zu und ist um den Ring herum verstärkt, da es an dieser Stelle am meisten beansprucht wird. Beim Streifen schwenkt man das Netz über die Vegetation. Die Schläge müssen schnell ausgeführt werden, damit die Insekten nicht entkommen können. Nach einer gewissen Zeit muß man den Kescherinhalt wenigstens flüchtig durchsehen. Es werden dabei nämlich auch viele Bienen und Hummeln eingefangen, die man sofort in Freiheit setzen sollte, auch Raupen und Schnecken, die das übrige Material beschädigen oder verschmutzen können. Findet man nur wenig im Kescher, kann man die gewünschten Tiere an Ort und Stelle mit dem Exhaustor heraussaugen. Größere Mengen füllt man in Leinensäckchen um und sucht sie zu Hause aus. Der Kescher zum Fang von Wasserinsekten muß ebenfalls aus gut durchlässigem Material gemacht sein, damit er sich leicht führen läßt. Beim Sammeln in flachem Wasser, in Bächen und Brunnen läßt er sich durch ein kleines Drahtnetz ersetzen.

Den Exhaustor benutzt man, um Insekten aus Netzen herauszusaugen oder beim Fang von kleinen Einzelexemplaren. Er besteht aus einer dickwandigen Glasröhre, deren Querschnitt beliebig ist. Beide Enden sind mit durchbohrten Korken verschlossen, in die dünnere Glasröhrchen eingepaßt sind. Am Ende des einen sitzt ein Gummischlauch, die innere Öffnung wird von einem Perlonnetz abgeschlossen. Die Arbeit mit dem Exhaustor geht einfach und schnell. Das untere Röhrchen wird in die Nähe des Insekts gebracht, durch das obere wird Luft angesaugt. Mit dem Luftstrom kommt das Tier in die breite Exhaustorröhre, daraus wird es in das Sammelglas überführt.

Sammler mit mehr Erfahrung beschaffen sich früher oder später auch ein Insektensieb und einen Klopfschirm. Mit ihnen kann man Arten erbeuten, die man bei anderen Fangarten selten oder nur sehr schwierig bekommt. Das Insektensieb besteht aus einem festen Sack, in dem in bestimmtem Abstand zwei Drahtringe mit Holzgriffen angebracht sind. Im unteren Ring sitzt ein Drahtsieb. In den Sieboberteil werden Mulm, Laub, Streu, Moos eingefüllt. Beim Durchsieben fallen feinere Teile und Insekten in den Sack, die gröberen bleiben im Sieb. Das untere Sackende ist nur zugeschnürt, so daß man das gesiebte Material gut entnehmen kann. Es wird in Leinensäckchen umgefüllt und später in Ruhe gesichtet.

Der Klopfschirm sieht wie ein umgekehrter Regenschirm aus, der nach unten hin spitz zuläuft und in einer Flasche endet. (Sehr geeignet sind breithalsige Kunststoffflaschen!) Bei der Arbeit hält eine Hand den Schirm, die andere klopft mit einem weichen Gummistab auf die Zweige, so daß die darauf sitzenden Insekten herunterfallen. Dabei muß man den Schirm beständig hin- und herschütteln, damit die Tiere in die Flasche rutschen und keine Möglichkeit zum Wegfliegen haben. Das gewonnene Material kann man gleich an Ort und Stelle sortieren oder vorläufig nach flüchtiger Kontrolle in Leinensäckchen füllen.

Auf alle Fälle muß jedes gesammelte Material, gleichgültig, um welches es sich handelt, mit den Angaben über Fundort, Datum und Sammler versehen werden.

Eine weiche Pinzette eignet sich gut zum Fang von Arten, die sich unter Rinde, Steinen und in verwesenden Stoffen aufhalten (etwa in Exkrementen).

Glasröhrchen verschiedener Größe, zu zwei Dritteln mit 75% Alkohol gefüllt, ergänzen die Grundausrüstung.

Wertvolle Dienste leistet zudem auf jeder Exkursion eine Lupe mit etwa zehnfacher Vergrößerung.

Fallenstellen, Köder- und Lichtfang

Besteht für den Sammler die Möglichkeit, längere Zeit an einem Ort zu bleiben, lohnt es sich, Fallen zu stellen. Dazu dienen oben offene Blechgefäße. Man gräbt sie an geeigneter Stelle bis an den Rand in die Erde ein, gibt einen Köder hinein und schützt sie durch ein schräges Regendach. Als Köder verwendet man Käsescheibchen, etwas faulendes Fleisch, Waldpilze oder Früchte, die man auf den Fallenboden legt. Einige Insekten werden von verwesendem Fleisch angelockt, andere von süßen Obstsäften. Das Fangergebnis ist meist recht gut, man muß nur oft die Fallen kontrollieren, da sich die Tiere gegenseitig angreifen können. Gelegentlich werden auch Fallen gestellt, in denen die Insekten in einer Formalinlösung ertrinken. Auf diese Weise werden aber unnötig viele, oft nützliche Tiere getötet, die man möglicherweise schon längst in der Sammlung hat.

Schmetterlinge, einige Käfer, Haut- und Zweiflügler, also Insekten, die süße Säfte lieben, kann man folgendermaßen mit einem Köder anlocken: Man stellt eine Mischung aus süßen, aromatischen Stoffen her (in Malzbier gekochte Äpfel, Sirup mit Bienenhonig, Obstsäfte), mit der man eine ca. 1 dm² große Fläche etwa auf Baumstämmen, starken Ästen, auf Felsen bestreicht, immer auf der windabgewandten Seite. Auch so lassen sich viele interessante Arten erbeuten.

Viele Insektenarten werden vom Licht angelockt. Auf dem Lande kann man so sehr einfach in einem erleuchteten Zimmer mit offenen Fenstern arbeiten, die Insekten fliegen herbei und kreisen um die Lampe. Vielen Arten muß man mit dem Licht aber direkt ins Gelände folgen. Dabei ist es sehr günstig, wenn eine Stromquelle zur Verfügung steht, sonst muß man Petroleum- bzw. Spirituslampen benutzen. Sehr gute Ergebnisse liefert ein Ultraviolett-Scheinwerfer, bei dessen Verwendung man aber für guten Augenschutz sorgen muß. Außer der Lampe nimmt man auch ein weißes Tuch mit, das man mit Wäscheklammern an den Zweigen aufhängt und anstrahlt. Ein solcher „Lichtfang" ist eine sehr erfolgreiche Fangmethode.

Töten und Aufbewahren von Material

Die Sägespäne oder Papierschnitzel im Tötungsglas werden mit einem Tötungsmittel angefeuchtet. Heute wird meist mit dem besten Erfolg Essigäthylester, kurz Essigäther genannt, verwendet. Das ist eine Flüssigkeit mit starker Verdunstung, deshalb träufelt man in die Flasche nur einige Tropfen. Von Zeit zu Zeit, besonders an heißen Tagen, muß man die Dosis erneuern.

Früher wurde zum Töten Zyankali verwendet, das in eine Gipsschicht auf Glasboden eingegossen wurde. Dieses Gift kann aber auch für den Menschen gefährlich werden, vor allem wenn Gläser zu Bruch gehen.

Die Essigätherdämpfe töten Käfer, Wanzen, Zikaden, Hautflügler, Zweiflügler und andere Insekten. Nach einigen Stunden (die Zeit hängt von der Konzentration der Dämpfe und der Insektengröße ab) sind die Tiere völlig tot und können präpariert werden. Sollte dazu unmittelbar nach der Rückkehr von der Exkursion keine Möglichkeit bestehen, legt man das Material zwischen Zellstoff- oder Sägespäneschichten, wo es nach kurzer Zeit austrocknet. Getrocknetes Material muß vor der Verarbeitung durch Feuchtigkeit weichgemacht werden. Schmetterlinge tötet man so bald wie möglich, am besten unmittelbar nach dem Fangen, damit die Schuppen auf den Flügeln nicht beschädigt werden. Bei Tagfaltern braucht man nur die Flügeloberseiten aufeinanderzuklappen und leicht die Brust einzudrücken. Nachtfalter steckt man direkt im Netz in das Tötungsglas. Getötete Tagfalter verwahrt man während der Exkursion in Schmetterlingstüten aus Papier. Die anderen Schmetterlinge muß man schon während der Exkursion auf Insektennadeln spießen und in Spezialkästen transportieren. Auch Zweiflügler, zumindest die Angehörigen einiger Familien, sollte man so bald wie möglich nach dem Töten präparieren.

Einige Insekten werden direkt an Ort und Stelle in 75%igem Alkohol fixiert. Zu diesem Zweck führt man stets einige Gläschen verschiedener Größe mit. So sammelt man z. B. Blattläuse, Schildläuse, Eintagsfliegen, Uferfliegen, einige Netzflügler, Urinsekten, verschiedene Larven.

Erfahrene Sammler bringen von ihren Exkursionen oft größere Mengen gesiebten Materials mit, dessen mechanische Durchsuchung sehr zeitraubend wäre. Dabei leistet ein Sortiergerät gute Dienste. Dieses „Gerät" besteht aus einem Holzrahmen, in dem Beutel aus Drahtgeflecht hängen. Diese Konstruktion steckt in einem Leinensack, dessen unteres Ende in ein weithalsiges Glas mündet, auf dessen Grund feuchte Sägespäne oder ein feuchtes Tuch liegen. Das Gerät nutzt das Verlangen der Tiere nach Feuchtigkeit aus. Das Material trocknet nach der Einfüllung allmählich aus (das Austrocknen läßt sich durch eine darüber angebrachte Glühbirne beschleunigen). Die Insekten ziehen sich in die unteren Schichten zurück und fallen schließlich in die Flaschen. Nach dem gleichen Prinzip arbeitende, wenn auch etwas kompliziertere Apparate werden von wissenschaftlichen Instituten benutzt, die mit großen Mengen von entomologischem Material arbeiten müssen.

Präparieren von Insekten

Es ist nicht leicht, eine allgemeingültige Anleitung zur Insektenpräparation zu geben; es gibt nämlich eine ganze Reihe von Methoden, von denen einige sich nur für ganz bestimmte Arten eignen. Am gängigsten ist die Trockenpräparation, weniger gebräuchlich und auch wesentlich schwieriger ist die mikroskopische Präparation. Über Insektenpräparation existiert aber eine umfangreiche Literatur, in der sich jeder Interessent informieren kann.

Hilfsmittel zum Präparieren

Ohne eine gewisse Ausrüstung an Hilfsmitteln kommt man beim Präparieren nicht aus. Zu diesem Minimum gehören Präpariernadeln, Pinzetten, ein paar feine Haarpinsel, Präparierplatten aus Styropor, Spannvorrichtungen, Nadeln, Klebeschildchen, guter Klebstoff, eine Höhenlehre und eine starke Lupe oder ein Präpariermikroskop.

Präpariernadeln sind gerade oder gebogen. Man kann sie sich leicht selbst herstellen, indem man eine gerade oder leicht gebogene Insektennadel in einen Holzgriff schiebt (am besten ist ein Stück Holunderzweig).

Auch zwei Pinzettenformen sind angebracht. Eine spitze zum Arrangieren von Gliedmaßen und Fühlern und eine weiche zum Greifen der Insekten.

Die Haarpinsel sind unentbehrlich beim Präparieren sehr kleiner Objekte. Feuchtet man den Pinsel an, bildet er eine Spitze, mit der man Gliedmaßen und Fühler auch bei den kleinsten Arten ausstrecken kann.

Mit einer einzigen Präparationsplatte kommt man nicht aus. Am besten eignen sich Styroportafeln in den Stärken 1 cm und 2 cm. Es empfiehlt sich, sie mit weißem Papier zu bespannen, damit sie nicht abbröckeln.

Will man die Flügel von Schmetterlingen, Libellen, einigen Netzflüglern oder Heuschrecken präparieren, braucht man eine Spannvorrichtung. Sie besteht aus zwei Weichholzbrettchen, die entweder eben oder leicht zueinander geneigt stehen. Zwischen ihnen verläuft eine Nut von unterschiedlicher Breite und Tiefe, die unten mit einer Torf- oder Styroporschicht ausgekleidet ist. Die Breite der Rinne ist entweder konstant, oder sie läßt sich mit einer Schraube verstellen. Spannvorrichtungen gibt es in verschiedenen Längen und Breiten (je nach Gestalt des zu präparierenden Materials).

Insektennadeln dienen zum Feststecken größerer Insekten. Es sind keine gewöhnlichen Stecknadeln, sondern Spezialnadeln aus rostfreiem Stahl. Ihre Länge ist genormt, und die Stärkeunterschiede werden in Ziffern angegeben. Für gewöhnliche Präparierarbeiten werden die Stärken 0, 1 und 2 am häufigsten gebraucht, seltener dünnere (00, 000) oder dickere Nadeln (3, 4, u. a.). Insektennadeln werden von Spezialfirmen hergestellt und sind in Hunderterpackungen im Handel.

Aufklebeplättchen dienen zum Aufkleben kleinerer Insekten. Sie sind aus kräftigem, weißem Karton und werden in verschiedenen Größen und Formen gehandelt. Meist sind sie rechteckig mit spitzen, bzw. abgerundeten Ecken. Für einige Spezialarbeiten werden auch spitze oder perforierte Plättchen benötigt.

Zum Kleben sollte man einen guten, wasserlöslichen Klebstoff benutzen, damit man die Insekten im Bedarfsfalle wieder ablösen kann. Weiße Papierklebstoffe eignen sich nicht.

Unentbehrlich ist die Höhenlehre, das „Treppchen", mit dem man erreicht, daß sowohl genadelte als auch geklebte Exemplare in gleicher Höhe an der Nadel stehen. Das „Treppchen" ist ein abgestuftes Brettchen, in dessen Stufen senkrechte Bohrungen von der Tiefe 10 mm, 21 mm und 25 mm sitzen. Genadelte Exemplare müssen sofort nach dem Durchstechen auf die richtige Höhe verschoben werden, trocknet das Insekt auf der Nadel an, läßt es sich nicht mehr bewegen. Den gewünschten Abstand erreicht man, indem man die Nadel, an der das durchstochene Insekt sitzt, mit dem Kopf in die 10 mm tiefe Öffnung einführt und mit der Pinzette das Insekt so lange verschiebt, bis seine Rückseite die Holzfläche berührt. Die Höhe wird vom Nadelkopf zum Objekt gemessen, nicht umgekehrt, da die Objekte unterschiedlich dick sind. Bei den auf Schildchen geklebten Tieren wird die Höhe von der Nadelspitze gemessen. Das Schildchen wird 25 mm hoch geschoben, das Fundortetikett 21 mm hoch.

Eine starke Standlupe oder ein Präpariermikroskop erleichtert und beschleunigt nicht nur die Arbeit, sondern schont auch die Augen. Jeder ernsthafte Interessent sollte sich wenigstens ein Schülermikroskop anschaffen, es hilft nicht nur beim Präparieren, sondern bietet auch viele interessante Einblicke in den Bau kleiner Insektenkörper, die sonst dem menschlichen Auge verborgen bleiben.

Größere Insekten werden in der Regel genadelt, kleinere aufgeklebt. Eine genaue Vorschrift, von welcher Größe an genadelt werden soll, gibt es nicht. Hier spielt die persönliche Entscheidung jedes Sammlers eine Rolle. Manche bevorzugen das Nadeln auch bei kleineren Käfern wie Marien- oder Blattkäfern, Blatthornkäfern u. a.

Beim Nadeln wird die Nadel senkrecht durch die Insektenbrust gestoßen. Bei Käfern sticht man in den vorderen Teil der rechten Flügeldecke, bei Wanzen in die rechte Hälfte des Schildchens (Scutellum), bei anderen Gruppen wie z. B. Libellen, Zweiflüglern, Schmetterlingen und Hautflüglern durch die Brustmitte, bei Schaben durch die Schildmitte. Gleich nach dem Durchstechen schiebt man jedes Tier auf die Standardhöhe. Das eigentliche Nadeln ist aber erst der Beginn der Präparationsarbeiten. Jetzt müssen nämlich Fühler, Beine und Flügel ausgerichtet werden, was je nach Insektenordnung unterschiedlich vor sich geht. Bei Käfern und Wanzen ist es relativ einfach. Die Nadel mit dem Tier daran wird in eine 2,5 cm starke Styroporplatte gesteckt. Dann schiebt man die Beine unter den Körper, damit sie später nicht abbrechen, außerdem nimmt ein solches Stück nicht soviel Platz in der Sammlung ein. Die Fühler werden meist nach hinten gelegt, nur wenn sie sehr kurz sind, läßt man sie nach vorn zeigen. Gliedmaßen und Fühler werden in der gewünschten Stellung mit Nadeln festgelegt, bis sie trocken und hart sind.

Sehr viel schwerer lassen sich Insekten präparieren, bei denen auch die Flügel gerichtet werden müssen, z. B. Schmetterlinge, Libellen, Netzflügler, Heuschrecken. Sie werden auf Spannbrettern präpariert. Der Körper des Insekts (z. B. eines Schmetterlings) wird in die Rille gelegt und mit einem Wattebausch unterlegt, damit er in der richtigen Höhe bleibt. Die Flügel werden auf den Brettchen ausgebreitet, und ihre Oberseite wird mit einem entsprechend breiten, festen Cellophanstreifen abgedeckt. Mit der Präpariernadel faßt man eine stärkere Ader am Vorderflügel und gibt ihm dann die gewünschte Stellung. Der Hinterrand der Vorderflügel soll mit dem Körper einen rechten Winkel bilden. Die Flügel werden in der betreffenden Stellung mit Stecknadeln ringsherum festgehalten. Dabei muß man sehr vorsichtig arbeiten, damit die Flügel nicht beschädigt und keine Schuppen abgescheuert werden. Anfangs sollte man auf jedem Spannbrett nur ein Tier präparieren, wenn man genügend Fertigkeit gewonnen hat, kann man mehrere Exemplare hintereinander auf einem

Brett befestigen. Bei Schmetterlingen, Libellen und einigen anderen Ordnungen werden beide Flügel symmetrisch aufgespannt. Bei Heuschrecken genügt es, die Flügel nur auf der einen Seite zu spannen und auf der anderen geschlossen zu lassen. Ob man die rechte oder linke Hälfte auspräpariert, ist gleichgültig. Die Flügel müssen auch deshalb gespannt werden, damit ihre Färbung, die besonders bei Kurzfühlerschrecken sehr charakteristisch ist, zur Bestimmung sichtbar ist.

Bei einigen Insekten, besonders bei den dickeren Arten, muß man den Verdauungstrakt aus dem Hinterleib entfernen und den Hohlraum mit einem Wattebausch füllen, der vorher mit einer Fixierflüssigkeit getränkt wurde. Das geschieht in der Regel bei einigen gedrungenen Schmetterlingsarten (Schwärmer, Seidenspinner), bei einigen Käfern (Ölkäfer), Heuschrekken, Libellen u. ä.

Außer größeren Insekten werden gelegentlich auch sehr kleine Schmetterlinge oder Zweiflügler genadelt. Ihr Körper ist aber so zart, daß man die üblichen Insektennadeln nicht verwenden kann. Statt dessen werden sehr feine Stifte, sog. Minutiennadeln benutzt. Der Stift mit dem Schmetterling wird in ein Stückchen Holundermark gestochen, an das eine Insektennadel kommt.

Wie schon erwähnt, werden die meisten kleinen Insekten auf Schildchen geklebt, durch deren Rand die Nadel gesteckt wird (je nach Größe nimmt man Nr. 2 oder 3). Insekten müssen vor dem Aufkleben erst hergerichtet werden. Mit Nadel und Pinselchen werden Fühler und Gliedmaßen ausgestreckt, anschließend trägt man einen kleinen Klebstofftropfen auf den Schildvorderteil auf und setzt das vorbereitete Exemplar mit einer weichen Pinzette oder einem angefeuchteten Pinsel darauf. Wieviel Klebstoff man auftragen kann, damit das Insekt nicht darin versinkt, ist Übungssache. Das aufgeklebte Tier wird dann nur noch in die richtige Lage geschoben. Mit dem weiteren Präparieren muß man mindestens eine halbe Stunde warten, um sicher zu sein, daß das Exemplar gut angetrocknet ist. Erst dann werden Gliedmaßen und Fühler ausgerichtet. Die Fühler werden nach vorn gerichtet und die Gliedmaßen zeigen vom Körper weg. Die Vorderbeine sind nach vorn gerichtet, die Hinterbeine und das mittlere Paar nach hinten.

Einige Insektenarten tragen wichtige Bestimmungsmerkmale auf der Körperunterseite. Würde man sie in der üblichen Weise aufkleben, blieben diese Merkmale verdeckt, und man müßte die Tiere bei jeder einzelnen Bestimmung wieder ablösen. Deshalb werden in solchen Fällen spezielle perforierte Klebeplättchen benutzt. Die Exemplare werden so aufgeklebt, daß die betreffenden Merkmale durch die Öffnung im Plättchen sichtbar bleiben. Insekten, die Bestimmungsmerkmale am Körpervorderteil tragen, werden auf spitzen Klebeplättchen befestigt, so bleibt der Vorderteil frei. Ist das Präparat auf dem Plättchen trocken und gerichtet, schiebt man es mittels der „Höhenlehre" in die gewünschte Höhe.

Jedes Exemplar in einer Sammlung muß unbedingt mit einem Fundortetikett versehen sein, sonst ist es für wissenschaftliche Zwecke wertlos. Auf diesem Etikett werden folgende Angaben gemacht: der genaue Fundort, Datum des Fundes, Name des Sammlers, dazu eventuell noch weitere Angaben, je nach Charakter und Zweck der Sammlung, z. B. Wirtspflanze (wichtig bei Pflanzenparasiten), Höhe über dem Meeresspiegel, Angaben, ob das Tier aus einer Larve oder Puppe gezüchtet wurde usw. Da nicht alle diese Angaben auf dem Etikett Platz finden, ist es angebracht, über die Sammlung ein Tagebuch zu führen, in dem alle wichtigen Angaben verzeichnet werden.

Das Fundortetikett, das nicht größer als das Klebeschildchen sein sollte, wird auf der Nadel in die Höhe von 21 mm gebracht. Eintagsfliegen, Stein- oder Uferfliegen, Köcherfliegen, Netzflügler, Kamelhalsfliegen kann man gleichfalls als Trockenpräparate aufbewahren, vor allem zu Ausstellungszwecken. Bei der Trockenpräparation dieser Tiere kommt es allerdings zur Verformung des weichen Körpers, wodurch das Exemplar seinen Wert für systematische Zwecke (d. h. auch für die richtige Bestimmung) verliert, evtl. sogar unbrauchbar wird. Aus diesem Grund werden solche Insekten in Sammlungen lieber in 70—75%igem Alkohol aufbewahrt. Selbstverständlich müssen auch diese Insekten mit Fundortetiketten versehen werden.

Von vielen Insekten müssen mikroskopische Präparate angefertigt werden, um ihre Bestimmungsmerkmale sichtbar zu machen. Auf diese Art werden z. B. Schild-, Blatt- und Mottenläuse präpariert, auch Flöhe, Läuse, Kieferläuse, Fransenflügler. Meist handelt es sich dabei um kleine und nicht sehr attraktive Insekten, denen sich Sammler nur selten widmen. Mit ihnen befassen sich Berufsentomologen in wissenschaftlichen Instituten, denen Spezialeinrichtungen für mikroskopische Präparierung zur Verfügung stehen. Auch solches Material bekommt Fundortetiketten. Getrocknete Insekten, die jahrelang gelagert haben, können noch auf die beschriebene Weise präpariert werden, nur muß man sie vorher aufweichen, damit sie nicht zerbrechen. Das ist auf zweierlei Weise möglich. Insekten, die keine behaarten Körper haben, kann man ein bis zwei Tage in 5%ige Essigsäure legen. Das geht mit Arten, die Härchen oder Schuppen auf ihrem Körper haben, allerdings nicht. In diesem Fall füllt man sterilisierten und angefeuchteten Sand in eine Schale und bedeckt ihn mit einem Stück Filterpapier, das man zur Verhütung von Schimmelbildung mit Kreosot betropft, bzw. mit ein paar Globolkristallen bestreut. Die Insekten werden auf das Papier gelegt, das Ganze deckt man mit einer weiteren Schale zu, deren Ränder in den Sand gedrückt werden müssen. Die Zeit, in der das Material weich wird, hängt nicht nur von der Größe, sondern auch von der Beschaffenheit der Exemplare ab. Handelt es sich nur um wenige Tiere, kann man anstelle von Sand auch eine Schicht feuchtes Filterpapier nehmen.

Sehr schwer lassen sich Insekten präparieren, die mit ungeeigneten Mitteln (z. B. Alkohol) getötet worden sind oder schon tot gefunden wurden. Sie lassen sich meist nicht mehr durch Anfeuchten aufweichen.

Anlegen einer Sammlung

Präpariertes und etikettiertes Material wird in besonderen Insektenkästen untergebracht, deren Größe genormt ist; sie werden von Spezialfirmen geliefert. Der Kastenboden ist mit einer Torf- oder Styroporschicht ausgekleidet, der Deckel schließt luftdicht ab, da die Sammlung vor Staub und eindringenden Insekten geschützt werden muß.

Wenn man eine größere Anzahl Insekten beisammen hat, muß man sie ordnen, zunächst nach Familien, später auch nach Gattungen und Arten. Das setzt allerdings schon einige Erfahrung beim Bestimmen voraus.

Die definitive Ordnung der Sammlung hat Zeit, bis reichlich Material vorhanden ist. Der Sammler muß sich darüber klar werden, was für eine Sammlung er aufbauen will: ob er sich der regionalen Erforschung eines bestimmten Gebietes widmen will oder ob er die Möglichkeiten hat, eine Spezialsammlung anzulegen, z. B. nur einer Familie oder Gruppe, die er nicht nur mit eigenem, sondern auch eingetauschtem Material bereichern will.

Gefahren für Insektensammlungen

Jede, auch die kleinste Sammlung ist stets von einer Reihe ungünstiger Einflüsse und von kleinen Feinden bedroht.

Sonneneinstrahlung, Staub, Feuchtigkeit und Temperaturschwankungen schaden präparierten Tieren. Insekten, die Sonnenstrahlen und Tageslicht ausgesetzt sind, verändern bald ihre Farbe. Feuchtigkeit ist ein gefährlicher Faktor, der zur völligen Vernichtung ganzer Sammlungen führen kann. In der Feuchtigkeit gedeiht Schimmel, der die Präparate mit dichten, weißen Büscheln überzieht. Von harten, sklerotisierten Insektenarten wie z. B. Käfern, Ohrwürmern, Heuschrecken läßt er sich mit vieler Mühe wieder entfernen. Werden aber Schmetterlinge und andere Arten mit weicher Cuticula von Schimmel befallen, sind sie praktisch vernichtet.

Nach Möglichkeit sollte man eine Sammlung da aufbewahren, wo keine zu großen Temperaturschwankungen auftreten (Sommerhitze, Unterkühlung des Raums durch Frost im Winter).

An der Spitze der Tierschädlinge, die in einer Sammlung unersetzlichen Schaden anrichten können, stehen einige kleine Käfer, Mottenarten und Staubläuse.

Die gefährlichsten Käferschädlinge in Insektensammlungen gehören zur Familie der Speckkäfer (*Dermestidae*). Von diesen galt noch bis vor kurzem der Kabinett- und Museumskäfer (*Anthrenus museorum*) als der gefährlichste Feind der Sammlungen, doch es zeigte sich, daß man eigentlich dem Wollkrautblütenkäfer (*Anthrenus verbasci*) die Vernichtung von vielem entomologischen Material zuschreiben muß. Zu diesen beiden Schädlingen gesellt sich noch der Teppichkäfer (*Anthrenus fuscus*). Diese sehr kleinen Käfer sind aber selbst nicht die Schädlinge, da sie sich auf Blüten aufhalten und Pollen fressen. Dafür fressen ihre winzigen behaarten Larven an den präparierten Insekten so stark, daß sie zu Staub zerfallen.

Noch zwei weitere Arten aus der Speckkäferfamilie richten in Sammlungen Unheil an: der Gefleckte Pelzkäfer (*Attagenus pellio*) und der Gemeine Speckkäfer (*Dermestes lardarius*). Beide sind größer als die *Anthrenus*-Arten.

Gelegentlich können auch Schmetterlinge als Schädlinge in Sammlungen auftreten. Es sind vor allem die erwähnten Raupen der Kleidermotte, *Tineola bisselliella*. Sie sind nicht spezialisiert, sondern Allesfresser. Aus Sammlungsmaterial wie Borsten und Härchen stellen sie sich längliche Kokons her.

Gleichfalls unliebsame Sammlungsschädlinge sind die Staubläuse. Sie sind so winzig, daß man sie leicht übersieht. Sie befressen die Körperoberfläche der Sammlungsexemplare und verunreinigen die Etiketten.

Eine Sammlung muß man ständig kontrollieren. Sehr einfach ist die Desinfektion der Sammlung mit Globol. Das sind durchdringend riechende Kristalle, die in einem kleinen Beutel in die Ecke jedes Kastens gelegt werden. Die Globoldämpfe schützen nicht nur weitgehend vor Tierschädlingen, sondern auch vor Schimmelpilzen.

Eine Schutzmaßnahme ist auch die „Quarantäne" für Material, das man durch Tausch von einem anderen Sammler bekommen hat. Solche Exemplare läßt man vor dem Einordnen in die Sammlung eine gewisse Zeit in einem besonderen Kasten mit Desinfektionsmitteln stehen.

Insektenzucht

In diesem Kapitel soll nicht über die Zucht von Bienen, Seidenspinnern und nützlichen Insektenarten zur biologischen Schädlingsbekämpfung berichtet werden, sondern über die Insektenzucht, die viele Naturfreunde zu ihrem Vergnügen betreiben. Meistens werden Raupen, Käfer oder Stabheuschrecken gezüchtet.

Die Raupenzucht hat bereits eine lange Tradition und eine erprobte Methodik. Schmetterlingssammler nehmen Raupen mit nach Hause, um auf diese Weise neue unbeschädigte Schmetterlinge für ihre Sammlung zu bekommen.

Voraussetzung für eine erfolgreiche Raupenzucht ist die Kenntnis ihrer Futterpflanzen. Viele Raupen sind zwar nicht wählerisch, einige Arten ernähren sich aber nur von ganz bestimmten Pflanzen. Wenn sie die nicht bekommen, gehen sie ein.

Raupen werden in Raupenkästen gehalten. Das sind Käfige mit festem Boden und festem Deckel aus Holz oder Metall. Drei Seitenwände sind aus Fliegendraht oder Perlongewebe, an der vierten ist eine Tür angebracht. Der Boden ist mit einer unterschiedlich dicken Erd- oder Sandschicht bedeckt, was evtl. für die spätere Verpuppung wichtig ist. Einige Raupen verlangen nur frische Nahrung, andere bevorzugen schon leicht welke Pflanzen. Frische Pflanzen halten sich am einfachsten und am längsten in Röhrchen mit Wasser, man muß aber die Öffnung des Glases mit einem Wattebausch verschließen, damit die Raupen nicht ins Wasser kriechen und ertrinken. Es empfiehlt sich, die Raupen einzeln zu halten, gemeinsame Zucht stößt auf gewisse Schwierigkeiten.

Manche Raupen verlangen hohe Feuchtigkeit, andere höhere Temperaturen. Eine Anleitung zur Zucht bestimmter Raupen kann hier nicht gegeben werden.

Immer muß bei der Raupenzucht auf peinliche Sauberkeit geachtet werden, denn auch Raupen haben ihre Krankheiten.

Nach einiger Zeit wachsen die Raupen zu einer bestimmten Größe heran und verändern ihre Lebensgewohnheiten. Oft kriechen sie an den Käfigwänden entlang und verweigern die Nahrungsaufnahme. Dann haben sie das Stadium erreicht, das der Verpuppung vorausgeht. Sie verpuppen sich auf der Rinde, darunter in Astgabeln und häufig verschieden tief im Boden. Die Möglichkeit dazu gibt man ihnen durch eine entsprechend hohe Sand- oder Erdschicht.

Einige Raupenarten lassen sich auch ohne Raupenkasten halten, direkt auf einer Futterpflanze. Die besten Bedingungen dazu liefert ein Garten, ein Gewächshaus oder ein Versuchsgelände. Kleinere Pflanzen braucht man nur mit feiner Gaze oder Kunststoff zu umhüllen; leben die Raupen auf Ästen, so genügt es, den betreffenden Ast mit einem Beutel zu umgeben, damit die Tiere nicht fortlaufen. Raupen ziehen nämlich um, wenn sie den Großteil des Laubs abgefressen haben.

Im Sommer ist die Raupenzucht verhältnismäßig einfach und erfolgreich. Sehr viel schwieriger ist es, die Tiere über den Winter zu bringen. Daran scheitern sehr viele Züchter, da sie den Tieren nicht die gleichen Bedingungen wie in der freien Natur bieten können.

Viele Züchter suchen auch Puppen im Freien. Ihre Zucht ist sehr viel leichter als die Raupenzucht, und die Überraschung über den ausgeschlüpften Schmetterling ist größer, da sich Puppen unvergleichlich schwerer bestimmen lassen als Raupen.

Interessant ist auch die Schmetterlingszucht aus Eiern. Die gefundenen Eier werden mit einem Stück der Wirtspflanze in eine Petrischale gelegt. Die ausgeschlüpften Raupen werden in kleine Schächtelchen oder Röhrchen überführt und später in Raupenkästen ausgesetzt. Für Anfänger ist das aber schwierig, da es einige Kenntnisse über das Leben der Raupen, vor allen Dingen ihrer Futterpflanzen, voraussetzt.

Über den Zuchtverlauf sollte man ein ausführliches Protokoll führen, in dem man sowohl zeitliche Angaben (Häutungen) als auch Angaben über Wirtspflanzen, Feuchtigkeit, Temperatur, Lebenslänge, Verpuppung, Ausschlüpfen des Schmetterlings usw. macht.

Käfer werden sehr viel seltener als Schmetterlinge gezüchtet. Trotzdem gibt es eine Reihe von Arten, deren Zucht Liebhabern Freude bereitet. Verhältnismäßig leicht lassen sich Wasserkäfer halten. Man braucht sie nur in ein Aquarium beliebiger Größe zu setzen, das auf dem Grund genügend Sand und einige Wasserpflanzen enthält. Man muß den Käfern aber die entsprechende Nahrung geben: den räuberischen Schwimmkäfern Fleisch und den Kolbenwasserkäfern hinreichend Wasserpflanzen. Die Larven der Schwimmkäfer eignen sich weniger für dauernde Beobachtungen im Aquarium. Bei ihrer Zucht vergessen viele Tierfreunde, daß sich die Larve im Wasser nicht verpuppen kann, und fischen dann enttäuscht tote Larven aus dem Aquarium, die keine Gelegenheit finden konnten, sich im Uferboden zu verpuppen; nur so können sie sich nämlich erfolgreich entwickeln. Da es kaum möglich ist, den Larven diese notwendigen Bedingungen zu bieten, sollte man sie nach gemachten Beobachtungen wieder in Freiheit setzen und ihnen die Möglichkeit zur Verpuppung in freier Natur geben.

Das Insektenleben im Aquarium kann man gut durch Köcherfliegenlarven ergänzen und bereichern. Sie leben auf dem Grund und sind durch ihre eigenartigen Köcher, die sie aus allerlei Baumaterial herstellen, recht interessant. Dazu verwenden sie Holzteilchen, Blättchen, Steinchen oder kleine Schneckenhäuser.

Geeignete und sehr dankbare Zuchtkäfer sind die großen Laufkäferarten. Ich selbst habe jahrelang mehrere Arten gehalten. Sie fühlen sich in Insektarien recht wohl, man muß ihnen nur etwas Waldboden, ein Stück Moos, etwas Laub und gegebenenfalls einen Stein oder ein Stück altes Holz auf den Boden legen. Man hält sie am besten einzeln, damit sie sich nicht gegenseitig angreifen können und keine Möglichkeit zur Kopulation haben. Laufkäfer lassen sich leicht füttern, in der Gefangenschaft fressen sie alle mögliche Fleischnahrung, egal ob es Regenwürmer, Schnecken, verschiedene Larven, Käfer oder andere Insekten sind. Auch mit einem Stückchen Fleisch sind sie zufrieden, im Herbst fressen sie gern süße Früchte.

Schließlich kann man auch die gestorbenen Käfer präparieren und in die Sammlung einordnen, auch wenn sie deutliche Altersspuren zeigen (Fühler- und Fußglieder fehlen).

Sehr gut lassen sich auch Bockkäferlarven züchten. Das erfordert aber einige Geduld, da ihre Entwicklung mehrere Monate oder sogar Jahre dauert. Auch Marienkäfer werden mit Erfolg zu Hause gehalten, nur muß man für die ununterbrochene Versorgung mit frischen Blattläusen sorgen. Diese Käfer lassen sich auch gut aus Puppen züchten, da ihre Entwicklung schnell verläuft.

Ein sehr anspruchsloses Objekt für die Zucht sind Stabheuschrecken, da sie fast gar keine Arbeit erfordern. Man muß sie nur in einen Raupenkasten, ein leeres Aquarium oder in ein gewöhnliches Einweckglas setzen und mit Nahrung versorgen. Davon gibt es auch in den Wintermonaten genug: Sie fressen Efeublätter. Stabheuschrecken vermehren sich relativ schnell und durchlaufen kein Ruhestadium.

Literaturhinweise

AMANN, G.: Kerfe des Waldes. Melsungen (mehrere Aufl.)

BECHYNĚ J. und B.: Welcher Käfer ist das? Franckh'sche Verlagshandlung, Stuttgart 1969

BRAUNS, A.: Taschenbuch der Waldinsekten. Fischer Verlag, Jena 1964

BREHM-BÜCHEREI (Die neue B. B.). Titel über Insekten. Wittenberg Lutherstadt

BROHMER, P.: Fauna von Deutschland. Heidelberg 1964

CRAMER, E. und H. ENGEL: Mitteleuropäische Insekten. Kronenverlag, Hamburg 1956

DANESCH, O.: Schmetterlinge: Tagfalter, Nachtfalter. Belser Verlag (No. 14 und 20), 1965 — 1968

FORSTER, W.: Knaurs Insektenbuch. Droemersche Verlagsanst. Th. Knaur, München/Zürich 1968

FORSTER, W. und TH. WOHLFAHRT: Die Schmetterlinge Mitteleuropas. Franckh'sche Verlagshandlung, Stuttgart 1954

FREUDE, H., HARDE, K. W. und G. LOHSE: Die Käfer Mitteleuropas. Krefeld, seit 1964

FRIEDRICH, E.: Handbuch der Schmetterlingszucht. Europäische Arten. Franckh'sche Verlagsanstalt, Stuttgart 1975

FRIESE, G.: Insekten. Taschenlexikon der Entomologie. Leipzig 1964

GRAF, J.: Tierbestimmungsbuch. München 1961

GRZIMEKS TIERLEBEN. Zürich 1969

HARZ, K.: Die Geradflügler Europas. Jena 1957

HERING, M.: Biologie der Schmetterlinge. Springer Verlag, Berlin 1926

HIGGINS, L. G. und N. D. RILEY: Tagfalter Europas und Nordwestafrikas. Hamburg/Berlin 1971

HORION, A.: Käferkunde für Naturfreunde. Klostermann, Frankfurt 1949

ILLIES, J.: Wir beobachten und züchten Insekten. Stuttgart 1956

JACOBS, W. und M. RENNER: Taschenlexikon zur Biologie der Insekten. G. Fischer Verlag, Jena 1974

KÉLER, S. von: Entomologisches Wörterbuch. Akad. Verlag, Berlin 1963 (mehrere Auflagen)

KOCH, M.: Wir bestimmen Schmetterlinge. Neumann Verl. Radebeul/Berlin

KOCH, M: Präparation von Insekten. Radebeul/Berlin 1964

MÖHRES, F. P.: Käfer, Form und Farbe, Fülle und Pracht. Belser Verl., Stuttgart 1963

PFLETSCHINGER, H.: Bunte Welt der Insekten. Franckh'sche Verlagshandlung, Stuttgart 1970

REITTER, E.: Fauna Germanica. Die Käfer des Deutschen Reiches Bd. I — V. Lutz'Verl., Stuttgart 1908 — 1916

REITTER, Edm.: Der Käfer — Ein Wunder der Schöpfung. Stuttgart 1960

SCHIEMENZ, H.: Die Libellen unserer Heimat. Jena 1953

STRESEMANN, E.: Exkursionsfauna von Deutschland. Insekten, erster und zweiter Halbband, Berlin 1969 — 70

TIERWELT DEUTSCHLANDS. Viele Bände über Insekten.

URANIA TIERREICH. Insekten. Urania Verl., Leipzig/Jena/Berlin 1968

WARNECKE, G.: Welcher Schmetterling ist das? Franckh'sche Verlagshandlung, Stuttgart 1967

Bestimmungsteil

Urinsekten

Unterklasse Entotropha
Ordnung Diplura — Doppelschwänze
Familie Campodeidae

1 Campodea fragilis, 3,5 mm, trägt am Hinterleibsende zwei Borsten, die kürzer sind als der Körper. Wie alle Doppelschwänze ist er blind und lebt in feuchten, humushaltigen Böden, unter Steinen, altem Holz und nicht selten in Ameisenhaufen. Verbreitung: Kosmopolit.

Ordnung Collembola — Springschwänze
Familie Onychiuridae — Blindspringer

2 Tetrodontophora bielanensis, 6—9 mm, gehört zu den großen und robusten Arten seiner Familie, liebt feuchte Umgebung und ist häufig in Gebirgs- und Vorgebirgswäldern anzutreffen, wo er sich in Gesellschaften auf Baumstümpfen, Moos, Pilzen usw. aufhält. Man findet die Art aber auch in Höhlen und verlassenen Bergwerken. Das Tier verliert nach dem Abtöten die dunkelblaue Färbung. Verbreitung: Mitteleuropa, Jugoslawien.

3 Onychiurus armatus, 2,3—3 mm, ist häufig unter Steinen, Rinde, im Moos, Boden und in Höhlen in allen Höhenlagen anzutreffen. Verbreitung: Kosmopolit.

Familie Poduridae

4 Podura aquatica — Schwarzer Wasserspringer, 1,1—1,5 mm, gehört zu den sehr häufigen Arten; besonders zur Zeit der Schneeschmelze findet man ihn in großer Zahl auf der Oberfläche von Pfützen auf Waldwegen. Er zeigt sich von Niederungen bis auf 2500 m Höhe. Verbreitung: Ganz Europa, Sibirien, Nordamerika.

Familie Isotomidae — Gleichringler

5 Isotomurus palustris, etwa 3 mm, variiert in Färbung und Zeichnung sehr stark. Der Körper ist grünlich oder gelblich mit einem violetten Mittelstreifen und dunklen Flecken an der Seite. (Es gibt Beschreibungen mehrerer Farbformen.) Die Art ist häufig an feuchten Stellen von Niederungen bis ins Gebirge. Verbreitung: Ganz Europa, wahrscheinlich Kosmopolit.

Familie Tomoceridae — Ringelhörnler

6 Tomocerus flavescens, 4—4,5 mm, findet sich häufig unter Steinen, Holzstücken und unter Rinde. Verbreitung: Europa, Nordamerika.

Familie Sminthuridae — Kugelspringer

7 Sminthurus viridis — Luzernefloh, 2 mm, ist grünlich oder gelblich gefärbt. Er hält sich auf Wiesen, Feldern und besonders häufig in Gärten auf. Verbreitung: Kosmopolit.

Unterklasse Ectotropha
Ordnung Zygentoma — Fischchen
Familie Lepismatidae — Silberfischchen

8 Lepisma saccharina — Silberfischchen, 7—10 mm, gehört in Mitteleuropa zu den synanthropen Arten, d. h. es hält sich in menschlichen Behausungen auf. Es kommt in Wohnungen, Lagerräumen und Büchereien vor. In Südeuropa lebt es im Freien. Erst in der Nacht wird es aktiv und verläßt sein Versteck. Es läuft sehr schnell und kann bei stärkerer Vermehrung gelegentlich Schäden verursachen. Verbreitung: Kosmopolit.

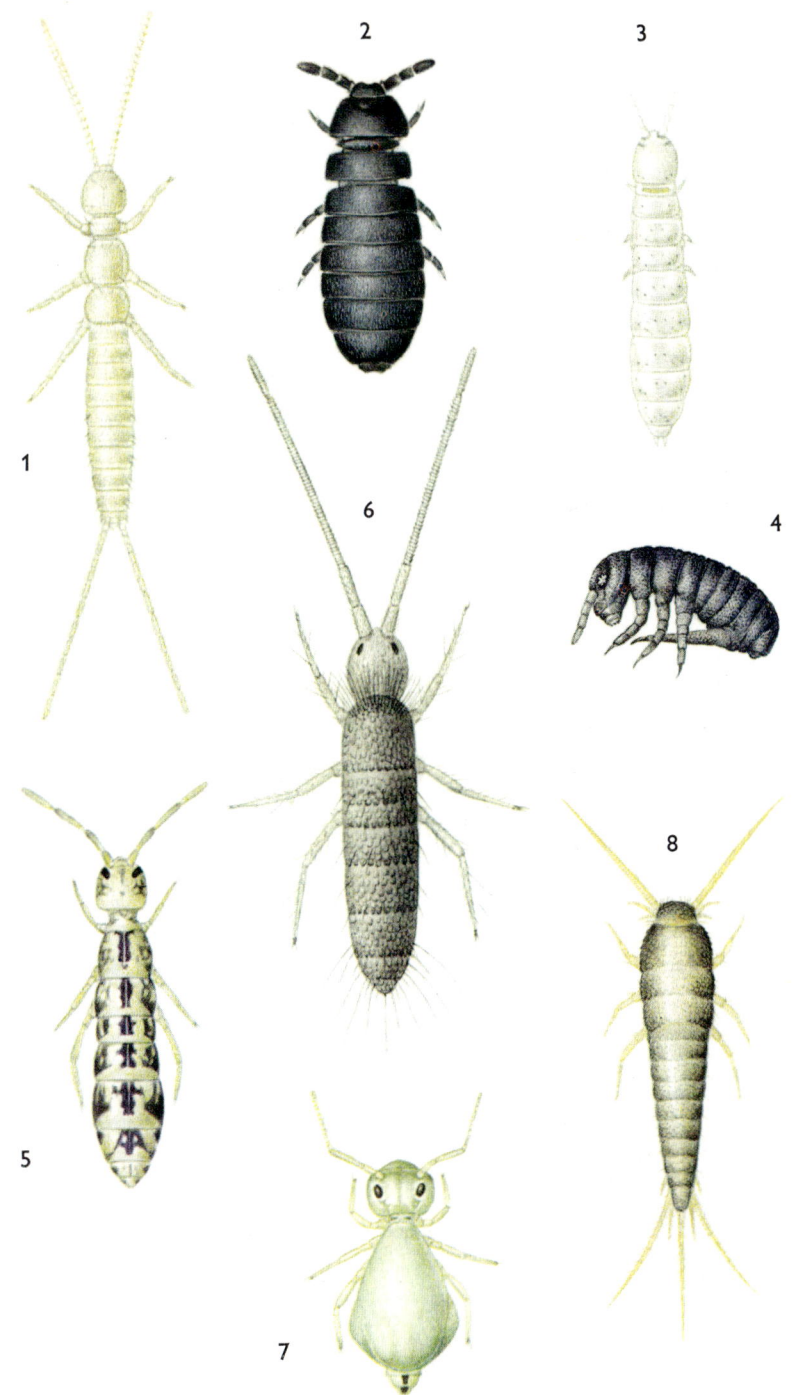

Eintagsfliegen

Ordnung Ephemeroptera — Eintagsfliegen
Familie Siphlonuridae

1 Siphlonurus lacustris, 11—14 mm + Borsten 16—22 mm, kommt von Mai bis August in höheren Lagen vor (400—900 m). Das Weibchen legt bis zu 2500 Eier. Die Larve entwickelt sich in Ufernähe von langsam fließenden Bächen. Verbreitung: Hauptsächlich Mitteleuropa, Balkan, Italien, Nordeuropa (einschl. Großbritannien), Kleinasien.

Familie Baetidae

2 Cloëon dipterum — Fliegenhaft, 6—8 mm + Borsten 8—17 mm, bringt jährlich zwei Generationen hervor (Mai—Juni, August—September). Die Weibchen halten sich in größerer Anzahl in Wassernähe auf, die Männchen verlassen die Ufer und fliegen in die Wälder. Aus den abgelegten Eiern schlüpfen sofort Larven, die in Teichen, Tümpeln, aber auch in kleinen Pfützen und Gräben leben. Verbreitung: Europa (vor allem Mitteleuropa, seltener im Süden und Norden), Sibirien, Japan.

Familie Oligoneuriidae — Büschelhafte

3 Oligoneuriella rhenana — Rheinmücke, 9—16 mm + Borsten 3—13 mm, fliegt an Juli- und Augustabenden in Schwärmen über der Wasseroberfläche größerer Flüsse. Die Larven leben in sauberen Flüssen und Bächen. Verbreitung: Europa (außer Skandinavien und Großbritannien).

Familie Heptageniidae

4 Heptagenia sulphurea, 7—12 mm + Borsten 13—23 mm, von Mai bis Juli, manchmal auch bis August. Ihre Larven leben in fließenden Gewässern von Niederungen und Hügellandschaften auf Steinen und versunkenem Holz. Verbreitung: Europa (hauptsächlich Mittel- und Nordeuropa), Westasien. (Larve abgebildet.)

Familie Ephemerellidae

5 Ephemerella ignita, 6—9 mm + Borsten 6—9 mm, fliegt von Juni bis September, häufig in großer Zahl. Ihre Larven bewohnen ausschließlich fließende Gewässer in Niederungen und Hügellandschaften. Verbreitung: Meist Mitteleuropa, kein Vorkommen im Süden.

Familie Leptophlebiidae

6 Habrophlebia lauta, 5—7 mm + Borsten 6—9 mm, tritt im Hochsommer auf (Juli/August). Fliegt tagsüber und abends. Die Larven bewohnen fließende Gewässer im Gebirge und Gebirgsvorland. Verbreitung: Vor allem Mittel- und Nordeuropa, fehlt im Süden und in Großbritannien.

Familie Polymitarcidae — Massenhafte

7 Polymitarcis virgo — Uferaas, 10—18 mm + Borsten 15—35 mm, zeigt sich oft in großen Schwärmen an Augustabenden über Gewässern. Die Imagines werden vom Licht angelockt. Die Larven leben in größeren Flüssen. Verbreitung: Große Teile der paläarktischen Region.

Familie Ephemeridae — Eintagsfliegen

8 Ephemera danica, 15—24 mm + Borsten 14—40 mm, fliegt von Mai bis August (maximales Auftreten im Juni). Die Larven leben in fließenden Gewässern hügeliger Gebiete. Verbreitung: Fast ganz Europa.

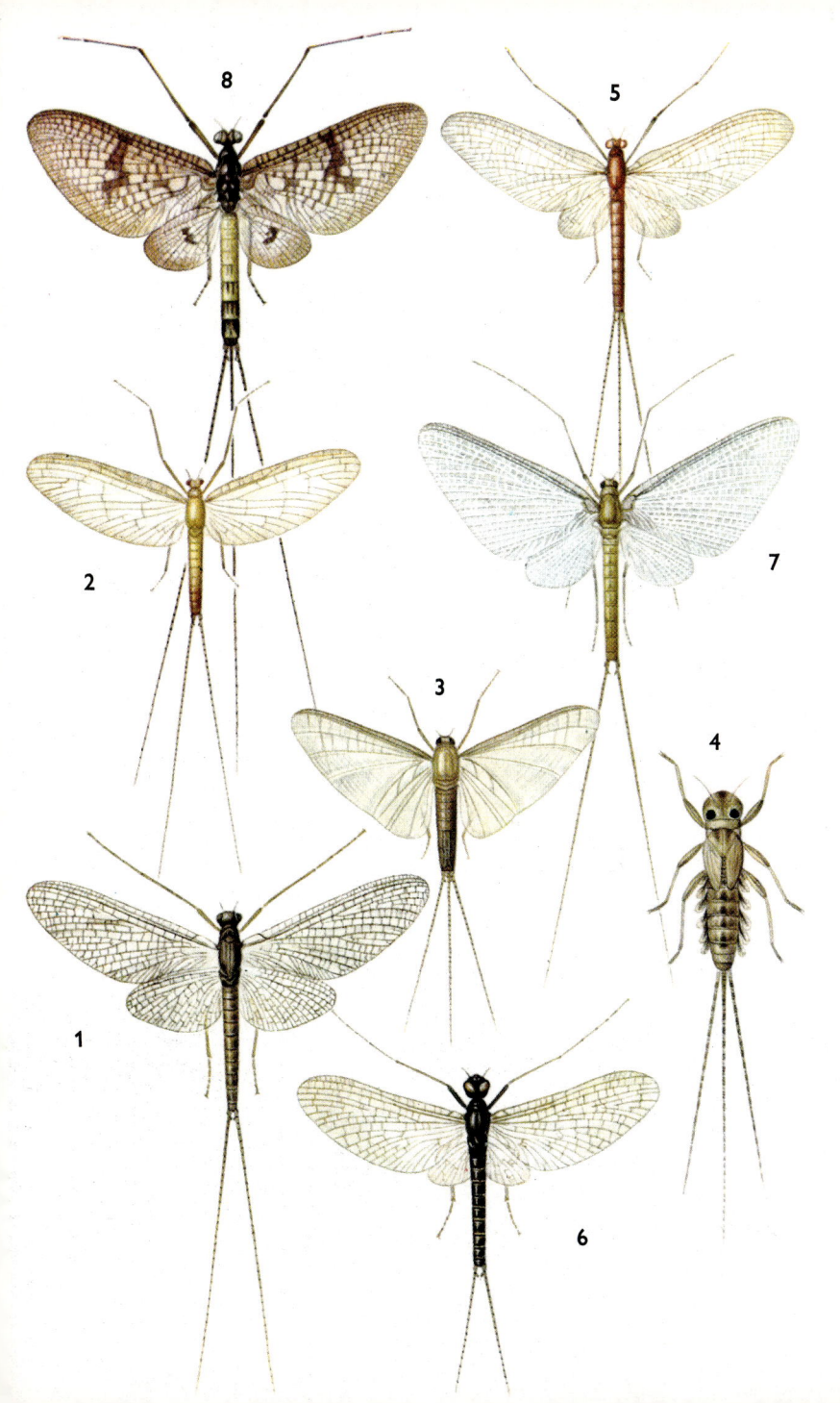

Libellen

Ordnung Odonata — Libellen
Familie Calopterygidae — Prachtlibellen

1 Calopteryx virgo — Blauflügel-Prachtlibelle oder Seejungfer, 50 mm, Spannw. 70 mm, fliegt von Mai bis September in Bachnähe oder sitzt auf der Ufervegetation. Das Männchen hat blaugrün glänzende Flügel. Sein Hinterleibsende trägt zwei Paar Anhänge, die bei der Kopulation verwendet werden. Die Flügel des Weibchens sind hellbraun-transparent, das Vorderpaar weist in der Apexnähe ein weißliches „unechtes" Flügelmal auf. Die Entwicklung dieser wie auch der folgenden Art dauert zwei Jahre. Das Weibchen legt ungefähr 300 Eier in das Gewebe verschiedener Wasserpflanzen, z. B. Pfeilkraut (*Sagittaria*), Wasserliesch (*Butomus*), Igelskolben (*Sparganium*), Wasserhahnenfuß (*Batrachium*) u. a. Die Larven leben im Wasser und lassen sich leicht von denen anderer Gattungen unterscheiden: an länglich-dreikantigen Anhängen am Körperende und an den Fühlern, deren erstes Glied länger ist als alle übrigen Glieder zusammen. Die ausgewachsene Larve, die Nymphe, kommt ans Ufer, wo nach einiger Zeit die Imago ausschlüpft. Verbreitung: Große Teile Europas (einschl. Mittelmeerraum), Nordasien.

2 Calopteryx splendens — Gebänderte Prachtlibelle, 50 mm, Spannw. 70 mm, hält sich ebenfalls in der Nähe von Wasserläufen auf. Das Männchen erkennt man am blauen bzw. blaugrünen, unterschiedlich breiten Streifen auf den Vorder- und Hinterflügeln. Die Flügel des Weibchens sind durchsichtig hellgrün. Verbreitung: Große Teile Europas, Vorderasien, Nordafrika.

Familie Lestidae — Teichjungfern

3 Lestes sponsa — Gemeine Binsenjungfer, 35 mm, Spannw. 40—45 mm; die Geschlechter unterscheiden sich farblich voneinander. Der Leib des Männchens ist metallisch grün, das Weibchen ist kupferfarben. Das Flügelmal ist dunkel. Die Imago tritt von Juni bis Oktober auf und bevorzugt die Nähe stehender Gewässer, nicht selten entfernt sie sich aber weit davon. Das Weibchen legt seine Eier in verschiedene Wasserpflanzen ab, das geschieht unter unmittelbarer Beteiligung des Männchens, das sich dabei mit den Hinterleibsanhängen am Weibchen festhält. Die Eier überwintern, im Frühjahr schlüpfen die Larven aus. Sie haben am Hinterleib drei blattförmige Anhänge. Verbreitung: Mittel- und Nordeuropa, Nordasien.

4 Lestes viridis — Große Binsenjungfer, 45 mm, Spannw. 60 mm, metallisch grün, Flügelmal hell ockergelb. Die Imago fliegt von Juli bis Oktober in der Nähe von Teichen, entfernt sich aber oft weit von ihnen. Das Weibchen legt ungefähr 200 Eier in die Zweige von Bäumen und Sträuchern in Wassernähe. Die Eier überwintern, die Larven schlüpfen im Frühjahr und suchen das Wasser auf. Die Entwicklung dauert ein Jahr. Verbreitung: Europa (ausgenommen im Norden), Klein- und Vorderasien (Syrien), Nordafrika.

Familie Platycnemidae — Federlibellen

5 Platycnemis pennipes — Federlibelle, 35 mm, Spannw. 45 mm, weist in der Form große Ähnlichkeit mit den Angehörigen der folgenden Familie auf. Erst die genaue Untersuchung eines Exemplars läßt stark verbreiterte, dornenbesetzte Schienen erkennen, die das wichtigste Merkmal der Federlibelle darstellen. Die Imago fliegt vom Mitte Mai bis Mitte September um langsam fließende und stehende Gewässer. Die Entwicklungsdauer vom Ei bis zum Schlüpfen der Imago beträgt ein Jahr. Dabei überwintern die Larven, die man an den drei spitz ausgezogenen Terminalanhängen erkennt. Verbreitung: Beinahe ganz Europa (fehlt im Norden und auf der Iberischen Halbinsel), Vorderasien.

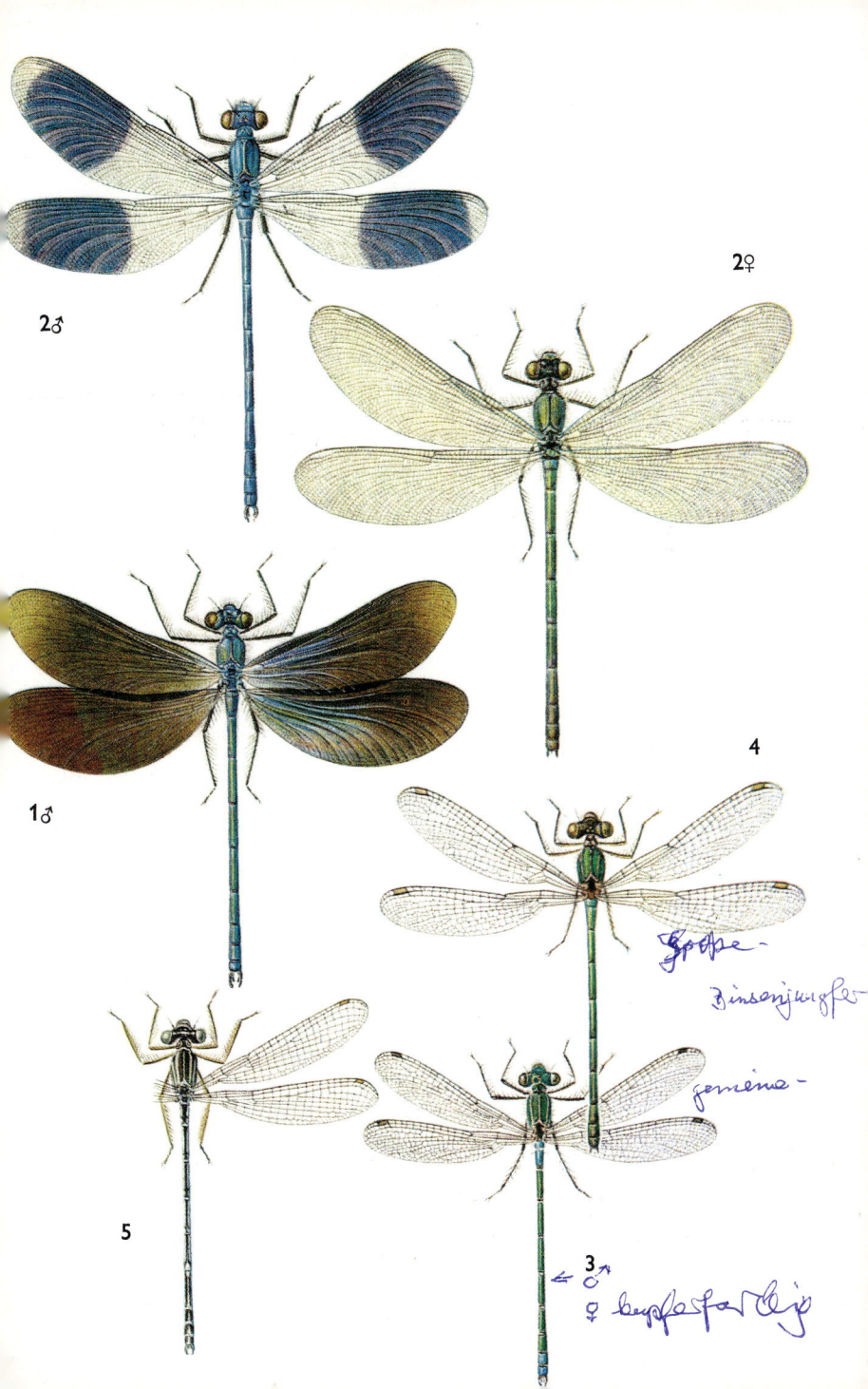

2♂

2♀

1♂

4

5

3♂
← ♂
♀ *kupferfarbig*

Große

Binsenjungfer

gemeine

Libellen

Familie Coenagrionidae — Schlanklibellen

1 Pyrrhosoma nymphula — Frühe Adonislibelle, 35 mm, Spannw. 45 mm, fällt durch den überwiegend rötlich gefärbten Hinterleib auf, über den eine schwarze Zeichnung verläuft. Bereits ab Ende April bis Anfang August erscheint sie ziemlich häufig an langsam fließenden und stehenden Gewässern. Bei der Eiablage wird das Weibchen vom Männchen begleitet. Die Entwicklung dauert nur ein Jahr. Verbreitung: Europa, Kleinasien.

2 Paare kopulieren beim Flug : 27.5.89. Teich.

2 Coenagrion puella — Hufeisen-Azurjungfer, 35 mm, Spannw. 45 mm, gehört zu den häufigsten Schlanklibellen der mitteleuropäischen Fauna. Die einzelnen Azurjungfer-Arten werden nach der Zeichnung und den Hinterleibsanhängen bestimmt (Männchen), bzw. nach der Hinterleibszeichnung und der Vorderbrustform (Weibchen). Die Männchen dieser Art haben auf dem 2. Hinterleibssegment eine dunkle hufeisenförmige, nach vorn offene Zeichnung. Von Mai bis September zeigen sie sich häufig an langsam fließenden und stehenden Gewässern, in denen sich ihre Larven entwickeln. Entwicklungsdauer: ein Jahr. Verbreitung: Großteil Europas, Vorderasien, Nordwestafrika.

Familie Aeschnidae - Edellibellen

3 Aeschna juncea — Torf-Mosaikjungfer, 70—80 mm, Spannw. 90—105 mm, weist bei den Weibchen zwei Farbformen auf. Die eine sieht fast genauso aus wie das Männchen (dunkler Hinterleib mit hellblauen und gelblichen Flecken), die andere hat oberseits gelbe und an den Seiten grüne Flecken. Die Imago fliegt von Juni bis Oktober nicht nur in Wassernähe, sondern auch in Wäldern, wo sie sich auf Lichtungen und an Wegen aufhält. Das Weibchen legt seine Eier in Sumpf- und Wasserpflanzen. Die Entwicklung — meist in sumpfigen Gewässern — dauert vier Jahre. Die Larve ähnelt den verwandten Arten: Sie ist langgestreckt mit großen Augen und langen Beinen und hat am Hinterleibsende kurze Anhänge. Verbreitung: Gilt als boreoalpine Art, die in Nordeuropa in tieferen Lagen auftritt, in Mittel- und Südeuropa stellenweise in den Bergen.

4 Aeschna cyanea — Blaugrüne Mosaikjungfer, 65—80 mm, Spannw. 95—110 mm, gehört zu den häufigsten Arten der Familie. Sie erscheint im Juni und fliegt bis November an stehenden Gewässern, von denen sie sich oft recht weit, sogar bis in die Städte hinein, entfernt. Das Weibchen legt seine Eier im Spätherbst in lebendes oder totes Pflanzengewebe. Die Eier überwintern; im Frühling schlüpfen aus ihnen die Larven, die sich bis zum Herbst entwickeln, überwintern, bis endlich im darauffolgenden Sommer die Imago ausschlüpft. Verbreitung: Fast ganz Europa (steigt bis ins Hochgebirge auf), Kleinasien, Nordafrika.

5 Anax imperator — Große Königslibelle, 70—80 mm, Spannw. 95—110 mm, gehört zu den besten Fliegern unter den Libellen und Insekten überhaupt. Der Hinterleib des Männchens ist leuchtend blau mit dunkler Zeichnung, der des Weibchens grün mit brauner Zeichnung. Ähnlich wie die vorausgegangenen Arten entfernt sich auch die Königslibelle weit von den Wasserflächen. Aus den Eiern, die in Wasserpflanzen oder deren Reste abgelegt werden, schlüpfen nach zwei bis vier Wochen die Larven. Sie überwintern, und im Sommer des folgenden Jahres schlüpft die Imago. Verbreitung: Von Europa bis Mittelasien und Nordafrika.

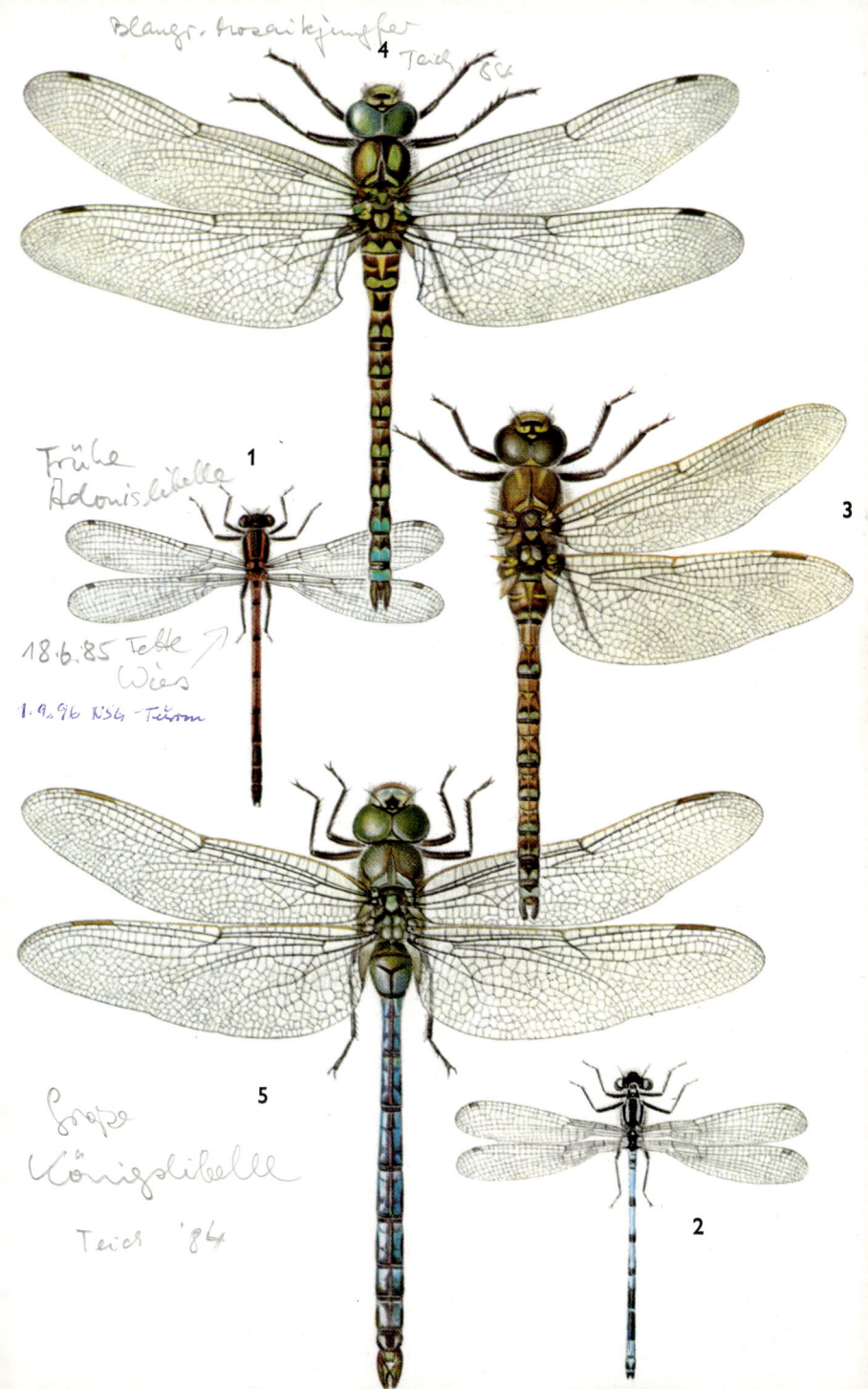

Blaugr. Mosaikjungfer 4 Teich '86

Frühe Adonislibelle 1

18.6.85 Telle Wies
1.9.96 NSG - Turm

3

5

Große Königslibelle

Teich '84

2

Libellen

Familie Gomphidae — Flußjungfern

1 Gomphus vulgatissimus — Gemeine Keiljungfer, 45—50 mm, Spannw. 60—70 mm, gehört zu den Arten, deren Hinterleib gelb und schwarz gestreift ist. Die Imago fliegt von Mai bis Juli nicht nur an Wasserrändern, sondern auch an Waldwegen, auf Lichtungen und Wiesen. Das Weibchen legt rund 500 Eier, dabei taucht es das Hinterleibsende ins Wasser und stößt die Eier in Paketen aus. Die Larven schlüpfen zwar schon nach drei bis vier Wochen, doch dauert ihre Entwicklung sehr lange. Dreimal müssen sie überwintern, ehe die Imago schlüpft. Verbreitung: Ganz Europa.

2 Onychogomphus forcipatus — Kleine Zangenlibelle, 45—55 mm, Spannw. 55—75 mm, zählt zu den selteneren Arten. Das Männchen fällt durch die zangenförmig gebogenen oberen Hinterleibsanhänge auf. Die Imago fliegt von Mai bis Juli an Bächen und Flüssen. Verbreitung: Mittel- und Nordeuropa.

Familie Cordulegasteridae — Quelljungfern

3 Cordulegaster boltoni — Zweigestreifte Quelljungfer, 70—85 mm, Spannw. 95—105 mm, fällt durch ihre Größe und die schwarz-gelbe Färbung auf. Hält sich hauptsächlich an Gebirgsbächen auf, im Tiefland selten. Die Imago tritt von Juni bis August auf. Die Lebensweise dieser sehr schönen Art ist bisher kaum bekannt. Man nimmt an, daß die Entwicklung bis zu fünf Jahren dauert. Verbreitung: Großteil Europas.

Familie Corduliidae — Falkenlibellen

4 Cordulia aenea — Gemeine Smaragdlibelle, 50—55 mm, Spannw. 65—75 mm, zeichnet sich nicht nur durch ihre metallisch grüne Färbung, sondern auch durch ihre grün glänzenden Augen aus. Sie fliegt von Mai bis August um Gewässer, auch im Wald. Die Weibchen legen ihre Eier in Gruppen ab, sie fliegen dabei dicht über dem Wasserspiegel und tauchen den Hinterleib ein. Die Eier sinken auf den Grund. Nach etwa drei Wochen schlüpfen aus ihnen Larven, deren weitere Entwicklung langsam verläuft, nämlich zwei bis drei Jahre. Verbreitung: Europa, Asien (bis zum Amur), Nordafrika.

5 Somatochlora metallica — Glänzende Smaragdlibelle, 50—60 mm, Spannw. 70—75 mm, überwiegend metallisch grün gefärbt. Die Weibchen können auch metallisch blau sein, sie besitzen eine ziemlich lange Legeröhre, die schräg nach unten weist. Die Art ist meist in den Bergen zu finden (in den Alpen bis 1400 m), in Niederungen weniger häufig. Sie fliegt von Mai bis etwa Mitte September in der Dämmerung in bewaldeten Gegenden um langsam fließende und stehende Gewässer, auch in Mooren oder an Waldwegen. Das Weibchen legt im Juli/August über 500 Eier. Die Larven schlüpfen nach vier bis sechs Wochen (die im August gelegten Eier überwintern jedoch erst). Die Entwicklung dauert zwei bis drei Jahre. Die ausgewachsenen Larven sind bis zu 25 mm lang. Verbreitung: Europa (hauptsächlich Mittel- und Nordeuropa, seltener in Frankreich und Großbritannien), Westasien (bis Tomsk).

Familie Libellulidae — Segellibellen

1 Libellula quadrimaculata — Vierfleck, 40—50 mm, Spannw. 70—85 mm, hat ihren sehr passenden Namen von den vier Flecken in den Flügeln. Sie gehört zweifellos zu den häufigsten Libellenarten und kommt von Mai bis August an stehenden Gewässern vor. Das Weibchen legt seine Eipakete frei ins Wasser ab. Schon nach zwei bis drei Wochen zeigen sich die ersten kleinen Larven, insgesamt verläuft die Entwicklung jedoch langsam. Die Larven sind gedrungen, sie leben zwei Jahre, erst nach der zweiten Überwinterung erscheint die Imago. Verbreitung: Europa, Vorderasien, Nordamerika.

2 Libellula depressa — Plattbauch, 40—45 mm, Spannw. 70—80 mm, unterscheidet sich von den anderen Arten durch den auffallend breiten und flachen Hinterleib. Kommt von Mai bis August häufig an kleineren stehenden Gewässern vor. Die Entwicklung verläuft ähnlich wie bei der vorigen Art. Verbreitung: Europa, Vorderasien.

3 Sympetrum flaveolum — Gefleckte Heidelibelle, 35 mm, Spannw. 50—60 mm, gehört zu den häufigen Arten und fliegt im Frühherbst auf Feldern. Das Weibchen legt die Eier unter direkter Beteiligung des Männchens, selten auch allein. Aus den Eiern, die noch während der letzten warmen Tage abgelegt werden, schlüpfen bis Winterbeginn Larven, die später abgelegten Eier überwintern. Die Entwicklung dauert nur ein Jahr. Verbreitung: Europa, Vorderasien, ganz Nordasien.

4 Sympetrum sanguineum — Blutrote Heidelibelle, 35—40 mm, Spannw. 50—60 mm, erscheint von Ende Juni bis Oktober häufig an stehenden Gewässern. Die Entwicklung verläuft genauso wie bei der vorigen Art und dauert nur ein Jahr. Verbreitung: Europa, Vorderasien.

Ordnung Plecoptera — Stein- oder Uferfliegen
Familie Nemouridae

5 Nemoura cinerea, 4,0—6,8 mm, Vorderflügellänge 5,0—7,9 mm, gehört zu einer Reihe mitteleuropäischer Arten, die einander sehr ähnlich sehen und nur schwer zu bestimmen sind, vor allem die Weibchen. Die Männchen kann man an den Borsten erkennen, sie tragen am Ende zwei Stacheln. Diese Art hält sich von April bis September häufig an stehenden und fließenden Gewässern auf. Verbreitung: Mittel- und Nordeuropa (Norwegen, Finnland), Iberische Halbinsel.

Familie Perlidae

6 Perla bipunctata, 18—28 mm lang, gehört zu den großen Steinfliegerarten. Die Brust dunkler als der Hinterleib, Cerci und Beine. Von anderen unterscheidet sich diese durch die Färbung zwischen den Augen. Erscheint von Mai bis Juli an Bächen und Flüssen. Verbreitung: Mittelgebirge.

Vierfleck

Plattbauch

Heidelibelle

10.7.86
Rhäden

Ordnung Dermaptera — Ohrwürmer
Familie Labiduridae — Sandohrwürmer

1 Labidura riparia — Sandohrwurm, 13—30 mm, lebt mit Vorliebe auf sandigem und feuchtem Gelände, wie an Flußufern und an der Küste und bohrt im Sand seine Gänge. Er ist ein wärmeliebendes Nachtinsekt, das sich von Mai bis November zeigt. Während des Sommers legt das Weibchen einige Dutzend Eier in unterirdischen Hohlräumen ab, bleibt dann in ihrer unmittelbaren Nähe, beleckt und reinigt sie, um sie vor Schimmelpilzen und Feinden zu schützen. Das Weibchen verweilt auch noch bei den jungen Larven, die aber später davonkriechen und eigene Gänge anlegen. Die Larve verwandelt sich in der Regel noch vor Wintereintritt in die Imago, die tief im Sand überwintert. Sie ernährt sich von verschiedenen toten und lebenden Insekten. Verbreitung: Kosmopolit, kommt in Mitteleuropa nur an warmen Stellen vor, im Süden ist er häufiger.

Familie Labiidae

2 Labia minor — Kleiner Ohrwurm, 5—9 mm, kommt im Gegensatz zur vorigen Art häufig vor, hält sich vom Frühjahr bis in den Herbst (Oktober) auf Feldern, Wiesen, an Waldrändern und in Mistbeeten auf. Verbreitung: Großteil Europas (bis nach Schweden), auch in den meisten anderen Erdteilen.

Familie Forficulidae — Eigentliche Ohrwürmer

3 Forficula auricularia — Gemeiner Ohrwurm, 14—23 mm, gehört zu den sehr häufigen und allgemein bekannten Insektenarten. Er ist ein Nachttier und verbirgt sich oft in Gesellschaften unter Steinen, Holzstücken und alten Lumpen in menschlicher Nähe. Das Weibchen legt zwischen November und März in einer unterirdischen Kammer einige Dutzend Eier ab, reinigt sie ständig und bleibt auch noch nach dem Schlüpfen der Larven in der Kammer. Danach stirbt es, und die Larven fressen den toten Körper. Ohrwürmer leben von pflanzlicher und tierischer Nahrung, oft findet man sie in Fallobst. Da zu seiner Nahrung auch Blattläuse gehören, läßt sich der Ohrwurm in gewissem Ausmaß zu den Nützlingen zählen. Er lebt in allen Regionen vom Tiefland bis ins Hochgebirge. Verbreitung: Kosmopolit.

4 Chelidurella acanthopygia, 9—18 mm, hat verkürzte Flügeldecken, tritt vom Frühjahr bis Herbst häufig auf. Lebt unter Steinen und im Laub. Verbreitung: Europa.

Ordnung Mantodea — Fangschrecken

5 Mantis religiosa — Gottesanbeterin, 40—75 mm (Weibchen größer als Männchen), fällt durch Form und Funktion des vorderen Fangbeinpaares ins Auge; diese Beine sind hervorragend zum Beutefang geeignet. Die Imago erscheint von August bis in den Herbst auf gras- und buschbestandenen durchsonnten Hängen. Hier lauert sie auf ihre Beute: Fliegen, Wespen, Kurz- und Langfühlerschrecken, Bienen und andere Insekten. Das Weibchen legt seine Eier in Kokons, von denen es im Laufe seines Lebens eine ganze Reihe herstellt. Diese Kokons sind gestreckt bis 4 cm lang und aus leichtem, schaumähnlichem Material gefertigt, das die Eier während der Überwinterung vor niedrigen Temperaturen schützen soll. Verbreitung: Diese sehr wärmeliebende Art findet sich in Mitteleuropa nur an ganz wenigen Stellen (Kaiserstuhl) und steht unter Naturschutz. Kommt in den warmen Gebieten Asiens, Afrikas und Australiens vor, wurde nach Nordamerika eingeschleppt.

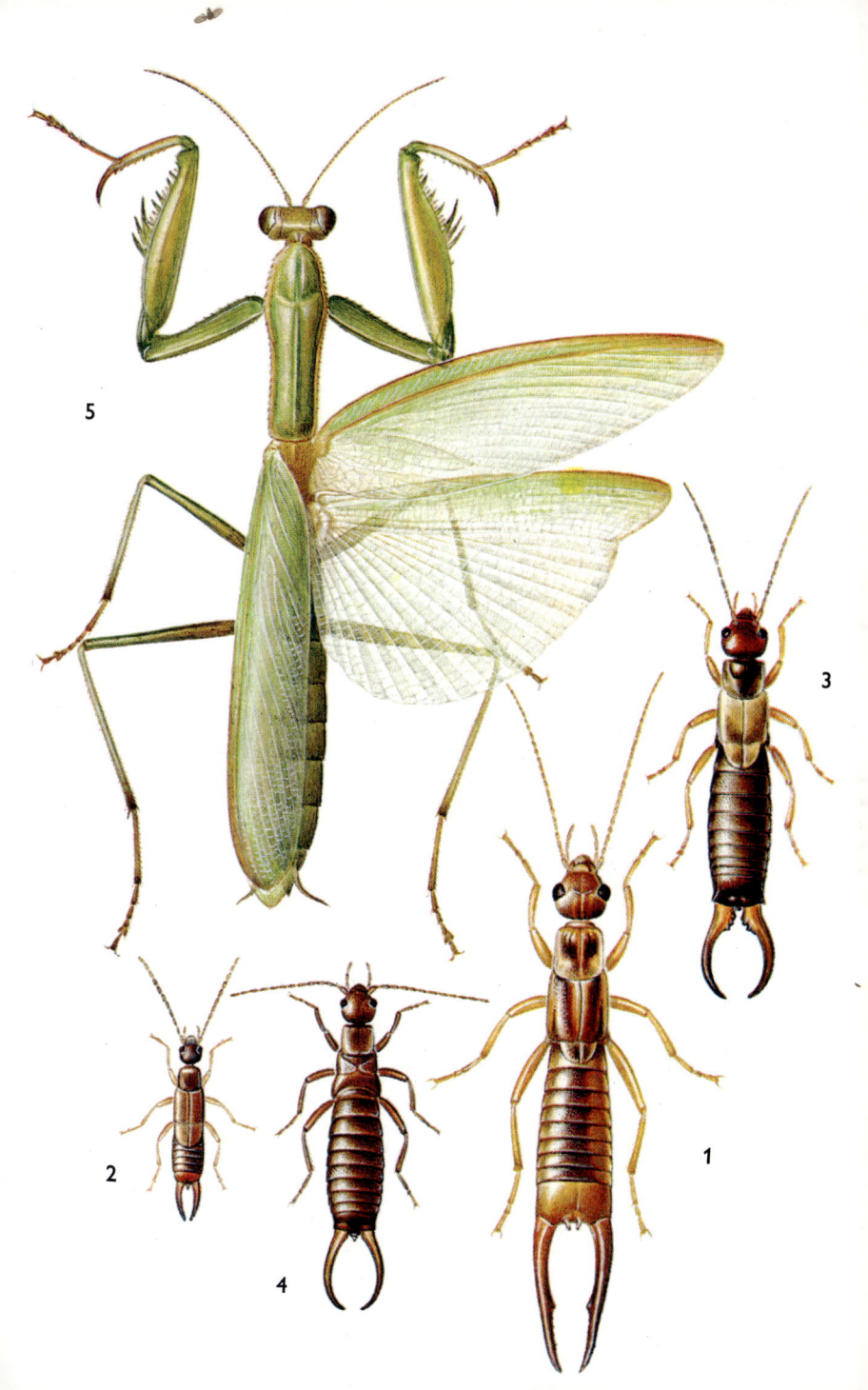

Ordnung Blattaria — Schaben
Familie Blattidae — Schaben

1 Ectobius lapponicus — Gemeine Waldschabe, 7—10 mm, ist ein sehr flinker Waldbewohner. Das Weibchen legt seine Eier in einen quergestreiften, ca. 3 mm großen Kokon. Verbreitung: Europa (von Norditalien bis nach Lappland und der Halbinsel Kola), Westsibirien.

2 Blattella germanica — Deutsche Schabe, 10,5—13 mm, kommt in den gemäßigten Zonen vor, meist in menschlichen Behausungen, die im Winter geheizt werden. Sie ist daher in Wohnungen, Bädern, Hotels, Bäckereien, Unterkünften ein lästiger Gast. In den Tropen und Subtropen lebt die Schabe im Freien. Das Weibchen legt seine Eier in Kokons, von denen es bis zu drei Stück herstellt. Eine Zeitlang trägt es den Kokon mit sich herum. Verbreitung: Kosmopolit. Stammt wahrscheinlich aus Südasien, über die ganze Welt verschleppt.

3 Blatta orientalis — Gemeine Küchenschabe, 18—30 mm, zeichnet sich durch Geschlechtsdimorphismus aus. Das Männchen besitzt ausgebildete Flügel, die den größten Teil des Hinterleibs bedecken, das Weibchen hat nur Flügelstummel. Die Küchenschabe ist ein Nachttier, das sich tagsüber in Ritzen verbirgt. Sie hält sich in menschlichen Behausungen wie Bäckereien, Hotels, Kasernen auf, wo sie die nötige Wärme vorfindet, auch vernichtet und verunreinigt sie Nahrungsmittel und kann zum Krankheitsüberträger werden. Das Weibchen legt die Eier in einen Kokon (Oothek), der 7—12 mm lang ist. In ihrer Entwicklungsreihe gehen der Imago sechs Larvenstadien voran. Verbreitung: Kosmopolit, seine Heimat ist nicht bekannt. In Europa vom Mittelmeerraum bis in den Norden mit Ausnahme des Polargebietes.

4 Periplaneta americana — Amerikanische Großschabe, 27—34 mm. Das Weibchen unterscheidet sich durch kürzere Flügel vom Männchen, diese Art ist ein wärmeliebender Allesfresser. In den Tropen und Subtropen leben sie im Freien, in Mitteleuropa halten sie sich in Lagerräumen, Gewächshäusern usw. auf. Das Weibchen legt seine Eier in einem flachen, etwa 9—11 mm langen Kokon ab, den es in die Erde vergräbt oder anders verbirgt. Verbreitung: Kosmopolit, Urheimat wahrscheinlich Südasien.

Ordnung Isoptera — Termiten
Familie Rhinotermitidae — Nasentermiten

5 Reticulitermes flavipes — Gelbfußtermite, lebt in Kolonien zusammen, in denen sich unterschiedlich große und auch im Aussehen unterschiedliche Kasten (Arbeiter, Soldaten und Geschlechtstiere) herausgebildet haben. Sie ernähren sich von Zellulose (Holz) und sind deswegen schädlich. Diese Art wurde im Jahre 1837 nach Exemplaren aus einem Gewächshaus im österreichischen Schönbrunn bei Wien beschrieben, kürzlich wurde sie auch an einigen Stellen in der BRD (Hamburg) festgestellt. Sie wird in Laboratorien als Versuchsinsekt gezüchtet. Verbreitung: Nordamerika (USA, Kanada), Westeuropa.

Ordnung Phasmida — Gespenstschrecken
Familie Bacteriidae — Stabschrecken

6 Carausius morosus — 80 mm, flügellos. Ähnelt in Körperform und Färbung einem trockenen Zweig. Obwohl die Art nicht in Europa heimisch ist, wird sie häufig gezüchtet. Sie zeichnet sich durch große Regenerationsfähigkeit verlorener Gliedmaßen aus, vor allem in der Zeit, in der sie sich noch häutet. Männchen sind sehr selten. Die Vermehrung erfolgt durch Parthenogenese (Jungfernzeugung ohne Befruchtung). Die Weibchen legen rundliche Eier ab, die ein „Mützchen" tragen. Verbreitung: Stammt aus Südasien.

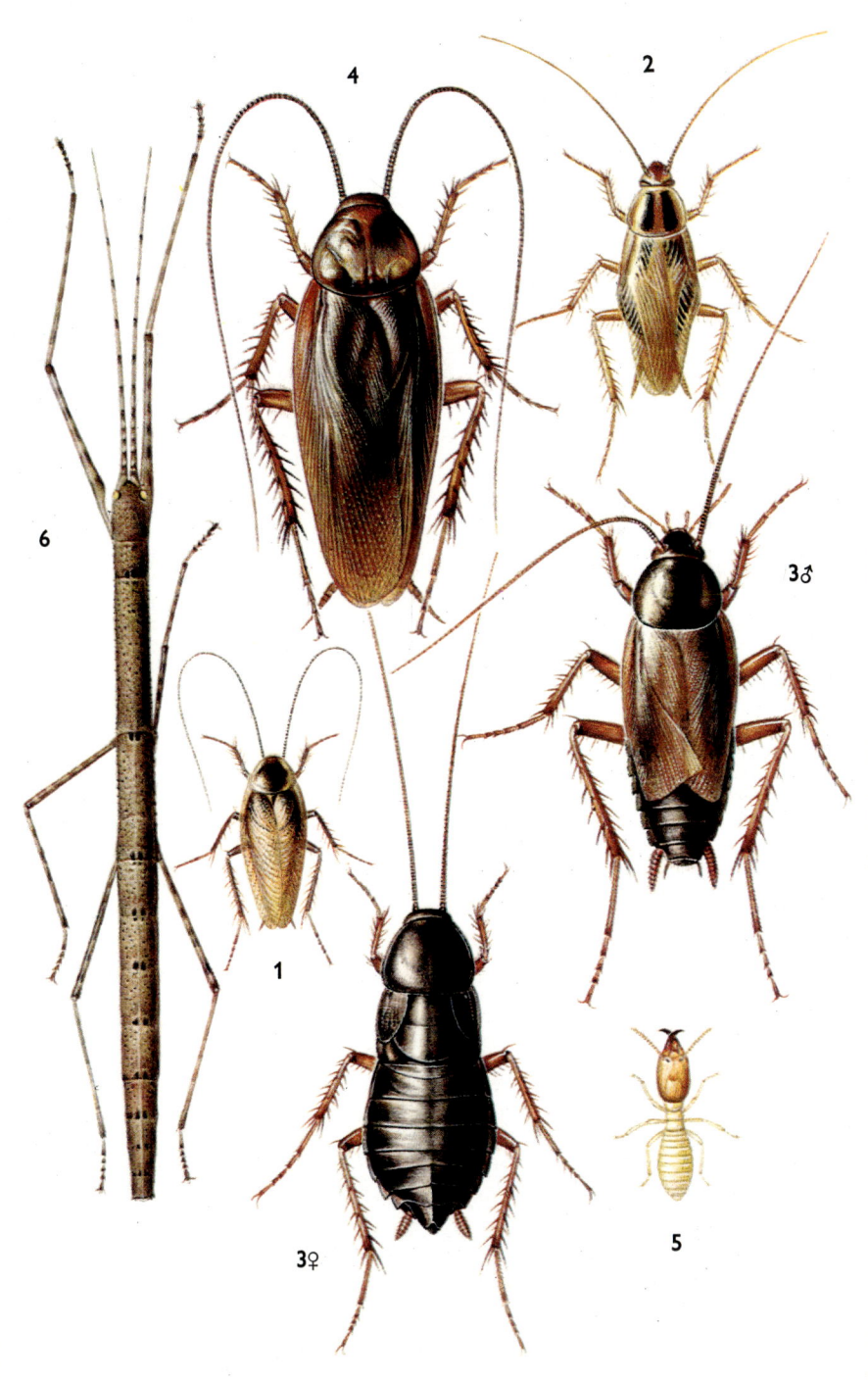

Langfühlerschrecken

Ordnung Ensifera — Langfühlerschrecken
Familie Phaneropteridae — Sichelschrecken

1 Isophya pyrenaea — Plumpschrecke, 16—26 mm, von Juni bis September stellenweise häufig auf Vegetation an Waldrändern, Waldwegen und auf Lichtungen. Ernährt sich von Laub. Das Weibchen ist mit einem breiten, säbelförmigen Legeapparat ausgestattet, mit dem es ca. 4 mm lange Eier, stets mehrere auf einmal, in die Erde legt. Die Plumpschrecke lebt in Niederungen und Hügellandschaften. Verbreitung: Süd- und Mitteleuropa.

Familie Conocephalidae — Schwertschrecken

2 Conocephalus dorsalis — Kurzflüglige Schwertschrecke, 12—15 mm, liebt die Feuchtigkeit. Sie lebt auf nassen Wiesen und auf der Vegetation stehender sowie langsam fließender Gewässer. Ernährt sich von Pflanzen und Lebewesen (verschiedenen Insekten). Die Männchen erzeugen hohe, durchdringende Töne. Verbreitung: Europa (nach Norden bis Großbritannien und Fennoskandien, nach Osten bis Moskau).

Familie Tettigoniidae — Singschrecken

3 Tettigonia viridissima — Großes Heupferd, 28—42 mm, kommt von Juli bis Oktober auf Wiesen, Feldern, in Wäldern und auch in Siedlungen vor. Das Insekt ist ein guter Flieger, legt so aber nur kurze Strecken zurück. Seine Nahrung setzt sich hauptsächlich aus verschiedenen Insekten zusammen (Fliegen, Raupen, kleineren Schmetterlingen u.ä), doch frißt es auch Pflanzen. Die Männchen sind unermüdliche Sänger, die Tag und Nacht stridulieren. Früher wurden sie in Gefangenschaft gehalten und gezüchtet. Das Weibchen legt etwa 100 Eier, die überwintern. Verbreitung: Ganz Europa (bis zum Kaukasus), Kleinasien, Sibirien, Nordafrika.

4 Decticus verrucivorus — Warzenbeißer, 24—44 mm, in verschiedenen Farbformen bekannt. Lebt von Juni bis September auf Feldern, trockenen und feuchten Wiesen und auf Heideflächen. Als Nahrung dienen lebende und tote Insekten sowie Pflanzengewebe. Die Männchen zirpen durchdringend; die Weibchen legen Eier in die Erde. Verbreitung: Europa, Sibirien.

Familie Ephippigeridae — Sattelschrecken

5 Ephippigera ephippiger — Sattelschrecke, 22—31 mm, ist wärmeliebend und lebt an Orten mit Steppencharakter. Sie ist selten und wird für ein Artenrelikt aus der warmen Nacheiszeit gehalten. Beide Geschlechter können stridulieren. Verbreitung: Mitteleuropa (nur stellenweise), Süd- und Westeuropa, Südgebiete der UdSSR.

Familie Rhaphidophoridae — Buckelschrecken

6 Tachycines asynamorus — Gewächshausschrecke, 13—19 mm (Fühlerlänge beim Weibchen bis zu 80 mm, beim Männchen etwa 75 mm), beide Geschlechter sind flügellos. Es handelt sich um einen Vertreter der Unterordnung Grillenartige (Gryllacridoidea). Polyphag; frißt einerseits kleinere Insekten (meist Blattläuse), andererseits auch junge Pflanzenkeime. Gelegentlich wird diese Schrecke als Schädling aufgeführt, an anderer Stelle als Nützling (wegen der Blattlausvertilgung). Das Insekt stammt vermutlich aus China; von dort aus hat es sich über die ganze Erde verbreitet und wurde in Europa zur synanthropen Art (hält sich in menschlicher Nähe auf). Die Gewächshausschrecke kommt das ganze Jahr über vor, mancherorts recht zahlreich, etwa in den Gewächshäusern botanischer Gärten und Gärtnereien.

Langfühlerschrecken

Familie Gryllidae — Grillen

1 Gryllus campestris — Feldgrille, 20—26 mm, hält sich von Mai bis Juli in unterirdischen Kammern auf, die sie an sandigen Hängen, grasbestandenen Rainen, in Kiefernwäldern gräbt. Sie ist sehr wärmeliebend und ernährt sich von pflanzlicher und tierischer Kost. Die Männchen zeichnen sich durch ihr melodisches Zirpen aus, das von Mai bis Ende Juni zu hören ist. Auf diese Weise locken sie die Weibchen herbei. Etwa eine Woche nach der Kopulation legt das Weibchen die ersten Eier ab. Mit der Eiablage fährt es auch dann fort, wenn aus den ersten Eiern bereits Larven schlüpfen. Diese bleiben eine Zeitlang beieinander, vor Wintereintritt gräbt sich aber jede Larve einzeln ein kleines Kämmerchen zum Überwintern. Verbreitung: Mittel- und Südeuropa, Westasien, Nordafrika.

2 Acheta frontalis, 16—21 mm, lebt von Mai bis August in Weinbergen, an sonnigen Hängen, Waldrändern. Meist ist sie flügellos oder nur mit kurzen Flügeln ausgestattet. Verbreitung: Mitteleuropa, Balkan, Osteuropa bis zum Kaukasus und Ural, Kleinasien.

3 Acheta domestica — Heimchen, Hausgrille, 16—21 mm, gehört zu den Nachtinsekten. In den Klimaverhältnissen Mitteleuropas ist sie eine synanthrope Art, sie kommt in Häusern, Bäckereien, Krankenhäusern usw. vor, wird auch als Futter in zoologischen Gärten gezüchtet. Sie ist wärmeliebend, und obwohl sie in der warmen Jahreszeit auch im Freien lebt, übersteht sie den Winter nur in menschlichen Behausungen. Als Nahrung dienen ihr alle möglichen Überreste pflanzlichen und tierischen Ursprungs. Die Männchen lassen in den Abend- und Nachtstunden ein melodisches Zirpen hören. Verbreitung: Europa, Westasien, Nordafrika (frei lebend), Nordamerika (eingeschleppt).

4 Nemobius sylvestris — Waldgrille, 7—10 mm, erscheint von Juni bis September in Wäldern, wo sich viel abgefallenes Laub findet. Die Männchen zirpen ausgiebig. Die Waldgrille nimmt Tier- und Pflanzennahrung zu sich. Das Weibchen legt seine Eier flach in den Boden, meist überwintern die jungen Larven. Verbreitung: Europa (die Nordgrenze verläuft durch Mitteleuropa), Nordafrika.

Familie Myrmecophilidae — Ameisengrillen

5 Myrmecophila acervorum — Ameisengrille, 2—3,5 mm, wurde zum ersten Mal in der Umgebung Dresdens gefunden, von dort stammt ihre erste Beschreibung aus dem Jahr 1799. Sie ist ein Mitbewohner (Synoeke) von Ameisenhaufen und vermehrt sich durch Parthenogenese. Verbreitung: Mittel- und Südeuropa (fehlt im Norden und in einigen westeuropäischen Gebieten), Nordafrika.

Familie Oecanthidae — Blütengrillen

6 Oecanthus pellucens — Weinhähnchen, 9—15 mm, lebt von Juli bis Oktober auf Blüten und an sehr warmen Stellen. Ernährt sich von Blütenteilen, die Männchen zirpen von Einbruch der Dämmerung an bis tief in die Nacht, ihr Gesang ist weithin hörbar. Das Weibchen legt seine Eier meist in die Stengel von Wein, Minze und anderen Pflanzen. Verbreitung: Mittel- und Südeuropa, West- und Mittelasien, Nordafrika.

Familie Gryllotalpidae — Maulwurfsgrillen

7 Gryllotalpa gryllotalpa — Maulwurfsgrille, Werre, 35—50 mm, hält sich von April bis Oktober in unterirdischen Gängen auf Wiesen und in Gärten auf. Sie frißt verschiedene Insekten, manchmal sogar recht große Exemplare (z. B. Maikäfer). Das Weibchen legt in einen unterirdischen Hohlraum einige hundert Eier und bewacht sie, gleichfalls die jungen Larven. Ihre Entwicklung dauert zwei Jahre. Verbreitung: Europa, Westasien, Nordafrika.

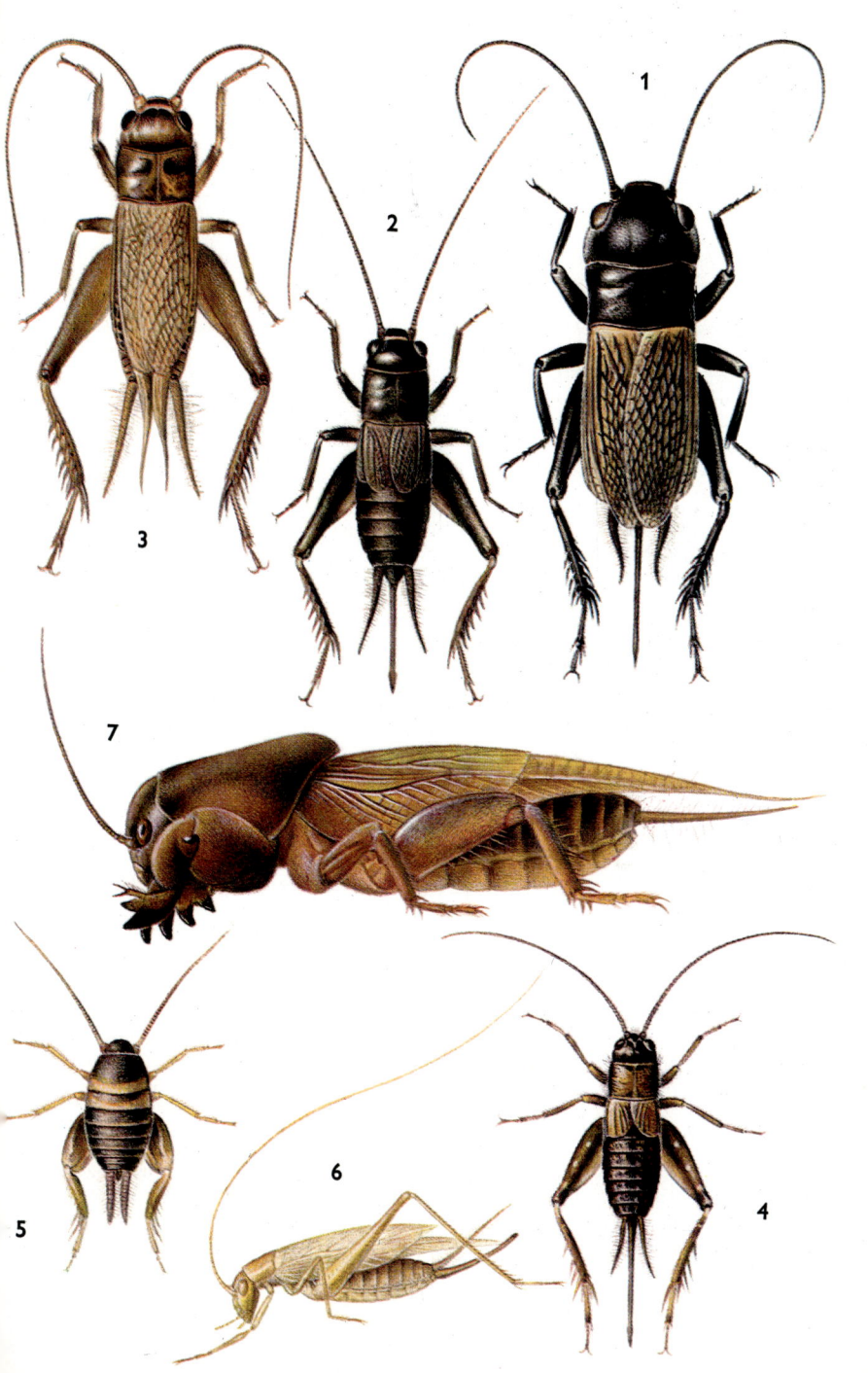

Kurzfühlerschrecken

Ordnung Caelifera — Kurzfühlerschrecken
Familie Tetrigidae — Dornschrecken

1 Tetrix subulata — Säbeldornschrecke, 7—10 mm, ist von Frühjahr bis Herbst häufig anzutreffen. Sie lebt an feuchten Orten (an Wasserläufen) wie auch in Wäldern und auf Heideflächen. Die Säbeldornschrecke ist ein Pflanzenfresser und guter Flieger, der nicht nur in Niederungen vorkommt, sondern auch in Gebirgslagen bis zu 1000 m Höhe. Verbreitung: Ganz Europa, Sibirien, Nordafrika.

Familie Catantopidae — Knarrschrecken

2 Miramella alpina — Gebirgsschrecke, 14—31 mm, bildet eine Reihe Formen aus, unter denen sich auch eine kurzflügelige (brachyptere) Form befindet. Sie fliegt von Juni bis September häufig auf Bergwiesen und ist eine der Tierarten, die zu den Überresten der eiszeitlichen Fauna gehören. Verbreitung: Europa (von West- über Mitteleuropa bis in den Osten).

3 Calliptamus italicus — Schönschrecke, 14—34 mm, hält sich von Juli bis September, manchmal auch noch bis in den Oktober auf trockenen Wiesen und Brachflächen auf. Früher sind Fälle von starker Vermehrung dieser Art verzeichnet worden, die Feldschäden zur Folge hatten. Verbreitung: Europa (hauptsächlich Mittel- und Südeuropa), Klein- und Vorderasien (Syrien), Nordafrika.

Familie Acrididae — Feldheuschrecken

4 Psophus stridulus — Schnarrschrecke, 23—32 mm, ist, wenn sie im Freien sitzt, ganz unauffällig. Die Schnarrgeräusche ertönen meist beim Flug des Männchens, wobei die leuchtend roten Unterflügel sichtbar werden. Sie haben an der Spitze einen dunklen Fleck. Bei kühlem Wetter und in der Dunkelheit fliegen die Männchen geräuschlos. Die Schnarrschrecke kommt von Juni bis Oktober vor allem in gebirgigem Gelände, auf Wiesen und Lichtungen vor. Verbreitung: Europa (fehlt in Skandinavien und Großbritannien), Sibirien.

5 Locusta migratoria — Europäische Wanderheuschrecke, 33—60 mm, bringt mehrere geographische Rassen hervor. In den europäischen Ländern, in Mittel- und Westasien lebt die ssp. *migratoria.* Innerhalb jeder dieser Rassen lassen sich zwei Phasen beobachten, die sich in Form, Färbung und Lebensweise unterscheiden: die Wanderphase *(gregaria)* und die standortstreue Phase *(sedentaria).* Unter bestimmten Bedingungen geht die letztere in die Wanderphase über und umgekehrt. Die Existenz zweier Phasen ist aber keine Besonderheit dieser Art, man kennt sie auch von einer Reihe anderer. Die Wanderheuschrecken gehörten früher auch in Mitteleuropa zu den sehr gefürchteten Schädlingen, die Geschichtsschreibung verzeichnet viele dieser Heuschreckenüberfälle, deren Folgen für den Menschen katastrophal waren, da ganze Ernten von den Tieren aufgefressen wurden. Gegenwärtig stellen Heuschrecken in Europa keine Gefahr mehr dar, im Gegensatz zu den tropischen und subtropischen Zonen, wo sie mit anderen Arten zusammen der Landwirtschaft große Schäden zufügen. Verbreitung: Europa (mit Ausnahme des Nordens), weite Teile Asiens und Afrikas, Madagaskar.

Kurzfühlerschrecken

Familie Acrididae — Feldheuschrecken

1 Oedipoda caerulescens — Blauflüglige Ödlandschrecke, 15—28 mm, ist in ihrer natürlichen Umgebung kaum auszumachen, da die Farbe ihres Körpers und der Flügeldecken der Gesamtfärbung des Untergrundes angepaßt ist. Im Flug werden jedoch ihre farbigen Unterflügel sichtbar. Meist sind sie hellblau mit einem dunklen Streifen. Einige Exemplare haben gelbe (1a) oder sogar rosafarbene Flügel. Es ist eine Art, die die Trockenheit liebt und sich von Juli bis September an den entsprechenden Stellen häufig zeigt. Sie bewohnt Steppen und Heideflächen, trockene, durchsonnte Hänge mit karger Vegetation, verlassene Steinbrüche usw., dabei zeigt sie eine gewisse Vorliebe für sandigen Untergrund. Ihre Nahrung besteht in erster Linie aus Gras. Verbreitung: Europa (berührt Südschweden, fehlt aber in Großbritannien), Klein- und Vorderasien (Syrien), Nordafrika.

2 Oedipoda germanica — Rotflüglige Ödlandschrecke, 17—28 mm, hat meist rote Unterflügel mit einem schwarzen Streifen, einige Exemplare haben auch blaue oder gelbe Flügel. Die Imago kommt von Juli bis September an trockenen und warmen Standorten vor, z. B. Heideflächen, sonnenbeschienenen Hängen, Steppen, auf Sandböden und an den Rändern von Weinbergen. An einigen Stellen Europas gehört sie bereits zu den seltenen Arten, anderswo ist sie noch verhältnismäßig häufig anzutreffen. Verbreitung: Europa (die Nordgrenze ihrer Verbreitung verläuft mitten durch Deutschland), Westasien.

3 Stenobothrus lineatus — Grashüpfer, 16—25 mm, ist für seine beträchtliche Farbvariabilität bekannt, verschiedene Farbformen sind beschrieben worden. Die Imago ist von Juli bis September häufig. Sie hält sich vom Tiefland bis ins Gebirge meist auf trockenen Wiesen, Waldwegen, Heideflächen usw. auf. Das Männchen erzeugt sehr feine, nicht allzu laute Töne. Verbreitung: Europa (bis Südschweden), Westasien.

4 Omocestus viridulus — Grashüpfer, 13—24 mm, variiert farblich sehr stark. Er kommt von Juni bis September häufig auf trockenen und feuchten Wiesen vom Tiefland bis ins Gebirge vor, am zahlreichsten im Hügelland. Verbreitung: Europa (fehlt im Süden), Sibirien.

5 Chorthippus biguttulus — Gemeiner Grashüpfer, 13—24 mm, erscheint von Juni bis Oktober in großer Zahl an trockenen Stellen, wo sich genug Nahrung findet. Zeigt sich in Niederungen, Hügelland und im Hochgebirge. Sowohl Männchen als auch Weibchen vermögen zu stridulieren, ihr eigenartiger Gesang ist vom Sommer bis in den Herbst zu hören. Verbreitung: Europa (in den südlichen Teilen seltener als in Mitteleuropa), Sibirien, Nordafrika.

6 Myrmeleotettix maculatus — Gefleckte Keulenschrecke, 12—16 mm, kommt von Juni bis in den Spätherbst (Oktober) vor, zahlreich auf trockenen Wiesen, Sandböden, in Steppen, Heiden und auf Waldlichtungen. Bewohnt Niederungen, Hügel und Berge. Männchen und Weibchen können stridulieren. Verbreitung: Europa (im Norden bis nach Lappland, im Süden bis in den nördlichen Balkan), Kleinasien, Sibirien.

Wanzen

Ordnung Heteroptera — Wanzen
Familie Cydnidae — Erdwanzen

1 Corimelaena scarabaeoides, 3 — 4 mm, findet man in der Vegetation von trockenen Wiesen, sonnigen Hängen, Sanddünen, oft in blühendem Hahnenfuß. Die Imago überwintert, das Weibchen legt im Mai seine Eier. Beide Geschlechter können stridulieren. Verbreitung: Europa (bis Südschweden und Finnland), Kleinasien, Nordafrika.

Familie Scutelleridae — Schildwanzen

2 Eurygaster maura — Getreidewanze, 8,3 — 11,3 mm, zeichnet sich durch reiche Farbvariationen aus, deren Abstufungen von hellgrau bis schwarz gehen. Lebt meist an trockenen Stellen, die Imago überwintert. Das Weibchen legt seine Eier meist auf wild wachsende Gräser, die Larven suchen jedoch Felder auf, wo sie Blätter und Ähren von Getreide wie auch Unkraut aussaugen. Die Imago ist polyphag und lebt sowohl auf einkeimblättrigen als auf zweikeimblättrigen Pflanzen. Wird gelegentlich zum Schädling. Verbreitung: Eurasien, Nordafrika.

Familie Pentatomidae — Baumwanzen

3 Graphosoma lineatum — Streifenwanze, 9 — 11 mm, zeigt sich oft zahlreich auf blühenden Doldengewächsen, besonders an warmen Stellen. Verbreitung: Süd- und Mitteleuropa, Klein- und Vorderasien.

4 Aelia acuminata — Spitzling, 7 — 9,5 mm, lebt auf verschiedenen wilden Gras- und Getreidearten. Die Imago überwintert bis Ende April. Das Weibchen legt seine Eier auf Grasblätter ab, die Entwicklung dauert bis Ende August. Gelegentlicher Schädling. Verbreitung: Eurasien, Nordafrika.

5 Stollia venustissima, 5 — 6 mm, bewohnt vor allem feuchtere Stellen, kommt in der ganzen paläarktischen Region häufig vor.

6 Palomena viridissima, 12 — 14 mm, lebt auf Doldenblütlern, Sträuchern und Bäumen. In ihrem Gesamtaussehen und in der Lebensweise ähnelt diese Art der grünen Stinkwanze (*Palomena prasina*). Die Imago taucht erst im Spätherbst auf und überwintert. Verbreitung: Europa (fehlt in Großbritannien, ist im Norden selten), Großteil Asiens einschließlich Nordindien.

7 Eurydema oleraceum — Kohlwanze, 5 — 7 mm, farblich ziemlich variabel. Auf metallisch grünem oder bläulichem Untergrund trägt sie rote, gelbe, orangefarbene oder weißliche Flecken. Im Frühjahr kriecht die Imago aus dem Winterversteck und ist zahlreich auf Kreuzblütlern anzutreffen. Die Eiablage der Weibchen erfolgt gegen Ende Mai. Die älteren Larven zeigen sich im Sommer besonders auf Möhrengewächsen (Daucaceae). Verbreitung: Europa, Sibirien, Vorderasien.

8 Pentatoma rufipes — Rotbeinige Baumwanze, 13 — 16 mm, lebt am häufigsten in Wäldern oder Gärten auf verschiedenen Hölzern wie Eiche, Birke, Erle. Oft saugt sie tote Insekten aus, vor allem Raupen. Die gelb gefärbten Larven sind mit dunklen Flecken besetzt. Das Weibchen legt seine Eier im August, die Larven überwintern. Verbreitung: Europa, Kleinasien, Nordasien.

9 Picromerus bidens — Räuberische Schildwanze, 11 — 14 mm, bewohnt Laubwälder, in denen sie Schmetterlingsraupen und Blattkäferlarven nachstellt. Das Weibchen legt die Eier auf Blätter ab, wo sie überwintern, im Frühjahr schlüpfen die Larven. Die Imago erscheint im Juli/August. Verbreitung: Großteil der paläarktischen Region.

Wanzen

Familie Acanthosomatidae

1 Elasmucha ferrugata — Heidelbeerwanze, 7,5 — 9 mm, lebt hauptsächlich in höheren Lagen auf Heidelbeerpflanzen, Brombeersträuchern und verschiedenen Laub- und Nadelbäumen. Die Imago überwintert. Das Weibchen legt ein Paket von ungefähr 35 Eiern an der Blattunterseite ab. Es hält sich in der Nähe auf, auch während des ersten Larvalstadiums, in dem die Larven beieinander bleiben. Verbreitung: Hauptsächlich West- und Mitteleuropa (fehlt in Skandinavien), Nordasien.

Familie Coreidae — Lederwanzen

2 Coreus marginatus — Randwanze, 12 — 14 mm, kommt häufig auf Sauerampfer, Brombeeren, Greiskraut vor, besonders an Wasserrändern, auf feuchten Wiesen und Feldrainen. Die Imago überwintert, Eiablage im Mai. Verbreitung: Europa, Klein- und Mittelasien.

Familie Rhopalidae

3 Corizus hyoscyami, 8 — 10 mm, lebt hauptsächlich auf Korbblütlern, wurde aber auch auf einer Reihe anderer Pflanzen festgestellt, z. B. auf Königskerzen, Eichen, Haselsträuchern, Tabakstauden, Zuckerrüben u. a. Das Weibchen legt seine Eier Ende Juni/Anfang Juli. Die Larven entwickeln sich bis Ende August. Verbreitung: Ganz Europa, Klein- und Vorderasien, Nordafrika.

Familie Lygaeidae — Bodenwanzen

4 Lygaeus saxatilis, 10 — 11 mm, gehört zu den farblich schönen und eindrucksvollen Wanzenarten. An manchen Stellen kommt sie häufig vor, vor allem an Feldrändern und auf Wiesen in wärmeren Lagen. Saugt an vielen Pflanzenarten. Verbreitung: Großer Teil Europas (fehlt im Norden und in Großbritannien), Klein- und Vorderasien, Nordafrika.

5 Geocoris grylloides — Grillenwanze, 4 — 5 mm, liebt sonnige und warme Stellen, an denen sie sich im Gras und Laub aufhält. Verbreitung: Europa (fehlt in Spanien, Großbritannien, Norwegen und auf dem Balkan), Mittel- und Nordasien.

6 Heterogaster urticae — Brennesselwanze, 6,5 — 7 mm, ist an warmen Stellen verbreitet. Larve und Imago leben auf Brennesseln (*Urtica*). Die überwinternde Imago erscheint schon im März. Das Weibchen legt im Sommer seine Eier an die Basis der Wirtspflanze, manchmal auch auf die Blätter oder an den Stiel und bedeckt sie mit einem Schutzsekret. Die Imago schlüpft im September, gegen Ende Oktober verkriecht sie sich zum Überwintern. Verbreitung: Ganz Europa, Klein- und Vorderasien, Nordafrika.

7 Rhyparochromus pini, 6,5 — 8,5 mm, kommt in Nadelwäldern und Heideflächen häufig unter Nadeln, Moos und Steinen vor. Nach der Überwinterung erscheint sie wieder im März/April in kleinen Gruppen von nur wenigen Exemplaren. Die neue Imagogeneration tritt ab August auf. Verbreitung: Europa, paläarktischer Teil Asiens.

8 Trapezonotus arenarius, 4,5 — 5 mm, lebt auf Brachflächen, Sanddünen, Heideflächen und in trockenen Wäldern. Die Imago überwintert und verläßt schon zu Beginn des Frühjahrs ihr Winterversteck. Die neue Generation wächst bis August heran. Verbreitung: Paläarktische Region.

Familie *Pyrrhocoridae* — *Feuerwanzen*

1 Pyrrhocoris apterus — Feuerwanze, 7—12 mm, kommt schon gegen Ende des Winters am Fuß von Lindenstämmen, Roßkastanien, Akazien in Alleen und Parks vor. Stets tritt sie in Gesellschaften auf. Die Imago der neuen Generation erscheint schon ab August. Die Feuerwanze ernährt sich einerseits von Pflanzensäften, andererseits von allerlei toten Gliederfüßern (Insekten), die sie aussaugt. Verbreitung: Ganz Europa, Klein- und Vorderasien, Sibirien, Indien, Nordafrika, Mittelamerika u. a.

Familie *Piesmidae* — *Meldenwanzen*

2 Piesma quadrata — Rübenwanze, 2,5—3,5 mm, lebte ursprünglich auf Gänsefußgewächsen, ging aber seit dem Jahr 1900 allmählich auf Zuckerrübenkulturen über und wurde in einigen Gebieten zum gelegentlichen Schädling, in anderen zeigt sie sich nur sporadisch. Sie bringt ein- bis zwei Generationen im Jahr hervor. Die Imago überwintert. Die Weibchen legen rund 150 Eier. Verbreitung: Hauptsächlich Mittel- und Nordeuropa.

Familie *Berytidae* — *Stelzenwanzen*

3 Neides tipularius — Große Stelzenwanze, 9—11 mm, bewohnt trockene Standorte — Sandböden, Heideflächen, Wälder, trockene Wiesen. Die Imago überwintert. Das Weibchen legt im April/Mai verhältnismäßig große Eier (1,1 mm), im Juli/August erscheint schon die Imago der neuen Generation. Verbreitung: Ganz Europa (bis Mittelschweden und Südfinnland), Transkaukasien, Turkestan.

4 Berytinus minor, 5—6 mm, kommt an trockenen Stellen vor, bringt jährlich ein bis zwei Generationen hervor. Verbreitung: Großer Teil der paläarktischen Region.

Familie *Aradidae* — *Rindenwanzen*

5 Aradus cinnamomeus — Kiefernrindenwanze, 3,5—5 mm, lebt auf verschiedenen Kiefernarten, meist auf zehn- bis zwanzigjährigen verkümmernden Bäumen. Kommt auch auf Fichten vor, hält sich an den Zweigen und unter der Rinde auf. Verbreitung: Ganz Europa.

Familie *Aneuridae*

6 Aneurus avenius, 4,5—6 mm, findet sich häufig unter der Rinde abgestorbener Laubbäume und -sträucher, vor allem auf Weiden, Eichen, Buchen, Birken, Holunder, Liguster. Verbreitung: Europa (mit Ausnahme der südlichen Teile und des Balkan), Vorderasien.

Familie *Tingidae* — *Netzwanzen*

7 Tingis cardui — Distelnetzwanze, 3,3—3,8 mm, lebt auf Disteln (Gattungen *Carduus, Cirsium*). Die Imago überwintert in Laub. Das Weibchen legt seine Eier in Distelblätter ab. Schon ab Ende Juli erscheint die junge Imago. Verbreitung: Ganz Europa (bis nach Lappland), Kleinasien, Vorderasien, Nordafrika.

8 Stephanitis piri — Birnblattwanze, 3—3,3 mm, lebt meist auf Obstbäumen (Birnen, Äpfeln, Kirschen, Walnüssen) und saugt an den Blättern. Verbreitung: Großer Teil Europas (fehlt in Großbritannien), Vorder- und Mittelasien, Nordafrika.

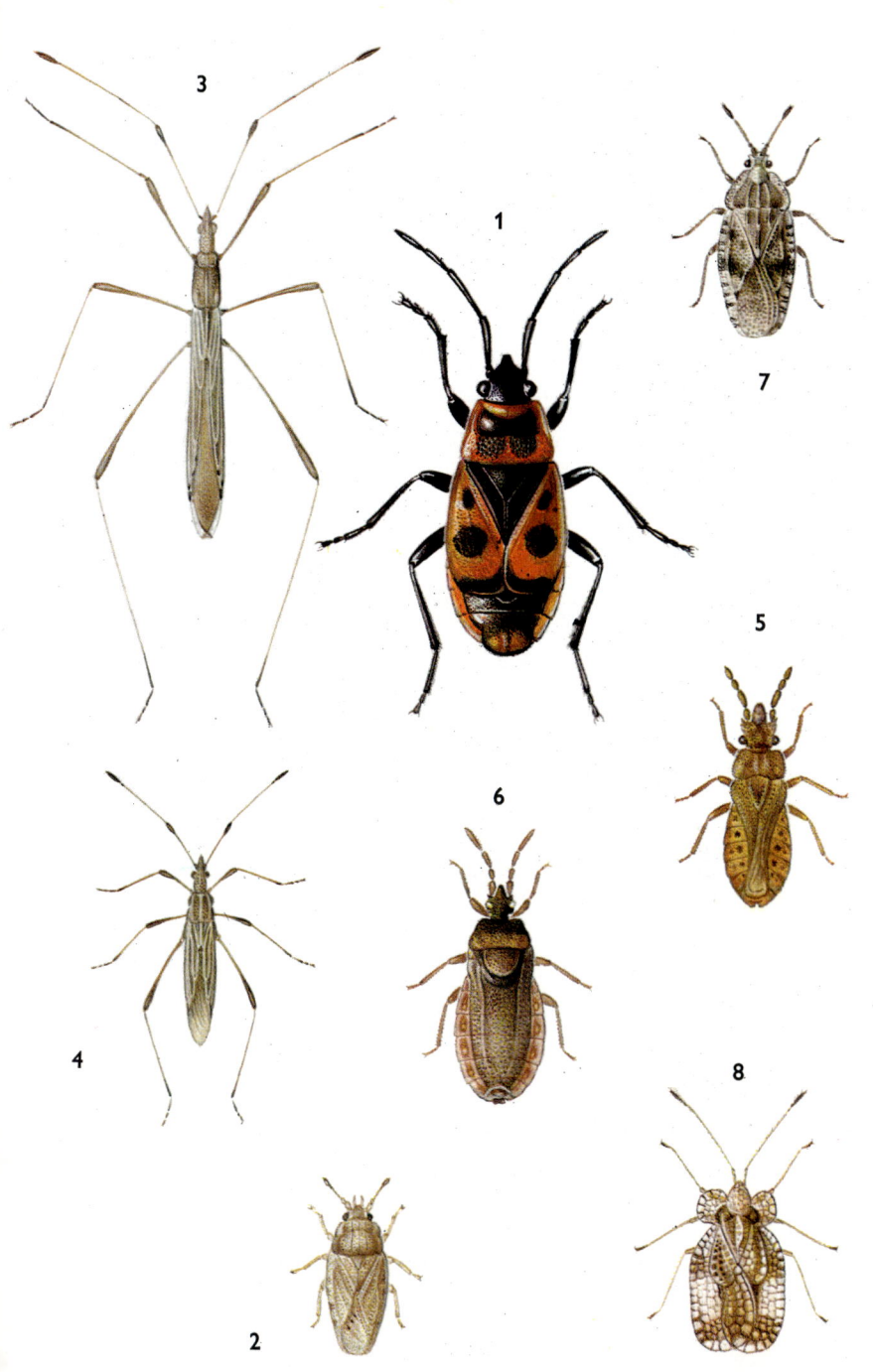

Wanzen

Familie Reduviidae — Raubwanzen

1 Ploiariola vagabunda, 6 — 7 mm, kommt an feuchten Orten an Nadel- und Laubbäumen vor, auch in oder bei Häusern. Die Imago überwintert. Die Weibchen legen im Mai schwarze Eier. Die neue Generation erscheint im Juli. Außer pflanzlicher Nahrung fressen sie auch kleine Lebewesen (Gliederfüßer). Verbreitung: Großer Teil Europas (bis Mittelskandinavien einschl. Finnland), Nordasien.

2 Rhinocoris iracundus, 13 — 18 mm, hält sich an warmen, durchsonnten Orten auf, wo er manchmal in großer Zahl erscheint. Fliegt nur selten. Verbreitung: Großteil Europas (fehlt in Großbritannien und Irland).

3 Coranus subapterus, 9 — 12 mm, bewohnt Sandböden, Dünen, Heideflächen, wo er kleinen Gliederfüßern nachstellt (Spinnen und Insekten). Die Art hat zwei Formen: eine kurzflügelige (brachyptere) und eine langflügelige (macroptere). Am häufigsten tritt die Imago von Juli bis Oktober auf. Die Eier überwintern. Verbreitung: Europa (bis Mittelskandinavien).

Familie Nabidae — Sichelwanzen

4 Nabis apterus, 8 — 10 mm, lebt am Rand von Laub- und Nadelwäldern, die Imago ist am zahlreichsten im August, vereinzelt zeigt sie sich auch noch bis Oktober. Im Mai/Juni schlüpfen die Larven aus den überwinternden Eiern. Sie sind räuberisch (wie die Imago), und verfolgen kleine Gliederfüßer (Blattläuse usw.). Verbreitung: Großer Teil Europas (bis Litauen).

5 Nabis rugosus, 6 — 7 mm, eine sehr häufige Art, die meist als kurzflügelige Form vorkommt. Die Imago überwintert unter dem Gras. Verbreitung: Paläarktische Region.

Familie Cimicidae — Bettwanzen

6 Cimex lectularius — Gemeine Bettwanze, 3,5 — 8 mm, hält sich meist in menschlichen Behausungen und deren nächster Umgebung auf. Sie wird erst in der Nacht aktiv, tagsüber hält sie sich hinter Bildern, in Ritzen und anderen Verstecken verborgen; sie ernährt sich von Blut. Wird sie nicht gestört, saugt sie davon die doppelte Menge ihres eigenen Gewichts, wodurch sie sichtlich größer wird. Meist saugt sie am Menschen, befällt aber auch Mäuse, Hühner und andere Wirbeltiere. Das Weibchen legt im Verlauf von einigen Wochen oder Monaten etwa 100 bis 200 Eier, muß aber vorher Blut saugen. In geheizten Wohnungen geht die Entwicklung auch im Winter weiter, bleibt aber stehen, wenn die Temperatur unter 13 °C sinkt. Die Bettwanzen erreichen ein Alter von einigen Monaten. Verbreitung: Kosmopolit, vom Menschen über die ganze Welt verschleppt.

Familie Anthocoridae — Blumenwanzen

7 Orius niger, 1,9 — 2,1 mm, kommt durchweg auf trockenen Stellen vor, wo er Milben und anderen kleinen Insekten (Blattläuse, Fransenflügler u. a.) nachstellt. Die Art überwintert als Imago. Verbreitung: Ganz Europa, Klein- und Vorderasien, Sibirien.

8 Anthocoris nemorum, 3 — 4,4 mm, gehört zu den häufigsten Wanzenarten, lebt in Laubwäldern und Gärten. Sie verfolgt kleine Gleichflügler wie z. B. Blattläuse oder Milben und saugt sie aus. Gelegentlich saugt sie auch an Blättern. In einigen Gebieten treten zwei Generationen jährlich auf, mancherorts auch noch eine dritte. Verbreitung: Fast ganz Europa, Kleinasien, Nordasien, Nordafrika.

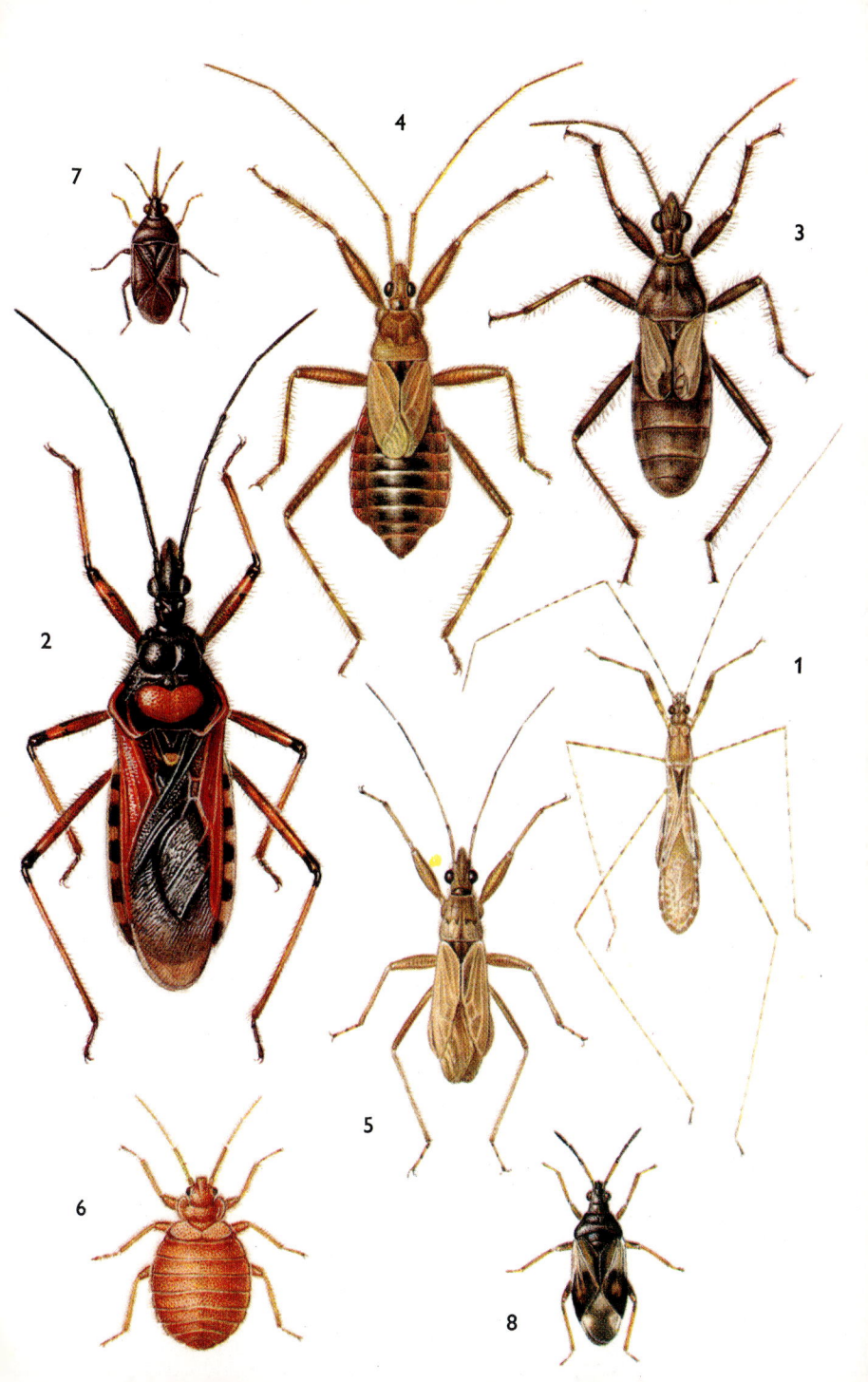

Wanzen

Familie Miridae — Weich- oder Blindwanzen

1 Phytocoris tiliae, 6,1 — 6,9 mm, lebt auf verschiedenen Laubbäumen, meist auf Eichen, Linden, Eschen, Apfelbäumen u. ä. Am zahlreichsten tritt die Imago im Sommer (Juli, August) auf; die Eier überwintern. Räuberische Art, die kleine Raupen, Larven anderer Insekten, Milben usw. jagt. Verbreitung: Ganz Europa (außer Polargebiet), Nordafrika.

2 Adelphocoris lineolatus, 6 — 8 mm, kommt häufig auf Wickengewächsen (Viciaceae) und Korbblütlern (Asteraceae) vor, sofern sie an trockenen Orten stehen. Sie saugt an jungen Blättern, Stengeln, Blüten und unreifen Früchten. Die Imago zeigt sich von Juli bis September, die Eier überwintern. In Osteuropa bringt die Art zwei Generationen hervor. Manchmal tritt sie als Schädling auf. Verbreitung: Ganze paläarktische Region.

3 Calocoris biclavatus, 5,6 — 7,6 mm, lebt von Juni bis September auf verschiedenen krautigen und holzigen Pflanzen, z. B. auf Heidelbeeren, Brombeersträuchern, Weidenröschen, Erlen, Haselsträuchern, Birken u. a. Ihre Eier überwintern. Verbreitung: Mittel- und Nordeuropa (fehlt in Großbritannien), Alpen.

4 Lygus pratensis — Gemeine Wiesenwanze, 5,8 — 6,7 mm, bringt jährlich ein bis zwei Generationen hervor. Die überwinternde Imago zeigt sich schon sehr bald im Frühjahr (März, April), sie lebt auf verschiedenen Hölzern und auf Heidekraut. Die Art kommt sehr häufig an den verschiedensten Standorten vor. Verbreitung: Paläarktische Region.

5 Leptopterna dolobrata, 7 — 9,7 mm, bewohnt grasbestandene Flächen und Getreidefelder, wo sie an Blättern, Halmen und Ähren saugt. Am zahlreichsten ist die Imago im Juli/ August, gelegentlich werden auch noch im Oktober Exemplare gefunden. Die Eier überwintern. Wird in einigen Ländern als Getreideschädling angesehen. Verbreitung: Paläarktische und nearktische Region.

6 Pilophorus clavatus, 3,8 — 5 mm, ist häufig auf Laubhölzern anzutreffen. Die Imago lebt von Juli bis September, die Eier überwintern. Verbreitung: Ganz Europa, Nordamerika.

7 Blepharidopterus angulatus, 5,1 — 5,9 mm, kommt in großer Anzahl hauptsächlich auf Apfelbäumen, Ulmen, Birken und Linden vor, wo er Milben nachstellt. Die Imago zeigt sich ab Ende Juni, manchmal ist sie bis in den Oktober anzutreffen. Die Weibchen legen ihre Eier in junge Zweige, die Eier überwintern. Im Mai beginnen die Larven zu schlüpfen. Verbreitung: Fast ganz Europa, Sibirien, Turkestan, Nordafrika.

8 Deraeocoris ruber, 6,5 — 7,5 mm, ist ein nützliches Insekt, da Larven wie Imagines auf Blattläuse und andere kleine Insekten Jagd machen. In der Färbung ist sie sehr variabel, eine Reihe von farblichen Formen ist bereits beschrieben worden. Sie lebt auf Laubhölzern und anderen Pflanzen, vor allem auf Brennesseln. Die Imago erscheint von Juli bis September. Die Eier überwintern. Verbreitung: Ganz Europa, Nordafrika, Nordamerika.

9 Sthenarus roseri, 3,7 — 4,3 mm, ist.von Juni bis August vor allem auf Weidenbüschen häufig anzutreffen. Seine Hauptnahrung sind Blattläuse. Die Eier überwintern, die Larven schlüpfen im darauffolgenden Frühling. Verbreitung: Europa (fehlt im Süden), Kleinasien, Sibirien.

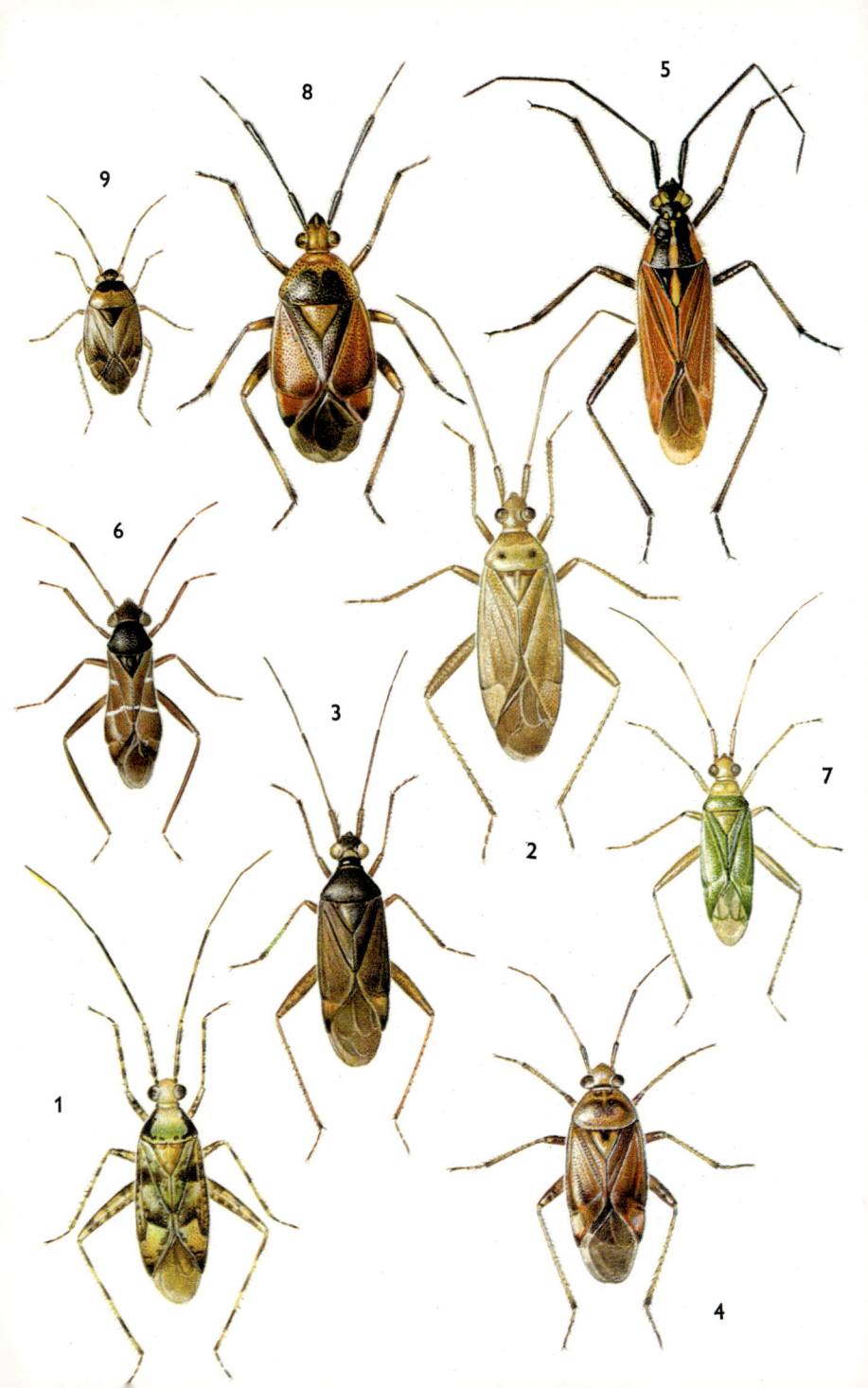

Wanzen

Familie Hydrometridae — Teichläufer

1 Hydrometra stagnorum — Gemeiner Teichläufer, 9 — 13 mm, tritt meist in der kurzflügeligen Form (brachypter) auf. Er lebt auf der Wasseroberfläche in Ufernähe. Die Imago überwintert. Verbreitung: Großer Teil Europas (fehlt im Norden), Kaukasus, Vorderasien, Nordafrika.

Familie Gerridae — Wasserläufer

2 Gerris gibbifer, 10 — 13 mm, kommt häufig noch mit verwandten Arten auf der Oberfläche von Tümpeln, Pfützen, Mooraugen von Niederungen bis in Gebirgslagen vor. Bringt jährlich zwei Generationen hervor. Die Imago überwintert und zeigt sich manchmal schon in den ersten warmen Vorfrühlingstagen. Verbreitung: Europa (ist im Norden sehr selten), Vorderasien, Nordafrika.

Familie Saldidae — Ufer- oder Springwanzen

3 Saldula saltatoria, 3,5 — 4,5 mm, gehört zu den häufigsten Arten. Sie lebt in schlammigem Wasser, an den Rändern von Teichen und Gräben und kann springen. Jährlich entstehen zwei Generationen. Die Imago verkriecht sich zum Überwintern ins Gras oder unter Rinde. Verbreitung: Paläarktische und nearktische Region.

Familie Notonectidae — Rückenschwimmer

4 Notonecta glauca — Gemeiner Rückenschwimmer, 14 — 16 mm, erscheint innerhalb seines Verbreitungsgebiets in mehreren geographischen Rassen. Er ist mit einem kurzen, aber ziemlich starken Stechrüssel ausgestattet, so daß sein Stich fühlbar schmerzt. Er hält sich vor allem in stehenden Gewässern auf, in Teichen, Tümpeln und Pfützen zwischen Pflanzen. Das Weibchen legt die Eier in die Stengel von Wasserpflanzen, und zwar von Ende Dezember bis Januar. Nach fünf larvalen Häutungen erscheint die Imago, meist ab Juni, wenn die alte Generation abstirbt. Verbreitung: Ganz Europa, Kaukasus, Nordafrika.

Familie Corixidae — Ruderwanzen

5 Corixa punctata, 13 — 15 mm, bewohnt Bäche, Tümpel und tote Flußarme, in deren Vegetation sie sich aufhält. Die Männchen sind in der Lage, Geräusche zu erzeugen. Die Imago überwintert. Das Weibchen legt von Ende Januar bis Ende März Eier, die neue Generation erscheint im Juli. Verbreitung: Europa, Kaukasus, Transkaukasien, Vorderasien (Iran), Mittelasien.

Familie Nepidae — Skorpionwanzen

6 Nepa rubra — Wasserskorpion. 18 — 22 mm, lebt im Uferschlamm stehender und langsam fließender Gewässer. Das Weibchen legt im April/Mai seine Eier in die Stengel und Blätter von Wasserpflanzen. Die Imago erscheint im August und überwintert. Sie ernährt sich von kleinen Wasserlebewesen (Mückenlarven, kleinen Fischchen u. ä.). Verbreitung: Großer Teil Europas, wird aber immer seltener.

7 Ranatra linearis — Stabwanze, 30 — 35 mm, lauert unbeweglich zwischen den Wasserpflanzen auf ihre Beute. Die Imago überwintert, die Weibchen legen ihre Eier in Wasserpflanzenstengel. Die Imago erreicht ein Alter von zwei Jahren. Verbreitung: Großteil der paläarktischen Region.

Familie Naucoridae — Schwimmwanzen

8 Ilyocoris cimicoides — Schwimmwanze, 15 mm, lebt in langsam fließenden Wasserläufen, Tümpeln, Sümpfen oder Pfützen. Die Imago überwintert, ihre Eier legt sie im April/Mai in Wasserpflanzen. Zwar hat sie gut entwickelte Flügel, doch ihre schwache Muskulatur erlaubt keinen Flug. Verbreitung: Großer Teil Europas, Kaukasus.

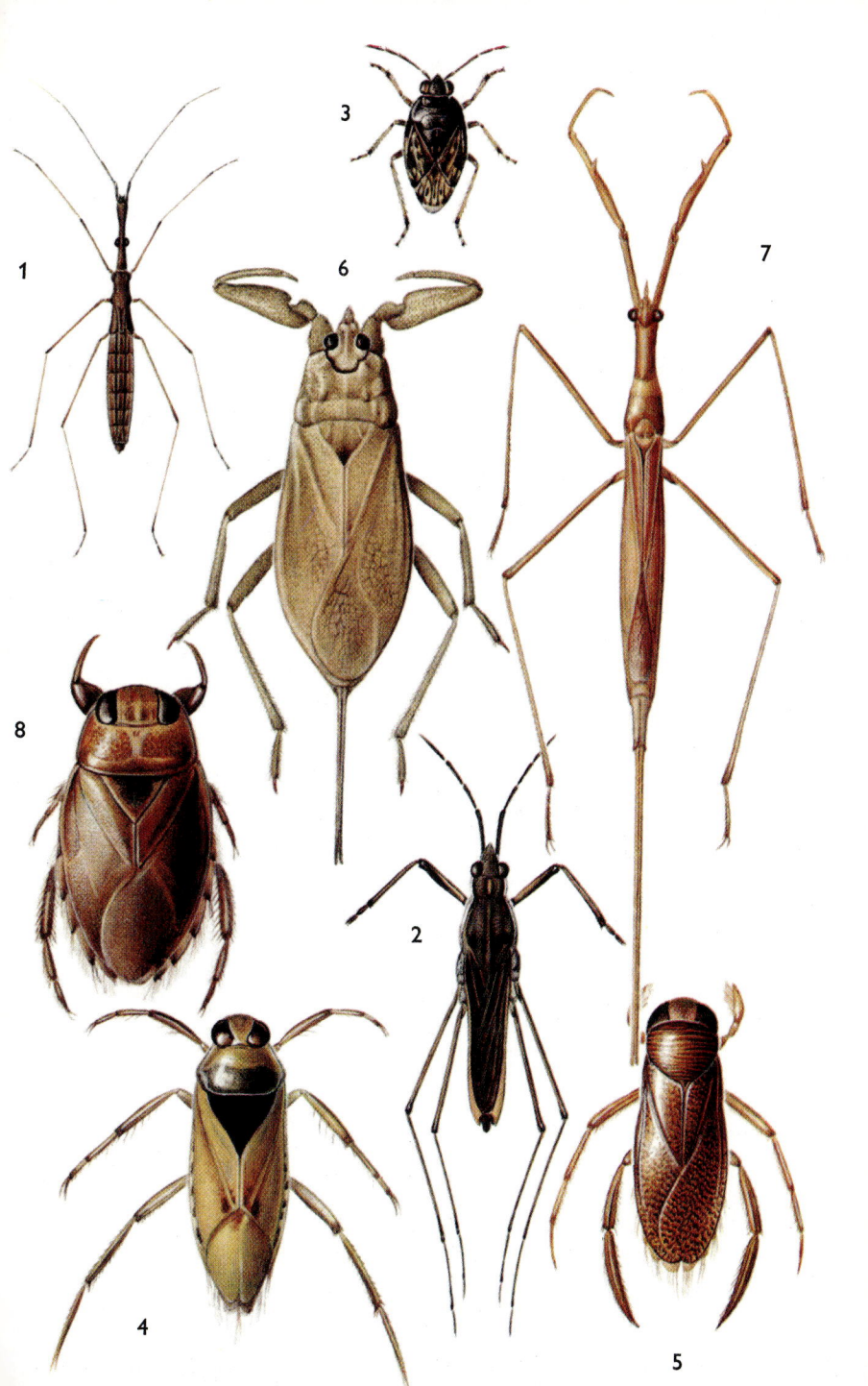

Zikaden

Ordnung Homoptera — Gleichflügler
Unterordnung Cicadina — Zikaden
Familie Issidae

1 Issus coleoptratus, 6 — 7 mm, erscheint auf der Rinde verschiedener Bäume, vor allem auf Eichen, Buchen, Ebereschen u. a. Kommt bis ins Hochgebirge vor. Verbreitung: Fast ganz Europa, Nordafrika.

Familie Cicadidae — Singzikaden

2 Tibicen haematodes — Blutrote Zikade, 26 — 38 mm, Spannw. 75 — 85 mm, unsere größte Art. Die Männchen besitzen ein besonderes Trommelorgan zur Geräuscherzeugung, das an der Unterseite der ersten beiden Hinterleibssegmente sitzt. Die erzeugten Töne sind durchdringend laut. Auch viele andere Zikadenarten geben Geräusche von sich, doch ist das menschliche Ohr manchmal nicht in der Lage, sie wahrzunehmen. Wärmeliebende Art, die sich oft in Weinbergen aufhält (Main, Neckar u. a.). Verbreitung: Süd- und Mitteleuropa, Kaukasus.

3 Cicadetta montana — Bergzikade, 16 — 27 mm, Spannw. 45 — 52 mm, liebt Sonne und kommt daher im Sommer vielfach auf buschbestandenen Hängen und Lichtungen vor. Auch die Männchen dieser Art „singen". Ihr Gesang setzt schon bald am Morgen ein, gegen acht oder neun Uhr: ein hoher, melodischer und ununterbrochener Ton. Erst bei Sonnenuntergang hört er auf. Die Weibchen haben kein Geräuschorgan.
Die Eier werden ins Pflanzengewebe abgelegt, die jungen Larven dringen ins Erdreich ein, wo sich ihre Entwicklung an Pflanzenwurzeln vollzieht. Die erwachsene Larve kriecht aus dem Boden und verwandelt sich an der Erdoberfläche in die Imago. Verbreitung: Fast ganz Europa, fehlt in Nordskandinavien.

Familie Cercopidae — Schaumzikaden

4 Cercopis vulnerata, 9,5 — 11 mm, lebt auf Gräsern und Sträuchern von Mai bis Juli vor allem in Hügellandschaften, wo sie mitunter sehr häufig auftritt. In Niederungen zeigt sich die ihr ähnliche Blutzikadenart *Cercopis sanguinolenta.* Verbreitung: Ganz Europa.

5 Aphrophora alni — Erlenschaumzikade, 8 — 11 mm, gehört zu den häufigen Zikadenarten. Kommt von Mai bis Oktober an Büschen, Laubbäumen und Pflanzen vor. Verbreitung: Paläarktische Region.

Familie Membracidae — Buckelzikaden

6 Centrotus cornutus — Dornzikade, 8 — 10 mm, taucht von Mai bis August häufig auf buschbestandenen Lichtungen und an Waldrändern auf. Auffallend an ihr ist der gekrümmte Dorn, der von der Vorderbrust nach hinten wegsteht. Verbreitung: Ganz Europa (mit Ausnahme des Nordens), Kleinasien.

Familie Iassidae — Zwergzikaden

7 Cicadella viridis, 5 — 9 mm, ist im Juli/August häufig in Sümpfen, Mooren und auf feuchten Wiesen zu finden. Verbreitung: Paläarktische und nearktische Region.

8 Typhlocyba jucunda, 4 — 4,5 mm, ist von Juli bis September überall in der Nähe von Erlen anzutreffen. Verbreitung: Fast über ganz Europa.

9 Iassus lanio, 6,5 — 8,3 mm, variiert farblich manchmal ins Braune. Erscheint im Sommer auf Eichen. Verbreitung: Ganz Europa.

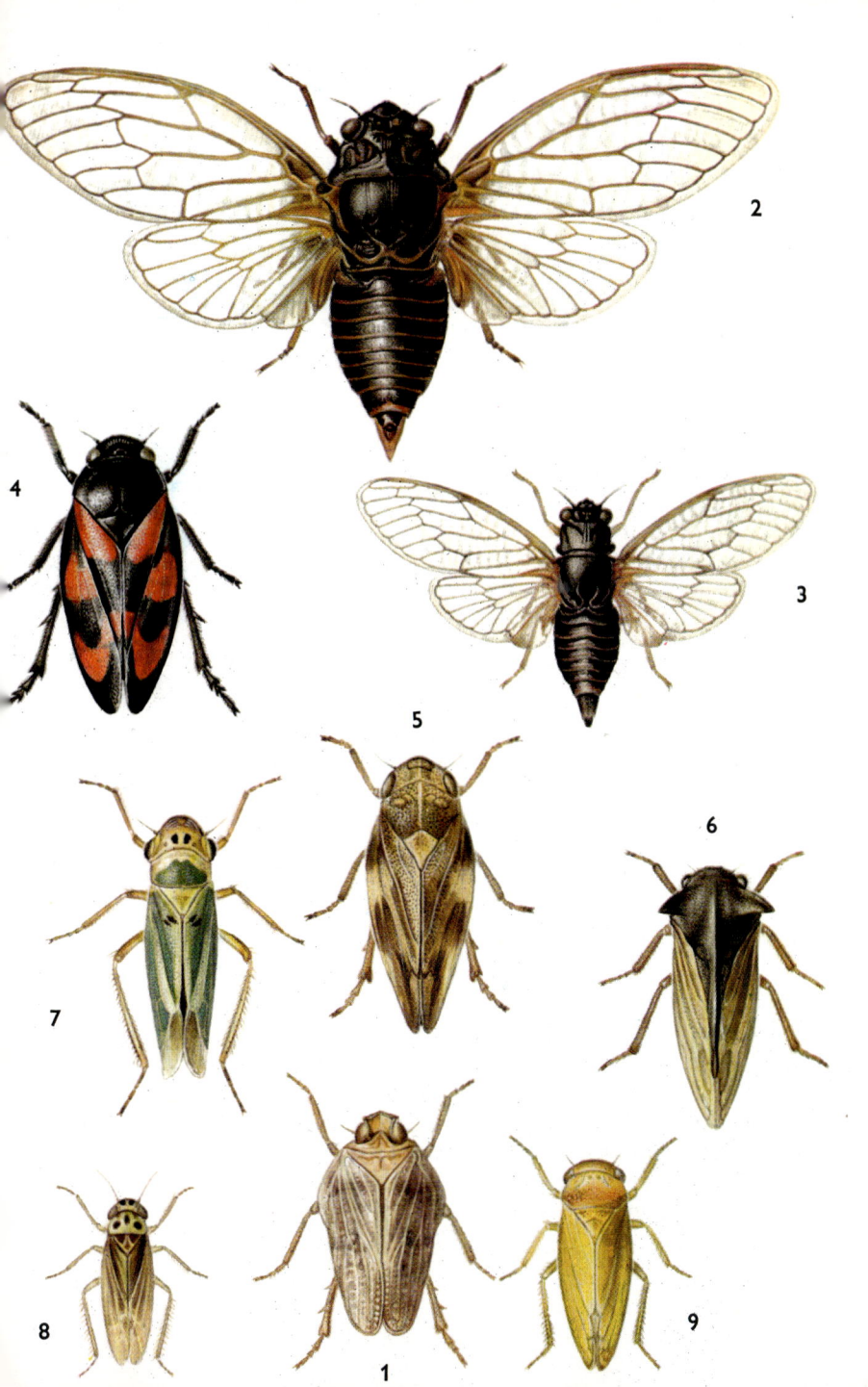

Blattläuse

Unterordnung Aphidina — Blattläuse
Familie Lachnidae — Baumläuse

1 Lachnus roboris, 4—5 mm, zählt zu den großen Blattlausarten, lebt auf Eichen. Das Weibchen legt seine schwarzen Eier dicht nebeneinander auf dünne Eichenzweige. Verbreitung: Fast über die ganze paläarktische Region.

Familie Callaphididae — Zierläuse

2 Phyllaphis fagi — Buchenzierlaus, 2—3 mm, hält sich auf der Unterseite von Buchenblättern und auf jungen Trieben auf. Sie zeichnet sich durch dichte weiße Wachsfransen aus. Verbreitung: Von Nordeuropa bis zum Kaukasus, Nordamerika, Australien, Neuseeland.

Familie Aphididae — Röhrenläuse

3 Brevicoryne brassicae — Mehlige Kohlblattlaus, ca. 2 mm. Lebt auf Kreuzblütlern (Cruciferae: *Brassica, Sinapis, Raphanus* und anderen Gattungen). Die Tiere sind von einer grauen Wachsschicht bedeckt, unter der ihre Färbung verschwindet. Schädling, vor allem in Rübenanbaugebieten. Verbreitung: die ganze Welt.

4 Myzus cerasi — Schwarze Kirschlaus, etwa 2 mm, lebt auf der Unterseite von Kirschblättern, die sie oft röhrenförmig zusammendreht. Wie viele andere Blattlausarten wechselt auch sie die Wirtspflanze. Verbreitung: Ursprünglich mediterrane Art, heute über die ganze Welt verschleppt.

Familie Pemphigidae — Blasenläuse

5 Eriosoma lanigerum — Blutlaus, 1,8—2,3 mm ist reich mit Wachsfasern bedeckt. Sie durchläuft, wie die meisten Blattläuse, eine komplizierte Entwicklung. Wärmeliebende Art, die aber auch eine gewisse Feuchtigkeit fordert. Sie lebt auf Apfelbaumästen und -stämmen, wo sich die Tiere in Kolonien zusammenfinden. Zerdrückt man solch eine Blutlauskolonie, zeigt sich eine braunrote Färbung. Verbreitung: Ursprünglich Nordamerika, heute auf der ganzen Welt.

6 Pemphigus bursarius — Pappelblattlaus, 2—2,5 mm, bildet Gallen am Blattstiel von Pappeln (*Populus*). In diesen Gallen entwickeln sich bis Ende Juni geflügelte Blattläuse, die ausfliegen und sich auf Salat und andere Pflanzen setzen, an deren Wurzeln sie sich festsaugen. Verbreitung: Europa, Kleinasien, Nordafrika, Nordamerika, Australien.

Familie Adelgidae — Tannenläuse

7 Sacchiphantes viridis — Grüne Fichtengallenlaus, 1,7—2 mm, bekannt durch die Gallen, die sie an jungen Fichtentrieben bildet. Die Galle hat die Form eines ziemlich großen Zapfens und besteht aus vielen kleinen Kämmerchen, in denen sich dann die ganze Larvenentwicklung abspielt. Die Gallen reifen bis zum Sommerende heran, verholzen dann und bleiben auf den Zweigen. Die junge Larve überwintert. Verbreitung: Europa, überall in Fichtenbeständen.

8 Pineus strobi — Strobenlaus, 1 mm, kaum wahrnehmbar, wenn nicht die weißen Wachsausscheidungen auf dem Körper wären. Sie saugt sich zwischen den weichen Nadeln junger Triebe der Weymouthskiefern fest; bei starker Vermehrung sitzt sie auch auf Stämmen. Die Borke ist dann mit einer auffallenden weißen Wachsschicht überzogen, unter der sich die Strobenlaus verbirgt. Verbreitung: Stammt aus Nordamerika, nach Europa eingeschleppt.

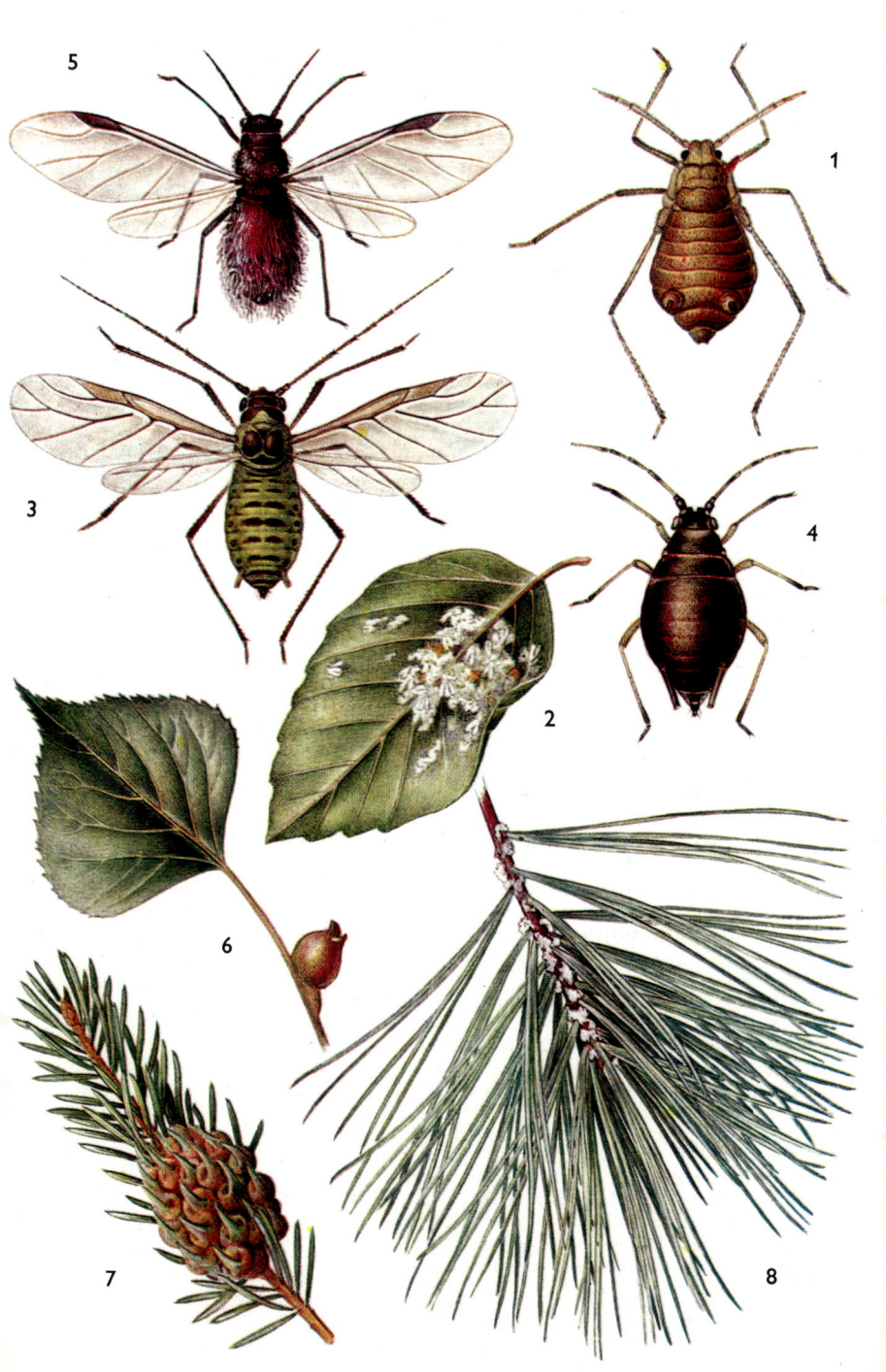

Schildläuse

Unterordnung Coccina — Schildläuse
Familie Ortheziidae — Röhrenschildläuse

1 Orthezia urticae — Nesselröhrenschildlaus, ♀ mit Eiersack 8—10 mm, zeichnet sich wie alle Schildläuse durch ausgeprägten Geschlechtsdimorphismus aus. Das Männchen ist mit einem Flügelpaar ausgestattet, das Weibchen ist stets flügellos. Es ist auf dem Rücken und an den Seiten mit Wachslappen behängt, zur Zeit der Eiablage bildet es aus Wachs am Hinterleibsende einen langen Eiersack, in den es die Eier ablegt. Mit Vorliebe saugt es sich an Brennesselstengeln (*Urtica*) fest, deren Saft es saugt. Verbreitung: Großer Teil des europäischen Gebiets, Klein- und Mittelasien, Sibirien, Mongolei, Nordafrika (Algerien).

Familie Pseudococcidae — Schmierläuse

2 Phenacoccus aceris, 3—5 mm, kommt auf verschiedenen Laubhölzern einschließlich Obstbäumen vor. Das Weibchen scheidet zur Zeit der Eiablage einen langen Eiersack ab, den es aus weißen Wachsfäden bildet. Am liebsten sitzt es in Rindenrissen am Stamm und Ästen. Die Larven überwintern. Verbreitung: Europa, Transkaukasien, Klein- und Vorderasien (Iran, Irak), Nordafrika, Nordamerika.

Familie Cryptococcidae

3 Cryptococcus fagisuga — Buchenwollaus, 0,8—1 mm, kommt häufig an Buchenstämmen vor, wo sie in großen Kolonien lebt. Das Weibchen ist gelb, aber mit weißen Wachsfäden bedeckt. Der von einer größeren Lauskolonie befallene Baum ist schon aus der Entfernung an dem weißen Wachsüberzug kenntlich. Verbreitung: Von Großbritannien bis Armenien, Kleinasien, Nordamerika usw.

Familie Eriococcidae

4 Pseudochermes fraxini, 0,7 mm lang, kommt oft auf Stämmen und Ästen von Eschen (*Fraxinus*) vor. Die roten Weibchen und Larven sind mit weißlichem Wachs bedeckt und sitzen eng beieinander. Verbreitung: Europa, Krim, Nordkaukasus.

Familie Coccidae — Napfschildläuse

5 Parthenolecenium corni — Akazien-Schildlaus, 3—6 mm, ist polyphag und kommt auf verschiedenen Laubhölzern einschließlich Obstbäumen vor. Das Weibchen ist zuerst flach, später stark gewölbt und braun. Unter seinen Körper legt es eine große Anzahl kleiner Eier. Meist saugt sich diese Art in ganzen Kolonien auf den Holzteilen der Pflanze fest. Verbreitung: Europa, Klein- und Vorderasien, Sibirien, Korea, China, Nord- und Südamerika, Australien.

Familie Diaspididae — Deckelschildläuse

6 Lepidosaphes ulmi — Kommaschildlaus, 1,8—3,5 mm, eine der häufigsten Arten dieser Familie. Die kleinen, weißlichen, blinden und beinlosen Weibchen verbergen sich unter länglichen Schilden auf Stämmen und Ästen von Gehölzen. Verbreitung: Kosmopolit.

7 Chionaspis salicis, 1,9—2,5 mm, lebt in Gesellschaften auf Ästen und Stämmen der Wirtspflanzen. Die roten flachen Weibchen liegen unter weißlichen Schilden, unter die sie ihre karminroten, überwinternden Eier ablegen. Es handelt sich um eine sehr häufige polyphage Art, die fast regelmäßig an Stengeln und Früchten der Heidelbeere auftritt. Verbreitung: Über die ganze paläarktische Region.

Unterordnung Aleurodina — Mottenläuse

1 Aleurochiton complanatus, Puparium 1,5—1,8 mm, fliegt in zwei Generationen. Weit bekannter als die Imago sind die kleinen, mit weißlichem Wachs bezogenen Winterpuparien, die meist an der Unterseite von Ahornblättern sitzen. Mit den Blättern fallen sie im Herbst zu Boden, überwintern, und im Frühling kriecht aus ihnen die Imago. Diese gründet eine neue Generation, die aber völlig andere Puparien aufweist. Im Unterschied zu den Winterpuparien befinden sie sich nur kurze Zeit an den Blättern und sind völlig unauffällig. Verbreitung: Europa.

2 Aleurolobus asari (Puparium 1—1,3 mm) ähnelt als Imago stark den übrigen in Europa lebenden Mottenläusen. Ihre Puparien unterscheiden sich aber durch ihre schwarze Färbung und durch die starken Wachsausscheidungen, die lange Seiten- und Rückenfäden bilden. Das Puparium ist das längste Stadium dieser Art. Es erscheint im Sommer, dauert den ganzen Winter über bis in den Mai, erst dann schlüpfen die Imagines. Diese Mottenläuse leben vor allem auf der Haselwurz (*Asarum*), auf der Waldrebe (*Clematis*) und einigen Sträuchern. Verbreitung: Fast über ganz Europa.

3 Trialeurodes vaporariorum — Weiße Gewächshausfliege, Puparium (0,7—1,1 mm) trägt auf dem Rücken auffallende Wachsausscheidungen (3a). Die Tiere leben hauptsächlich auf der Blattunterseite verschiedener Pflanzen, in der gemäßigten Zone in Gewächshäusern, im Süden in freier Natur. Häufig als Kulturpflanzenschädling angeführt. Verbreitung: Über die ganze Welt.

Unterordnung Psyllina — Blattflöhe
Familie Psyllidae — Springläuse

4 Psylla mali — Apfelblattsauger, 3,5 mm zeigt sich von Juni bis September auf Apfelbäumen. Im Sommer (Juni/Juli) ist die Imago grünlich gefärbt, im Herbst dunkelbraun. Die beiden Endglieder der hellgelben Fühler sind rot, das Geäder auf den Flügeln hellgelb. Im Herbst legt das Weibchen etwa 100 Eier in die Ritzen junger Zweige, wobei es die unmittelbare Nähe von Knospen bevorzugt. Die Zeit der Eiablage kann sich gelegentlich auch verlängern, bis Ende November oder sogar bis in den Dezember hinein. Die Eier sind außerordentlich kältebeständig (sie ertragen bis zu 40 °C Frost). Im Frühjahr schlüpfen winzige flache Larven, die sich auf Knospen, Blüten- oder Knospenstengeln oder jungen Blattstielen festsetzen. Die Larven (4a) scheiden große Mengen einer süßlichen Flüssigkeit aus (Honigtau), die klebrig ist und die Blätter, vor allem aber die Knospen verklebt. Diese können daher nicht aufblühen, vertrocknen und fallen ab. Auch saugen die Larven an den Früchten und beschädigen sie. Sie durchlaufen mehrere Häutungen, Ende Mai/Juni erscheint dann die Imago. Zunächst leben die Tiere auf Apfelbäumen, später fliegen sie auch auf umstehende Bäume, um mit Sommerausgang wieder zurückzukehren. In einigen Gegenden zählt diese Art zu den unangenehmen Schädlingen. Verbreitung: Ganz Europa außer dem hohen Norden, Japan. Durch Einschleppung auch auf weiteren Kontinenten (Australien).

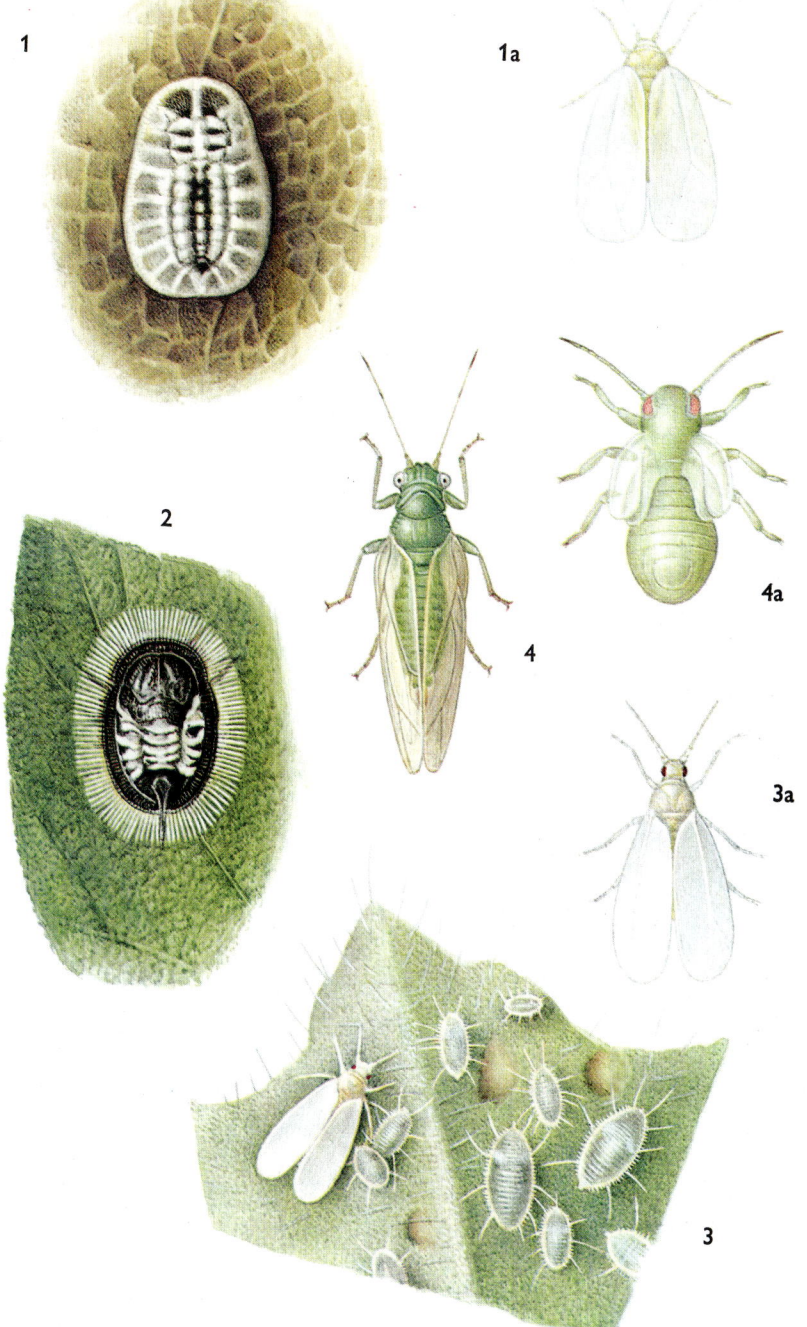

Ordnung Megaloptera — Schlammfliegen
Familie Sialidae — Wasserflorfliegen

1 Sialis lutaria, 25 mm, fliegt im Frühling um Wasserpflanzen. In Ruhestellung sind die Flügel dachförmig über dem Körper zusammengelegt. Das Weibchen legt seine Eier auf Wasserpflanzen oder Steine. Die ausgeschlüpften Larven müssen das Wasser so schnell wie möglich erreichen, weil nur darin ihre Entwicklung möglich ist. Sie sind räuberisch und ernähren sich von kleinen Wasserlebewesen. Junge Larven halten sich zwischen Wasserpflanzen auf, die alten leben im Schlamm auf dem Grund. Die ausgewachsene Larve kriecht aus dem Wasser (in diesem Augenblick setzt die Tracheenatmung ein). Die Verpuppung geht im Erdboden vor sich. Die Entwicklung dauert in der Regel zwei Jahre. Verbreitung: Europa (außer den südöstlichen Teilen), Sibirien.

Ordnung Raphidioptera — Kamelhalsfliegen
Familie Raphidiidae — Kamelhalsfliegen

2 Raphidia notata, Spannweite 25 — 29 mm, von Mai bis Juli in Nadel- und Laubwäldern. Oft hält sie sich in Sträuchern auf. Das Weibchen legt längliche Eier in die Ritzen der Stämme. Die Larven sind sehr flach, sie leben unter Rinde oder auf Blättern, wo sie kleinere Lebewesen jagen (Insekten und Larven). Sie können rückwärts kriechen. Imago und Larve sind nützlich für die Forstwirtschaft. Verbreitung: Nord- und Mitteleuropa, fehlt auf dem Balkan und auf der Iberischen Halbinsel.

Ordnung Planipennia — Echte Netzflügler
Familie Hemerobiidae — Taghafte

3 Hemerobius humulinus, Spannw. 13 — 18 mm, gehört zu den häufigsten Arten an Waldrändern und auf Lichtungen. Lebt von Mai bis September. Imago und Larven sind räuberisch, sie ernähren sich hauptsächlich von Blattläusen. Verbreitung: Eurasien, Nordamerika.

Familie Chrysopidae — Florfliegen

4 Chrysopa flava, Spannw. 35 — 45 mm, gehört zu den größten Arten dieser Familie, lebt von Juni bis September in Wäldern und Gärten auf Baumblättern. Verbreitung: Ganz Europa, Nordafrika, Nordamerika.

Familie Osmylidae — Bachhafte

5 Osmylus chrysops, 25 mm, Spannw. 37 — 52 mm, fliegt in der Dunkelheit von Mai bis August an fließenden Gewässern; das Weibchen legt seine Eier auf die Blätter von Wasserpflanzen. Die Larve ist amphibisch. Imago und Larve sind Räuber, die Larve überwintert in Wassernähe. Verbreitung: Fast ganz Europa, nach Norden bis Südschweden.

Familie Myrmeleonidae — Ameisenjungfern

6 Myrmeleon formicarius — Geflecktflügelige Ameisenjungfer, Spannw. 65 — 75 mm, fliegt von Juni bis August, auf Sandböden. Die Larven heben im Sand eine trichterförmige Grube aus, an deren Grund sie sitzen. Umherkriechende Insekten (vor allem Ameisen) fallen in die Grube, wo sie von der mit mächtigen Kiefern ausgestatteten Larve gepackt und gefressen werden. Überwintert ein- bis zweimal, verpuppt sich im Sand in einem Kokon. Verbreitung: Großteil Europas, im Norden bis Südschweden und Norwegen.

Familie Ascalaphidae — Schmetterlingshafte

7 Ascalaphus libelluloides, Spannw. 45 — 53 mm, fliegt von Juni bis August an sehr warmen Standorten. Zählt gegenwärtig zu den zurückgehenden Arten. Verbreitung: Südwesteuropa (die Nordostgrenze seiner Verbreitung verläuft durch Böhmen), Nordwestafrika.

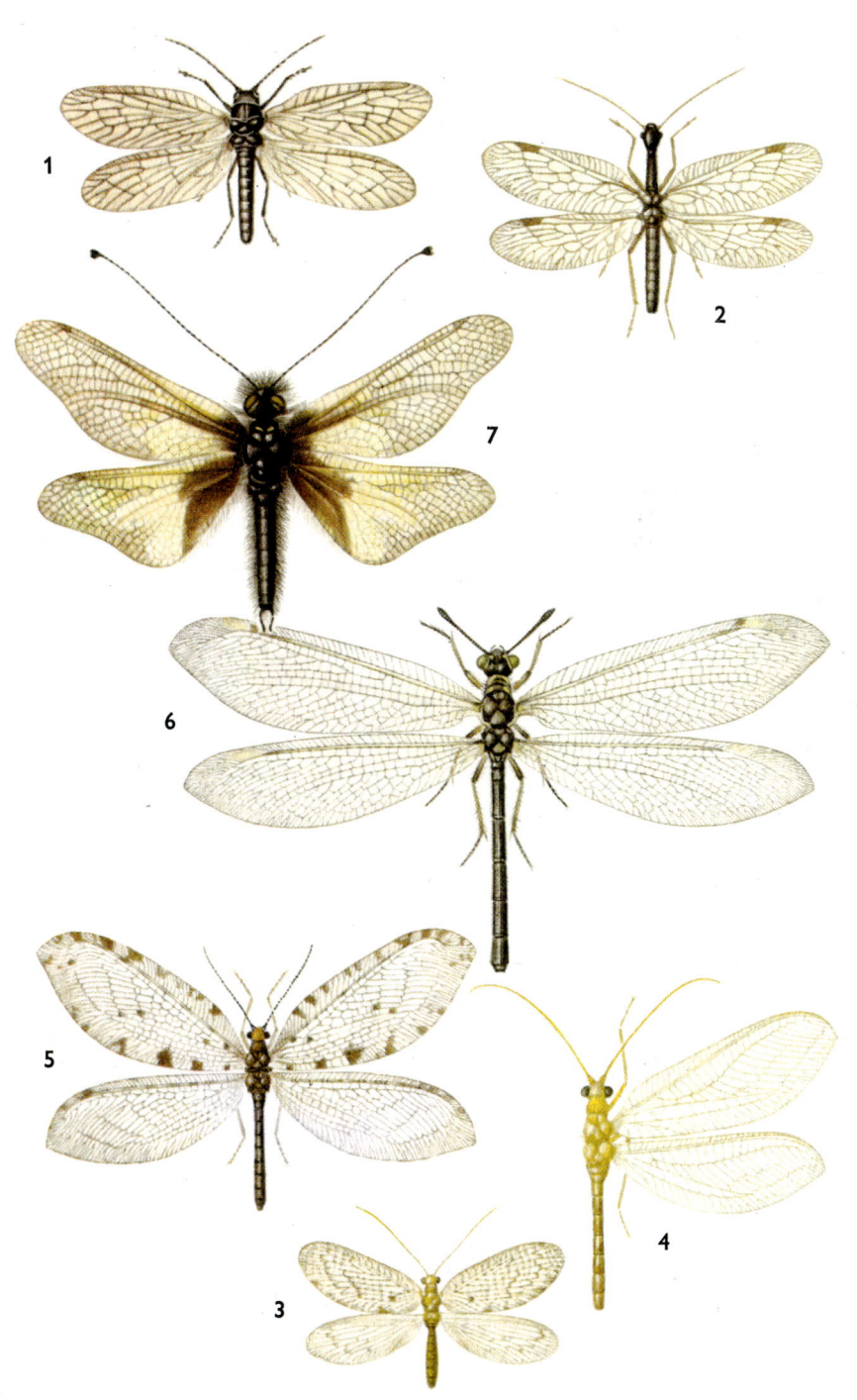

Käfer

Ordnung Coleoptera — Käfer
Familie Cicindelidae — Sandlaufkäfer

1 Cicindela campestris — Feld-Sandlaufkäfer, 12 — 15 mm, ist der häufigste unter den europäischen Sandläufern und erscheint im zeitigen Frühjahr. Er fliegt immer nur kurze Strecken auf Feldwegen, Sandböden und Rainen, wo er alle möglichen Insektenlarven oder deren Imagines jagt. Auch seine Larven sind räuberisch; sie halten sich in Röhren verborgen, die sie in sandige Hänge graben. Die Larve sitzt in der Röhrenmündung und lauert auf Beute. Sobald sie etwas gefangen hat, kriecht sie auf den Boden ihrer Röhre, der oft mehrere Dezimeter tief liegt. Dort verpuppt sich auch die ausgewachsene Larve. Verbreitung: Ganz Europa, Sibirien, Nordafrika.

Familie Carabidae — Laufkäfer

2 Calosoma sycophanta — Großer Puppenräuber, 25 — 35 mm, ist ein Raubkäfer und guter Flieger, der auf Stämmen und in den Baumkronen von Laubwäldern schädliche Schmetterlingsraupen und andere Insekten jagt. Er erscheint hauptsächlich im Frühling, mit Sommeranfang vergräbt er sich ziemlich tief in die Erde, um sich in einer Kammer auf die Überwinterung vorzubereiten. Seine Larven sind ebenfalls Räuber und ernähren sich von Raupen. Der Käfer lebt zwei bis drei Jahre. Wegen seiner außerordentlichen Nützlichkeit wurde der Puppenräuber genau so wie der nachstehende Kleine Puppenräuber in Amerika ausgesetzt, um gegen die Überhandnahme schädlicher Schmetterlingsarten anzugehen. Verbreitung: Paläarktische Region, Nordamerika. Steht in Mitteleuropa unter Naturschutz (so in der BRD und der ČSSR).

3 Calosoma inquisitor — Kleiner Puppenräuber, 16 — 21 mm, hält sich in Baumkronen und an Wegen auf, ernährt sich von Raupen. Er bevorzugt Eichen- und Buchenbestände sowie Obstbäume. Auch seine Larven leben räuberisch. Wie beim Großen Puppenräuber beträgt seine Lebensdauer zwei bis drei Jahre. Das Weibchen legt die Eier im Mai in die Erde, die Entwicklung vollzieht sich dort sehr schnell. Bereits im Juni schlüpfen die jungen Käfer aus, bleiben aber bis zum folgenden Frühjahr unter der Erde. Verbreitung: Europa, Kaukasus, Nordafrika.

4 Cychrus caraboides — Körniger Schaufelläufer, 15 — 18 mm, lebt in Bergwäldern unter vermodernden Holzstücken, unter der Rinde alter Baumstümpfe und unter Steinen. Durch die langgestreckte Form seines Vorderkörpers unterscheidet er sich im Aussehen von den übrigen Laufkäfern. Räuber. Verbreitung: In den meisten europäischen Mittelgebirgen, bis in ca. 2000 m Höhe.

5 Carabus nemoralis — Hainlaufkäfer, 20 — 28 mm, bewohnt Haine und Waldränder. Er erscheint auch häufig in Gärten. Lebt unter Steinen, Holz, unter der Rinde von Baumstümpfen, gefällten alten Stämmen und im Moos. Verbreitung: Hauptsächlich in Niederungen, auch in Mittelgebirgslagen, kommt stellenweise zahlreich vor. Wurde nach Nordamerika eingeführt, wo er sich im Laufe der Jahre über große Gebiete verbreitete.

Familie Carabidae — Laufkäfer

1 Carabus coriaceus — Lederlaufkäfer, 26—42 mm, ist einer der größten und eindrucksvollsten europäischen Laufkäfer. Nur die Art *Procerus gigas,* die eine Länge von 60 mm erreicht, übertrifft ihn. Der Lederlaufkäfer ist ein großer Räuber, der nachts Schnecken, Larven und Regenwürmer jagt. Tagsüber hält er sich unter Holz, Steinen und unter der Rinde alter Baumstümpfe verborgen. Er fliegt nicht. Wird er gestört, nimmt er Drohstellung ein, indem er sich auf den Beinen aufrichtet. In den letzten Jahren wurde er immer seltener, mancherorts ist er völlig verschwunden. Verbreitung: Großteil Europas (fehlt in Großbritannien).

2 Carabus violaceus — Goldleiste, 18—34 mm, hat auf Schild und Flügeldecken einen violetten, bzw. grünlichen bis blaugrünen Rand. Lebt meist in Wäldern und Feldern, manchmal auch in Gärten. An manchen Orten, vor allem in feuchten Wäldern, ist er zahlreich anzutreffen. Verbreitung: Fast ganz Europa bis zum Kaukasus, Westsibirien.

3 Carabus intricatus — Blauer Laufkäfer, 24—35 mm, lebt in feuchten Wäldern unter altem Holz, Baumrinde, Moos und Steinen vom Tiefland bis ins Gebirge. Wie die anderen großen Laufkäfer, kann auch er nicht fliegen, aber sehr schnell laufen. Als Nahrung jagt er verschiedene Insektenlarven, Nackt- und andere Schnecken, verschmäht aber Aas. Gerne nascht er an Früchten und dem Saft verletzter Bäume. Innerhalb seines Verbreitungsgebietes haben sich mehrere schöne Farbvariationen entwickelt. Die Exemplare in Frankreich haben grüne, in Griechenland blaue, goldrot geränderte Flügeldecken. Verbreitung: Großteil Europas.

4 Carabus nitens — Heidelaufkäfer, 13—18 mm, kommt vor allem in Wäldern und Feldern auf Sandboden vor. Er ist über Niederungen, Hügellandschaften und Gebirge bis zu einer Höhe von 1200 m verbreitet. Er gehört nicht zu den häufigen Arten, in einigen Gegenden ist er bereits ausgestorben. Verbreitung: Europa von Nordspanien und Norditalien bis Finnland.

5 Carabus auronitens — Goldglänzender Laufkäfer, 17—28 mm, gehört zu den schönsten Käfern in Berg- und Vorgebirgswäldern. Er geht erst abends auf Jagd, tagsüber hält er sich unter der Rinde von Baumstümpfen, unter Holz und Steinen verborgen. Die Käfer überwintern in morschen Baumstümpfen, im April kommen sie wieder hervor. Wie die anderen großen Laufkäferarten bildet der Goldglänzende Laufkäfer geographische Rassen aus, die sich nicht nur in der metallischen Färbung von Schild und Decken, sondern auch in der Farbe der Gliedmaßen, Fühler sowie in der Größe unterscheiden. Verbreitung: Von West- bis Mitteleuropa, fehlt im Norden und auf den Britischen Inseln.

6 Carabus hortensis — Gartenlaufkäfer, 23—30 mm, lebt in feuchten Wäldern und Hainen, oft auch in ländlichen Gärten und größeren städtischen Parks. Käfer und Larve sind Nachträuber. Sie jagen Insektenlarven, Schnecken und Käfer, sogar verhältnismäßig große Lebewesen (z. B. Maikäfer). Tagsüber verstecken sie sich unter der Rinde von Baumstümpfen, unter Stämmen und Meterholz. Er gehört zu den verhältnismäßig häufigen Laufkäfern. Verbreitung: Vor allem Nord-, Mittel- und Osteuropa, erreicht im Süden Griechenland, im Osten den Ural. Fehlt in einigen deutschen Gebieten.

Familie Carabidae — Laufkäfer

1 Carabus splendens, 25—36 mm, ist zweifellos einer der schönsten großen Laufkäfer. Verbreitung: Gebirgszonen Frankreichs und Spaniens.

2 Carabus arvensis — Hügel-Laufkäfer, 13—18 mm, ist in seiner Färbung ziemlich variabel. Bei einigen Exemplaren überwiegt die bräunliche Farbe, bei anderen grünliche, violette, kupferne und schwarze Töne. Über die leicht gewölbten Flügeldecken ziehen sich drei Kettenreihen. Er bewohnt Gebirgs- und Vorgebirgswälder. Verbreitung: Europa (von Norditalien und Westeuropa bis zum Norden), über Sibirien bis nach Japan.

3 Carabus variolosus — Gruben-Laufkäfer, 23—33 mm, wird zur Untergattung *Hygrocarabus* gerechnet, womit gesagt ist, daß diese Art sich mit Vorliebe in feuchter Umgebung aufhält. Er bewohnt in Gebirgs- und Vorgebirgsgegenden schlammige Stellen. Seltene Art. Verbreitung: Europa (Südteil Mitteleuropas, Rumänien, Bulgarien, französisches Zentralmassiv).

4 Carabus silvestris — Bergwald-Laufkäfer, 16—25 mm, ist der Art *C. linnei* ziemlich ähnlich, mit ihr zusammen gehört er in die Untergattung *Orinocarabus*. In der Färbung ist er recht variabel, sie reicht von metallischgrün über kupfern bis zu schwärzlichen Tönen. Wie der *C. linnei* bewohnt auch er Wälder in Gebirgszonen. Verbreitung: Mitteleuropa.

5 Carabus auratus — Goldlaufkäfer, 20—27 mm, läßt sich bei oberflächlicher Betrachtung leicht mit dem Goldglänzenden Laufkäfer, *C. auronitens*, verwechseln. Er unterscheidet sich aber von ihm durch den größeren und breiteren Schild und durch glattere breite Rippen auf der Oberseite der Flügeldecken. Die Weibchen sterben nach der Eiablage, die im Frühling und Sommer stattfindet. Im Spätsommer erscheinen die ausgewachsenen Käfer; sie überwintern. Der Käfer lebt auf bestellten Feldern und in Gärten und ist sehr nützlich. Er frißt verschiedene Schnecken, Maikäfer und Kartoffelkäferlarven. Im Durchschnitt verbraucht er täglich eine Nahrungsmenge, die dem 1,3fachen seines Eigengewichts entspricht. Verbreitung: Europa (von Nordspanien bis Mitteleuropa; die Ostgrenze seiner Verbreitung liegt in Polen).

6 Carabus cancellatus — Körnerwarze, 18—27 mm, ein großer Laufkäfer mit Kettenornamenten auf den Flügeldecken. Er ist einigen weiteren Arten zum Verwechseln ähnlich. Seine Grundfärbung ist kupfern, gelegentlich mit einem Grünstich, die Gliedmaßen sind schwarzbraun oder braun. Er ist ein schneller und guter Läufer, der Felder und Wälder bewohnt. Die Imago überwintert. Das Weibchen legt im ausgehenden Frühjahr und im Sommer Eier, die etwa 4,5 mm lang sind. Seine Entwicklung vollzieht sich ähnlich wie bei den anderen großen Laufkäfern. Zum Sommerende zeigt sich die Imago der neuen Generation. Käfer und Larve sind räuberisch. Ihre Nahrung besteht aus verschiedenen Weichtieren, Regenwürmern, Insektenlarven und nicht zuletzt aus Kartoffelkäferlarven. Innerhalb seines Verbreitungsgebietes haben sich mehrere geographische Rassen ausgebildet. Verbreitung: Europa (von Norditalien bis nach Finnland und Norwegen, selten in Großbritannien), Sibirien.

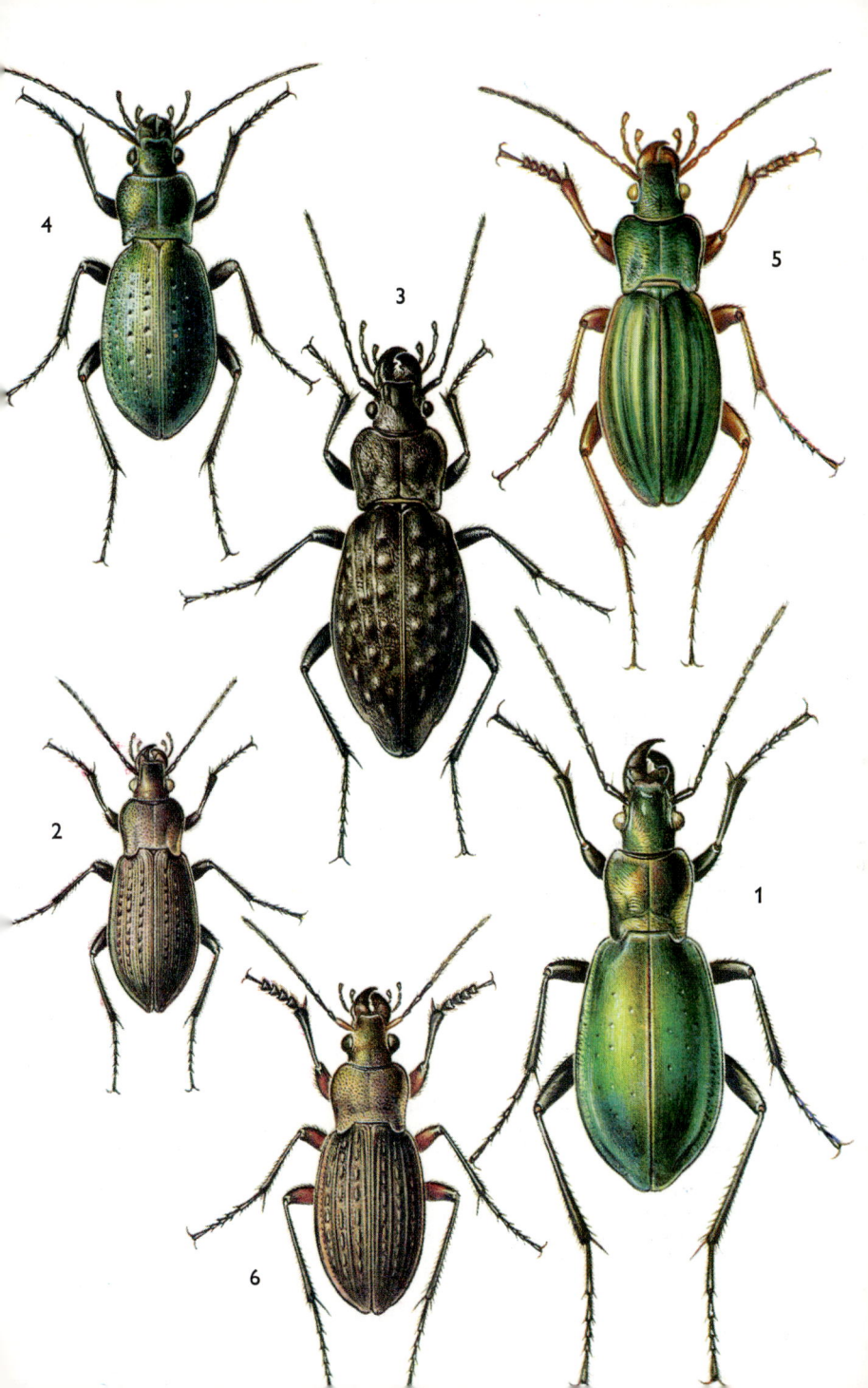

Familie Carabidae — Laufkäfer

1 Carabus granulatus — Körniger Laufkäfer. 16—23 mm, ist meist bronzefarben mit einem leichten Grünstich, nur in Ausnahmefällen schwarz. Die Käfer überwintern in einer etwa 50 cm unter der Erdoberfläche liegenden Wiege. Im Frühjahr legt das Weibchen rund 40 Eier, die etwa 4 mm lang sind. Die Larve verkriecht sich vor jeder Häutung in der Erde, die ausgewachsene Larve kriecht noch tiefer und stellt sich eine Puppenwiege her. Die geschlüpfte Imago bleibt bis zum nächsten Frühjahr unter der Erde. Käfer und Larve sind nützliche Räuber, hauptsächlich jagen sie Kartoffelkäfer. Verbreitung: Große Teile der paläarktischen Region (in Europa von Nordspanien und Mittelitalien bis Mittelskandinavien und Finnland).

2 Carabus glabratus — Glatter Laufkäfer, 22—32 mm, kommt von Niederungen bis ins Hochgebirge vor (2000 m). Er lebt in Wäldern und geht auch tagsüber auf Beute aus. Er liebt Feuchtigkeit; besonders nach Regen ist er häufig auf Waldwegen und in der Nähe von Bächen anzutreffen. Verbreitung: Europa, Ural.

3 Carabus irregularis, 19—30 mm, gehört zu den montanen großen Laufkäferarten, kommt vor allem in alten morschen Baumstümpfen vor. Er tritt von Mai bis August auf. Verbreitung: Gebirgs- und Vorgebirgszonen in Mittel- und Westeuropa, Jugoslawien, Rumänien.

4 Nebria brevicollis — Dammläufer, 9—14 mm, gehört zur Gruppe der kleineren und dunkel gefärbten Laufkäfer. Lebt auf reichen Humusböden in Niederungen und Vorgebirgslandschaften und ist häufig. Verbreitung: Europa, Kaukasus, Kleinasien, Nordafrika (Algerien).

5 Notiophilus biguttatus — Eilkäfer, 5 mm, ist die häufigste Art dieser Gattung in Europa. Die Gattungszugehörigkeit läßt sich an den auffallend großen Augen feststellen. Er läuft in abgefallenen Nadeln umher und kommt fast überall vor. Verbreitung: Paläarktische Region.

6 Omophron limbatum — Grüngestreifter Grundkäfer, 6—7 mm, lebt in sandigen Flußufern, wo er im Frühjahr und Sommer zu finden ist. Verbreitung: Europa, Nordafrika.

7 Bembidion lampros — Ahlenläufer, 2,8—4 mm, gehört zu einer sehr artenreichen Gattung, zu der einige Dutzend winzige und morphologisch einander sehr ähnliche Arten zählen. Wie die anderen Laufkäfer, ist dieser kleine Käfer gleichfalls ein Räuber. Meist zeigt er sich auf Feldern und Wiesen. Verbreitung: Großteil Europas, Sibirien, Nordamerika.

8 Broscus cephalotes — Großkopf, 17—22 mm, kommt meist in Niederungen und Hügelgebieten vor, bevorzugt Standorte mit Sanduntergrund. Er gräbt Gänge in die Erde, an deren Öffnungen er auf Beute lauert. Er ist ein Räuber und vertilgt hauptsächlich Larven. Daher ist er sehr nützlich, wie die gesamte Laufkäferfamilie. Verbreitung: Vor allem Mittel- und Nordeuropa, Ostfrankreich, Mittelitalien, auf der Balkanhalbinsel in Jugoslawien.

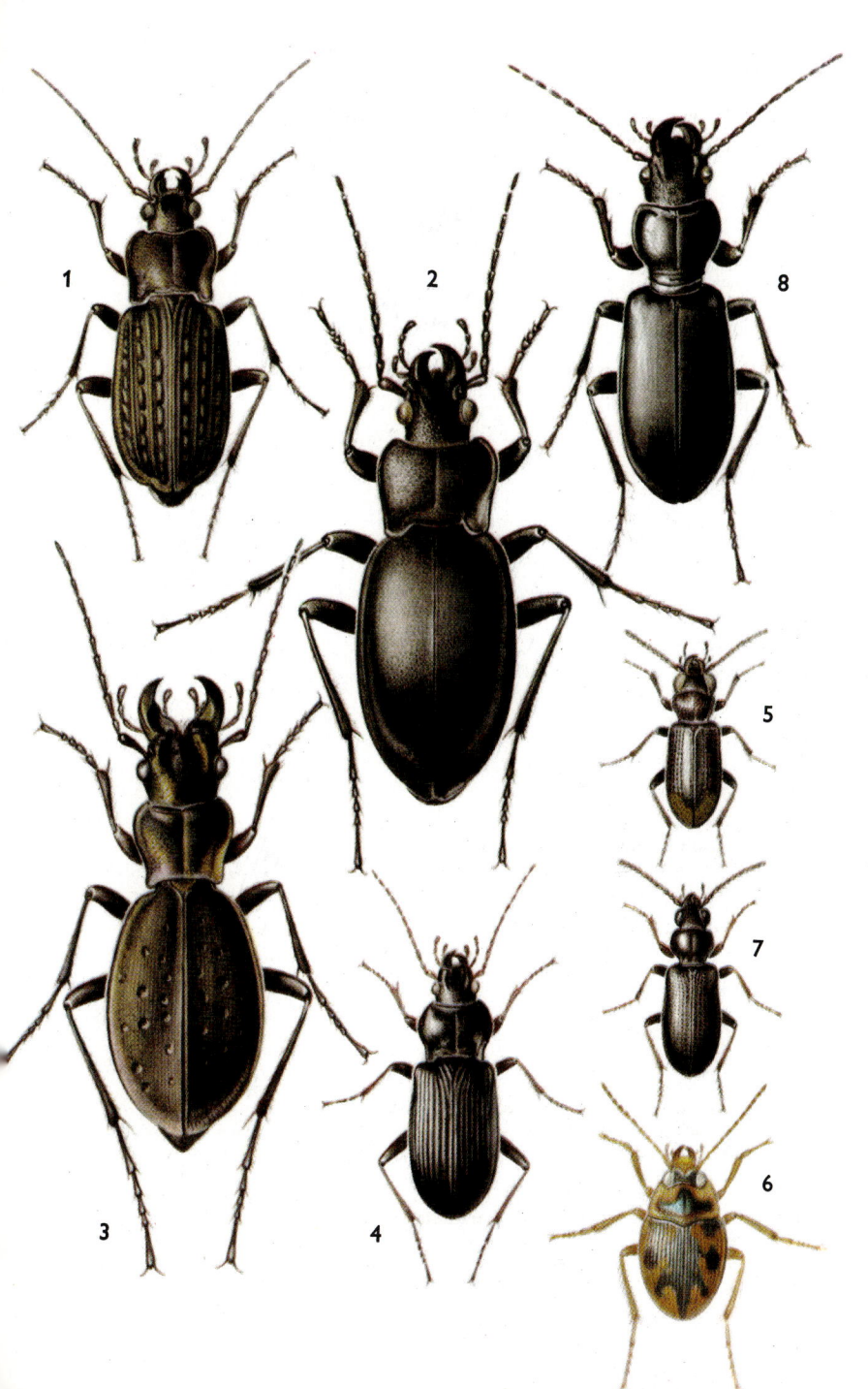

Familie Carabidae — Laufkäfer

1 **Calathus melanocephalus** — Breithalskäfer, 6—8 mm, gehört zu den weit verbreiteten kleinen Arten; liebt feuchte Orte vom Tiefland bis ins Hochgebirge. Verbreitung: Ganz Europa, Kaukasus, Sibirien.

2 **Agonum sexpunctatum**, 7—9 mm, hat meist einen grünen Schild und goldrote Decken, viele Exemplare haben auch einen blauen Schild und bronzene, bläuliche, blauviolette oder schwarze Decken. Durch eine Lupe sieht man, woher seine Artbezeichnung führt: Auf jeder Elytre zeigt sich eine Reihe von sechs kleinen Vertiefungen. Der Käfer hält sich unter Steinen auf Rainen und Feldwegen verborgen. Hauptsächlich kommt er in Hügelgebieten und im Gebirge vor, im Flachland ist er seltener. Verbreitung: Fast ganz Europa, ein großer Teil Asiens (Sibirien).

3 **Agonum dorsale** — Putzkäfer, 6—7,5 mm, ist leicht an den grünen Flecken auf den Deckenenden zu erkennen. Er ist häufig und findet sich oft mit mehreren Artgenossen unter Steinen an trockenen Feldrändern und auf Feldwegen. Verbreitung: Fast ganz Europa, einschließlich Mittelmeerraum, Sibirien.

4 **Pterostichus niger** — Grabkäfer, 16—21 mm, wird leicht mit einer Reihe ähnlicher Arten verwechselt. Ist in Wäldern und Feldern häufig, manchmal auch in Gärten anzutreffen. Verbreitung: Europa, Kaukasus, Sibirien.

5 **Pterostichus metallicus**, 12—15 mm, ist ein ziemlich auffälliger Bewohner von Standorten im Gebirge und Vorgebirge. Er hält sich unter Steinen, altem Holz usw. auf, auch zeigt er sich auf Waldwegen. Kommt in den Alpen, Karpaten und in den Bergen des Nordbalkans häufig vor.

6 **Abax ater** — Breitkäfer, 18—22 mm, hat viele verwandte Arten, auf den Flügeldecken aber keine kleinen Vertiefungen, die für die anderen Arten charakteristisch sind. Er kommt in tieferen Lagen und im Gebirge vor, wo sich eine eigene, etwas kleinere Form entwickelt hat. Verbreitung: Hauptsächlich Süd- und Mitteleuropa, ist im Norden selten oder fehlt völlig.

7 **Amara aenea** — Kanalkäfer, 6—8 mm, kommt bei uns sehr häufig vor. Hat einen ovalen Umriß, der Schild ist hinten genauso breit wie die Decken. Verbreitung: Über die ganze paläarktische Region.

8 **Zabrus tenebrioides** — Getreidelaufkäfer, 14—16 mm, stellt unter den räuberischen Laufkäfern eine Ausnahme dar, denn er ist ein Pflanzenfresser. Der Käfer tritt ab Juni auf. Tagsüber verbirgt er sich unter Steinen, nachts klettert er an Halmen in die Ähren hinauf und frißt Körner. Von Zeit zu Zeit kommt er auch am Tag aus seinem Versteck, um in ein neues Gebiet zu fliegen. Die Weibchen sterben meist nach der Eiablage im Herbst. Manche überwintern und legen im neuen Jahr nochmals Eier. Die Larven schlüpfen schon nach kurzer Zeit und ernähren sich von den Blättern der Wintersaat. Nach der Überwinterung fährt die Larve in ihrem Reifungsfraß fort und verpuppt sich. Früher galt dieser Käfer als großer Getreideschädling, heute macht sich seine Schädlichkeit nur noch lokal bemerkbar. Verbreitung: Europa (im Norden und in Großbritannien seltener), Kleinasien.

Käfer

Familie Carabidae — Laufkäfer

1 **Harpalus aeneus** — Schnelläufer, 9—12 mm, ist zwar in den meisten Fällen metallisch grün oder kupfern, es gibt aber auch Tiere mit einem Blauschimmer oder ganz schwarze Exemplare. Fühler und Gliedmaßen sind aber stets braunorange. Bei uns ist der Käfer überall auf Feldwegen (oft unter Steinen) und Feldern anzutreffen. Verbreitung: Europa, Westasien, Nordamerika.

2 **Harpalus rufipes** — Behaarter Schnelläufer, 14—16 mm, hat Flügeldecken, die dicht mit vielen feihen und kurzen Härchen bestanden sind (früher lautete seine Bezeichnung *H. pubescens*). Lebt überall zahlreich, besonders auf Feldern und auf Feldwegen unter Steinen. Verbreitung: Ganze paläarktische Region.

3 **Badister bipustulatus** — Wanderkäfer, 4—6 mm, verbirgt sich an feuchten Stellen unter Steinen und Holz, ist dort meist häufig anzutreffen. Die Zeichnung auf den Decken ist variabel. Verbreitung: Europa, Kaukasus, Sibirien, Nordamerika.

4 **Chlaenius nitidulus** — Grünkäfer, 10—12 mm, ist die häufigste aus einer Reihe verwandter, ebenfalls grüner Laufkäferarten. Sucht feuchte Stellen auf, am liebsten in Wassernähe. Verbreitung: Hauptsächlich Süd- und Mitteleuropa (ist in Großbritannien selten).

5 **Callistus lunatus** — Mondfleck, 6—7 mm, gehört zu den wärmeliebenden Käfern. Auf sonnenbeschienenen Hängen und in Steppen hält er sich oft in der Gesellschaft anderer kleiner Laufkäferarten unter Steinen verborgen. Verbreitung: Europa (außer dem Norden, in Süddeutschland, hier häufig, in den nördlichen Landesteilen kommt er nicht vor), Kleinasien, Vorderasien (Iran).

6 **Lebia cyanocephala** — Prunkkäfer, 5—8 mm, ist der eng verwandten Art *Lebia chlorocephala* sehr ähnlich, unterscheidet sich aber von ihr durch das grobere Punktmuster auf den Flügeln und durch die Färbung der Gliedmaßen, die Schenkel sind an den Enden dunkler. Verbreitung: Fast ganz Europa, Westasien, Sibirien.

7 **Brachynus explodens** — Bombardierkäfer, 4—6,5 mm, lebt unter Steinen an Feldrändern. Dieser Käfer (und seine verwandten Arten) schützt sich vor seinen Feinden auf eine sehr merkwürdige Art: Er trägt in seinem Hinterleib Drüsen, die verschiedene Stoffe ausscheiden, bei deren Mischung es zu einer komplizierten chemischen Reaktion kommt. Dabei ertönt ein hörbarer kleiner Knall, und aus dem Hinterleibsende des Käfers kommt ein winziges bläuliches Rauchwölkchen. Verbreitung: Europa (fehlt im Norden, in Nordfrankreich, Holland, Großbritannien usw.), Sibirien.

8 **Brachynus crepitans**, 6,5—10 mm, ist eine dem oben genannten Bombardierkäfer sehr ähnliche Art, die wegen ihrer Größe mehr ins Auge fällt. Hält sich gleichfalls unter Steinen auf, mit Vorliebe auf Kalksteinboden. Auch dieser Käfer kann „schießen", sogar sehr viel intensiver als die kleineren Verwandten. Verbreitung: Europa (im Süd- und Mittelteil häufiger, im Norden meist selten), Sibirien, Nordafrika.

144

Käfer

Familie Haliplidae — Wassertreter

1 Haliplus flavicollis, 3,5 — 4 mm, ähnelt in Form und Farbe einer ganzen Reihe der in Mitteleuropa verbreiteten Arten. Am einfachsten erkennbar an den Punkten, die auf dem Schildrand sitzen. Sie sind vorne kleiner als an der Basis. Ein weiteres Merkmal sind die verbreiterten Hüften des dritten Beinpaares. Er hält sich unter der Oberfläche sauberer Gewässer in Pflanzennähe auf. Verbreitung: Europa, Asien (Sibirien, Turkestan), Nordafrika.

Familie Dytiscidae — Schwimmkäfer

2 Hyphydrus ovatus, 4,5 — 5 mm, weist starke Unterschiede zwischen Männchen und Weibchen auf. Die Männchen sind dicht mit Punkten übersät, die Weibchen fast glatt. Häufige Art. Verbreitung: Europa, Sibirien.

3 Hygrotus versicolor, 3,5 mm, fällt durch schwarze Längsstreifen auf den Flügeldecken auf. Unter einer starken Lupe zeigen sich auf den Decken außerdem noch feine Punkte, zwischen denen auch einige größere sitzen. Der Käfer ist in stehenden Gewässern ziemlich häufig. Verbreitung: Europa (von Skandinavien bis in die nördlichen Teile des Balkans, Italiens und Spaniens), Iran.

4 Hydroporus palustris, 3,5 — 4 mm, mit gelber Flügeldeckenzeichnung. Manchmal sind die Flügeldecken auch zum größten Teil gelb. Einer der häufigsten im Wasser lebenden Käfer, kommt vom Tiefland bis ins Gebirge vor. Verbreitung: Europa, Sibirien, Kleinasien, Transkaukasien.

5 Graptodytes pictus, 2,3 mm, besitzt eine ähnliche Zeichnung auf den Flügeldecken wie die vorige Art, wurde deshalb früher in die Gattung *Hydroporus* einbezogen. Er bewohnt kleine Tümpel mit reicher Vegetation. Verbreitung: Europa (hauptsächlich Mittel- und Nordeuropa und die nördlichen Teile von Südeuropa).

6 Platambus maculatus — Schnellschwimmer, 7 — 8 mm, bewohnt zugewachsene Bäche und grasbestandene Gräben in Niederungen, aber auch Gebirgsbäche und Quellen. Leicht erkennbar an der gelben Flügeldeckenzeichnung. Verbreitung: Europa (bis Nordskandinavien), Kaukasus, Transkaukasien, Westsibirien.

7 Ilybius fenestratus — Schlammschwimmer, 11 — 12 mm, taucht in toten Flußarmen, Tümpeln und kleinen Quellen im Wald auf. Verbreitung: Vor allem Mittel- und Nordeuropa bis nach Lappland, Nordteile Südeuropas, Sibirien, Nordamerika.

8 Acilius sulcatus — Furchenschwimmer, 16 — 18 mm, weist beträchtliche Unterschiede zwischen Männchen und Weibchen auf. Das Weibchen hat auf jeder Flügeldecke drei starke Längsrippen, zwischen denen feine Härchen stehen, das Männchen hat glatte Elytren und runde Saugnäpfe an den Vorderbeinen. Der Käfer lebt meist in ruhigen Flußarmen, Quellen und Teichen, sucht fliegend auch Pfützen auf und bleibt vorübergehend darin. Imago und Larve sind Räuber, sie jagen kleinere Wasserlarven, Krustentiere usw. Larve und Käfer sind Tracheenatmer, müssen also von Zeit zu Zeit an die Wasseroberfläche kommen, wo sie mit dem Hinterleib Luft holen, ähnlich wie andere Schwimmkäferarten. Verbreitung: Europa (von Mittelitalien und Nordspanien über Mitteleuropa nach Norden bis nach Lappland), Transkaukasien, Nordafrika.

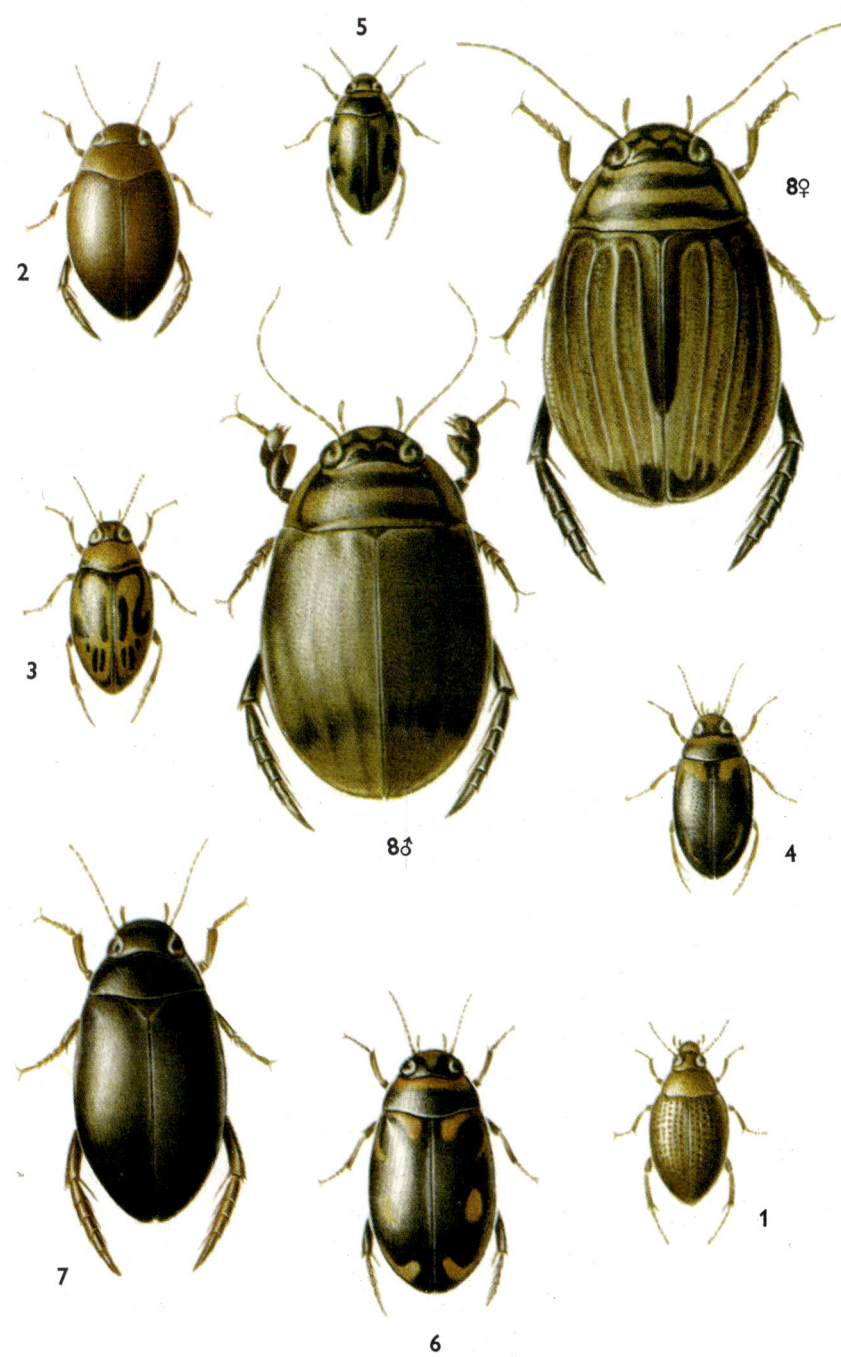

Familie Dytiscidae — Schwimmkäfer

1 Dytiscus marginalis — Gemeiner Gelbrandkäfer, bis 35 mm, hat sich mit seiner Körper-und Beinform ausgezeichnet dem Leben unter Wasser angepaßt. Etwa vier- bis siebenmal in der Stunde kommt er an die Oberfläche, von der er dann kopfabwärts hängt und Luft in seine Luftkammern pumpt. Das Männchen unterscheidet sich vom Weibchen durch die glatten Flügeldecken, doch ist dieses Merkmal nicht sehr zuverlässig, da einige Weibchen ebenfalls glatte Flügeldecken haben. Ein eindeutiges Merkmal der Männchen sind die Saugnäpfe an den Vorderbeinen. Kreisförmig um zwei größere Saugnäpfe herum sitzen etwa 150 kleinere, die denen an den Mittelfüßen ähnlich sind. Der Käfer ist ein Räuber, er jagt die verschiedensten kleinen Lebewesen und geht auch an Aas. Er kann ein bis zwei Monate hungern. Die Männchen werden ein Jahr alt, die Weibchen leben in der Regel ein halbes Jahr länger. Ihre Eier legen sie in Wasserpflanzen ab. Die Larven sind räuberisch und lauern im Wasser auf Beute, die sie durch eine Rinne in den Oberkiefern aussaugen. Die ausgewachsene Larve kriecht vor der Verpuppung ans Ufer und verpuppt sich in einem Kokon aus Erde. Diese Käfer gehören nicht zu den Schädlingen der Fischbrut, wie ständig von Fischzüchtern behauptet wird; sie erbeuten meist nur schwache oder kranke Fischchen. Verbreitung: Europa (von der Pyrenäenhalbinsel bis nach Skandinavien, fehlt meist auf dem Balkan), Kaukasus, Sibirien, Japan, Nordamerika.

2 Dytiscus latissimus — Breitrand, 35—44 mm, ist die größte Art aus dieser Familie. Sehr viel seltener als der Gemeine Gelbrandkäfer, besonders im letzten Jahrzehnt ist er an vielen Fundorten völlig oder beinahe verschwunden. Verbreitung: Europa (die Westgrenze verläuft durch Frankreich, im Norden erreicht er Norwegen, Dänemark, Süd- und Mittelschweden und Finnland; fehlt in Lappland und Großbritannien, im Süden berührt er Norditalien), Westsibirien.

3 Cybister lateralimarginalis, 30—32 mm, bewohnt stehende und fließende Gewässer, in denen sich die Imago vom Frühjahr bis in den Hochsommer zeigt. Verbreitung: Europa (vom Süden und Westen bis nach Dänemark und Südschweden), Kaukasus, Kleinasien, Irak, Iran, Südsibirien u. a.

Familie Gyrinidae — Taumelkäfer

4 Gyrinus natator, 5—7 mm, kommt häufig vor. Die Käfer kurven auf der Wasseroberfläche umher. Diesem Lebensraum hat sich der Käfer vollendet angepaßt. Sein Körper ist flach, die Fühler sind kurz und dick. Von den Gliedmaßen ist das Vorderpaar am besten entwickelt, die anderen beiden sind nur kurz. Beachtenswert ist der Bau des Auges, das durch eine Trennwand zweigeteilt ist. Mit der Oberhälfte nimmt der Käfer das Leben über der Wasseroberfläche wahr, mit der unteren sieht er unter Wasser. Verbreitung: Großer Teil Europas, Sibirien, Mongolei, Nordafrika.

5 Gyrinus minutus, 3,5—4,5 mm, ist eine der kleineren, aber selteneren Arten. Verbreitung: Ganz Europa (vor allem im Norden, bis nach Lappland), Sibirien, Nordchina, Nordamerika.

Käfer

Familie Staphylinidae — Kurzflügler

1 Eusphalerum florale, 2,7 — 3 mm, stellt zusammen mit anderen verwandten Arten eine Kurzflüglergruppe dar, die sich in Blüten aufhält. Für einen Kurzflügler hat er verhältnismäßig lange Flügeldecken. Kommt meist zahlreich vor. Verbreitung: Mitteleuropa (außer dem Nordosten).

2 Anthophagus caraboides, 4,4 — 5,5 mm, lebt auf Blüten, oft zusammen mit anderen Kurzflüglerarten. Im Gebirge und Gebirgsvorland sehr häufig, im Flachland kommt er nicht vor. Verbreitung: Mitteleuropa.

3 Oxyporus rufus, 7 — 12 mm, fällt nicht nur durch seine relativ großen Kiefer, sondern auch durch seine bunte Färbung auf. Im Sommer ist er oft in alten Waldpilzen (Täublingen, Fliegenpilzen u. a.) zu finden, wo auch seine Larven leben. Der eng verwandte *O. maxillosus* lebt gleichfalls in Pilzen, bevorzugt aber Steinpilze u. ä. Auch er hat große Kiefer, sein Schild jedoch ist schwarz und die Decken gelblich mit einem dunklen Fleck an der äußeren Ecke. Verbreitung: Große Teile der paläarktischen Region.

4 Stenus biguttatus, 4,5 — 5 mm, ist an feuchten Standorten sehr häufig (Fluß- und Bachufer usw.). Er zeichnet sich durch seine Körperform, ungewöhnlich große Augen und zwei orangegelbe Punkte auf den Flügeldecken aus (diese Punkte kommen aber auch bei anderen Arten vor). Die Imago überwintert. Verbreitung: Europa, Sibirien, Nordchina.

5 Xantholinus tricolor, 7,5 — 11 mm, ist in unserer Fauna die häufigste aus einer Reihe eng miteinander verwandter Arten. Der Schild ist ungleichmäßig gefärbt, stets ist der hintere Teil dunkler. Er zeigt sich meist in Wäldern in abgefallenem Laub, im Moos, er versteckt sich gern unter Steinen, altem Holz und Baumstümpfen. Kommt vom Tiefland bis ins Hochgebirge vor. Verbreitung: Großteil Europas, Kaukasus, Sibirien.

6 Othius punctulatus, 10 — 14 mm, ähnelt im Gesamtaussehen vielen anderen Arten. Er hat braune Flügeldecken und ein braunes Hinterleibsende. Der Schild ist meist schwarz mit einem hellbräunlichen Rand. Gehört zu den sehr häufigen Waldkäferarten. Wie viele andere Kurzflügler hält auch er sich in Humus, abgefallenem Laub, Moos usw. auf. Kommt vom Tiefland bis ins Hochgebirge vor. Verbreitung: Großteil Europas, Sibirien, Nordafrika.

7 Philonthus politus, 10,5 — 13 mm, stellt eine von mehreren Dutzend verwandten und einander ähnlichen Arten dar, die in Mitteleuropa leben. Ihre Bestimmung ist sehr schwierig, bei Kurzflüglern ist das meist nur durch einen Fachmann möglich. Diese Art bewohnt die verschiedensten Biotope, es müssen nur genug verwesende Stoffe tierischen oder pflanzlichen Ursprungs vorhanden sein. In ihnen sucht der Käfer nach Insektenlarven. Meist findet man ihn auf kleineren Tierkadavern, auf verfaulendem Laub, in alten Pilzen, auf Säugetierexkrementen usw. Gern sucht er verletzte Bäume auf, aus denen Saft quillt. Verbreitung: Großteil der paläarktischen Region, nearktische Region (Nordamerika), australische Region (Tasmanien, Neuseeland).

Käfer

Familie Staphylinidae — Kurzflügler

1 Staphylinus caesareus, 17 — 25 mm, ähnelt in Körperform und Färbung einigen verwandten großen Kurzflüglerarten. Hält sich unter Steinen und in anderen Verstecken auf, schon in den Frühjahrsmonaten kann man ihn Wege entlanglaufen sehen. Er sucht tote Tiere und verwesende pflanzliche Stoffe auf, um in ihnen Larven nachzustellen. In Hügellandschaften ist er häufig anzutreffen, im Flachland ist er selten oder fehlt ganz. Verbreitung: Ganz Europa, Nordamerika.

2 Ocypus tenebricosus, 20 — 32 mm, gehört zu den größten Kurzflüglern. Er hält sich unter Holz und Steinen von Niederungen bis ins Gebirge hinein auf, ist dabei im Tiefland weniger zahlreich als in höheren Lagen. Verbreitung: Mitteleuropa, Balkan, Italien.

3 Ontholestes tessellatus, 14 — 19 mm, ist häufig auf faulenden Stoffen und Exkrementen anzutreffen, aber auch auf verwundeten Bäumen, aus denen Saft tritt. Verbreitung: Mittel- und Nordeuropa, Sibirien.

4 Creophilus maxillosus, 15 — 25 mm, ist ein Räuber, der seiner Beute auf Mist- und Abfallhaufen sowie auf Aas nachstellt. Stellenweise zahlreich. Verbreitung: Paläarktische Region, Nordamerika, orientalische Region.

5 Quedius cinctus, 7,5 — 8,5 mm, sucht verfaulende Stoffe auf, lebt im Erdreich und Moos. Häufige Art. Verbreitung: Europa, Nordafrika.

6 Bolitobius lunulatus, 5 — 7 mm, jagt in Waldpilzen nach verschiedenen Insektenlarven. In Pilzen verläuft auch seine Entwicklung. Verbreitung: Großteil Europas (hauptsächlich Mittel- und Nordeuropa), Kaukasus, Nordasien.

7 Tachyporus obtusus, 3,3 — 4 mm, fällt durch seinen hellen Schild auf, lebt am liebsten im Moos und in der Bodenstreu. Verbreitung: Großer Teil Europas.

8 Aleochara curtula, 5,5 — 8 mm, eine der großen Arten aus dieser Gattung, zu der etwa vierzig kleine und schwer zu bestimmende Arten zählen. Findet sich häufig auf toten Tieren, in Pilzen, in Abfall, auf alten Häuten usw. Verbreitung: Großteil Europas.

Familie Pselaphidae — Palpen- oder Zwergkäfer

9 Pselaphus heisei, 1,6 — 1,8 mm, zeigt sich an feuchten Stellen unter Steinen, im Moos und vermoderndem Laub, ist stellenweise zahlreich. Verbreitung: Großteil Europas.

Familie Clavigeridae — Keulenkäfer

10 Claviger testaceus, 2 — 2,5 mm, lebt zusammen mit der Ameisenart *Lasius flavus.* Er scheidet für die Ameisen aus besonderen Drüsen eine süße Flüssigkeit aus und ist von ihnen in hohem Maß abhängig, da er blind ist und sich seine Nahrung nicht selbst suchen kann. Die Ameisen füttern ihn, und bei Gefahr tragen sie ihn mit ihren Kieferzangen in Sicherheit. Er lebt vor allem auf warmen, sonnenbeschienenen Hängen in Niederungen, geht aber bis zu 1000 m hoch. Verbreitung: Stellenweise in verschiedenen Teilen Europas.

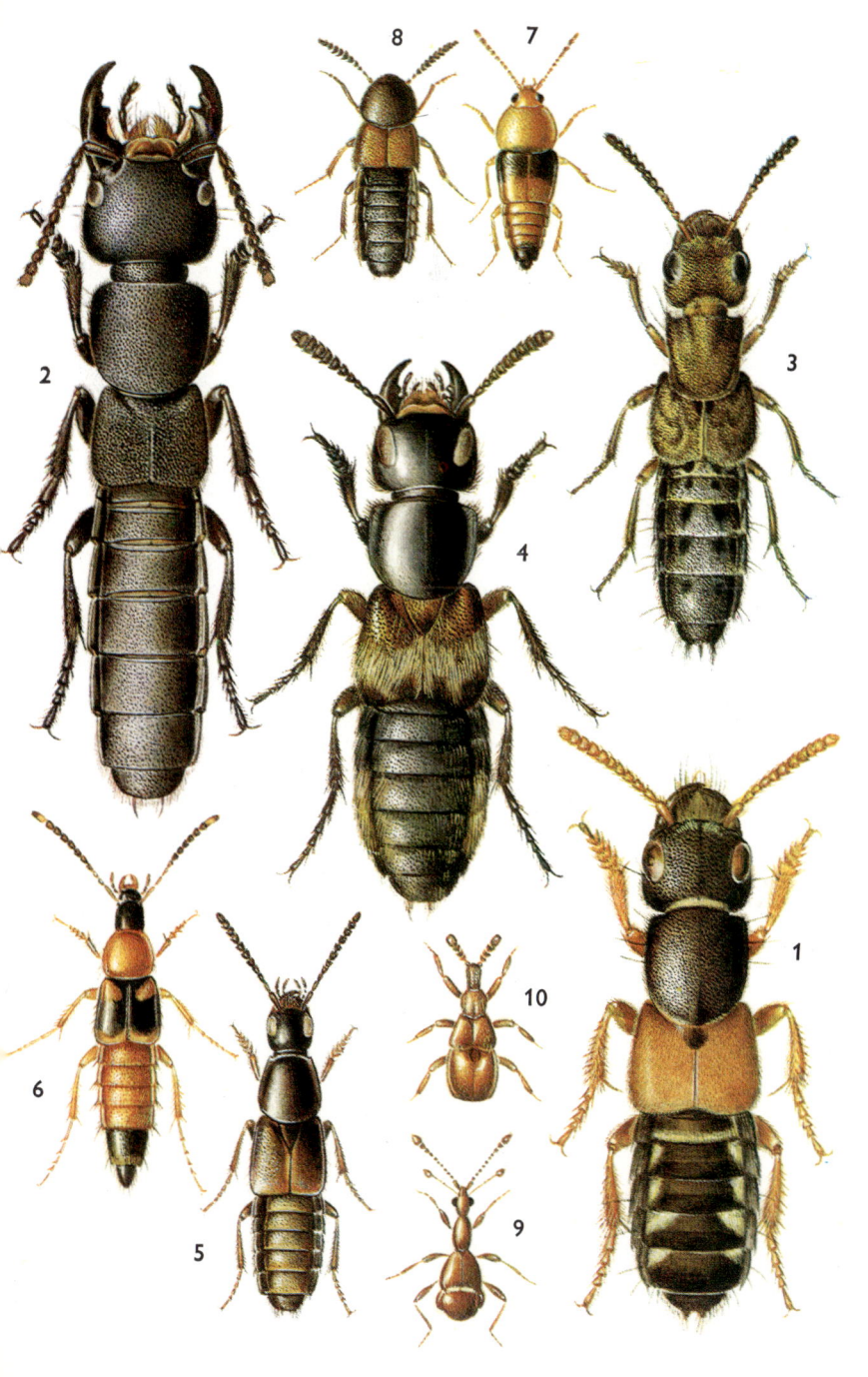

Käfer

Familie Silphidae — Aaskäfer

1 Necrophorus vespilloides — Gemeiner Totengräber, 10—18 mm, gehört zu den Totengräberarten, die auf dunklen Flügeldecken orangegelbe Flecken haben. Er kommt häufig in Wäldern vor. Ähnlich wie die verwandten Totengräberarten sucht auch er kleine Tierkadaver auf, um sie zu begraben. Zu einem Kadaver kommen in der Regel mehrere Pärchen geflogen, sie bekämpfen sich gegenseitig, bis ein Paar am Kadaver übrigbleibt. Bei dieser Art begraben Männchen und Weibchen das Aas gemeinsam, bei anderen Arten verjagt das Weibchen das Männchen. Der Kadaver wird von den Käfern begraben und gleichzeitig zu einer „Nahrungskugel" geformt. Das Weibchen treibt hochentwickelte Brutpflege. Es legt in einen besonderen Gang in unmittelbarer Nähe der Kugel seine Eier ab. Die Larven schlüpfen nach kurzer Zeit und kriechen zur Aaskugel. Das Weibchen, manchmal auch das Männchen, füttern die Larven während der ersten Stunden ihres Lebens und wiederholen diese Fütterungen auch später nach jeder Häutung. Die ausgewachsene Larve verpuppt sich in der Nahrungskugel. Verbreitung: Paläarktische Region.

2 Necrophorus humator, 18—28 mm, hat völlig schwarze Flügeldecken genauso wie die folgende Art *N. germanicus.* Er unterscheidet sich von ihm nicht nur durch seine Größe, sondern auch durch die roten Keulenenden an den Fühlern. Verbreitung: Ganz Europa, Kaukasus, Vorderasien (Syrien), Nordafrika.

3 Necrophorus germanicus, 20—30 mm, unser größter Totengräber. Seine Fühler enden in einer schwarzen Keule. Nachts fliegt der Käfer auf tote Tiere, wurde aber auch in Exkrementen gefunden, wo er Mist- und Dungkäfern nachstellt. Verbreitung: Europa (fehlt in Großbritannien, im Norden und auf der Iberischen Halbinsel), Kaukasus, Vorderasien (Syrien).

4 Oeceoptoma thoracica — Rothalsige Silphe, 12—16 mm, lebt in abgestorbenen Organismen, Exkrementen und alten Pilzen, kommt oft auf Stinkmorcheln (*Phallus impudicus*) vor. Überall häufig anzutreffen. Verbreitung: Europa, Sibirien, Japan.

5 Blitophaga opaca — Rübenaaskäfer, 9—12 mm, ernährt sich von verschiedenen, wirtschaftlich meist bedeutungslosen Pflanzen (Gräsern, Unkraut, verschiedenen Kreuzblütlern). Manchmal befällt er aber auch Zuckerrüben, weswegen er in einigen Gegenden Europas zu den Schädlingen zählt. In Mitteleuropa gehört er aber schon eher zu den selteneren Käfern. Er überwintert an Waldrändern unter Steinen und Streu, im zeitigen Frühjahr kommt er aus seinem Winterversteck. Verbreitung: Ganz Europa, Nord- und Mittelasien, Nordamerika.

6 Thanatophilus sinuatus — Totenfreund, 9—12 mm, eine zahlreich und häufig vorkommende schwarz gefärbte Art, die sich auf toten Tieren aufhält. Verbreitung: Ganz Europa, Vorderasien (Iran), Nordafrika.

7 Xylodrepa quadripunctata — Vierpunkt-Raupenjäger, 12—14 mm, unterscheidet sich von den verwandten Arten vor allem durch die Färbung und in der Lebensweise. Im Gegensatz zu den übrigen Aaskäfern, die meist auf Aas oder vermodernde Pflanzen fliegen, jagt der Vierpunkt lebende Beute. Er lebt vor allem in Eichenbeständen, aber auch in anderen Laubwäldern, wo er den Raupen verschiedener schädlicher Schmetterlinge nachstellt. Er ist daher als nützliche Art von Bedeutung. Verbreitung: Europa (fehlt auf der Iberischen Halbinsel und in Griechenland).

Käfer

Familie Colonidae — Kolonistenkäfer

1 Colon brunneum, 1,4 — 2,7 mm, gehört unter den zwei Dutzend mitteleuropäischen Arten dieser kleinen und in biologischer Hinsicht noch wenig erforschten Familie zu den häufigsten. Verbreitung: Fast ganz Europa, Kaukasus.

Familie Catopidae — Nestkäfer

2 Catops chrysomeloides, 3,5 — 5,5 mm, zeigt sich mit Vorliebe auf verfaulenden Stoffen (oft auf Tierkadavern) und in Höhlen von Säugetieren. Stellenweise zahlreich. Der Käfer ist manchmal noch im Dezember anzutreffen, da die Imago überwintert. Verbreitung: Von den nördlichen Gebieten Südeuropas bis nach Südskandinavien, Kaukasus.

Familie Scaphidiidae — Kahnkäfer

3 Scaphidium quadrimaculatum, 5,5 — 6,5 mm, verbirgt sich unter der Rinde von Baumstümpfen oder gefällten Stämmen, wo sich Schimmel bildet, gelegentlich kriecht er auch in Baumpilze. Wird er gestört, läuft er sehr schnell davon. Man findet ihn vor allem im Gebirge und im Gebirgsvorland. Verbreitung: Großteil Europas (nach Norden bis Mittelschweden und Karelien, nach Süden bis Italien und auf dem Balkan), Kleinasien.

Familie Histeridae — Stutzkäfer

4 Hister illigeri, 4 — 5 mm, kommt vorwiegend in Exkrementen vor. Zeichnet sich durch große rote Flecken auf beiden Flügeldecken aus. Verbreitung: Mittel- und Südeuropa, Kaukasus, Afghanistan.

5 Hister impressus, 4 — 7 mm, gehört zu den sehr häufig vorkommenden Käfern. Er hält sich meist auf kleinen Kadavern, aber auch auf verwesenden Pflanzen, in faulenden Pilzen und an Saftstellen der Bäume auf. Verbreitung: Ganz Europa, Sibirien, Japan.

Familie Lycidae — Rotdeckenkäfer

6 Pyropterus nigroruber, 7,5 — 10 mm, sitzt auf weißen Dolden, von denen er sich in seiner rotschwarzen Färbung auffällig abhebt. Auch in morschen Baumstümpfen ist er zu finden, dort entwickeln sich seine Larven. Der Käfer kommt vor allem im Gebirge und im Gebirgsvorland vor, ist aber nicht allzu häufig. Verbreitung: Eurasien.

Familie Lampyridae — Leuchtkäfer

7 Phausis splendidula — Kleiner Leuchtkäfer, 8 — 10 mm, fällt durch sehr bedeutende Unterschiede zwischen Männchen und Weibchen auf. Das Männchen hat normale Flügel und fliegt, das Weibchen besitzt nur Flügelstummel und ist flugunfähig. Beide Geschlechter (auch die Larven) geben ein gut sichtbares Licht. Es wird in besonderen Organen an der Körperunterseite hergestellt, die Leuchtorgane von Männchen und Weibchen sind unterschiedlich gebaut. Die Lichterzeugung an sich ist ein sehr komplizierter chemischer Prozeß, der Käfer ist in der Lage, sämtliche Energie in Licht umzusetzen. Die Männchen fliegen nachts auf Wiesen und in Wassernähe. Die Art kommt stellenweise zahlreich vor. Die Imago nimmt keine Nahrung auf, sondern lebt von Körpervorräten; die Larven sind Fleischfresser. Verbreitung: Europa (fehlt in Großbritannien und im Norden), Kaukasus.

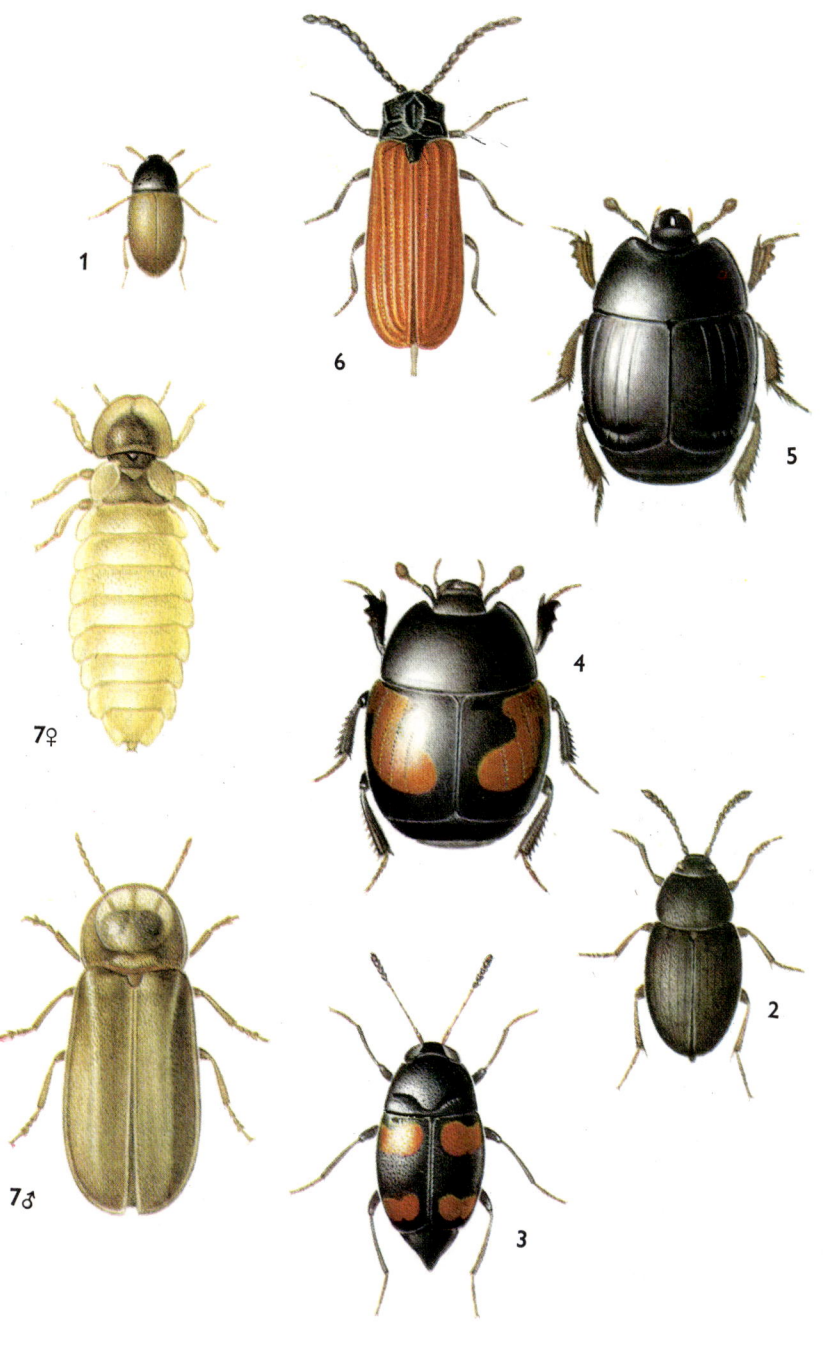

Käfer

Familie Cantharidae — Weichkäfer

1 **Cantharis fusca** — Gemeiner Weichkäfer, 11—15 mm, hält sich auf Blüten auf, wo er vor allem Blattläuse jagt. Der Käfer und seine schwarze Larve gehören zu den Nützlingen. Die Larven sieht man manchmal auf dem Schnee, wenn sie aus ihren Winterverstecken gespült oder vom Wind herausgeweht werden. Häufige Art. Sie findet sich vom Tiefland bis zu 1000 m Höhe. Verbreitung: Europa (von Italien und Nordspanien bis Südskandinavien).

2 **Rhagonycha fulva,** 7—10 mm, gehört zu den häufigsten Weichkäfern. Im Spätsommer ist er ein regelmäßiger Gast auf Doldenblütlern von Niederungen bis ins Gebirge (bis rund 1000 m). Verbreitung: Europa (vom Süden bis Südskandinavien), Kaukasus, Vorderasien.

Familie Malachiidae — Malachitenkäfer

3 **Malachius bipustulatus,** 6—7 mm, ist häufig auf Blüten und Gräsern anzutreffen. Bei Gefahr schiebt er rötlich gefärbte Beutel längs des Körpers hervor, die den Verfolger abschrecken sollen. Von Niederungen bis in eine Höhe von 1000 m. Verbreitung: Großteil Europas, Sibirien, Kleinasien.

4 **Anthocomus bipunctatus,** 3 mm, fliegt oft in der Nähe menschlicher Wohnungen, sitzt an Mauern und an Fensterscheiben. Verbreitung: Europa (fehlt im Norden und in Spanien), Kaukasus.

Familie Cleridae — Buntkäfer

5 **Thanasimus formicarius** — Ameisenbuntkäfer, 7—10 mm, gehört zu den sehr nützlichen Käfern. Von Frühjahr bis Herbst läuft er auf gefällten Stämmen und Meterholz umher und verfolgt Borkenkäfer. Auch seine rosafarbenen Larven, die unter der Rinde leben, sind räuberisch. Verbreitung: Europa, Asien, Nordafrika. Wurde nach Nordamerika eingeführt.

6 **Trichodes apiarius** — Bienenwolf, 10—16 mm, ist an manchen Stellen zahlreich auf den erblühten Dolden von Möhrengewächsen anzutreffen, wo er kleineren Insekten nachstellt und Pollen nascht. Die fleischfressende Larve entwickelt sich in den Nestern wilder Bienen, manchmal auch in Stöcken der Honigbiene, in der Regel aber nur in vernachlässigten. Es ist überflüssig, diese heute schon zurückgehende Art in den Verzeichnissen der Bienenschädlinge aufzuführen. Verbreitung: Europa (hauptsächlich Süd- und Mitteleuropa), Kleinasien, Nordafrika.

7 **Corynetes coeruleus,** 3,5—6,5 mm, entwickelt sich im Holz; Käfer und Larven jagen Nage- und Borkenkäfer. Die Käfer findet man auch auf Blüten in der Nähe menschlicher Behausungen, oft kriechen sie aus Balken und Bohlen von Dachböden. Verbreitung: Fast über die ganze Erdkugel, in Europa vor allem in den zentralen und südlichen Gebieten.

Familie Lymexylidae — Wertkäfer

8 **Hylecoetus dermestoides** — Bohrkäfer, 6—18 mm, fliegt bereits im April. Sein Leben ist sehr kurz, es dauert nur zwei bis vier Tage. Die Larven entwickeln sich in Eichen- und Buchenholz, vor allem in Baumstümpfen und kranken Bäumen. Sie bohren lange und enge Gänge, doch ernähren sie sich nicht von Holz, sondern von Ambrosiapilzen. Das Weibchen bestreut die Eier mit Pilzsporen, die Larven nehmen sie mit sich ins Holz, wo die Sporen keimen und ein Myzel bilden. Stellenweise ist der Käfer häufig anzutreffen. Verbreitung: Europa (Mittel- und Nord-), Sibirien.

Familie Helodidae — Sumpffieberkäfer

9 **Helodes minuta,** 4,5—6 mm, kommt häufig auf Blüten in Wassernähe vor, seine Larven entwickeln sich im Wasser. Verbreitung: Fast ganz Europa.

Familie Elateridae — Schnellkäfer

1 Lacon murinus — Mausgrauer Schnellkäfer, 11—17 mm, kommt häufig vom Tiefland bis ins Hochgebirge hinauf vor, hauptsächlich in Wäldern, Feldern und Gärten. Auf den Flügeldecken sitzen kleine weißliche Schuppen. Die Larve ernährt sich von den Wurzeln verschiedener Pflanzen, gelegentlich kann sie in Baumschulen usw. zum Schädling werden. Verbreitung: Ganz Europa, Kaukasus, Sibirien, Nordamerika.

2 Elater sanguineus — Blutroter Schnellkäfer, 13—18 mm, eine der Schnellkäferarten mit roten Flügeldecken und einem schwarzen Schild. Er kommt vor allem in Hügellandschaften vor, gelegentlich zahlreich. Verbreitung: Europa, Sibirien.

3 Athous niger, 10—14 mm, hält sich auf Blüten und Büschen in Laubwäldern und an deren Rändern auf. Fliegt in Niederungen im Vorgebirge. Die bräunlichen oder rostgelben Larven leben an Gras- und anderen Wurzeln. Verbreitung: Hauptsächlich Mittel- und Nordeuropa, Kaukasus, Ostasien.

4 Athous vittatus, 8—10 mm, eine farblich variable Art, deren Band auf den Flügeldecken gelegentlich ganz verschwinden kann, so daß die Decken in einer einheitlichen Färbung von Gelbbraun bis dunkelbraun erscheinen. Die Art ist häufig und in Laubwäldern zwischen Niederungen und Gebirgsvorland, manchmal auch im Gebirge zu finden. Verbreitung: Ganz Europa, Kaukasus, Kleinasien.

5 Corymbites cupreus, 11—16 mm, eine montane und farblich ziemlich variable Art. Sie erscheint grünlich, violett, grünbronzen und auch blau. Männchen und Weibchen unterscheiden sich durch die Fühler, die bei den Männchen gekämmt, bei den Weibchen aber nur gesägt sind. Der Käfer sitzt auf Blüten und Gräsern und kommt stellenweise häufig vor. Das Weibchen legt die Eier gruppenweise in den Boden. Die ausgewachsene Larve erreicht eine Länge von 25 mm. Verbreitung: Europa, Kaukasus.

6 Corymbites aeneus, 10—17 mm, gehört zu den häufigen Käferarten. Er glänzt immer metallisch, aber der Farbton variiert stark. Meist ist er grün, es kommen aber auch viele blauviolette, kupferne, blaue und schwarze Exemplare vor. Die Käfer sitzen auf Blüten und Sträuchern in Wiesen und an Wegrändern vom Tiefland bis ins Hochgebirge hinein. Schon mit den ersten Frühlingstagen erscheinen sie und verschwinden erst im Spätherbst. Das Weibchen legt rund 300 Eier in den Boden. Die Larven leben im Erdreich, sind langgestreckt und haben eine harte Cuticula. Deshalb werden sie „Drahtwürmer" genannt, diese Bezeichnung wird auch für die Larven anderer Arten verwendet, die Schnellkäferlarven sind einander nämlich sehr ähnlich. Drahtwürmer können zu Kulturpflanzenschädlingen werden. Verbreitung: Europa, Sibirien.

7 Corymbites purpureus, 8—14 mm, erscheint schon sehr bald im Frühling auf den jungen Blättchen von Bäumen und Sträuchern, vor allem im Hügel- und Gebirgsvorland. Eine llenweise häufige Art. Verbreitung: Mittel- und Südeuropa, Asien (Iran, Himalaja u. a.).

Käfer

Familie Buprestidae — Prachtkäfer

1 **Capnodis tenebrionis,** 22—25 mm, kommt im Frühjahr auf Gehölzen vor. Das Weibchen legt seine Eier in die Erde. Die Larve dringt aktiv in die Wurzeln der Wirtspflanze ein. Die Entwicklung dauert zwei Jahre. Die ausgewachsene Larve erreicht eine Länge von rund 7 cm, dann verpuppt sie sich. In Europa gehört dieser Käfer zu den großen Seltenheiten, vielerorts ist er bereits völlig verschwunden. Im Osten aber, im Kaukasus und in Transkaukasien, gilt er als Obstbaumschädling. Verbreitung: Europa (Süd- und Mitteleuropa), Kaukasus, Transkaukasien, Klein- und Vorderasien (Syrien, Israel, Irak, Iran), Nordafrika.

2 **Lampra rutilans** — Lindenprachtkäfer, 12—15 mm, fliegt von Mai bis Juli an Linden, in denen er sich entwickelt. Das Weibchen legt seine Eier in Rindenspalten an Stämmen und stärkeren Ästen. Die Larven nagen sich Gänge unter der Rinde. Die Entwicklung des Käfers dauert in Südeuropa ein Jahr, in Mitteleuropa zwei bis drei Jahre. Verbreitungsschwerpunkte: Süd- und Mitteleuropa, Kaukasus und Transkaukasien.

3 **Buprestis octoguttata,** 9—15 mm, erscheint in mehreren Farbvarianten. Er fliegt an sonnenbeschienenen Plätzen in Kiefernwäldern, sitzt gern auf Steinen, Baumstümpfen und freiliegenden Wurzeln. Die Larven entwickeln sich nicht nur in Baumstümpfen, sondern auch in Wurzeln und am Fuß von Kiefern. Verbreitung: Großteil Europas, Transkaukasien, Westsibirien, Vorderasien (Syrien).

4 **Anthaxia fulgurans,** 5—5,5 mm, gehört zu den kleineren *Buprestidae*-Arten, die durch auffälliges Sexualdichroismus bekannt sind. Das Männchen ist metallisch-grün, bei dem Weibchen sind die Elytren rot, mit Ausnahme eines grünen Bandes der Mitte. Ähnlich wie die verwandten Arten kommen die Imagines an sonnigen Tagen vom Frühling bis Spätsommer auf Blüten von Möhrengewächse *(Danacaceae)* u. a. vor. Verbreitung: Mittel- und Südeuropa, Kaukasus, Syrien, Nordafrika.

5 **Chrysobothris affinis,** 12—14 mm, sitzt im Juni/Juli mit Vorliebe auf gefällten Stämmen, meist Eichen und Buchen. Seine Larven entwickeln sich in kranken, bereits befallenen oder gefällten Laubbäumen, auch Obstbäumen. Sie nagen Gänge unter der Rinde. Verbreitung: Europa (vom Süden bis Südskandinavien), Sibirien, Kleinasien, Transkaukasien, Iran, Nordafrika.

6 **Agrilus biguttatus,** 10 mm, fliegt von Mai bis Juli und läßt sich auf gefällten Eichenstämmen, Baumstümpfen und jungem Gebüsch nieder. Die Larven entwickeln sich unter der Rinde absterbender starker Äste oder Stämme. Verbreitung: Europa (weniger im Norden), Kaukasus, Kleinasien, Iran, Nordafrika.

7 **Trachys minutus,** 3—3,5 mm, zeigt sich häufig von Frühjahrsbeginn an mit Vorliebe auf Weidenlaub und Blüten. Das Weibchen klebt seine Eier mit einer dunklen kittartigen Masse auf die Blattoberseite verschiedener Bäume. Die Larven kriechen in die Blätter und minieren darin. Verbreitung: Fast ganz Europa (reicht nicht sehr weit in den Norden), Kaukasus, Kleinasien, Sibirien.

Käfer

Familie Dryopidae — Hakenkäfer

1 Dryops auriculatus, 4,5 — 5,2 mm, bewohnt stehende Gewässer, in denen er herumkriecht. Verbreitung: Großteil Europas (vom Westbalkan bis nach Skandinavien im Norden; fehlt in Griechenland und Irland).

Familie Heteroceridae — Sägekäfer

2 Heterocerus parallelus, 5 — 7,5 mm, die größte Art der Familie. In Form und Färbung ähnelt er einigen anderen Arten, es ist schwierig, die Käfer richtig zu bestimmen. Sie leben in feuchten Bach- und Flußufern. Verbreitung: Mittel- und Südeuropa, Sibirien.

Familie Hydrophilidae — Kolbenwasserkäfer

3 Helophorus minutus — Furchenwasserkäfer, 2,5 — 3,8 mm, lebt in stehenden Gewässern, in Teichen, Brunnen und Pfützen, dort meist recht zahlreich. Verbreitung: Großer Teil Europas, Sibirien, Nordafrika.

4 Hydrous piceus — Großer Kolbenwasserkäfer, 34 — 47 mm, ist der größte Angehörige der Familie Hydrophilidae. Auf der Körperunterseite ist die Hinterbrust zu einem nadelartigen spitzen Kiel ausgezogen. Aus diesem Grunde wurde er früher irrtümlich für einen Schädling gehalten, da behauptet wurde, daß der Käfer mit diesem Kiel junge Fische töte. Er ist aber harmlos. Sein Biotop sind stehende Gewässer, Teiche, Tümpel im Wald und tote Flußarme, wo er genügend Wasserpflanzen vorfindet, die ihm als Nahrung dienen. Wie andere im Wasser lebende Käfer atmet auch der Kolbenwasserkäfer durch Tracheen, ist also auf den Luftsauerstoff angewiesen. Er holt aber auf ganz andere Art Luft als die Schwimmkäfer: durch seine kurzen gekeulten Fühler. Das Weibchen zeichnet sich durch besondere Fürsorge für die Eier aus: Zunächst sucht es sich ein frei auf der Oberfläche treibendes Blatt. Dann umwickelt es den eigenen Hinterleib in verschiedenen Lagen so lange mit feinen Fasern, bis ein geräumiges Körbchen entsteht. Dort hinein legt es etwa 50 Eier, verschließt das Gebilde und versieht es mit einem nach oben ragenden Kamin oder Schnorchel. Gleich einem Schiffchen schwimmen diese Eibehälter auf dem Wasser. Die Larven leben im Wasser und sind im Gegensatz zum Käfer Räuber. Sie ernähren sich vorwiegend von kleinen Weichtieren und Muscheln. Sind sie herangewachsen, kriechen sie aus dem Wasser ans Ufer und graben sich ins Erdreich, um sich zu verpuppen. Der Kolbenwasserkäfer war noch vor einigen Jahrzehnten eine recht häufige Art, wurde aber als vermeintlicher Schädling sinnlos verfolgt und ausgerottet, so daß er heute in vielen Gebieten selten oder völlig verschwunden ist. In einigen Ländern, so auch bei uns, steht er unter Naturschutz. Verbreitung: Fast die ganze paläarktische Region, Nordindien und Pakistan.

5 Hydrophilus caraboides — Kleiner Kolbenwasserkäfer, 14 — 16 mm, ist eine Miniaturausgabe des Großen Kolbenwasserkäfers. In stehenden Gewässern und Fischteichen mit reicher Vegetation kommt er häufig vor. Verbreitung: In der ganzen paläarktischen Region.

6 Sphaeridium scarabaeoides, 5,7 mm, lebt nicht im Wasser. Er sucht frische Kuhfladen auf, manchmal findet er sich in großer Zahl im Dung. Man erkennt ihn leicht an den rotgelben Flecken auf den Flügeldecken. Verbreitung: Ganze paläarktische Region, nearktische Region.

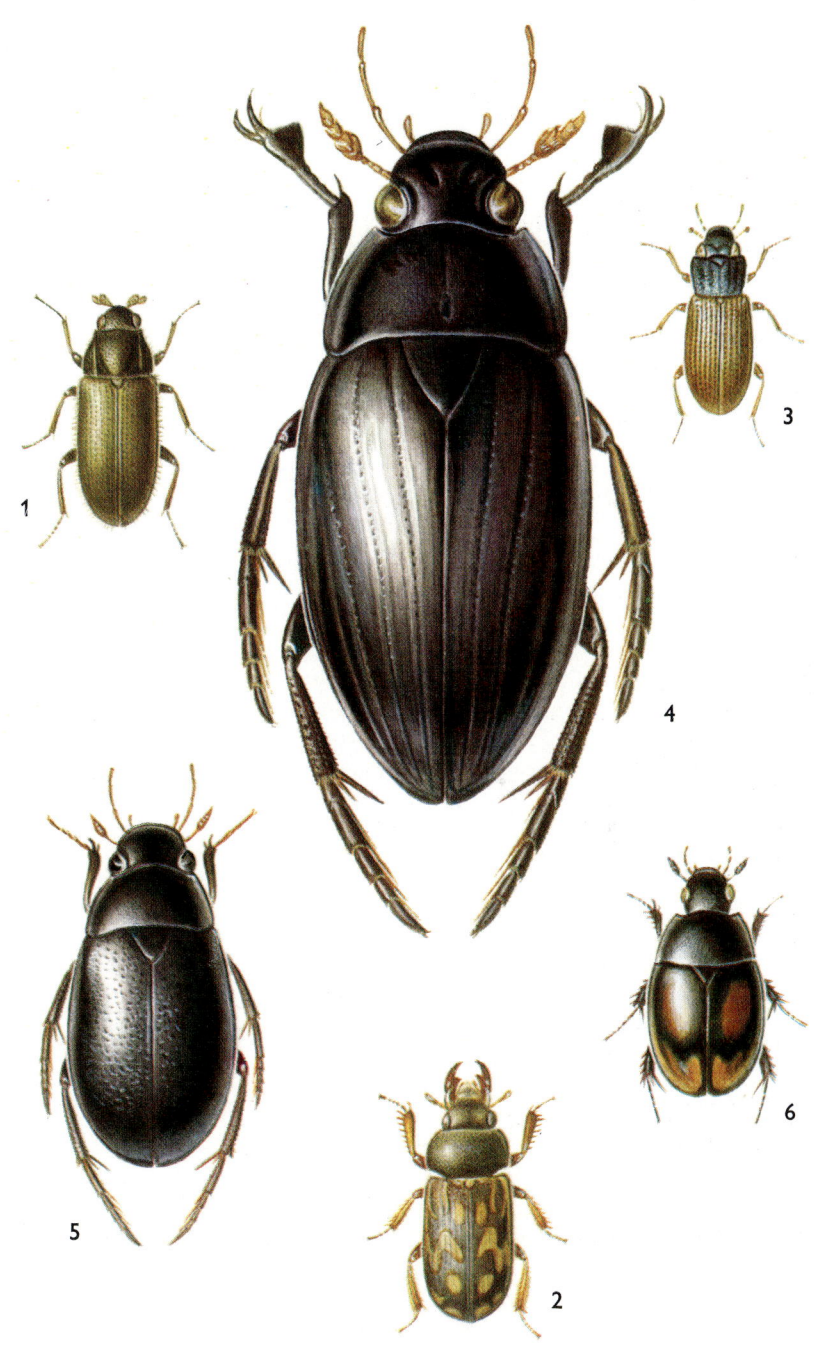

Käfer

Familie Dermestidae — Speck- und Pelzkäfer

1 Dermestes lardarius — Speckkäfer, 7—9,5 mm, lebt hauptsächlich in menschlichen Wohnungen oder Museen. Die Larven vernichten alle möglichen Dinge, von Textilien bis zu Schaustücken in zoologischen und entomologischen Sammlungen. Nicht selten findet man ihn auch in Taubenschlägen, Vogelnestern und Bienenstöcken, sonst kommt er im Freien eher selten vor. Verbreitung: Kosmopolit. Vom Menschen eingeschleppt in Gebiete, in denen er ursprünglich nicht vorkam.

2 Dermestes murinus, 7—9 mm, hat einen von feinen schwarzen oder graublauen Härchen überzogenen Körper. Kommt überall zahlreich vor. Verbreitung: Paläarktische Region.

3 Attagenus pellio — Pelzkäfer, 4—4,5 mm, ist gleichfalls auf den Menschen angewiesen und lebt in Wohnungen. Die Larven, die am Körperende einen langen Schwanz haben, vernichten Pelzwaren, Textilien und naturwissenschaftliche Sammlungen. In den Wohnungen erscheinen die Käfer oft schon im Februar/März, später auf blühenden Schlehen, Weißdorn, Obstbäumen usw. — Verbreitung: Fast über die ganze Welt.

4 Anthrenus scrophulariae — Teppichkäfer, 3—4,5 mm, ist als Käfer unschädlich. Dafür vernichtet seine behaarte Larve Stoffe, Pelze, Teppiche, Federn, nicht zuletzt auch naturwissenschaftliche Sammlungen. In der Wohnung ist dieser Käfer fast das ganze Jahr über anzutreffen. Verbreitung: Großteil Europas, Vorderasien, Nordamerika.

5 Anthrenus verbasci — Wollkrautblütenkäfer, 1,8—3,2 mm, gehört zu den gefürchteten Schädlingen in naturwissenschaftlichen Sammlungen. Seine Larven hausen derart in Schmetterlings- und Käfersammlungen, daß darin oft nicht mehr als ein Häufchen Staub und Nadeln mit den Fundortetiketten übrigbleiben. Verbreitung: Wurde mit Insektensammlungen fast über die ganze Welt verschleppt.

Familie Nosodendridae

6 Nosodendron fasciculare — Saftkäfer, 4—4,5 mm, der einzige Vertreter dieser Familie. Er lebt an Wunden von Laubbäumen, aus denen Saft quillt, vorzugsweise auf Eichen und Ulmen. Verbreitung: Mitteleuropa.

Familie Byrrhidae — Pillenkäfer

7 Byrrhus pilula — Pillenkäfer, 7,5—11 mm, ist eine häufige und auffällige Art, die oft auf Wald- und Feldwegen umherkriecht. Sobald er eine Gefahr verspürt, zieht er Beine und Fühler ein und stellt sich tot. Verbreitung: Paläarktische Region.

Familie Byturidae — Blütenfresser

8 Byturus tomentosus — Himbeerkäfer, 3,2—4 mm, lebt auf den Blüten von Rosengewächsen, vor allem auf Himbeer- und Brombeersträuchern. Weit bekannter als der ziemlich unauffällige Käfer ist seine Larve, die in Himbeeren, seltener in Brombeeren lebt und als „Himbeerwurm" bekannt ist. Verbreitung: Großer Teil der paläarktischen Region, außer dem Norden.

Käfer

Familie Nitidulidae — Glanzkäfer

1 Meligethes aeneus — Rapsglanzkäfer, 1,5—2,7 mm, kriecht schon bald im Frühjahr aus seinem Winterversteck und sucht verschiedene Frühlingsblüten (Buschwindröschen, Fingerkraut, Huflattich) auf. Später fliegt er auf Rapsfelder und frißt junge Blätter und Knospen. Das Weibchen legt seine Eier in größere Knospen ab, die Larven ernähren sich vom Blütenstaub in Knospen und in offenen Blüten. Sind sie herangewachsen, fallen sie zu Boden und verpuppen sich in geringer Tiefe unter der Erdoberfläche. In manchen Gegenden richtet die Art Schaden an, sie kommt vom Tiefland bis zum Gebirge häufig vor. Verbreitung: Ganze paläarktische Region, Nordamerika.

2 Pocadius ferrugineus, 2,8—4,5 mm, lebt meist auf Stäublingspilzen (Gattungen *Lycoperdon, Bovista* u. a.), in denen sich auch seine Larven entwickeln. Manchmal bewohnen sie auch Täublinge (*Russula*), Löcherpilze (*Polyporus*) und andere. Oft kommen sie in Gesellschaft verwandter Arten vor. Verbreitung: Europa (bis hoch in den Norden), Kaukasus.

3 Glischrochilus quadripunctatus, 3—6,5 mm, kommt meist unter der Rinde von Nadelbäumen vor, wo er den Borkenkäfern nachstellt. Auch unter der Rinde einiger Laubbäume ist er anzutreffen, er fliegt auf verletzte Bäume, aus denen Saft quillt. Verbreitung: Europa (vom Nordbalkan bis in den hohen Norden), Sibirien.

4 Pityophagus ferrugineus, 4—6,5 mm, lebt unter der Rinde von Nadelbäumen und jagt Borkenkäfer, ist daher für die Forstwirtschaft von Nutzen. Verbreitung: Europa (hauptsächlich in Mitteleuropa und den nördlichen Teilen, in Südeuropa nur auf dem Nordbalkan, in Nordspanien und Italien), Kaukasus.

Familie Rhizophagidae — Rinden- oder Wurzelkäfer

5 Rhizophagus bipustulatus — Flacher Rindenkäfer, 2,3—3,5 mm, lebt in großer Zahl unter der Rinde von Buchen, Eichen, Pappeln und anderen Laubbäumen, gelegentlich auch auf Nadelbäumen, meist an schimmelüberzogenen Stellen. Jagt unter der Rinde lebende Insekten (Borkenkäfer usw.). Verbreitung: Ganz Europa (mit Ausnahme der nördlichsten Gebiete), Kaukasus, Kleinasien, Nordafrika.

Familie Cucujidae — Plattkäfer

6 Oryzaephilus surinamensis — Getreideplattkäfer, 2,5—3,5 mm, kam mit Warenlieferungen nach Europa. Er lebt in Lagerhäusern, Mühlen, Geschäften und Neubauten. Verbreitung: Über die ganze Welt.

7 Uleiota planata, 4,5—5,5 mm, zeichnet sich innerhalb dieser Familie durch die außerordentlich langen Fadenfühler und die sehr feine Skulpturierung von Schild und Flügeldecken aus. Bei Gefahr stellt er sich tot und hält die Fühler parallel zueinander nach vorn gerichtet. Er lebt hauptsächlich unter der Rinde von Laubbäumen (Eichen, Buchen, Ulmen und vielen anderen), manchmal auch auf Kiefern. Verbreitung: Vorwiegend im Südteil der paläarktischen Region.

8 Cucujus cinnaberinus — Scharlachkäfer, 11—15 mm, stellt mit seiner leuchtenden Färbung und Größe eine Ausnahme in dieser Familie dar. Er lebt unter der morschen Rinde von Laubbäumen, vor allem von Ulmen, Eichen, Buchen usw., manchmal auch auf Nadelbäumen. Gehört zu den seltenen Käfern, die vorwiegend in Nordeuropa und nur hier und da in Mitteleuropa anzutreffen sind (Bayern, Slowakei usw.).

Käfer

Familie Erotylidae — Pilzkäfer

1 Triplax aenea, 3,2 — 4,1 mm, lebt auf Baumpilzen, in ihnen entwickeln sich auch seine Larven. Oft tritt er in größerer Anzahl auf, auch unter alter, schimmeldurchzogener Rinde an Stämmen und Baumstümpfen. Die Imago zeigt sich im Juni/Juli, danach verkriecht sie sich zum Überwintern. Verbreitung: Europa (im Mittelmeerraum vorwiegend in den Bergen), Kaukasus, Sibirien, Japan.

Familie Phalacridae — Glattkäfer

2 Olibrus aeneus, 2,5 — 2,8 mm, vor allem im Spätsommer auf blühender Kamille (*Matricaria chamomilla*), in der sich auch seine Larven entwickeln; die Verpuppung erfolgt meist unterirdisch. An manchen Stellen tritt der Käfer zahlreich auf. Verbreitung: Europa (vorwiegend Mittel- und Nordeuropa, bis nach Lappland), Sibirien.

Familie Lathridiidae — Moderkäfer

3 Cartodere filum, 1,3 — 1,4 mm, tritt in schimmelnden Stoffen pflanzlichen Ursprungs auf, in alten Herbarien, in Ställen auf fauligem Stroh und Heu, in getrockneten Heilkräutern und auch in Insektensammlungen. Er ist aber harmlos, seine Anwesenheit in Insektenkästen signalisiert vor allem, daß sich dort Schimmelpilze ausbreiten. Verbreitung: Europa, Nordafrika, Nord- und Mittelamerika.

Familie Mycetophagidae — Baumschwammkäfer, Myzelfresser

4 Mycetophagus atomarius, 4 — 4,5 mm, hat eine besondere Vorliebe für Baumpilze, lebt aber auch in verwesenden pflanzlichen Stoffen, wenn sie reichlich mit Schimmel durchsetzt sind. Verbreitung: Europa (vom Norden bis zum Süden, dort geht er bis in Gebirgslagen hoch).

5 Typhaea stercorea, 2,5 — 3 mm, kommt das ganze Jahr über auf schimmelnden pflanzlichen Stoffen vor, z. B. auf Stroh, Holz, Laub, und in Vorratsräumen, wo er sich von Schimmelpilzen ernährt. Er wird nicht zu den Schädlingen gerechnet, gehört aber zu den synanthropen Arten. Verbreitung: In der ganzen paläarktischen Region.

Familie Colydiidae — Rindenkäfer

6 Ditoma crenata, 2,6 — 3,5 mm, lebt unter der Rinde alter Baumstümpfe und jagt dort Milben und Larven kleiner Insekten, vor allem Borkenkäferlarven. Verbreitung: Ganze paläarktische Region, in Mitteleuropa von den Niederungen bis ins Gebirge.

7 Colydium filiforme, 5 — 6 mm, kommt unter morscher Rinde vor, verfolgt dort Borkenkäfer, ist nicht häufig. Verbreitung: Fast über ganz Europa (fehlt im Norden), Kaukasus, Kleinasien, Nordafrika.

Familie Endomychidae — Stäublingskäfer

8 Endomychus coccineus, 4 — 6 mm, lebt vom Frühjahr bis in den Herbst meist gesellig unter schimmeldurchzogener Rinde und in Baumpilzen. Häufigstes Vorkommen auf Buchen. Verbreitung: Ganz Europa (in den südlichen Teilen nur in höheren Lagen).

9 Mycetina cruciata, 3,8 — 4,5 mm, liebt Feuchtigkeit unter der schimmelnden Rinde alter Baumstümpfe, oft lebt er in Baumpilzen. Verbreitung: Europa (hauptsächlich in den mittel- und südeuropäischen Gebieten, im Norden erreicht er nur das südliche Fennoskandien), Kaukasus.

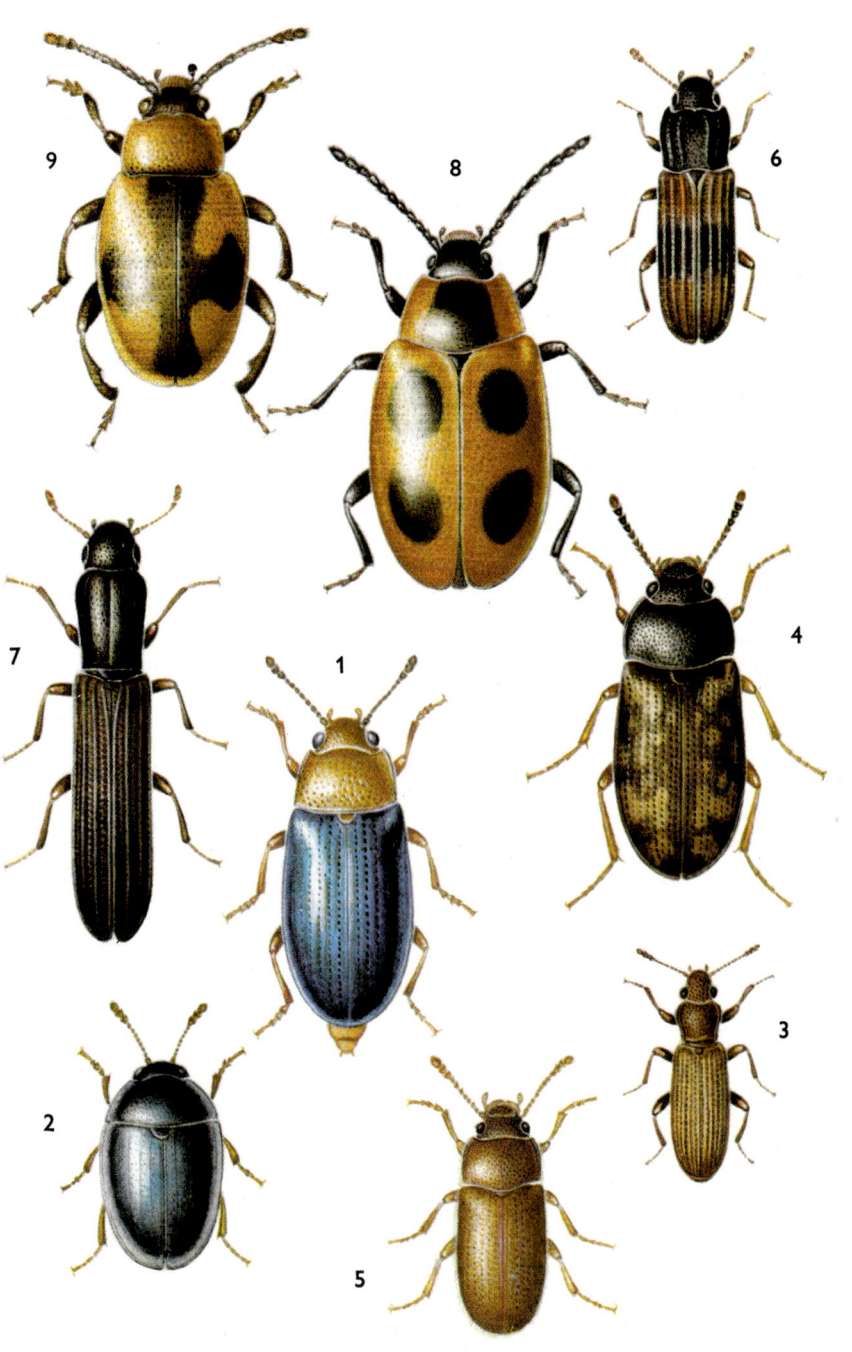

Familie Coccinellidae — Marienkäfer

1 Hyperaspis campestris, 2 — 3,5 mm, ist wärmeliebend und hält sich meist auf Gebüschen an Waldrändern und im Unterwuchs auf. Er ernährt sich von Blatt- und Schildläusen und ihren Eiern. In den subtropischen Gebieten der Sowjetunion (Grusinien usw.) wird er bei der biologischen Bekämpfung der auf Teesträuchern lebenden Schildlausart *Chloropulvinaria floccifera* eingesetzt. Verbreitung: Europa (außer dem Norden), Kaukasus, Kleinasien.

2 Hippodamia tredecimpunctata, 4,5 — 7 mm, lebt vor allem in Niederungen und Hügelland an Wasserläufen und auf Sumpfpflanzen. Die Käfer überwintern. Sie tauchen schon im Frühjahr auf, am zahlreichsten sind sie im Spätsommer. Sie fressen Blattläuse auf Wasser- und Sumpfpflanzen. Verbreitung: Großteil der paläarktischen Region.

3 Adalia bipunctata — Zweipunkt, 3,5 — 5,5 mm, weist auffällige Farbvariationen auf. Die typischen Exemplare haben orangerote Flügeldecken mit je einem runden schwarzen „Punkt". Bei manchen Exemplaren überwiegt aber die schwarze Farbe (3a) mit roten Flekken. Die Imago überwintert meist unter Baumrinde, im Moos, unter Steinen und nicht selten in menschlichen Behausungen. Die neue Generation erscheint im Juli. Da diese Käfer im Freien sehr häufig vorkommen und Blattläuse fressen, ist ihre Nützlichkeit beträchtlich. Verbreitung: Großteil der paläarktischen Region, nach Nordamerika eingeführt.

4 Coccinella septempunctata — Siebenpunkt, 5,5 — 8 mm, erscheint meist in der typischen Form mit sieben schwarzen Flecken auf den orangeroten Flügeldecken. Größe und Form dieser Flecken sind jedoch variabel, sie verbinden sich oft zu Streifen oder fehlen ganz. Die Imago überwintert oft gesellig unter Steinen, Rinde, in Grasbüscheln und im Moos. Schon bald im Frühjahr erscheinen sie an warmen Rainen vom Tiefland bis ins Hochgebirge hinauf. Aus den gelben Eiern schlüpft die langgestreckte graublaue, schwarzgelb gefleckte Larve (4b). Sie ist noch räuberischer als die Imago und frißt bis zur Verpuppung bis zu 3000 Pflanzenläuse. Die ausgewachsene Larve hängt sich mit dem Hinterleib an die Blattunterseite und verwandelt sich in eine Puppe (4a). Die Puppe ist orangefarben mit schwarzen Flecken und Streifen, nach etwa einer Woche schlüpft aus ihr der Käfer. Der Siebenpunkt bringt nur eine Generation jährlich hervor. Die Käfer der Vorjahrsgeneration sind heller und gelblicher als die der neuen Generation, deren Flügeldecken leuchtend rot sind. Der Siebenpunkt gehört zu den wichtigsten Nützlingen unter den Käfern, er ist von großer Bedeutung als Blatt- und Schildlausvertilger in Wäldern, Feldern und Gärten. Verbreitung: Ganz Europa (bis in den hohen Norden), Asien, Nordafrika.

5 Coccinela quatuordecimpustulata, 3 — 4 mm, variiert in der Färbung so stark, daß die schwarzen Punkte manchmal ganz verschwinden und die Flügeldecken gelb sind. Auch gehen die Flecken oft ineinander über. Der Käfer lebt an Waldrändern, auf Heideflächen, Feldern und Wiesen. Verbreitung: Fast ganz Europa (mit Ausnahme des hohen Nordens), Kleinasien, Sibirien, Japan.

Käfer

Familie Coccinellidae — Marienkäfer

1 Synharmonia conglobata, 3,5 — 5 mm, variiert stark in Körperform und Punktezahl auf den Flügeldecken. Käfer und Larven stellen Blattläusen auf Pappeln, Obstbäumen und einigen Nadelbäumen nach. Kommt in Niederungen und hügeligen Gebieten vor. Verbreitung: Großteil der paläarktischen Region; bewohnt in Europa mehr die wärmeren Gebiete, nimmt nach Norden hin ab und fehlt mancherorts ganz (Großbritannien, Norwegen).

2 Propylaea quatuordecimpunctata, 3,5 — 4,5 mm, kommt zahlreich auf Feldern, Wiesen und in Gärten vor, wo er von Frühjahr bis Herbst Blattläuse jagt. Die Käfer überwintern in ähnlichen Verstecken wie die anderen Arten. Verbreitung: Paläarktische Region; in Europa erstreckt sich seine Verbreitung vom Süden bis in den hohen Norden (Lappland, Norwegen).

3 Anatis ocellata — Augenmarienkäfer, 8 — 9 mm, gehört zu den größten Marienkäferarten. Die Punktgröße und -anzahl variiert bei ihm genauso wie bei den anderen Arten, die Punkte gehen manchmal ineinander über. Dieser sehr nützliche Marienkäfer bewohnt hauptsächlich Nadelwälder und kommt schon zeitig im Frühjahr hervor. Auf Fichten, Kiefern und Lärchen stellt er verschiedenen Blattlausarten nach. Er ist vom Tiefland bis ins Hochgebirge hinein verbreitet. Seine grau gefärbte, schwarzgelb gefleckte Larve ist gleichfalls räuberisch. Verbreitung: Ganz Europa, Kaukasus, Sibirien, bis nach Japan. Wurde wegen seiner großen Nützlichkeit nach Nordamerika eingeführt.

4 Thea vigintiduopunctata, 3 — 4,5 mm, eine sehr häufige Art, besonders an sonnigen Stellen, tritt von den Niederungen bis ins Gebirge hinein auf (bis etwa 1000 m). Verbreitung: Südteil der paläarktischen Region.

5 Calvia decemguttata, 5 — 6,5 mm, bewohnt vor allem feuchte Standorte. Das Vorkommen dieses Käfers hat lokalen Charakter, gelegentlich tritt er häufig auf, an anderen Orten ist er selten. Verbreitung: Mittel- und Südeuropa, Südsibirien, Japan.

6 Calvia quatuordecimguttata, 4,5 — 6 mm, kommt häufig auf jungen Büschen an Wäldrändern vor. Verbreitung: Europa (im Süden lebt er nur im Gebirge), Sibirien, Nordamerika.

7 Chilocorus renipustulatus, 4 — 5 mm, ist wie der nahe Verwandte *Ch. bipustulatus,* durch zwei rote Makeln an den schwarzen Flügeldecken charakterisiert. Im Unterschied zu dem *Ch. bipustulatus,* (der die Makeln eng und verlängert hat), sind sie bei dieser Art rundlich. Sie gehört zu den Nützlingen, da sie viele Schildläuse vernichtet. Verbreitung: fast die ganze paläarktische Region.

8 Exochomus quadripustulatus, 3 — 5 mm, verläßt seine Winterverstecke schon zeitig im Frühjahr. Er lebt auf Bäumen, die von verschiedenen Schildläusen befallen sind. Besonders tritt er in den Frühlingskolonien der Schildlausart *Pseudochermes fraxini* auf, die auf Stämmen und Ästen von Eschen lebt. Jeder Käfer frißt täglich etwa 30 Schildläuse, die Larve sogar noch mehr. Verbreitung: Fast ganz Europa, in Nordeuropa kommt er nur in den südlicheren Teilen vor.

Käfer

Familie Cisidae — Schwammfresser

1 **Cis boleti**, 2,8—3,5 mm, gehört zu den Arten, die häufig in Röhrenpilzen (vor allem der Gattung *Trametes*) vorkommen. Verbreitung: Ganze paläarktische Region; reicht in Europa bis hoch in den Norden.

Familie Bostrychidae — Holzbohrkäfer

2 **Bostrychus capucinus** — Kapuzinerkäfer, 8—14 mm, wurde früher oft als Hartholzschädling aufgeführt, ist heute aber selten geworden. Die Larven entwickeln sich unter der Rinde an Stämmen oder Baumstümpfen von Eichen, Buchen und in Südeuropa noch an einer Reihe weiterer Laubbäume. Verbreitung: Europa (vorwiegend im Süd- und Mittelteil des Kontinents, im Norden nur in den Südteilen Skandinaviens), Kaukasus, Klein- und Vorderasien, Sibirien, China.

Familie Anobiidae — Poch- oder Klopfkäfer

3 **Hedobia imperialis** — 3,5—5,5 mm, zeichnet sich unter den Pochkäfern durch seine auffälligere Färbung aus. Die Larven entwickeln sich in schwächeren Buchenstämmen und -ästen, Eichen, Hainbuchen und Efeu, wo sie Gänge zwischen Rinde und Holz nagen. Sie verpuppen sich im Herbst, der bereits geschlüpfte Käfer überwintert, zeigt im Frühjahr fliegt er aus. Verbreitung: Fast ganz Europa (außer dem Norden).

4 **Anobium punctatum** — Gemeiner Holzwurm, 3—5 mm, ist eine synanthrope Art. Er befällt hauptsächlich Bauholz und Möbel, Balken, antike Holzgegenstände usw. Seine Larven nagen im Holz Gänge. Die Käfer, die ebenfalls im Holz aus den Puppen schlüpfen, werfen dabei kleine Holzmehlhäufchen aus. Die Entwicklung dauert ein Jahr, manchmal auch länger. Die Art gehört zu den bedeutenden Schädlingen. Verbreitung: Ganz Europa (bis in den hohen Norden), Kaukasus, Nordamerika, Australien.

Familie Ptinidae — Diebskäfer

5 **Ptinus fur** — Kräuterdieb, 2—4,3 mm, ist in seiner Färbung ziemlich variabel. Außerdem weist er beträchtliche Unterschiede zwischen Männchen und Weibchen auf. Kommt meist in menschlichen Behausungen vor, am häufigsten auf Landklosetts, in Wohnungen und Ställen, man findet ihn auch in Vogelnestern. Kommt es zu stärkerer Vermehrung in Vorratsräumen, kann er zum Schädling werden. Verbreitung: Ganze paläarktische Region, Nordamerika.

Familie Oedemeridae — Scheinbockkäfer

6 **Oedemera podagrariae** — 10 mm, hat nach hinten auseinanderklaffende Decken, so daß die darunter liegenden Hautflügel zu sehen sind. Die Männchen haben sehr starke Schenkel. Die Imago sitzt im Juni/Juli auf Blüten. Verbreitung: Große Teile Europas, Kleinasien, Sibirien.

Familie Pyrochroidae — Feuerkäfer

7 **Pyrochroa coccinea** — Scharlachroter Feuerkäfer, 14—15 mm, einer der häufigsten Vertreter dieser nicht sehr artenreichen Familie, fällt vor allem wegen seiner herrlichen Färbung auf. Er lebt ab Mai an den Stämmen gefällter Bäume und auf Blüten. Seine lange und sehr flache Larve entwickelt sich unter der Rinde von Baumstümpfen. Verbreitung: Mitteleuropa (berührt die Nordgebiete Südeuropas und Südskandinavien).

Familie Anthicidae — Blütenmulmkäfer

8 **Anthicus flavipes**, 1,7—2,2 mm, lebt unter verwesenden Pflanzenstoffen, ist aber nicht häufig. Verbreitung: Vorwiegend Mittel- und Nordeuropa.

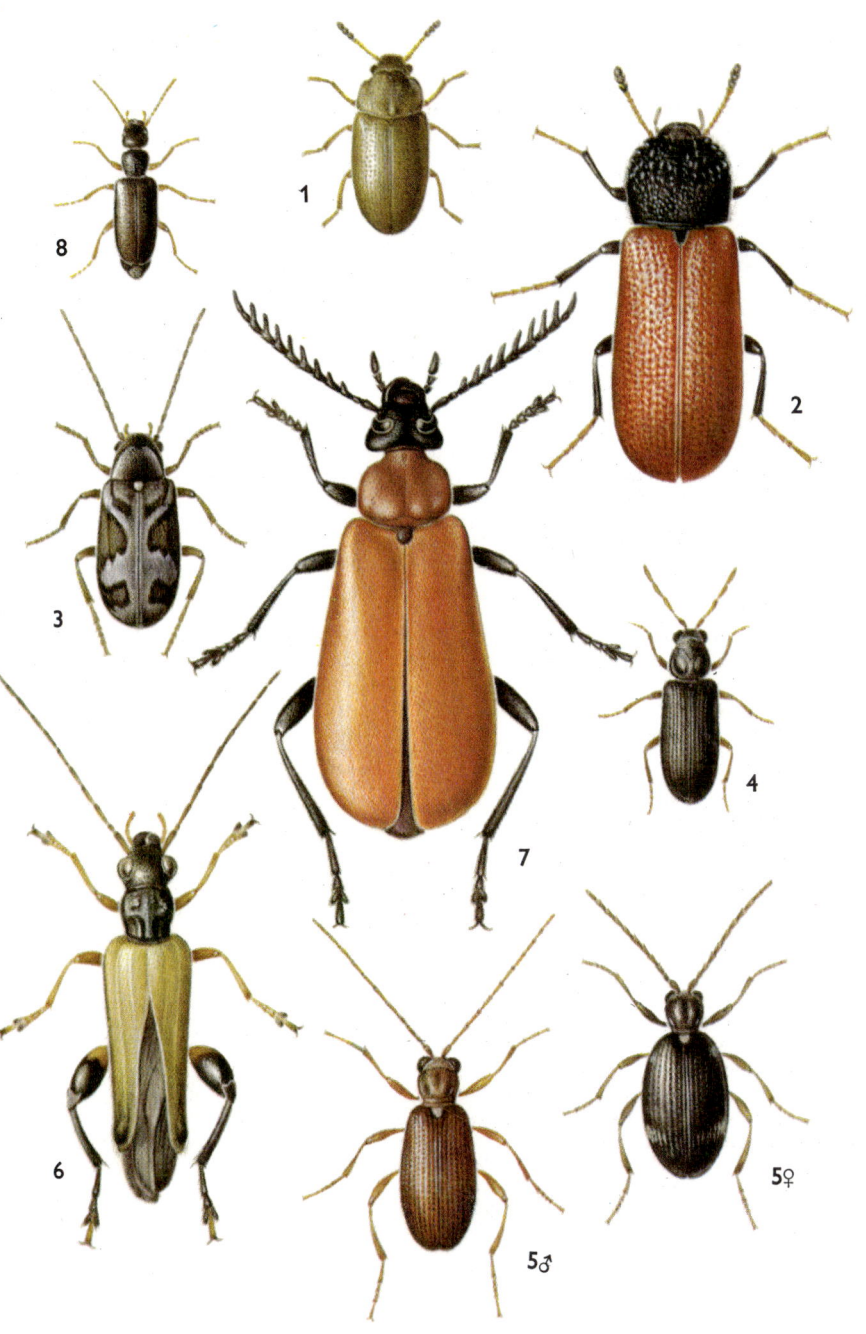

Käfer

Familie Meloidae — Öl- oder Blasenkäfer

1 Meloë violaceus — Ölkäfer oder Maiwurm, 10—32 mm, macht wie seine verwandten Arten eine komplizierte Entwicklung durch. Aus den Eiern, die die Weibchen in großer Zahl ablegen, schlüpfen kleine Larven, Triungulinus genannt. Sie klettern auf Blüten und warten dort auf den Besuch einer Erdbiene. Gelangen sie mit ihr in deren Nest, so entwickeln sie sich weiter, andernfalls gehen sie zugrunde. In der Entwicklungsreihe erscheinen zwischen Larve und Puppe noch weitere Stadien, vor allem die Scheinpuppe, aus der ein weiteres Larvenstadium hervorgeht. Erst daraus entwickelt sich die Puppe. Deshalb wird die Entwicklung der Ölkäfer als „Überverwandlung" (Hypermetamorphose) bezeichnet. Verbreitung: Kommt in Europa stellenweise vor, hauptsächlich im Gebirge und im Vorgebirge, Sibirien.

2 Lytta vesicatoria — Spanische Fliege, 12—21 mm, zeigt sich meist im Juni/Juli auf Eschen, Flieder, Liguster und anderen Pflanzen, von deren Laub sie sich ernährt. Der Käfer verbreitet einen durchdringenden Geruch. Die Weibchen legen ihre Eier in der Nähe von Erdbienennestern ab, und die junge Larve (ebenfalls Triungulinus genannt wie beim Ölkäfer) dringt in diese Nester ein, wo sie eine komplizierte Entwicklung durchmacht. Von allen Ölkäferarten enthält die Spanische Fliege die größte Cantharidinmenge, einen giftigen Stoff, dessen Verwendung als Gift und Heilmittel schon in der antiken Medizin und später in der Renaissancezeit bekannt war. Schon 0,03 g Cantharidin wirken beim Menschen tödlich. Verbreitung: Europa (hauptsächlich im Süden und in Mitteleuropa), Sibirien, Nordamerika (eingeführt).

Familie Rhipiphoridae — Fächerkäfer

3 Metoecus paradoxus — Wespenfächerkäfer, 8—12 mm, entwickelt sich in den Nestern der gemeinen Erdwespe (*Vespa vulgaris*). Die Imago schlüpft im August/September und ist selten. Verbreitung: Mittel- und Westeuropa.

Familie Mordellidae — Stachelkäfer

4 Variimorda fasciata, 6—9 mm, lebt auf Blüten, wo er durch schwänzelnde Bewegungen seines langgestreckten Hinterleibes auffällt. Verbreitung: Europa, Kaukasus, Kleinasien, Iran.

Familie Lagriidae — Wollkäfer

5 Lagria hirta — Wollkäfer, 7—10 mm, zeigt sich von Juni bis September in großer Zahl auf Blüten auf feuchten Wiesen, an Wasserrändern und anderen feuchten Standorten zwischen Tiefland und Gebirge. Die Larven leben unter faulendem Laub. Verbreitung: Europa, Sibirien.

6 Blaps mortisaga — Totenkäfer, 20—31 mm, hält sich in der Nähe des Menschen auf, in Kellern, Schuppen und Ställen. Er ernährt sich von pflanzlichen Stoffen. Verbreitung: Europa, Kaukasus, Transkaukasien, Klein- und Vorderasien (Irak, Iran).

7 Diaperis boleti, 6—8 mm, lebt in weicheren Baumpilzarten. Verbreitung: Europa, Kaukasus, Vorderasien, Sibirien, Nordafrika.

8 Tenebrio molitor — Mehlkäfer, 15 mm, entwickelt sich im Mehl. Seine Larven, die sog. „Mehlwürmer", sind allgemein bekannt und werden als Tierfutter gezüchtet. Verbreitung: Kosmopolit.

Käfer

Familie Lucanidae — Hirschkäfer

1 Lucanus cervus — Hirschkäfer, zeichnet sich durch den auffallenden Unterschied zwischen Männchen und Weibchen aus. Das Männchen, das mit den Oberkiefern eine Länge von 75 mm erreichen kann, ist der größte Käfer Europas. Die Oberkiefer dienen als Waffen beim Kampf um die Weibchen. Bei kleinen Exemplaren sind sie nicht so stark entwickelt (Form „*capreolus*"). Als Nahrung dienen ihnen süße, gärende Eichensäfte. Die Hirschkäfer fliegen erst am Spätnachmittag und am Abend. Das Weibchen ist kleiner, 30 bis 45 mm lang. Die Entwicklung des Käfers nimmt mindestens fünf Jahre in Anspruch. Aus den Eiern, die in alte Stümpfe und Stämme von Eichen, gegebenenfalls auch Buchen, Ulmen und anderen Bäumen gelegt werden, schlüpfen Larven, die mit mächtigen Kiefern ausgestattet sind. Sie wachsen bis zu einer Länge von 10 cm heran und stellen sich schließlich eine harte Wiege her, in der sie sich verpuppen. Die Imago schlüpft schon im Herbst aus, doch überwintert sie im Versteck. Erst im Juni bzw. in den ersten Julitagen des nächsten Jahres zeigt sie sich im Freien. Verbreitung: Großteil Europas. In einigen Ländern steht der Hirschkäfer unter Naturschutz, z. B. in der BRD und ČSSR.

2 Sinodendron cylindricum — Kopfhornschröter, 12—16 mm, fällt ebenfalls durch seinen starken Sexualdimorphismus auf. Das Männchen trägt auf dem Kopf ein deutlich sichtbares, nach hinten gebogenes Horn, das Weibchen hat an dieser Stelle nur einen kleinen Buckel. Der ganze Körper ist walzenförmig. Der Kopfhornschröter lebt in Berg- und Vorgebirgswäldern. Die Larven entwickeln sich meist in vermodernden Buchenstümpfen und -holzstücken, manchmal auch in anderen Holzarten. Die Imago erscheint im Sommer (Juni/Juli), sie hält sich unter Rinde und Holzstücken auf. Verbreitung: Von Westeuropa bis nach Sibirien.

3 Systenocerus caraboides — Rehschröter, 10—14 mm, stellt unter unseren Hirschkäferarten eine farbliche Ausnahme dar. Im Gegensatz zu den anderen Arten, bei deren Färbung die Töne Braun und Schwarz vorherrschen, leuchtet der Körper des Rehschröters grün, blau, manchmal auch blaugrün, blauviolett und blauschwarz. Die Beine sind in der Regel schwarz, doch sind auch Exemplare mit rostbraunen Beinen beschrieben. Die Käfer erscheinen zeitig im Frühjahr und fliegen an sonnigen Tagen. Sie bewohnen Laubwälder von Niederungen bis ins Gebirge und kommen in manchen Gegenden zahlreich vor. Sie ernähren sich von jungem Laub und Knospen. Die Larven entwickeln sich vorwiegend in Eichen und Buchen, gelegentlich auch in anderen Laubbäumen. Verbreitung: West- und Mitteleuropa.

4 Dorcus parallelopipedus — Balkenschröter, 18—32 mm, sucht Laubhölzer auf, vor allem Eichen und Buchen. Seine Larven entwickeln sich in morschen Baumstümpfen, Holzplatten und in alten, erkrankten Stämmen von Eichen, Buchen, Eschen, Ulmen, Weiden, Linden, manchmal auch in Obstbäumen, Kiefern oder Lärchen. In ausgewachsenem Zustand messen sie etwa 20 mm und glänzen gelblich. Die Käfer fliegen in den Abendstunden. Ihr Hauptvorkommen fällt auf Ende Mai und Juni. In seinem Verbreitungsgebiet haben sich einige geographische Rassen ausgebildet. Stellenweise kommt er häufig vor, an einigen Stellen ist er bereits ausgestorben. Verbreitung: Großteil Europas, Klein- und Vorderasien.

3

4

1♂

1♀

2♀

2♂

Käfer

Familie Scarabaeidae — Mai-, Rosen-, Dung- und Mistkäfer

1 Oryctes nasicornis — Nashornkäfer, 25—40 mm, weist starken Geschlechtsdimorphismus auf. Das Männchen trägt auf dem Kopf ein nach hinten gebogenes Horn, auf dem Schild eine Vertiefung mit einem hohen Kamm, das Weibchen hat an der Stelle des Horns nur ein kleines, dreieckiges Plättchen. Der Käfer bewohnte ursprünglich alte Eichenwälder, doch heute entwickeln sich seine Larven meist in Komposthaufen und Mistbeeten, nur wenige sind in alten Laubbaumstümpfen (Buchen, Eichen usw.) zu finden. Seine Entwicklung dauert zwei bis drei Jahre, die ausgewachsene Larve mißt bis zu 120 mm, sie verpuppt sich in einer ovalen Kammer. Die Käfer fliegen an Frühlings- und Sommerabenden, tagsüber verkriechen sie sich in verschiedenen Verstecken. Verbreitung: Fast ganz Europa, Klein- und Vorderasien, Teile Mittelasiens, Nordafrika.

2 Trichius fasciatus — Pinselkäfer, 9—12 mm, hat eine stark variierende Zeichnung auf den Flügeldecken. Er bewohnt Gebirgsgegenden, wo er auf den Blüten von Rosen, Weißdorn, Margeriten und anderen, meist weiß blühenden Pflanzen sitzt. Die Larven entwickeln sich im Mulm alter Laubbaumstümpfe, Entwicklungsdauer: Zwei Jahre. Verbreitung: Fast ganz Europa (geht in den südlichen Gebieten auch in höhere Lagen), Kaukasus.

3 Cetonia aurata — Rosenkäfer, 14—20 mm, erscheint an sonnigen Tagen ab Mitte Mai auf blühenden Rosen, Weißdorn, auf Schwarzem Holunder und Zwergholunder. Er fliegt mit geschlossenen Deckflügeln. Die Larven entwickeln sich mit Vorliebe im Mulm von Buchenstümpfen und im Gartenkompost, vereinzelt auch in Ameisenhaufen, wo sich die Larven der verwandten Art *Potosia cuprea* in der Regel aufhalten. Die Entwicklung ist einjährig. Verbreitung: Europa, Klein- und Vorderasien, Sibirien.

4 Tropinota hirta — Zottiger Rosenkäfer, 8—11 mm, besucht schon ab April Frühlingsblumen, kommt häufig auf den Blüten von Margeriten und Habichtskraut vor. Seine Larven leben in der Erde und ernähren sich von alten Würzelchen. Verbreitung: Europa, Klein- und Vorderasien, Nordamerika (eingeschleppt).

5 Polyphylla fullo — Walker, 25—36 mm, die größte und farblich interessanteste Maikäferart bei uns. Der Fächerfühler des Männchens besteht aus sieben länglichen Blättchen, der des Weibchens nur aus fünf kürzeren. Die Käfer fliegen im Juli von Einbruch der Dämmerung bis in die späten Nachtstunden in Kiefernwäldern und deren Umgebung. Das Weibchen legt seine Eier in Sandböden an Waldrändern und in Weinbergen. Die Larven fressen die Wurzeln verschiedener Gräser, manchmal aber auch die Wurzeln der Weinstöcke. Die Entwicklungsdauer des Käfers beträgt vier, gelegentlich auch fünf Jahre. Der Käfer ist in Europa noch manchmal häufig. Verbreitung: Fast ganz Europa, erreicht im Osten den Unterlauf der Wolga.

6 Melolontha melolontha — Feld-Maikäfer, 25—30 mm, ist die häufigste europäische Maikäferart, die manchmal zum Schädling werden kann. Das Männchen läßt sich am leichtesten an den Fühlern vom Weibchen unterscheiden. Es hat große siebenblättrige Fächerfühler, das Weibchen nur kleinere sechsblättrige. Die Larve (Engerling) entwickelt sich im Erdreich und ernährt sich von Würzelchen. In Trockenzeiten und vor Wintereintritt kriecht sie tiefer in den Boden. Die Entwicklung des Käfers dauert drei bis vier Jahre, je nach den klimatischen Bedingungen. Die Imago schlüpft schon im Herbst aus, doch kommt sie nicht an die Oberfläche, sondern überwintert im Boden. Verbreitung: Großteil Europas (fehlt in Spanien, Süditalien u. a.).

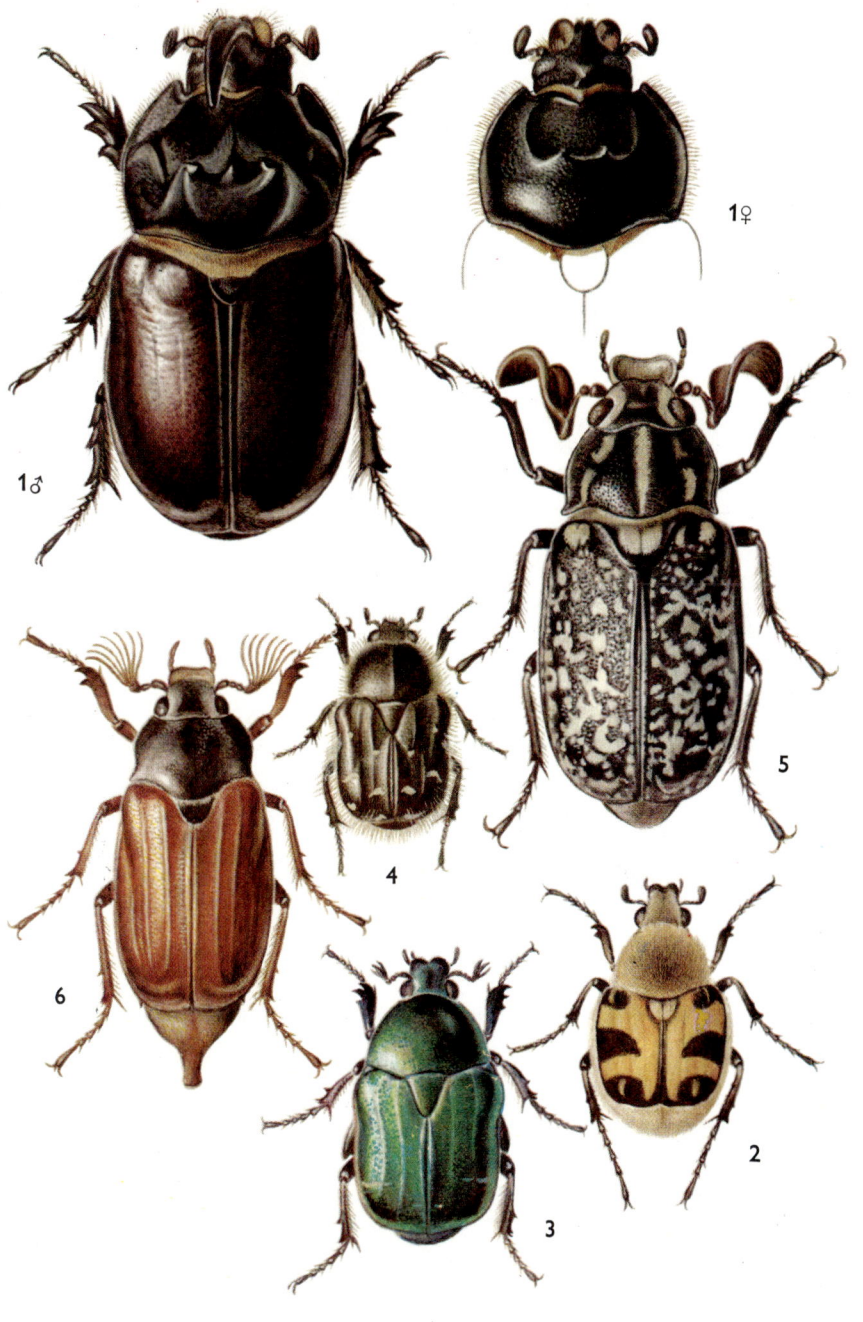

Familie Scarabaeidae — Mai-, Rosen-, Dung- und Mistkäfer

1 Amphimallon solstitiale — Junikäfer, 14—18 mm, schwärmt an Juniabenden oft in großer Anzahl. Er fliegt in Baumkronen, auf Wiesen, an Waldrändern und in Parks vom Tiefland bis ins Gebirge hinein. Die Weibchen legen ihre Eier in die Erde. Die Entwicklung des Käfers dauert drei Jahre. Verbreitung: Paläarktische Region.

2 Phyllopertha horticola — Gartenlaubkäfer, 5—8 mm, kommt am häufigsten im Juni vor, besucht Rosenblüten, sitzt auf Blättern und fliegt um Heuhaufen auf Wiesen und in Gärten. Seine Larven entwickeln sich in der Erde, die Entwicklung dauert zwei bis drei Jahre. Verbreitung: Von Europa bis in die Mongolei.

3 Aphodius fimetarius — Dungkäfer, 5—8 mm, kommt schon ab März häufig vor. Im April legen die Weibchen etwa 30 Eier in halbvertrockneten Pferde- oder Kuhmist. Die ausgewachsene Larve kriecht in die Erde, um sich dort zu verpuppen. Verbreitung: Eurasien, Nordafrika, Nordamerika.

4 Aphodius rufipes, 10—13 mm, gehört zu den größten Arten der Dungkäfer. Er ist in Gebirgsgegenden auf dem Kot verschiedener Pflanzenfresser zu finden und normalerweise von Frühjahr bis Herbst anzutreffen. Verbreitung: Europa, Ostasien, Südafrika, Nord- und Südamerika.

5 Geotrupes stercorarius — Großer Roßkäfer, 16—25 mm, zeichnet sich wie die verwandten Arten durch Brutfürsorge aus. Im Herbst baut das Elternpaar in der Erde ein Nest. Zunächst entsteht ein senkrechter, etwa einen halben Meter tiefer Schacht, zu dem das Weibchen noch seitliche Stollen erstellt. Diese sind etwa 20 cm lang und enden in einer verbreiterten Kammer. Die Seitengänge werden ganz mit Dung angefüllt, nur am Ende bleibt Platz für das Ei. Anschließend werden die Gänge und der Schacht mit Erde verschlossen. Die Larve ist auf diese Weise mit genügend Nahrung versorgt. Von der Eiablage bis zum Ausschlüpfen des Käfers vergehen zwei Vegetationsperioden, doch der bereits im Juli ausgeschlüpfte Käfer bleibt noch in seiner unterirdischen Kammer. Erst im Frühjahr des folgenden Jahres kommt er hervor. Verbreitung: Ganz Europa, Sibirien, Japan.

6 Geotrupes vernalis — Frühlingsmistkäfer, 12—20 mm, baut gleichfalls Brutstollen zum Schutz seiner Nachkommenschaft, aber von einem anderen Typ als die vorstehende Art. Zuerst wird eine etwa 5 cm tiefe, trichterförmige Vertiefung ausgehoben, von deren Ende mehrere etwa 20 cm lange waagerechte Gänge vorgetrieben und allmählich mit Dung gefüllt werden. Das sind die Vorratsgänge. Nach ihrer Fertigstellung kommt es zur Kopulation und dem Bau der eigentlichen Kammer für das Ei, die etwa einen halben Meter unter der Oberkante des Trichters liegt. In diese Kammer legt das Weibchen nur ein einziges Ei. Zum Schluß wird der Zugang völlig mit Kot ausgefüllt. Verbreitung: Europa, Kleinasien.

7 Onthophagus fracticornis — Kotfresser, 5—9 mm, lebt in allen Arten von Exkrementen. Auch er sorgt für seine Nachkommen. In einer Tiefe von 15—20 cm legt er mehrere, sich verästelnde Gänge an, an deren Ende die Eikammern liegen. Das Weibchen füllt jede Kammer dann mit Dung und legt ein Ei hinein, aus dem nach etwa einer Woche eine weiße Larve schlüpft. Verbreitung: Ganz Europa, Nordafrika.

Familie Cerambycidae — Bockkäfer

1 **Ergates faber** — Mulmbock, bis 60 mm lang, zählt zu den größten Bockkäfern in unserer Fauna. Männchen und Weibchen unterscheiden sich in einigen Merkmalen voneinander: die Fühlerlänge, die beim Männchen die Körperlänge übertrifft, die unterschiedliche Färbung, Form und Skulpturierung des Schildes. Der Schild ist beim Männchen am Rand fein gekerbt, auf der Oberseite mit zwei spärlich punktierten Schwielen versehen. Die Käfer fliegen hauptsächlich an den Abenden im Spätsommer und Frühherbst. Sie leben in Wäldern, auch ihre Larvenentwicklung verläuft dort. Das Weibchen legt ungefähr 150—300 Eier in Kiefern- und andere Nadelholzstümpfe, in morsches oder frisches Holz. Die Larven halten sich im Splint, der oberen Holzschicht zwischen Rinde und Kern auf, und nagen dort breite, unregelmäßig gewundene Gänge. Die Larvenentwicklung dauert rund vier Jahre. Die ausgewachsene Larve ist platt und mißt fast 80 mm. Vor der Verpuppung bohrt sie sich nicht sehr tief ins Holz ein und verpuppt sich dort. Heutzutage ist die Larve schon nicht mehr als Forstschädling anzusprechen, da die Art immer seltener wird. Es gibt nämlich kaum noch Standorte, an denen sie ungestört ihren mehrjährigen Entwicklungsgang vollenden kann. Verbreitung: Europa, Klein- und Vorderasien, Nordafrika.

2 **Megopis scabricornis** — Körnerbock, 29—50 mm, zeichnet sich durch sein auffallend langes und skulpturiertes drittes Fühlerglied aus. Bei den Männchen erreichen die Fühler knapp Körperlänge, bei den Weibchen sind sie nur halb so lang. Typisch sind auch die drei bis vier Rippen auf den Flügeldecken. Die Käfer fliegen abends, tagsüber verstecken sie sich unter Rinde. Sie erscheinen im Juli/August, je nach Biotop auch noch im September. Die Larven entwickeln sich in Laubbäumen, vorwiegend in Eichen und Buchen, Pappeln, Maulbeerbäumen, Linden, Nußbäumen, Weiden usw. Verbreitung: Mittel- und Südeuropa, Kaukasus, Klein- und Vorderasien, Iran. In einigen Gebieten ist diese Art häufig, anderswo gehört sie zu den Seltenheiten.

3 **Tragosoma depsarium** — Zottenbock, 15—31 mm, wurde zum ersten Mal von dem berühmten schwedischen Naturforscher **Carl v. Linné** anhand von in Schweden gefangener Exemplare beschrieben. Die Fühler des Männchens erreichen bis zu zwei Dritteln der Flügeldecken, die des Weibchens bis zur Hälfte. Die Käfer fliegen im Juli/August während der Abenddämmerung in Gebirgs-Nadelwäldern. Am Tag halten sie sich unter Rinde, liegenden Stämmen und Meterholz verborgen. Das Weibchen legt seine Eier in gebrochene, gefällte oder kranke Fichten-, Kiefern- und Tannenstämme. Dieser Bockkäfer wird auch in der älteren Literatur nirgends als häufig auftretende Art geführt. Heutzutage gehört er zu den wirklichen Raritäten. Hier soll er als Beispiel stehen für Käfer, die in Mitteleuropa aussterben und die man fast nur noch in den Sammlungen großer Museen findet. Verbreitung: Nord-, Mittel- und Südeuropa, europäische Gebiete der UdSSR, Sibirien, Nordamerika.

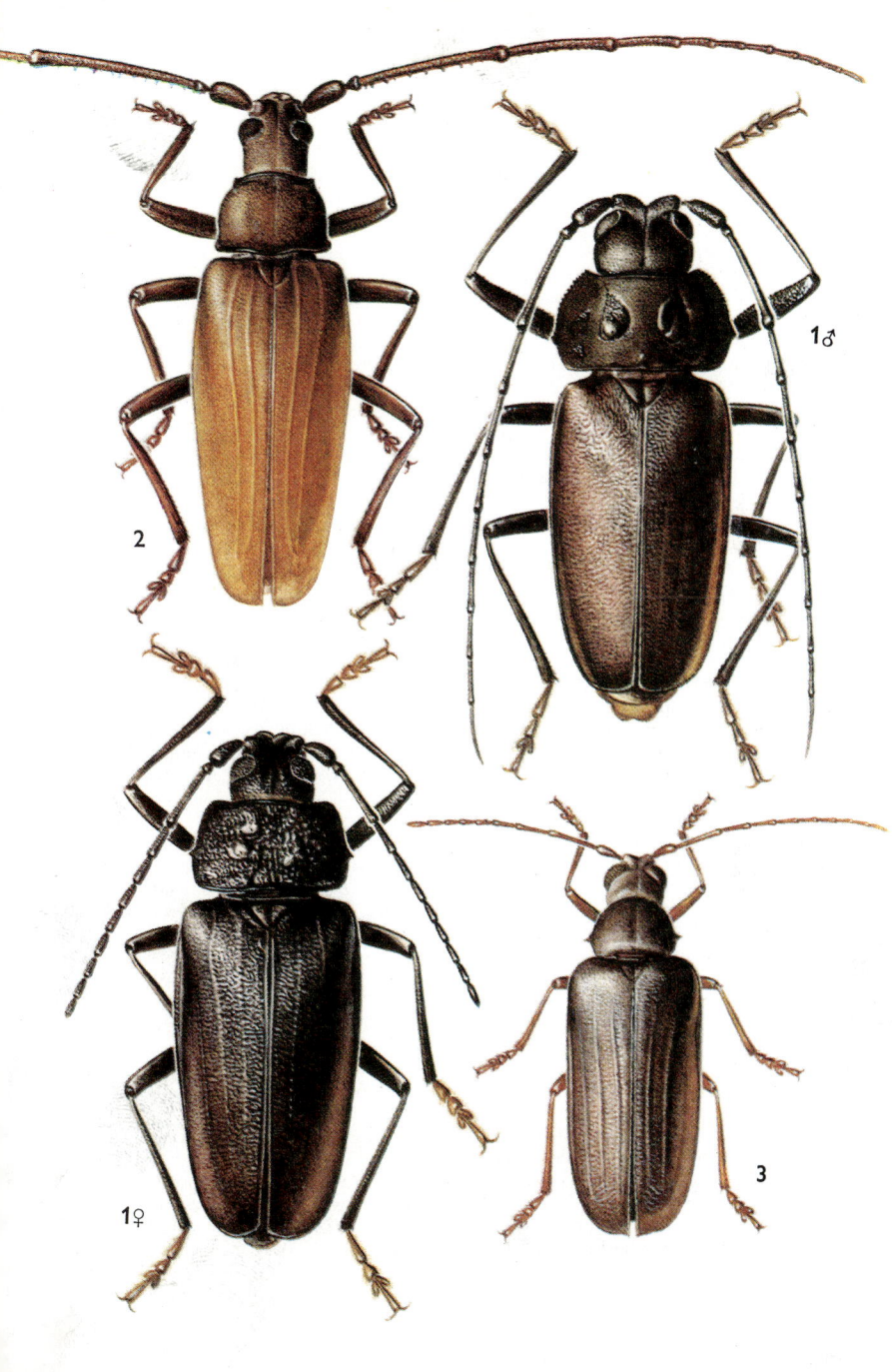

2

1♂

1♀

3

Käfer

Familie Cerambycidae — Bockkäfer

1 Prionus coriarius — Sägebock, 18—45 mm, weist einen auffallend unterschiedlichen Fühlerbau bei Männchen und Weibchen auf. Die Fühler des Weibchens sind verhältnismäßig dünn, elfgliedrig und leicht gesägt, die des Männchens sind kräftiger, stärker gesägt und haben 12 Glieder. Die Imago fliegt im August während der Dunkelheit in alten Laub- und Nadelwäldern, tagsüber hält sie sich unter der Rinde von Baumstümpfen versteckt. Die Imago ist in der Lage, einen durchdringenden Knarrton von sich zu geben, tut das aber auf andere Weise als die meisten übrigen Bockkäferarten: Sie reibt die Flügeldeckenränder an einer Leiste, die an den Schenkeln des hinteren Beinpaares sitzt. Das Weibchen legt seine Eier in alte Baumstümpfe von Laub- und Nadelhölzern, dort entwickeln sich auch die Larven. Ausgewachsen sind sie rund 50 mm lang. Verbreitung: Fast ganz Europa, Kaukasus, Syrien, Iran, Westsibirien, Nordafrika.

2 Rhagium inquisitor — Zangenbock, 10—21 mm, ist eine der vier Arten aus dieser in Mitteleuropa sehr häufig vorkommenden Gattung. Er bewohnt Nadelwälder von den Niederungen bis ins Gebirge, zeigt sich meist von April bis Juli auf Blüten und Holzstücken. Die Imago kann man schon vom Herbst an in einer länglichen Wiege unter der Rinde finden, wo sie nach dem Schlüpfen den Winter verbringt. Verbreitung: Europa, Westsibirien, Nordamerika.

3 Gaurotes virginea — Blaubock, 9—12,5 mm, existiert in mehreren farblichen Varianten. Meist hat er einen schwarzen Schild und grüne bzw. blaue Flügeldecken. Andere Exemplare haben violette oder schwarze Decken und einen roten Schild, daneben gibt es aber noch weitere Farbformen. Die Imago erscheint vom Tiefland bis ins Gebirge hinein mit Vorliebe auf den Blütenständen von Doldenblütlern, in höheren Lagen ist die Art häufiger. Verbreitung: Von Westeuropa über Sibirien bis Korea.

4 Leptura rubra — Rothalsbock, 10—19 mm, zeichnet sich durch augenfällige Unterschiede zwischen den beiden Geschlechtern aus. Das Männchen ist schlanker, kleiner und hellgelb, das Weibchen größer, gedrungen und orange. Auch in der Fühlerform unterscheiden sie sich. Die Imago fliegt im Hochsommer, sie läßt sich auf Blüten, verletzten Stämmen und Meterholz nieder. Das Weibchen legt seine Eier in die Stümpfe von Nadelholz, die Larven nagen dort gewundene Gänge und fördern die Zersetzung des Holzes. Ihre Entwicklung dauert vermutlich zwei Jahre. Verbreitung: Von Westeuropa bis Sibirien, Nordafrika.

5 Strangalia maculata — Schmalbock, 14—22 mm, hat auf den gelben Flügeldecken schwarze Flecken und Streifen, die stark variieren. Die Käfer sind von Mai bis August auf allen möglichen Blüten anzutreffen. Die Larven entwickeln sich vorwiegend in Laubbäumen, aber auch in Nadelhölzern. Verbreitung: Von Europa bis Transkaukasien und Vorderasien (Iran).

6 Spondylis buprestoides — Waldbock, 12—24 mm, ist in seinem Aussehen den übrigen Bockkäfern nicht sehr ähnlich. Er hat nämlich nicht nur einen walzenförmig gedrungenen Körper, sondern auch kurze Fühler. Die Imago fliegt von Juli bis September abends in Kiefernwäldern, tagsüber versteckt sie sich unter Holzklötzen und Rinde. Die Larven entwickeln sich in alten Kiefernstümpfen, in denen sie bis tief in die Wurzeln vordringen. Sie tragen so zur Zersetzung des Holzes bei und können zu den nützlichen Tieren gezählt werden. Verbreitung: Europa, Kleinasien, Sibirien, China, Japan.

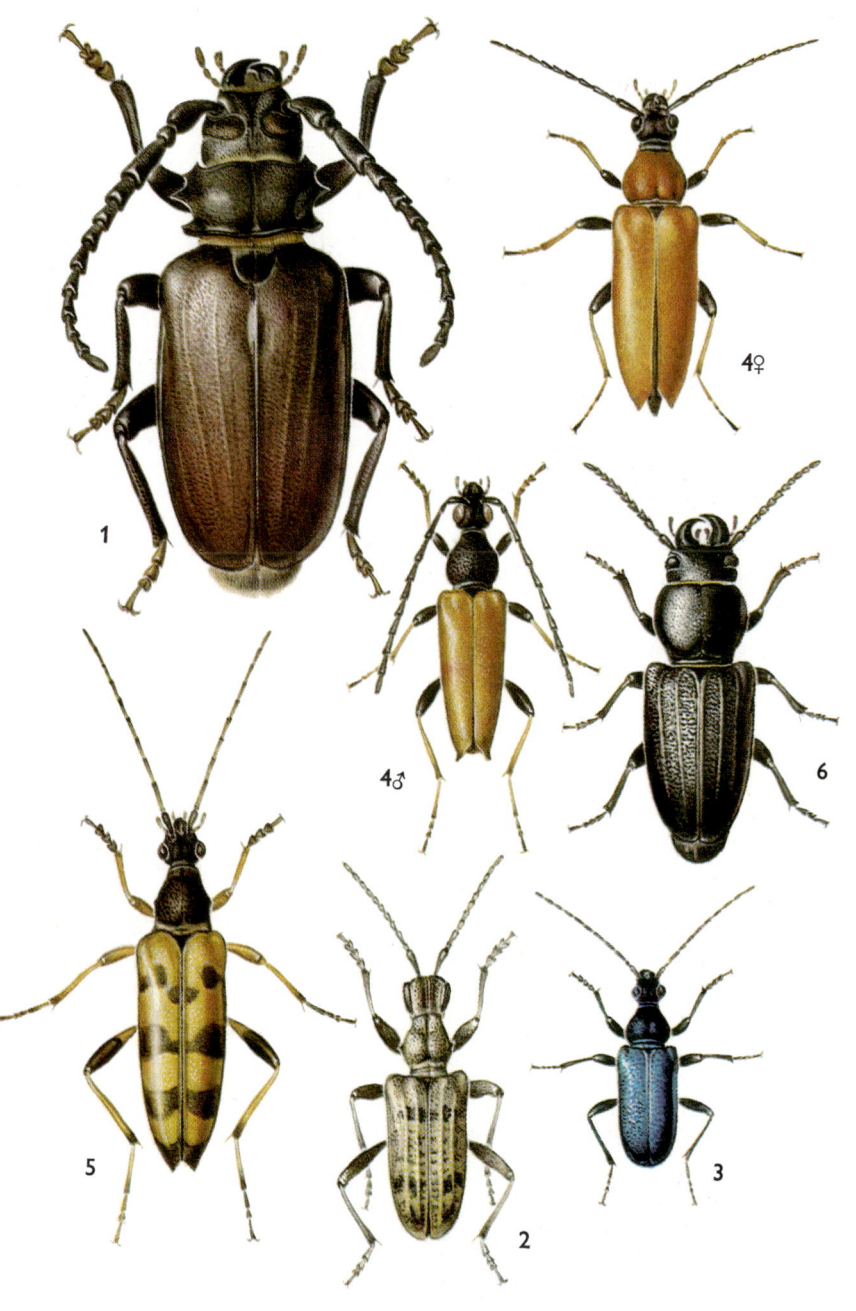

Käfer

Familie Cerambycidae — Bockkäfer

1 Criocephalus rusticus — Grubenhalsbock, 10—30 mm, lebt in Nadelwäldern, vorwiegend in Kiefernbeständen, wo die Imago im Juli/August, in Ausnahmefällen auch schon früher, abends und nachts fliegt. Die Larve lebt zuerst unter der Rinde, später bohrt sie sich tiefer ins Holz. Verbreitung: Ganz Europa, Transkaukasien, Sibirien bis Japan.

2 Asemum striatum — Düsterbock, 8—23 mm, bewohnt vorwiegend Kiefernwälder. Die Imago fliegt von Mai bis August. Die Larven entwickeln sich in alten Kiefernstubben, gelegentlich auch in den Stümpfen von Tannen oder Lärchen. Die ausgeschlüpfte Imago nagt sich durch eine ovale Öffnung ins Freie. Verbreitung: Europa, Kaukasien, Sibirien, Japan.

3 Tetropium castaneum — Fichtensplintbock, 9—18,5 mm, am häufigsten in Fichtenwäldern. Die Imago ist von Mai bis in den Juli anzutreffen. Das Weibchen legt seine Eier unter Rindenschuppen, die Larven leben zunächst in der Borke, später dringen sie ins Holz ein. Die ausgewachsene Larve nagt sich in einer Tiefe von 2—4 cm eine Kammer, in der sie sich verpuppt. Der Fichtensplintbock befällt meist bereits kranke Bäume, die auch von Spechten aufgesucht werden, die seine Larven fressen. Verbreitung: ganz Europa, Sibirien, Japan.

4 Cerambyx cerdo — Großer Eichen- oder Heldbock, 24—53 mm, gehört zu den fünf größten Käfern der mitteleuropäischen Fauna. Er lebt in alten Eichenwäldern, in denen er in der Dämmerung und nachts umherfliegt. Die Käfer suchen gern die Stellen auf, an denen Saft aus verletzten Bäumen tritt. Seine Larven leben anfangs in der Rinde, dann im Splint und Bast und später im Holz des Baumes. Sie nagen dort fingerbreite Gänge mit ovalem Querschnitt. In ausgewachsenem Zustand ist die Larve 70—90 mm lang. Sie verpuppt sich im Holz in einem hakenförmig gekrümmten, etwa 8 cm langen Gang. Der Käfer kriecht schon im Herbst aus der Puppe, überwintert aber in seinem Versteck und fliegt erst im Juni/Juli aus. Seine Entwicklung dauert drei bis fünf Jahre. Verbreitung: ganz Europa. Mit der fortschreitenden Abnahme der ursprünglichen Biotope geht auch der Käfer rasch zurück.

5 Aromia moschata — Moschusbock, 13—34 mm, zeichnet sich durch den starken Moschusgeruch aus, den er verströmt. Seine Färbung ist variabel. Flügeldecken und Schild sind meist grün mit einem leichten Blauschimmer, bei einigen Exemplaren überwiegt der Blauton, auch kennt man Tiere mit purpurrotem Schild und Flügeldecken. Die Käfer fliegen von Juni bis August und lassen sich auf Blüten und gefälltem Holz nieder, stellenweise treten sie zahlreich auf. Die Larve frißt mit Vorliebe in lebendem Weidenholz, manchmal auch in anderen Laubbäumen (Salweiden, Pappeln, Erlen usw.) Verbreitung: Fast ganz Europa, Sibirien, Japan.

6 Rosalia alpina — Alpenbock, 15—38 mm, zeigt auf seinen blaugrauen Flügeldecken eine stark variierende dunkle Zeichnung. Er lebt in Buchenwäldern in Gebirgen und im Gebirgsvorland, fliegt an sonnigen Tagen von Juni bis August, manchmal auch noch im September. Seine Larve entwickelt sich in weißfaulem Buchenholz. Verbreitung: In der Hauptsache Mitteleuropa, Südskandinavien und Südeuropa, Transkaukasien, Vorderasien. Er steht unter Naturschutz (BRD, ČSSR).

7 Hylotrupes bajulus — Hausbock, 7—21 mm, tritt von Mitte Juni bis September auf. Die Larven entwickeln sich in Nadelholz, oft in Balken, Bohlen, Möbeln usw. Der Käfer kommt häufig in Holzbauten und auf Dachböden vor. Im Freien ist er selten. Seine Entwicklung dauert im Schnitt drei bis fünf Jahre, sie kann sich aber bedeutend verlängern. Verbreitung: Fast über die ganze Welt.

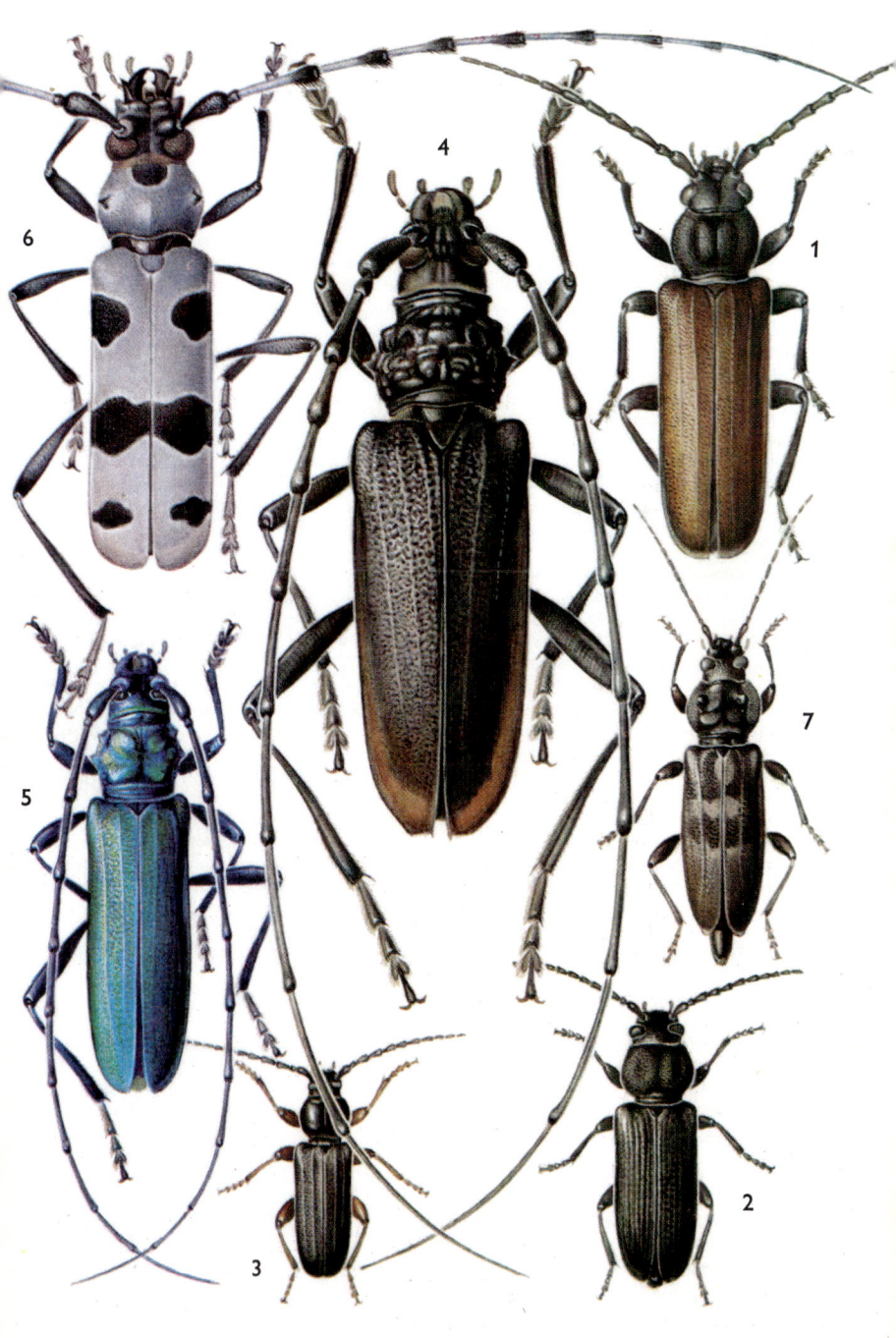

Käfer

Familie Cerambycidae — Bockkäfer

1 Callidium aeneum — Scheibenbock, 9—15 mm, ist in den meisten Fällen bronzegrün, einige Exemplare haben einen grünen Kopf und Schild mit rotgelben Decken, andere einen braunroten Kopf und Schild mit schwarzen Flügeldecken. Er lebt von Mai bis Juli in Laub- und Nadelwäldern, am zahlreichsten kommt er in Gebirgslagen vor. Die Larven entwickeln sich in trockenem Laub- und Nadelholz. Erst halten sie sich unter der Rinde auf, zur Verpuppung dringen sie ins Holz ein. Verbreitung: Großteil Europas, Transkaukasien, Klein- und Vorderasien, Sibirien.

2 Pyrrhidium sanguineum — Rothaarbock, 8—12 mm, hat samtige rote Härchen auf der Ober- und Unterseite seines Körpers. Er gehört zu den Frühjahrskäfern, die Imago zeigt sich von April bis Juni auf gefällten Stämmen, Meterholz, in Holzlagern und Sägewerken. Die Larve entwickelt sich im Holz von Laubbäumen, hauptsächlich von Eichen, Buchen und Hainbuchen, sie verpuppt sich im Holz. Häufige Art. Verbreitung: Mittel- und Südeuropa, Kaukasus, Klein- und Vorderasien (Syrien, Iran), Nordafrika.

3 Phymatodes testaceus — Schönbock, 6—17 mm, ist ein farblich sehr variabler Käfer. Einmal sind seine Flügel gelblich, ein anderes Mal sind sie gelblich mit violetten oder blauen Feldern, bzw. ganz blau, violett, oder sie haben einen Grünschimmer. Ähnlich variiert auch die Färbung des Schildes. Die Art ist häufig in Eichenwäldern, wo der Käfer im Juni/Juli während der Abendstunden fliegt. Seine Entwicklung dauert nur ein Jahr und verläuft in Laubbäumen (Eichen), manchmal aber auch in Nadelbäumen. Die Käfer schlüpfen auch oft in Holzlagern aus. Verbreitung: Europa, Kaukasus, Transkaukasien, Klein- und Vorderasien, Nordafrika, Nordamerika.

4 Plagionotus arcuatus — Eichenwidderbock, 6—20 mm, fällt durch seine schwarzgelbe, ziemlich variable Färbung auf. An sonnigen Mai- und Junitagen fliegt der Käfer durch Eichenwälder. Das Weibchen legt seine Eier in gefällte, noch nicht entrindete Eichenstämme und in Meterholz. Als Wirtspflanzen können aber auch andere Laubbäume dienen. Die Larven nagen breite Gänge in den Bast, später treiben sie ihren Gang ins Holz vor und verpuppen sich dort im Frühjahr. Verbreitung: Europa, Transkaukasien, Kleinasien, Nordafrika.

5 Anaglyptus mysticus — Zierbock, 6—13 mm, trägt wie viele andere Bockkäferarten auch eine variable Zeichnung auf den Flügeldecken. Er lebt von Mai bis Juli in Laubwäldern auf Blütenpflanzen, oft auf Weißdorn. Verbreitung: Mittel- und Südeuropa.

6 Purpuricenus kaehleri — Purpurbock, 9—21 mm, zeigt sich nur sehr selten an warmen und geschützten Stellen, wo er im Juni und Juli fliegt. Seine Larven entwickeln sich in Laubbäumen, vor allem in Eichen, aber auch in Obsthölzern. Der Käfer wird immer seltener und sollte daher geschützt werden. Verbreitung: Südeuropa, Südteil Mitteleuropas, Transkaukasien, Iran.

7 Dorcadion pedestre — Erdbock, 11—17 mm, unterscheidet sich in seiner Körperform von den meisten europäischen Bockkäfern. Auch seine Entwicklung verläuft anders, da seine Larven nicht im Holz leben, sondern an Graswurzeln. In manchen Gegenden taucht dieser Käfer recht zahlreich auf, vor allem im April/Mai. Er gehört zu den östlicheren Faunaelementen. Verbreitung: Osten Mitteleuropas, Balkan.

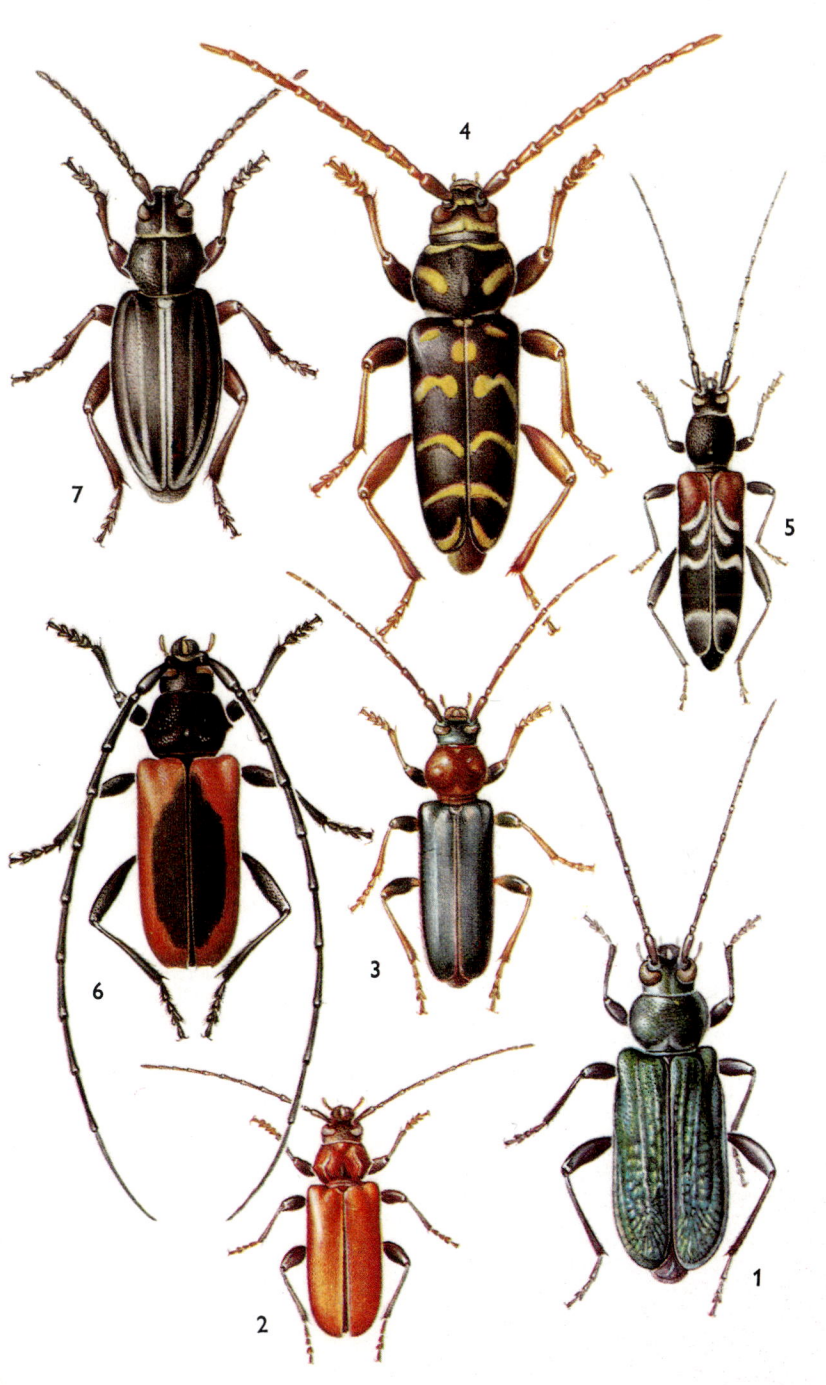

Käfer

Familie Cerambycidae — Bockkäfer

1 Lamia textor — Weberbock, 15 — 30 mm, fliegt in der Dämmerung, tagsüber sitzt er auf Ästen und Wurzeln. Die Larven entwickeln sich vor allem in Weiden und Espen, wo sie Gänge von bedeutender Breite nagen. Verbreitung: Stellenweise über ganz Europa hinweg zu finden, über Sibirien bis nach Japan.

2 Monochamus sartor — Langhornbock, 21 — 35 mm, bewohnt Fichtenwälder, in denen er von Juli bis Mitte August fliegt. Seine Larven leben vor allem auf gefällten Fichtenstämmen; zunächst nagen sie unter der Rinde, später dringen sie ins Holz ein und verpuppen sich ca. 10 cm tief. Die Imago kriecht durch eine runde Öffnung ins Freie. Der Entwicklungszyklus dauert ein Jahr. Verbreitung: Europa, in einigen Gegenden im Aussterben begriffen.

3 Acanthocinus aedilis — Zimmermannsbock, 12 — 20 mm, ein schöner Bockkäfer unserer Fauna. Das Männchen besitzt Fühler von der fünffachen Länge seines Körpers. Das Weibchen hat wesentlich kürzere Fühler, die etwa die anderthalbfache Körperlänge ausmachen und ist mit einer flachen Legeröhre ausgestattet, mit der es seine Eier tief in die Borke von Kiefern- oder Fichtenstümpfen oder in gefällte Stämme legt. Die Larven nagen unter der Rinde breite gewundene Gänge und verpuppen sich entweder im Holz oder in der Rinde. Die Käfer schlüpfen im Herbst und überwintern in der Wiege. Sie fliegen bereits Ende März/April aus. Verbreitung: Europa, Sibirien, Ostasien (Korea, Mongolei usw.).

4 Liopus nebulosus — Splintbock, 6 — 10 mm, kommt schon ab April häufig in Laubwäldern vor. Die Larven entwickeln sich in dünnen, trockenen Stämmen und Ästen von Eichen, Buchen, Hainbuchen und anderen Laubhölzern. Sie bilden unter der Rinde gewundene Gänge, die sie wieder mit Holzmehl auffüllen. Sie verpuppen sich unter der Rinde, die Käfer schlüpfen im Frühjahr aus. Verbreitung: Hauptsächlich Mittel- und Nordeuropa.

5 Saperda populnea — Kleiner Pappelbock, 9 — 15 mm, zeigt sich im Mai und Juni in der Nähe von Espen, Pappeln und auch Weiden, die die Wirtspflanzen seiner Larven sind. Das Weibchen legt die Eier einzeln in kleine Vertiefungen, die es in die Rinde junger Zweige beißt. Die Larve ernährt sich von Pflanzengewebe. Sie dringt im Verlauf des ersten oder während des zweiten Entwicklungsjahres in das Zweiginnere ein. An den Stellen, wo sich Larven im Zweig aufhalten, entstehen längliche Geschwülste. Im Zweig erfolgt auch die Verpuppung, die Imago kriecht durch eine runde Öffnung ins Freie. Verbreitung: Fast ganz Europa, Transkaukasien, Kleinasien, Sibirien, Korea, Nordafrika, Nordamerika.

6 Saperda scalaris — Leiterbock, 12 — 18 mm, zeigt auf den Flügeldecken Flecken und Streifen, die recht variabel sind. Die Käfer erscheinen schon an warmen Apriltagen und sitzen am liebsten in Laubwäldern auf gefällten Stämmen und Meterholz. Das Weibchen legt die Eier einzeln in Spalten, die es in die Rinde trockener bzw. gefällter Stämme von Eichen, Buchen, Ulmen, Salweiden, Obstbäumen und einigen weiteren Laubhölzern beißt. Verbreitung: Von Südwesteuropa über Mitteleuropa bis Sibirien, Transkaukasien, Iran, Nordafrika.

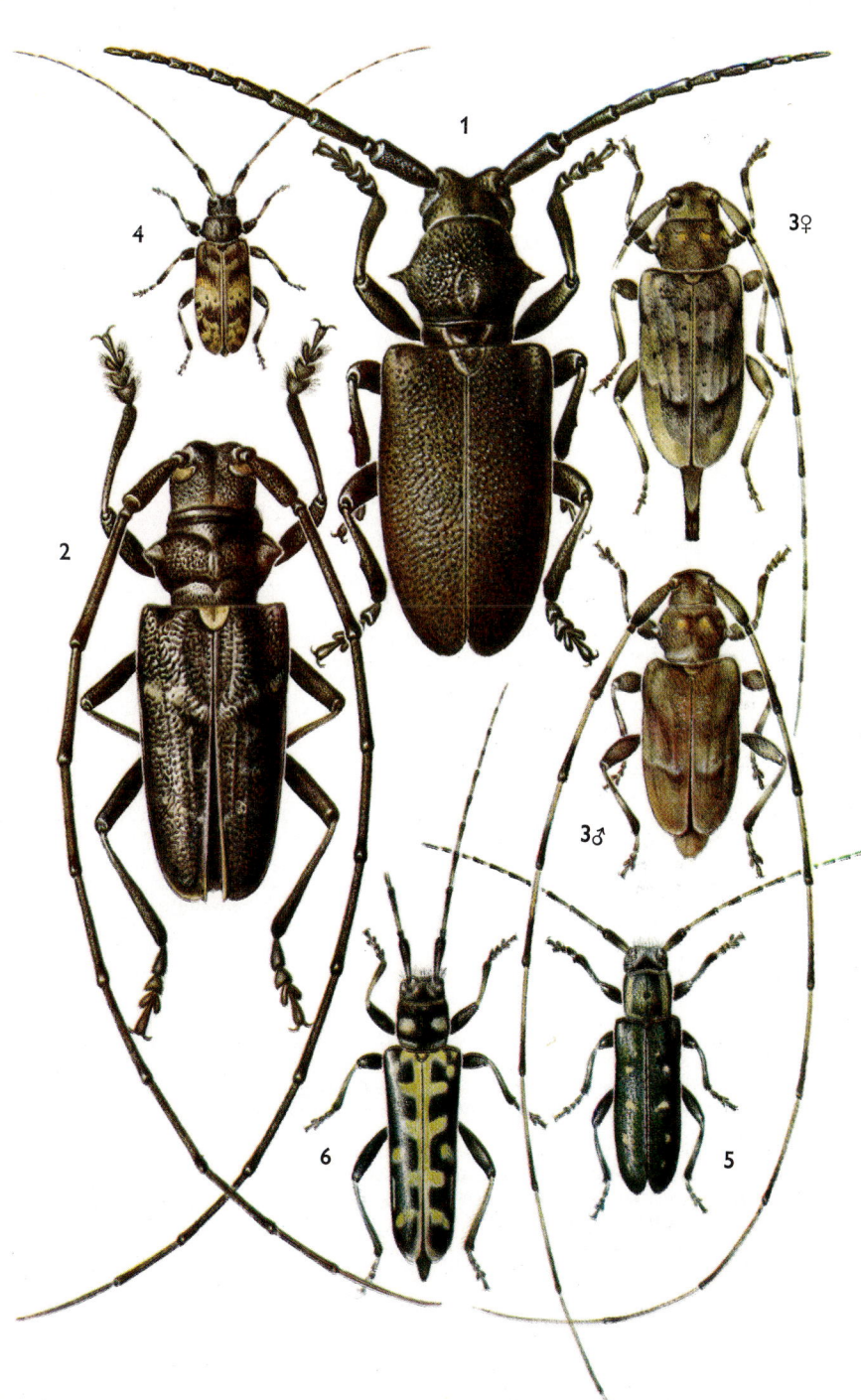

Käfer

Familie Cerambycidae — Bockkäfer

1 Oberea oculata — Linienbock, 15—21 mm, kommt von Juni bis September in Weiden- oder Salweidenbeständen von Niederungen bis in Gebirgslagen vor. Das Weibchen legt seine Eier einzeln auf junge Zweige ab, nachdem es darin eine Vertiefung ausgenagt hat. Die Larve frißt im Zweig einen engen, ca. 3 cm langen Gang. Die Entwicklung des Käfers dauert nur ein Jahr. Verbreitung: Europa, Sibirien.

2 Phytoecia coerulescens — Walzenhalsbock, 8—14 mm, auf Weiden an warmen Standorten wie Brachflächen, Halbsteppen und an Bahndämmen häufig. Hier fliegen die Käfer im Sommer und lassen sich gern auf Borretschgewächsen wie Gemeinem Natterkopf (*Echium vulgare*), Steinsamen (*Lithospermum*), Hundszunge (*Cynoglossum*) u. a. nieder. Diese Gewächse dienen ihren Larven als Wirtspflanzen, sie entwickeln sich in den Wurzeln. Verbreitung: Hauptsächlich Mittel- und Südeuropa, Kaukasus, Klein- und Vorderasien, Nordafrika.

3 Tetrops praeusta — Pflaumenbock, 3—5 mm, gehört zu unseren kleinsten Bockkäfern. Er zeigt sich von April bis Juli auf verschiedenen Blüten, häufig in Gärten. Seine Larve entwickelt sich in den Zweigen von Rosen, Weißdorn, Haselsträuchern und Obstbäumen. Ein befallener Baum ist leicht an den vertrocknenden Zweigen, die von Larvengängen durchzogen sind, zu erkennen. Verbreitung: Europa, Transkaukasien, Kleinasien, Nordafrika.

Familie Chrysomelidae — Blattkäfer

4 Donacia semicuprea — Schilfkäfer, 5—9 mm, eine der häufigsten Arten dieser Gattung. Mit seinem langgestreckten Körper ähnelt er eher einem Bockkäfer als den Blattkäfern. Er lebt auf Wasserschwaden an Wasserrändern. Verbreitung: Europa (mit Ausnahme Nordskandinaviens und Islands).

5 Lema melanopus — Rothalsiges Getreidehähnchen, 4—4,8 mm, erscheint schon im zeitigen Frühjahr auf Getreidefeldern, besonders auf Hafer und Gerste, von deren Blättern sich die Käfer und die Larven ernähren. Das Weibchen legt seine Eier entweder einzeln auf die Blätter ab oder in Gruppen von zwei bis sieben Stück entlang der Hauptblattader. In einigen Gegenden wird der Käfer zum Getreideschädling. Verbreitung: Ganz Europa, Sibirien, Nordafrika, Nordamerika (eingeschleppt).

6 Lilioceris lilii — Lilienhähnchen, 6—8 mm, verläßt bei günstiger Witterung schon im März sein Winterversteck. Es lebt auf Liliengewächsen, aus diesem Grund ist es häufig in Gärten anzutreffen, in denen die weiße Lilie zu seinen bevorzugten Nährpflanzen gehört. Meist bringt es zwei Generationen im Jahr hervor. Verbreitung: Europa, Asien, Nordafrika.

7 Clytra laeviuscula — Ameisen-Sackkäfer, 7—11 mm, lebt von Mai bis August auf Weiden. Die großen dunklen Flecken auf seinen Flügeldecken verbinden sich manchmal zu einem Querband, seltener teilen sich die einzelnen Flecken in zwei kleinere, selbständige Teile. Verbreitung: Mittel- und Südeuropa.

8 Cryptocephalus sericeus — Fallkäfer, 7—8 mm, zeigt sich in den Sommermonaten zahlreich auf gelbblühenden Kompositen an Hängen, Rainen und auf Wiesen. Verbreitung: Europa (von Norditalien bis Skandinavien), Sibirien, Kleinasien.

Familie Chrysomelidae — Blattkäfer

1 Adoxus obscurus — Weinlaub-Fallkäfer, 5—6 mm, bildet zwei Unterarten aus. Die erste — *A. obscurus obscurus* — kommt auf verschiedenen Waldpflanzen vor (Weidenröschen, Habichtskraut), die zweite — *A. obscurus villosus* — auf Weinreben. Die Käfer, die von Mai bis Oktober leben, beißen aus Blättern und Früchten feine Gewebestreifen von 1 bis 1½ cm Länge heraus. Das Weibchen legt seine Eier auf die Blattunterseite ab. Bereits nach ein paar Tagen schlüpfen die Larven aus und graben sich in die Erde ein. Anfangs ernähren sie sich von feinen Würzelchen, später beißen sie auch aus stärkeren Wurzeln Gewebestreifen heraus. Nach der Überwinterung verpuppen sie sich im Frühjahr, die Käfer schlüpfen im Mai. Verbreitung: Ganz Europa, Nordafrika, Nord- und Mittelamerika.

2 Chrysomela coerulans, 6,5—9 mm, lebt auf der Wasserminze (*Mentha aquatica*) an Bächen oder auf feuchten Wiesen in Vorgebirgs- und Gebirgslagen. In Niederungen ist die Art seltener. Sie bildet mehrere geographische Rassen aus. Verbreitung: Süd- und Mitteleuropa, Klein- und Mittelasien, Südchina.

3 Chrysomela staphylea, 6,5—9 mm, zeigt sich die ganze Vegetationszeit hindurch, meist auf Lippenblütlern (Labiatae) an Wasserrändern, Rainen usw., oft kriecht der Käfer auch auf Feldwegen umher. Verbreitung: Fast über die ganze paläarktische Region, Nordamerika.

4 Chrysomela sanguinolenta, 6—9 mm, fällt durch einen schmalen roten Saum seitlich an den Flügeldecken auf. Lebt von März bis Oktober in sandigen Gebieten, wo der Käfer Leinkraut (*Linaria*) aufsucht. Gelegentlich ist er zahlreich, obwohl er im allgemeinen nicht zu den häufigen Arten zählt. Verbreitung: Europa (fehlt im Mittelmeerraum), Asien (bis weit nach Osten).

5 Dlochrysa fastuosa, 5—6,5 mm, erscheint von April bis August oft in großer Anzahl auf der Großen Brennessel (*Urtica dioica*), auf Taubnesseln (*Lamium*), Hohlzahn (*Galeopsis*) usw. Der Käfer ernährt sich von ihren Blättern. Verbreitung: Ganz Europa, Sibirien, Japan.

6 Chrysochloa cacaliae — Bergblattkäfer, 7,5—10,5 mm, ist einer unserer größten Blattkäfer. Seine Färbung variiert ziemlich, doch überwiegen die Exemplare mit metallisch grüner (6a) und metallisch blauer (6b) Farbe. Am häufigsten findet man ihn auf dem Kreuzkraut (*Senecio*), er lebt aber auch auf anderen Korbblütlerarten, z. B. auf dem grauen Alpendost (*Adenostylis alliariae*). Die Bergblattkäfer kommen vom Hochsommer bis in den Herbst in Gebirgszonen vor, im Gebirgsvorland nur vereinzelt. In seinem Verbreitungsgebiet treten mehrere geographische Rassen auf. Verbreitung: Mittel- und Südeuropa.

7 Plagiodera versicolora, 2,5—4,5 mm, meist blau gefärbt, oft auch blaugrün, seltener kupfern. Die ganze Vegetationszeit über häufig auf Weiden und Pappeln. Dort leben auch seine Larven, die die Blätter skelettieren. Wirtschaftlich ist diese Art jedoch indifferent. Verbreitung: Großteil der paläarktischen Region, Nordamerika, Teile der orientalischen Region.

Käfer

Familie Chrysomelidae — Blattkäfer

1 Melasoma vigintipunctata, 6,5 – 8,5 mm, bekam seinen Namen von den zwanzig schwarzen Punkten auf den gelben Flügeldecken. Beachtenswert ist, daß diese Zeichnung im Vergleich zu anderen Arten nur wenig variiert. Er lebt von April bis Juli auf Weidenblättern. Verbreitung: Großteil Europas, Sibirien, Nordchina, Japan.

2 Melasoma aenea, 6,5 – 8,5 mm, meist grün, manchmal auch blau oder rotgolden. Kommt häufig auf Erlen (*Alnus*) vor. Verbreitung: Europa (außer dem Mittelmeerraum), Sibirien, Mongolei, Nordchina, Japan.

3 Melasoma populi — Pappelblattkäfer, 10 – 12 mm, kommt schon vom zeitigen Frühjahr an auf verschiedenen Pappelarten vor, die Imago überwintert. Das Weibchen legt auf die Blattunterseiten Gruppen von 20 – 30 Eiern ab. Die Larve ernährt sich von Blättern. Weder die Larvenentwicklung noch die Puppenruhe dauern lange, so daß zwei oder noch mehr Generationen im Jahr auftreten. Verbreitung: Paläarktische Region, Nordteil der orientalischen Region (Indien).

4 Phytodecta viminalis, 5,5 – 7 mm, kommt in den Sommermonaten häufig auf Weiden (*Salix*-Arten), vor allem Salweide (*Salix caprea*) vor. Außer der gelbroten Gesamtfärbung hat die Art stark variierende schwarze Flecken. Verbreitung: Paläarktische Region, Nordamerika.

5 Phyllodecta vulgatissima — Weidenblattkäfer, 4 – 5 mm, kommt schon zeitig im Frühjahr aus dem Winterversteck, bis zum Herbst findet man den Käfer häufig auf Weidenlaub. Dort entwickelt sich auch die Larve. Verbreitung: Vorwiegend Mittel- und Nordeuropa, Sibirien, Korea, Nordamerika.

6 Leptinotarsa decemlineata — Kartoffel- oder Coloradokäfer, 6 – 11 mm, läßt sich mit keiner Art verwechseln. Sein Winterversteck verläßt er schon im Frühjahr. Er lebt vor allem auf Kartoffelpflanzen, man findet ihn aber auch auf anderen Nachtschattengewächsen (Solanaceae), z. B. Tollkirsche (*Atropa belladonna*), Weißem Stechapfel (*Datura stramonium*) und Tabak (*Nicotiana tabacum*) u. a. Das Weibchen legt gelbliche Eier, die es in Grüppchen auf die Kartoffelblätter klebt. Aus ihnen schlüpfen Larven (6a), die sehr schnell heranwachsen, leuchtend rot sind und seitlich zwei schwarze Punktreihen haben. Dreimal häuten sie sich und nehmen schließlich eine orangerote Farbe an. Die ausgewachsenen Larven kriechen zur Verpuppung in die Erde, nach zwei Wochen kriechen die Käfer aus der Puppe. In Mitteleuropa bringt der Kartoffelkäfer zwei Generationen im Jahr hervor. Urheimat des Käfers ist die nearktische Region, wo er sich von den Blättern wilder Nachtschattengewächse ernährte. Heute ist er über die ganze Welt verbreitet, teils durch eigene Aktivität, teils durch den Menschen.

7 Galeruca tanaceti — Rainfarn-Blattkäfer, 6,5 – 11 mm, kommt vom Frühjahr bis Herbst häufig auf Feldern, Feld- und Waldwegen vor. Verbreitung: Westteil der paläarktischen Region, Kleinasien, Nordafrika.

8 Agelastica alni — Erlenblattkäfer, 6 – 7 mm, kommt oft in großer Anzahl auf Erlenblättern vor, wo sich auch seine Larven entwickeln. Er skelettiert Blätter. Der Käfer überwintert und erscheint im zeitigen Frühling. Verbreitung: Ganze paläarktische Region, Nordamerika (im vorigen Jahrhundert eingeschleppt).

Käfer

Familie Chrysomelidae — Blattkäfer

1 Phyllotreta undulata — Gewelltstreifiger Kohlerdfloh, 1,8—2,5 mm, gehört nicht nur zu den häufigsten, sondern auch zu den schädlichsten Erdflöhen. Er lebt auf verschiedensten kultivierten und wilden Kreuzblütlern (Cruciferae), vor allem auf Raps, Rettich, Kohlpflanzen usw. Im Frühjahr tritt der Käfer oft in großer Zahl auf und kann dann Felder kahlfressen. Die Weibchen legen ihre Eier auf den Boden, die Larven graben sich ins Erdreich ein und fressen an den feinen Wurzeln. Ausgewachsene Larven verpuppen sich unterirdisch in einer Wiege. Die neue Generation erscheint im Juli/August. Die Imago überwintert. Verbreitung: Ganz Europa, Sibirien, Kleinasien, Nordamerika (eingeschleppt).

2 Longitarsus exoletus, 2,3—3,2 mm, lebt ab Juni häufig auf Natternkopf (*Echium vulgare*) und anderen Borretschgewächsen (Borraginaceae). Verbreitung: Paläarktische Region.

3 Haltica oleracea, 3—4 mm, hat, wie andere Erdflöhe auch, das Hinterbeinpaar zu Sprungbeinen ausgebildet. Lebt meist gesellig auf verschiedenen Sträuchern, auf Weidenröschen (*Epilobium*), Nachtkerzen (*Oenothera*), auf Wiesen und an Waldrändern. Oft wird er fälschlicherweise als Gemüseschädling aufgeführt. Verbreitung: Ganz Europa.

4 Chalcoides aurea, 2,5—3,5 mm, lebt hauptsächlich auf Weiden an Ufern und in Wäldern. Die Imago überwintert, der Käfer tritt vom Frühjahr bis in den Herbst hinein auf. Verbreitung: Europa, Sibirien.

5 Chaetocnema concinna — Rübenerdfloh, 1,8—2,4 mm, fliegt bereits im zeitigen Frühjahr auf verschiedene Ampfer- (*Rumex*) und Knötericharten (*Polygonum*). Gelegentlich sucht er auch Zuckerrüben auf. Das Weibchen legt die Eier flach in die Erde. Die neue Käfergeneration erscheint ab August. Verbreitung: Europa, Sibirien.

6 Hispella atra — Stachelkäfer, 3—4 mm, ahmt mit seinen zahlreichen, über den ganzen Körper verteilten dornartigen Fortsätzen kleine Früchte von Gewächsen nach. Er bewohnt trockene, grasbestandene Stellen. Seine Larven minieren in Gräsern. Verbreitung: Europa, Klein- und Vorderasien, Nordafrika.

7 Cassida viridis — Grüner Schildkäfer, 7—10 mm, ist lebend leuchtend grün, bei getöteten Exemplaren verschwindet die frische grüne Farbe aber mit der Zeit. Der Käfer kommt häufig vor. Nach dem Überwintern kriecht die Imago im April/Mai hervor und erscheint auf Lippenblütlern (Lamiaceae) und Korbblütlern (Asteraceae), in deren Blätter er Löcher frißt. Das Weibchen legt die Eier gruppenweise auf die Pflanzen ab. Die Larven sind breit oval, haben am Körperrand dornartige Fortsätze und am Körperende eine Gabel. Sie verpuppen sich auf den Blättern. Verbreitung: Ganze paläarktische Region.

Familie Bruchidae — Samenkäfer

8 Bruchus pisorum — Erbsenkäfer, 4—5 mm, kommt häufig in Erbsen vor. Die Imago überwintert in den Samen, oft in Haushalten und Vorratsräumen, seltener auf Feldern. Das Weibchen legt seine Eier auf junge Schoten ab, die Larven dringen in die Schoten und dann in die Samen ein. Verbreitung: Kosmopolit.

Familie Anthribidae — Breitrüßler

9 Brachytarsus nebulosus — Schildlausbreitrüßler, 2—4 mm, ist wichtig für die Forstwirtschaft, da seine Larven die Eier der Fichtenschildlausart *Physokermes piceae* fressen. Verbreitung: Europa.

Familie Curculionidae — Rüsselkäfer

1 Otiorrhynchus niger — Mittlerer Schwarzer Rüsselkäfer, 6,5 — 10 mm, bewohnt Fichtenwälder vor allem in Mittelgebirgen und Hügellandschaften (in Mitteleuropa wird das stärkste Vorkommen in Höhenlagen um 800 m verzeichnet). Das Weibchen legt im Frühjahr
seine Eier in die Erde, wo die Larven kleine Würzelchen fressen. Die Käfer ernähren sich
von Fichtennadeln oder auch von Birken- und Erlenlaub. Sein Verbrauch an Pflanzengewebe ist verschwindend gering; während seines ganzen Lebens verzehrt er etwa 1 — 2 Gramm.
Verbreitung: Mittel- und Südeuropa.

2 Polydrosus sericeus — Glanzrüßler, 6 — 8 mm, sein Körper ist mit schönen metallglänzen-
den Schuppen bedeckt. Im Mai/Juni ist er meist zahlreich auf vielerlei Laubbäumen anzutreffen, sehr oft auf Birken. Verbreitung: Von Südeuropa bis Südskandinavien, Sibirien.

3 Polydrosus mollis, 6 — 8,5 mm, trägt auf seinem Körper kupferfarbene Schuppen. Vor
allem auf Eichen, Buchen und Pappeln kommt er häufig vor. In Mitteleuropa vermehrt er
sich durch Jungfernzeugung, Männchen sind hier nicht bekannt. Verbreitung: Europa (vom
Balkan über Mitteleuropa nach Norden), Sibirien.

4 Polydrosus picus, 2,7 — 4,4 mm, hat auf den Flügeldecken nur einige wenige Schuppen.
Vor allem auf Birken, Buchen und Eichen kommt er häufig vor. Verbreitung: Mittel- und
Südosteuropa.

5 Bothynoderes punctiventris — Rübenderbrüßler, 11,5 — 13,5 mm, stammt wahrscheinlich
ursprünglich aus den mittelasiatischen Steppen. In Europa hat er sich auf die Zuckerrübe
spezialisiert und tritt in einigen Gebieten als Schädling auf. Er ernährt sich von den Blättern
der jungen Pflanze und bevorzugt leichte, sandige und warme Böden. Das Weibchen legt
seine Eier in der Nähe junger Rübenpflanzen flach in den Boden, die Larven befressen die
Rübenwürzelchen. In der Erde geht auch die Verpuppung vor sich. Der Käfer schlüpft im
Herbst und bleibt bis zum darauffolgenden Frühjahr in der Erde. In Westeuropa kommt er
vereinzelt vor, häufiger ist er im Osten (Balkan), im Kaukasus und in Transkaukasien.

6 Lixus paraplecticus — Sumpfrüßler, 10,5 — 18 mm, fällt durch seinen schmalen, langgestreckten Körper auf. Seine Larven leben in den Stengeln von Möhrengewächsen (Daucaceae), in Wasserfenchel (*Oenanthe aquatica*), Hohler Pferdesaat (*O. fistulosa*), Berle (*Berula*)
u. a. Verbreitung: Europa, Klein- und Westasien.

7 Hylobius abietis — Großer Brauner Rüsselkäfer, 7,3 — 13,5 mm, sucht im Frühjahr auf
Waldlichtungen junge Kiefern auf, deren Rinde er ringförmig benagt. Im Sommer siedelt er
auf alte Kiefern über und benagt auf die gleiche Weise die Rinde junger Zweige. Die
Weibchen legen ihre Eier in die Wurzeln frischer Baumstümpfe. Nach zwei bis drei Wochen
schlüpfen aus ihnen gelbweiße Larven mit braunen Köpfen. Sie nagen ihre Gänge im Bast
und gehen später in den Splint. Sie überwintern und verpuppen sich während des folgenden
Jahres in einer Wiege im Holz. Die Imagines überwintern unter gefällten Bäumen, im Laub
usw. Sie erreichen ein Alter von drei Jahren. Verbreitung: Europa, Sibirien, Japan.

8 Hylobius piceus, 12 — 16,5 mm, gehört zu unseren größten Rüsselkäfern, lebt meist auf
Lärchen. Verbreitung: Mittel- und Nordeuropa, Sibirien, Nordamerika.

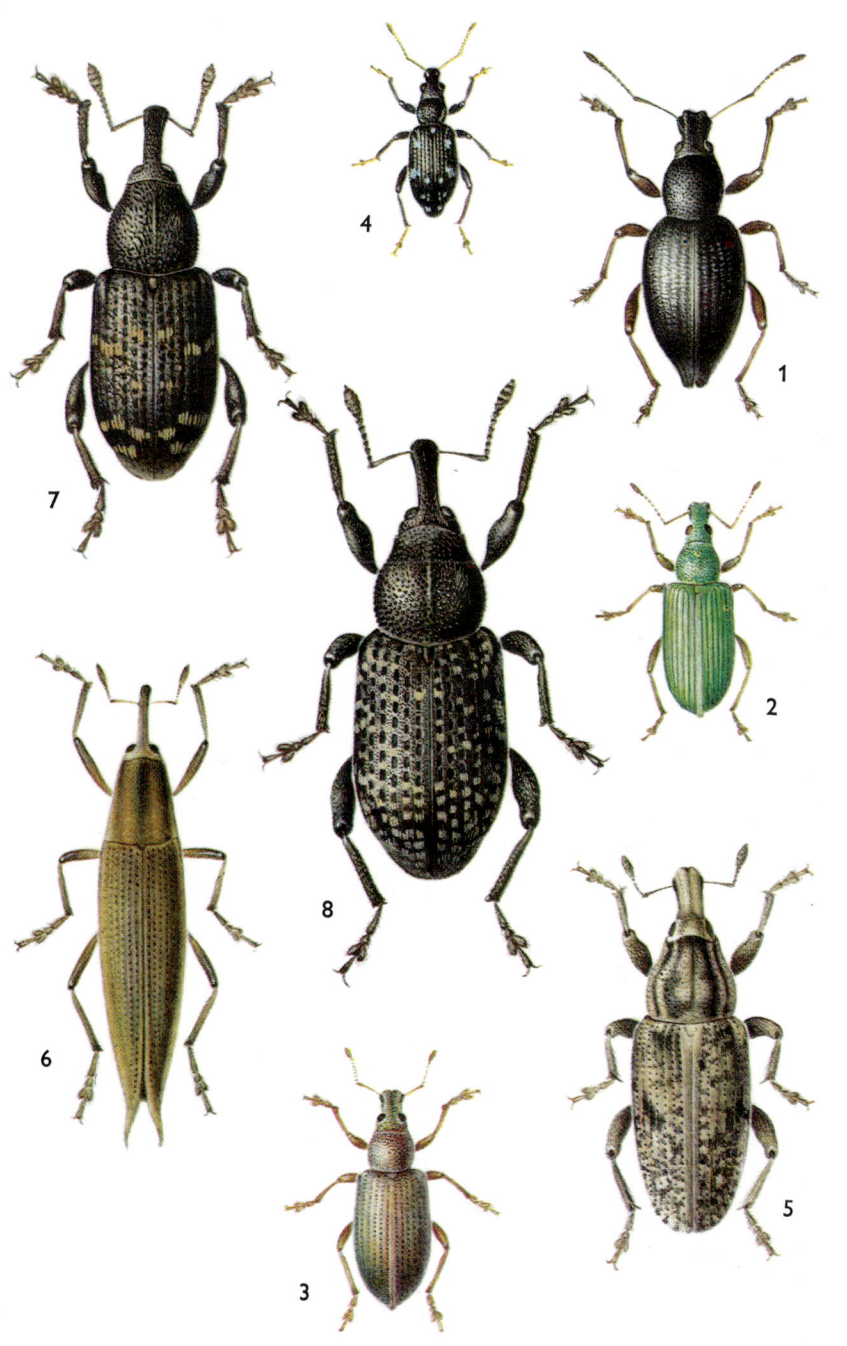

Käfer

Familie Curculionidae — Rüsselkäfer

1 Liparus glabrirostris, 14—21 mm, unterscheidet sich von dem verwandten und ziemlich ähnlichen *L. germanus* durch die feine Skulpturierung des Schildes und die abgerundete Flügeldeckenbasis. Er lebt im Gebirge und Gebirgsvorland, mit Vorliebe auf den Blättern verschiedener Pestwurzarten (*Petasites officinalis, P. albus*). Stellenweise tritt er zahlreich auf. Verbreitung: Mittel- und Südwesteuropa, Norditalien.

2 Eremotes elongatus, 3,7—4,1 mm, zeichnet sich durch eine sehr feine und reiche Skulpturierung aus, die bei starker Vergrößerung sichtbar wird. Sein Gesamtaussehen ähnelt den Borkenkäferarten mit rüsselartig gestreckten Köpfen. Er lebt unter der Rinde von Nadelbäumen. Verbreitung: Europa (Süd- und Mitteleuropa, Südskandinavien), Kaukasus, Nordafrika (Algerien, Marokko).

3 Anthonomus pomorum — Apfelblütenstecher, 3,4—4,3 mm, verrät seine Anwesenheit durch braun verfärbte Apfelknospen, die sich nicht mehr zu Blüten öffnen. Solche Knospen sind der Aufenthaltsort der Larven, später auch der Puppen und schließlich der jungen Käfer. Die Imago lebt im Laub des Baumes und skelettiert Blätter. Die Käfer überwintern meist unter Baumrinde, im Moos, im Laub usw. Verbreitung: Großer Teil Europas, Asien, Nordafrika (Algerien), Nordamerika (eingeschleppt).

4 Curculio venosus, 5—7,5 mm, ähnelt in seiner Körperform und im Farbton einigen Arten. Sein Rüssel ist in Höhe der Fühler etwas breiter. Kommt auf verschiedenen Eichenarten vor (*Quercus*). Verbreitung: Europa (von Südschweden bis in den Mittelmeerraum), Kaukasus, Kleinasien.

5 Pissodes pini — Kiefernbestandsrüßler, 5,1—8,7 mm, lebt auf verschiedenen Kiefernarten (*Pinus*). Das Weibchen legt seine Eier in Gruppen zu etwa zwanzig Stück unter die Rinde toter oder absterbender Stämme. Verbreitung: Europa (von Spanien und Norditalien bis Skandinavien).

6 Calandra granaria — Kornkäfer, 3—4 mm, ist einer der bedeutenden Schädlinge in Getreidevorräten. Da seine Entwicklung von den jeweiligen Temperaturverhältnissen abhängig ist, differiert die Zahl der jährlich entstehenden Generationen. Alle Entwicklungsstadien haben die Fähigkeit zu überwintern. Verbreitung: Kosmopolit.

7 Cionus scrophulariae, 4—5 mm, unterscheidet sich von allen verwandten Arten auf den ersten Blick durch den hellgefärbten Schild und den dunklen Fleck mitten auf den Flügeldecken. Ist im Sommer oft auf Braunwurz zu finden. Verbreitung: Europa, Kaukasus, Klein- und Vorderasien (Syrien), Turkestan.

8 Apion pomonae — Spitzmausrüßler, 2—2,4 mm, eine von mehreren Dutzend *Apion*-Arten. Erst ein Blick durch eine starke Lupe zeigt die sehr feine und beachtenswert komplizierte Skulpturierung auf dem ganzen Körper. Hält sich gern auf *Viciaceen* auf. Verbreitung: Paläarktische Region.

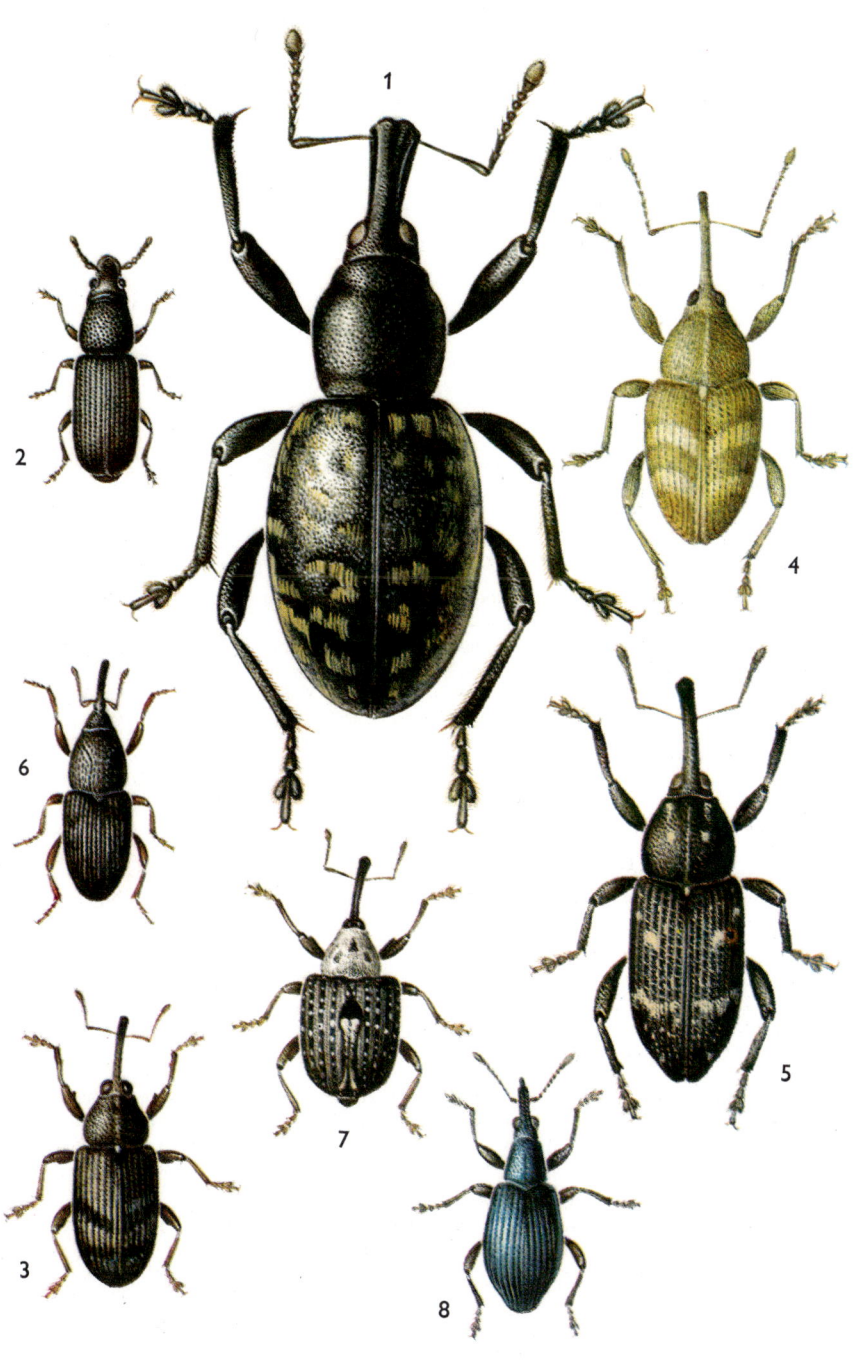

Familie Attelabidae — Rüsselkäfer

1 Coenorrhinus aequatus, 2,5 — 5 mm, erscheint auf Knospen, Blüten und Blättern von Apfel-, Birn- und Kirschbäumen, Vogelbeerbäumen und anderen Gehölzen. Die Larve entwickelt sich in den Früchten. Sie verpuppt sich im Boden. Verbreitung: Europa bis zum Kaukasus, Kleinasien, Turkestan.

2 Rhynchites auratus, 5 — 10 mm, gehört zu den größten mitteleuropäischen Blattrollern. Das Männchen unterscheidet sich vom Weibchen durch einen spitzen Dorn auf dem Schild. Die Imago lebt auf Kirschen, Schlehen, Traubenkirschen, Pflaumen. Die Larven entwickeln sich in den Früchten, die in der Regel im Wachstum verkümmern und zu Boden fallen. Die Art ist nicht häufig. Verbreitung: Großteil Europas, Mittelasien, Kleinasien, Sibirien.

3 Byctiscus populi — Pappelblattroller, 3,8 — 6 mm, ist meist metallisch grün gefärbt, es gibt aber auch blaue, hin und wieder sogar schwarze Exemplare. Das Männchen trägt auf dem Schild zwei scharfe, nach vorn gebogene Dornen. Der Käfer lebt meist auf Espen und Pappeln, seltener auf Salweiden und Birken. Das Weibchen macht aus Espenblättern ein festes Röhrchen, das stets aus einem jungen Blatt „zusammengenäht" wird und im Durchmesser nur 1,5 — 3 mm mißt. Beim Zusammenrollen des Blattes (mit der Oberseite nach innen) klebt das Weibchen ein Ei auf das Blattgewebe, das im Röhrchen geschützt sitzt. Die geschlüpfte Larve ernährt sich vom Blattgewebe ihrer Behausung. Auf jungen Zweigen finden sich oft mehrere Röhrchen beieinander. Sie welken bald und fallen zu Boden, die Larve verpuppt sich in der Erde. Verbreitung: Europa, Asien (Mittelasien, Sibirien, Mongolei, Nordchina).

4 Deporaus betulae — Birkenblattroller, Trichterwickler, 2,5 — 4 mm, lebt vor allem auf Birken, manchmal auch auf Erlen, Buchen und Haselsträuchern. Die Männchen haben auffallend starke Hinterbeinschenkel. Das Weibchen legt seine Eier in eine Blattrolle. Bei deren Herstellung durchschneidet das Weibchen die Blattspreite von den Rändern zu einem Punkt der Mittelrippe hin. Die eine Blatthälfte wird dann zum Innentrichter aufgerollt, die andere zum Außentrichter darübergewickelt. Während dieser Arbeit sticht das Weibchen 2 — 5 Löcher in die Oberhaut des Blattes; in jede dieser Eitaschen wird ein Ei gelegt. Die Larven ernähren sich vom Blattgewebe. Nach einer gewissen Zeit fallen die Röllchen ab, und die Larve verkriecht sich zur Verpuppung in die Erde. Verbreitung: Großteil Europas, Sibirien, Mongolei, Nordafrika.

5 Attelabus nitens — Roter Eichenkugelrüßler, 4 — 6 mm, lebt vor allem auf Eichen. Auch sein Weibchen fertigt Behälter für die Eier an. Es durchschneidet ein Blatt von den beiden Rändern zur Mittelrippe hin, nagt die Rippen an, damit das Blatt geschmeidig wird, klappt dann die beiden Blatthälften aufeinander und rollt sie von der Spitze her auf. Die feste Rolle hat die Gestalt einer rundlichen Dose. In die Falten werden einzeln 1 — 7 Eier gelegt. Die Larven überwintern in den abgefallenen Röllchen und kriechen im Frühjahr zum Verpuppen in die Erde. Verbreitung: Europa, Kaukasus, Klein- und Mittelasien.

6 Apoderus coryli — Haselblattroller, 6 — 8 mm, lebt auf verschiedenen Laubbäumen, vor allem auf Erlen und Haselsträuchern, seltener auf Birken, Eichen, Buchen. Das Weibchen legt in seine Blattröllchen 1 — 4 Eier. Verbreitung: Europa, Sibirien, Japan.

Käfer

Familie Scolytidae — Borkenkäfer

1 Scolytus scolytus — Ulmensplintkäfer, 3—6 mm, bringt im Laufe eines Jahres zwei Generationen hervor (Mai, Juli/August). Er entwickelt sich unter der dicken Rinde alter Ulmenstämme. Stellenweise tritt er recht zahlreich auf und wird dann zum Schädling. Das Weibchen nagt einen 4—6 cm langen Muttergang und legt zu beiden Seiten seine Eier ab. Die Larven nagen in seitlicher Richtung ihrerseits neue Gänge, die Larvengänge, und verpuppen sich an den Enden in einer Kammer. Der Käfer beißt sich durch die Rinde ins Freie. Die befallenen Ulmen gehen in der Regel ein, nicht allein durch die Nagetätigkeit der Käfer, sondern auch durch den Pilz *Ophiostoma ulmi*, dessen Sporen die Käfer übertragen. Die ausgewachsenen Larven überwintern. Verbreitung: Vor allem Mitteleuropa, Transkaukasien, Nordamerika (eingeschleppt).

2 Blastophagus piniperda — Großer Waldgärtner, 3,5—4,8 mm, ist unter Kiefernrinde häufig anzutreffen, wo seine Weibchen ca. 10—12 cm lange Muttergänge anlegen. Da die Käfer überwintern, erscheinen sie bereits im zeitigen Frühjahr, bei milder Witterung schon Anfang März. Verbreitung: Paläarktische Region.

3 Xyloterus lineatus — Nutzholzbohrer, 2,8—3,8 mm, befällt Nadelbäume, vor allem Fichten und Tannen. Vor der Eiablage nagt das Weibchen einen 1—3 cm langen Gang, der ins Holzinnere führt. An seinem Ende treibt es nach rechts und links entlang den Jahresringen die Muttergänge vor. Oben und unten nagt es in die Wände unmerkliche Vertiefungen, in die es seine Eier legt. Die Larven selbst nagen sich sehr kurze Gänge. Sie ernähren sich nicht von Zellulose, sondern von Ambrosiapilzen, die das Muttertier in die Gänge einbringt. Die Larven verpuppen sich an den Gangenden, die fertigen Käfer schlüpfen durch den Muttergang ins Freie. Dieser Holzbohrer befällt vorzugsweise kränkelnde Bäume oder gestürzte und nicht entrindete Stämme bzw. Baumstümpfe. Verbreitung: Von Westeuropa bis Sibirien und zur Mongolei, Nordamerika.

4 Pityogenes chalcographus — Kupferstecher, 1,6—2,5 mm, entwickelt sich vor allem in schwachen Stämmen und in Ästen stärkerer Fichten. Die Larven fressen unter der Rinde ein Gewirr von Gängen. Jedes Fraßbild weist eine Rammelkammer auf, von der mehrere (3—6) Muttergänge, 2—6 cm lang, ausgehen; von ihnen verlaufen nach beiden Seiten Larvengänge, die 2—4 cm lang sind, die Larven verpuppen sich an den Enden. Jährlich entstehen für gewöhnlich zwei Generationen, manchmal noch eine dritte. Meist überwintert die Imago, aber auch andere Stadien sind dazu in der Lage. In einigen Gebieten ist dieser Borkenkäfer ein ernsthafter Schädling. Verbreitung: Ganz Europa, Sibirien, Korea, Japan.

5 Ips typographus — Buchdrucker, 4,2—5,5 mm, der bekannteste unserer Borkenkäfer. Normalerweise befällt er nur Fichten mit stärkeren Stämmen, die mindestens 60 Jahre alt sind, auf jüngere geht er nur bei starker Vermehrung über. Sein Fraßbild hat ein charakteristisches Aussehen, meist ist es zwei- oder dreiarmig, je nach der Anzahl der Weibchen, die in die Rammelkammer des Männchens geflogen kamen. In den meisten Fällen sind es zwei, eins baut seinen Muttergang nach oben, das andere nach unten. Von den Muttergängen zweigen die Larvengänge ab, zu Anfang sind sie eng, an den Enden weiter. Am Gangende verpuppen sich die Larven. Der geschlüpfte Käfer fliegt nicht direkt aus, sondern macht noch erst einen sog. Reifungsfraß durch, bei dem er im Bast nagt. Meistens überwintert die Imago. Verbreitung: Europa, Kleinasien, Sibirien, Korea, Nordchina.

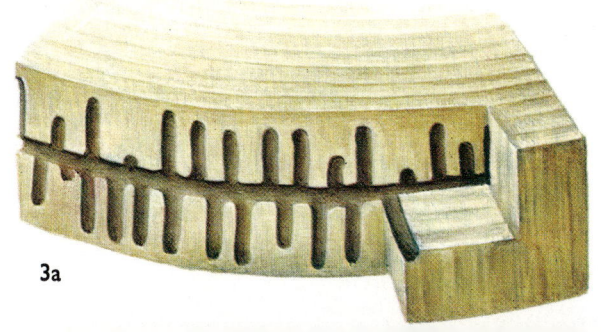

Hautflügler

Ordnung Hymenoptera — Hautflügler
Familie Pamphiliidae — Gespinst-Blattwespen

1 Acantholyda erythrocephala — Kiefernschonungsgespinst-Blattwespe, 10 – 12 mm, fliegt Ende April und im Mai. Das Weibchen legt seine Eier auf einjährige Nadeln verschiedener Kiefernarten. Die Larven bleiben in einem Gespinst zusammen, in dem jedes Tier ein eigenes Röhrchen hat. Im Juni sind sie ausgewachsen und verkriechen sich unweit des Stammes in die Erde, um sich zu verpuppen. In manchen Gebieten werden die Larven zu Schädlingen. Verbreitung: Vorwiegend Mittel-, West- und Nordeuropa, Nordamerika (in die USA eingeschleppt).

2 Cephaleia abietis — Fichtengespinst-Blattwespe, 11 – 16 mm, fliegt von April bis Juni vor allem in älteren und alten Fichtenbeständen im Gebirge und in Vorgebirgen. Das Weibchen legt ungefähr hundert Eier in Gruppen von 4 bis 12 Stück auf die Nadeln. Die Larven leben gemeinsam in einem Gespinst auf den Zweigen, im August kriechen sie etwa 30 cm tief in den Boden und warten in einer Kammer zwei bis drei Jahre ab, ehe sie sich verpuppen. Imago, Larven und Puppen haben sehr viele Feinde unter den Insekten, Vögeln und Säugetieren. Verbreitung: In der Hauptsache Mittel- und Nordeuropa, Belgien, Italien, Sibirien.

Familie Argidae

3 Arge rosae — Rosen-Bürsthornwespe, 7 – 10 mm, kommt normalerweise in zwei Generationen vor (April – Mai, Juli – August). Das Weibchen legt seine Eier auf das obere Ende junger Rosenzweige, immer in einer Reihe von 16 – 18 Stück. Der befallene Zweig ist an den Narben kenntlich. Die jungen Larven fressen zunächst die Oberhaut, dann befallen sie die Blättchen. Dabei nehmen sie eine merkwürdige Haltung ein: Entweder halten sie den Hinterleib nach unten zusammengerollt oder S-förmig nach oben gerichtet. Die ausgewachsene Larve kriecht in die Erde, um sich dort in einem kugelförmigen Kokon zu verpuppen. Bei häufigerem Auftreten ein Rosenschädling. Verbreitung: Ganz Europa, Klein- und Vorderasien, Sibirien.

4 Arge ustulata, 7 – 10 mm, fliegt von Mai bis Juli. Ihre Larven zeigen sich von Juli bis September zahlreich auf Weiden und Birken. Verbreitung: Europa, Sibirien.

Familie Cimbicidae — Keulhornblattwespen

5 Cimbex lutea, 16 – 25 mm, gehört zu den großen Pflanzenwespenarten (Symphyta). Ihre Larven leben vor allem auf Weiden und Pappeln. Sie sind dick, in Ruhestellung zusammengerollt. Verbreitung: Ganz Europa, Sibirien, Japan.

Familie Diprionidae — Buschhorn-Blattwespen

6 Diprion pini — Kiefernbuschhorn-Blattwespe, 7 – 10 mm, zeichnet sich durch sehr auffällige Unterschiede zwischen den Geschlechtern aus. Das Männchen ist schwarz und hat gekämmte Fühler, das Weibchen ist gedrungener, bunter gefärbt und hat kurz gesägte Fühlerglieder. Die Tiere leben in Kiefernwäldern mit kranken Bäumen. Im Laufe eines Jahres bilden sich ein bis zwei Generationen. Die Männchen fliegen, die Weibchen halten sich meist auf Ästen auf. Ein Weibchen legt rund 150 Eier. Mit seiner Legeröhre ritzt es eine Nadel auf und legt ca. 20 Eier in einer Reihe hinein, dann bedeckt es sie mit einer Schutzschicht. Die jungen Larven leben gesellig und befressen die Kiefernnadeln. Die erste Generation verpuppt sich in einem festen Kokon zwischen Zweigen, in Rindenspalten usw.; die Larven der zweiten Generation kriechen meist in die Erde, überwintern ein- bis zweimal und verpuppen sich. Verbreitung: Mittel- und Nordeuropa, Spanien, Nordafrika.

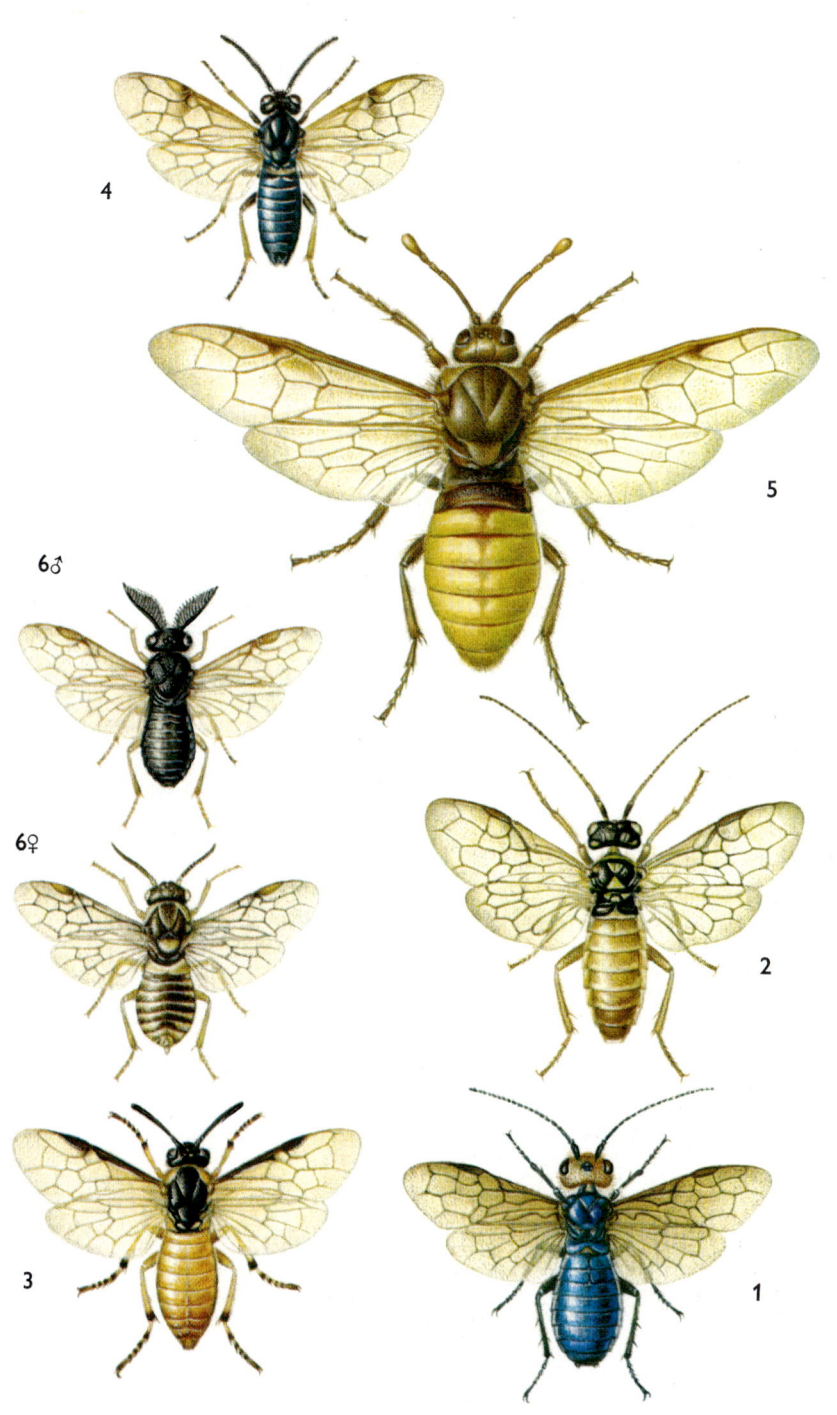

Hautflügler

Familie Tenthredinidae — Blattwespen

1 Tenthredo campestris, 12—14 mm, fliegt vom Frühjahr bis August. Die Larve, die eine Länge von 24 mm erreicht, lebt auf Giersch (*Aegopodium podagraria*). Verbreitung: Über ganz Europa.

2 Rhogogaster viridis — Grüne Blattwespe, 10—13 mm, hat einen auffallend grünen Hinterleib, über dessen Mitte sich meist ein schwarzer Streifen zieht. Die Imago ist ein Fleischfresser, sie stellt den Larven des Kartoffelkäfers nach. Die Larve ernährt sich von den Blättern verschiedener Pflanzen, von Erlen, Weiden, Pappeln und vielen kleineren Pflanzen, z. B. Hahnenfuß. Verbreitung: Ganz Europa, die gemäßigten Zonen Asiens, bis Japan.

3 Macrophya rustica, 10—14 mm, findet sich oft auf blühenden Dolden. Verbreitung: Ganz Europa, Kleinasien, Nordafrika.

4 Athalia rosae — Rübsenblattwespe, 6—8 mm, bringt während eines Jahres zwei bis drei Generationen hervor. Die Imago ist ab Mai auf Blüten von Korbblütlern, Doldenblütlern und Kreuzblütlern anzutreffen, auf denen sie Pollen und Nektar sammelt. Das Weibchen legt seine Eier einzeln zwischen die Hautschichten an den Rändern von Kreuzblütlerblättern. Die nach etwa einer Woche ausschlüpfende Larve nagt erst einen Gang ins Blatt, dann kriecht sie heraus und hält sich an der Blattunterseite auf, an der sie „Fensterchen" nagt. Sie verpuppt sich im Boden. In einigen Gebieten zählen die Larven zu den Schädlingen. Verbreitung: Ganz Europa, Kleinasien, Sibirien, Japan, Nord- und Südafrika, Südamerika.

5 Emphytus cinctus — Weißgürtlige Rosensägewespe, 7—10 mm, fliegt in zwei Generationen. Das Weibchen legt seine Eier meist auf Rosenblätter, seltener auf Erdbeerpflanzen. Die Larven wachsen bis zu einer Länge von 15 mm heran, sie befressen Blätter und durchlöchern sie. Sie verpuppen sich im Laub, in Zweigen usw. Verbreitung: Ganz Europa, Sibirien, Nordamerika.

6 Caliroa cerasi — Kirschblattwespe, 5 mm, bringt gleichfalls zwei Generationen im Jahr hervor. Das Weibchen legt seine Eier unter die Haut der Unterseite von Kirschblättern. Die Larven skelettieren dann die Blatthaut auf der Oberseite. Sie sind schwarz und riechen nach Tinte. Die Verpuppung erfolgt in der Erde. Verbreitung: Ganz Europa, Vorder- und Mittelasien, Sibirien, Japan, Nord- und Südafrika, Australien, Nordamerika (eingeschleppt).

7 Hoplocampa minuta — Pflaumensägewespe, 3—4 mm, erscheint im April/Mai auf den Blüten von Obstbäumen. Das Weibchen, das nur etwa zwei Wochen lebt, legt nach der Kopulation seine Eier in die Kelchblätter aufblühender Pflaumen- und Zwetschgenblüten, manchmal auch auf Kirschen oder Aprikosen. Die Larve beißt sich erst auf die Oberfläche des Fruchtknotens durch, später dringt sie in ihn ein. Sie frißt die junge Frucht leer, um danach in die nächste gesunde Frucht einzudringen. Die ausgewachsene Larve fällt mit der Frucht zu Boden, bohrt sich ins Erdreich ein, überwintert und verpuppt sich im Frühjahr. Schädling. Verbreitung: Ganz Europa, bis Turkestan.

8 Trichiocampus viminalis, 7—9 mm, legt ihre Eier meist auf Pappelblätter ab. Die Larven halten sich in Gruppen von drei bis fünf Exemplaren auf der Blattunterseite auf. Sie fressen das Blattgewebe ab. Verbreitung: Mittel- und Nordeuropa.

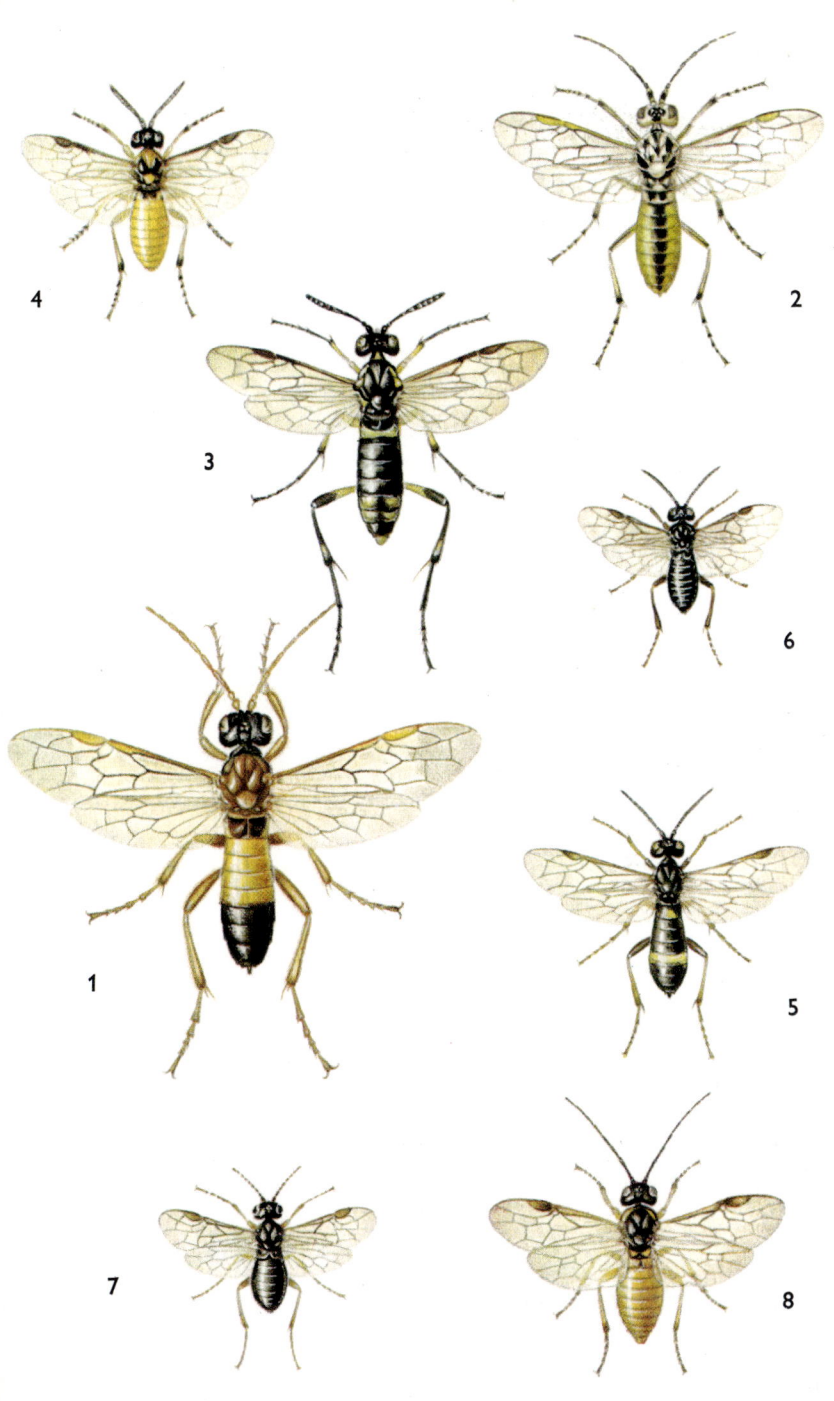

Hautflügler

Familie Xiphydriidae

1 Xiphydria camelus, 10—21 mm, hat eine zu einem langen Ausläufer umgebildete Vorderbrust, auf der der Kopf sitzt. Die Larve entwickelt sich in Erlen (*Alnus glutinosa, A. incana*), manchmal auch in Birken. Sie nagt Gänge im Holz. Verbreitung: Europa (einschließlich der allersüdlichsten Gebiete), Sibirien.

Familie Siricidae — Holzwespen

2 Xeris spectrum — Schwarze Kiefernholzwespe, 15—30 mm (ohne Legeröhre), kommt in Nadelwäldern häufig vor. Die Legeröhre des Weibchens ist genauso lang wie der Körper, mit ihr legt es seine Eier in Kiefern, Fichten und Tannen, in denen sich dann ihre Larven entwickeln. Verbreitung: Europa, Sibirien, China, Japan, Nordafrika (Algerien), Nordamerika.

3 Sirex juvencus — Kiefern-Holzwespe, 14—30 mm, unterscheidet sich von der verwandten Art *S. noctilio* durch orangefarbene Fühler. Die Larve entwickelt sich meist in Kiefern und Fichten, manchmal auch in Tannen. Nicht selten kommt es vor, daß Larven oder Puppen mit dem Holz in die Stadt gebracht werden, wo dann Holzwespen ausschlüpfen. Verbreitung: Ganz Europa, Japan, Nordafrika (Algerien), nearktische und australische Region.

4 Urocerus gigas — Riesenholzwespe, 10—40 mm, gehört durch ihre Größe und Färbung zu den sehr auffälligen Arten. Die Geschlechter unterscheiden sich deutlich voneinander, die Männchen sind kleiner. Die Wespen fliegen im Sommer in Wäldern und an sonnigen Plätzen, sie sind jedoch ungefährlich, da sie keinen Stachel besitzen. Bei der Eiablage schiebt das Weibchen seinen Legebohrer etwa einen Zentimeter tief ins Holz. Die Larve entwickelt sich vor allem in Nadelhölzern (Kiefern, Fichten, Tannen, Lärchen), seltener in Laubhölzern. Sie nagt bis zu 40 cm lange Gänge und verpuppt sich in einer Wiege im Holz. Die Imago nagt sich durch eine rundliche Öffnung ins Freie. In den Larven schmarotzen oft die Larven der großen Schlupfwespenart *Rhyssa persuasoria*, die normalerweise zu den Parasiten dieser und anderer Holzwespen gehören. Verbreitung: Ganz Europa, gemäßigte Zone Asiens, Nordafrika.

Familie Cephidae — Halmwespen

5 Hartigia nigra, 11—15 mm, gehört zu den häufig vorkommenden Arten. Die Larve entwickelt sich in den Ranken von Himbeeren und Brombeeren. Verbreitung: Hauptsächlich Mittel-, West- und Südeuropa.

6 Cephus pygmaeus — Getreidehalmwespe, 5—10 mm, fliegt am zahlreichsten im Juni, hält sich in Blüten auf. Das Weibchen legt seine Eier in verschiedene Getreidearten, meist in Weizen, Roggen oder Gerste. Mit der Legeröhre wird der Halm dicht unter der Ähre angeritzt. Die Eier werden einzeln abgelegt, insgesamt 35—50 Stück. Nach ungefähr einer Woche schlüpft die Larve aus. Sie ernährt sich von Zellen in der Höhlung des Halms, beim Fraß wandert sie langsam abwärts. Der Halm füllt sich dabei mit weißem Fraßmehl an. Ehe die Larve sich verpuppt, nagt sie dicht über dem Boden von innen einen Ring in die Halmwand. Im unteren Halmteil überwintert sie in einem Kokon und verpuppt sich erst im Frühjahr. Die Imago schlüpft Ende Mai. In den Getreideanbaugebieten einiger Länder können die Larven zu Schädlingen werden. Verbreitung: Ganz Europa, Kleinasien, Vorderasien (Iran), Nordafrika, Nordamerika.

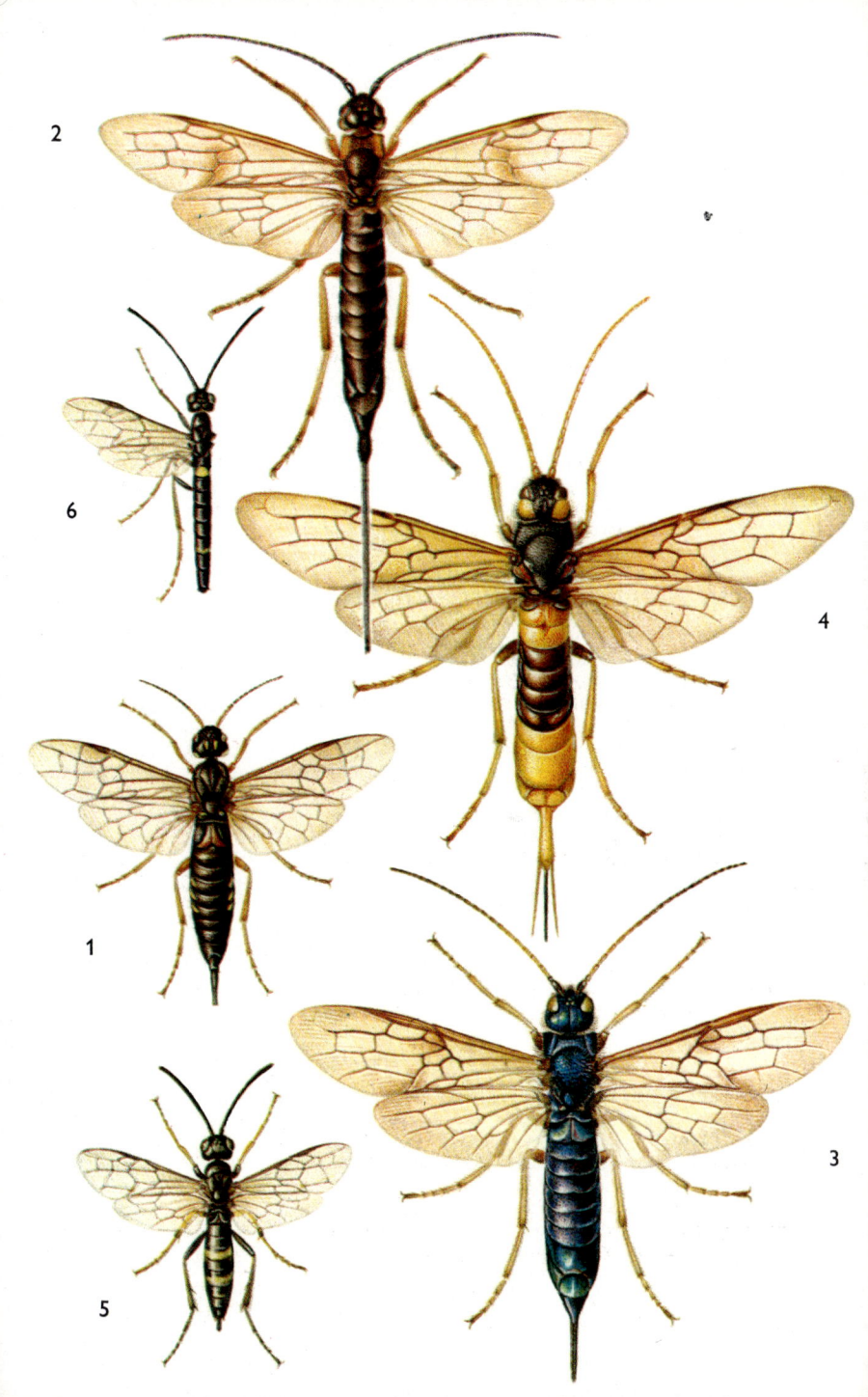

Familie Ichneumonidae — Schlupfwespen

1 Rhyssa persuasoria, 18—35 mm (Legeröhre 30—35 mm), gehört zu den größten und auffälligsten Schlupfwespenarten. Ihre Entwicklung vollzieht sich in den Larven der großen Pflanzenwespen aus den Gattungen *Urocerus, Sirex, Xeris* usw. Das Schlupfwespenweibchen muß zunächst eine Wespenlarve ausfindig machen. Hat es eine im Holz entdeckt, durchbohrt es mit seiner langen, nadelartig scharfen Legeröhre das Holz und legt ein einziges Ei in die Larve. Während die Schlupfwespe ihre Legeröhre senkrecht ins Holz bohrt, hält sie ihren Hinterleib in die Höhe. Trotz der Härte des Holzes nimmt der ganze Prozeß nicht mehr als einige Minuten in Anspruch. Verbreitung: Europa, Nordamerika.

2 Pimpla instigator, 10—24 mm, ist eine überaus häufig vorkommende Art aus der Schlupfwespenfamilie, deren Anzahl in Mitteleuropa bisher nur annähernd bekannt ist und auf über 3000 Arten geschätzt wird. Die Legeröhre des Weibchens erreicht etwa die halbe Hinterleibslänge. Die Larven entwickeln sich in den Raupen der verschiedensten Schmetterlingsarten. Verbreitung: Europa, Nordamerika.

3 Ophion luteus, 15—20 mm, ist in der europäischen Fauna eine von vielen ähnlichen rostbraunen Arten. Diese Schlupfwespe mit einem schlanken und seitlich zusammengedrückten Hinterleib kommt im Sommer oft zahlreich vor. Sie fliegt Lichtquellen an und erscheint abends nicht selten an erleuchteten Fensterscheiben. Das Weibchen ist mit einer nur kurzen Legeröhre ausgestattet. Die Larven dieser Schlupfwespenart parasitieren genauso wie die verwandten Larven aus der gleichen Gattung bei Raupen, unter anderen bei den Raupen der Nonne *(Lymantria monacha)*. Verbreitung: Paläarktische Region.

4 Amblyteles armatorius, 12—16 mm, fliegt oft auf Dolden von Möhrengewächsen (Gattungen *Daucus, Heracleum, Chaerophyllum* u. a.). Die Larven schmarotzen bei den Raupen größerer und großer Schmetterlingsarten aus verschiedenen Familien, z. B. Eulen — Noctuidae: *Tryphaena pronuba, Agrotis segetum, Mamestra brassicae,* Glucken — Lasiocampidae: *Macrotylatia rubi;* Augenspinnern — Saturnidae: *Eudia pavonia* und vielen anderen. Verbreitung: Ganz Europa, Transkaukasien, Sibirien, Sachalin, Japan, Nordafrika (Algerien).

5 Protichneumon pisorius, 22—28 mm, fliegt ab Mai auf erblühten Dolden der Gattungen *Heracleum, Daucus* u. a. Die Larve schmarotzt bei Schmetterlingsraupen, in der Regel bei Eulen (Noctuidae), aber nicht selten auch auf Schwärmern (Sphingidae, z. B. *Sphinx pinastri, Smerinthus ocellatus* u. a.) Verbreitung: Über ganz Europa.

6 Ichneumon suspiciosus, 14—18 mm, zeigt sich, wie viele andere Schlupfwespen, gleichfalls auf blühenden Dolden von Möhrengewächsen (Daucaceae). Die Larven parasitieren bei den Raupen des schädlichen großen Frostspanners (*Erannis defoliaria*). Verbreitung: Ganz Europa, Sibirien, Sachalin.

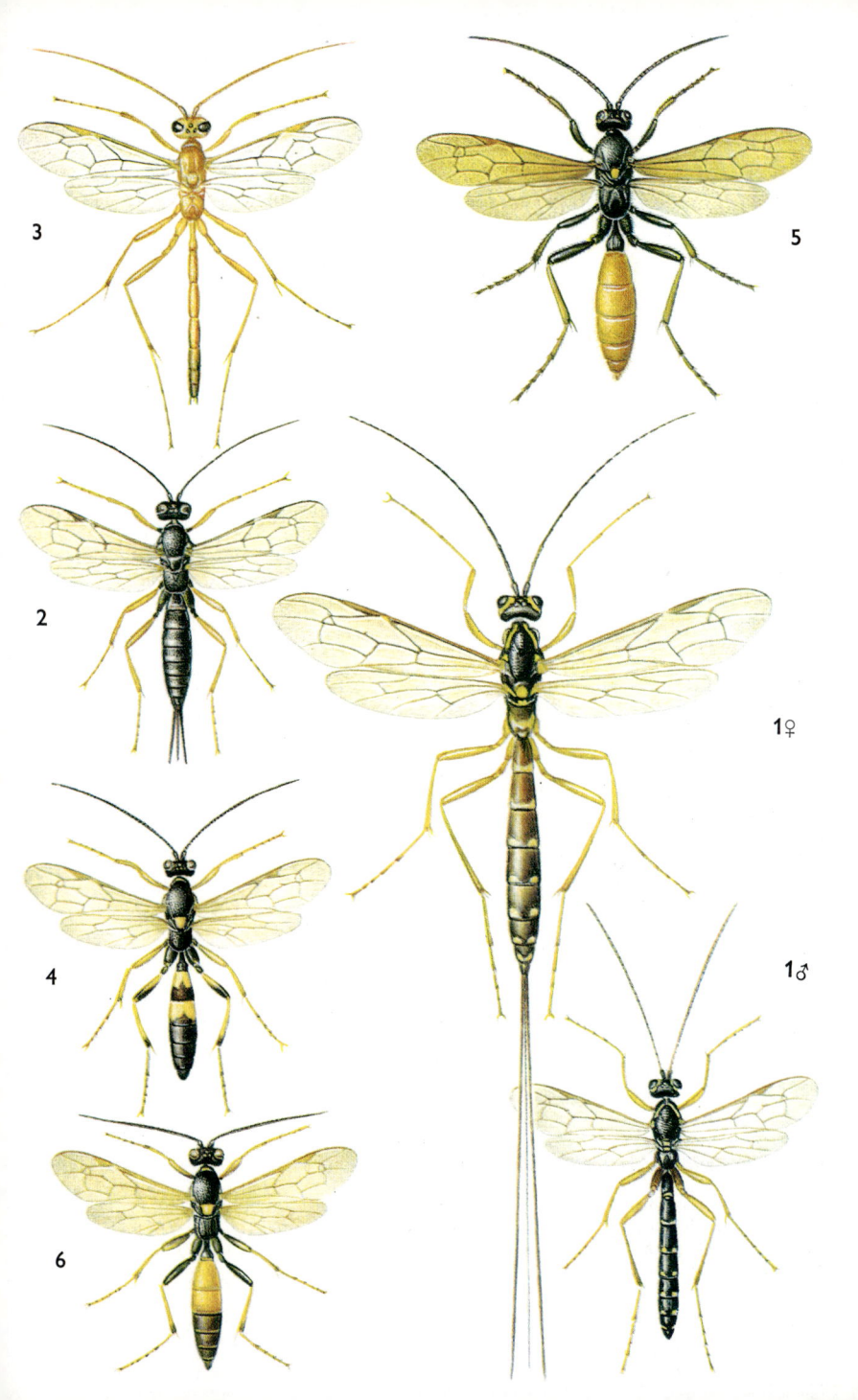

3

5

2

1♀

4

1♂

6

Familie Braconidae — Brackwespen

1 Spathius exarator, 4,5 — 5 mm, eine sehr nützliche Art. Das mit einem langen Legebohrer ausgestattete Weibchen (die Länge des Bohrers entspricht der Körperlänge) legt seine Eier in die Larven von Pochkäfern oder anderen im Holz lebenden Käfern. Die Imago fliegt in Wohnungen oft an den Fensterscheiben umher. Verbreitung: Europa.

2 Apanteles glomeratus — Weißlingstöter, 4 mm, entwickelt sich in den Larven des Kohlweißlings (*Pieris brassicae*) und verwandter Arten. Sie reduziert den Bestand dieser Raupen, die in Gemüseanbaugebieten oftmals Schaden anrichten. Das Wespenweibchen legt etwa 2000 Eier, jeweils rund 30 in eine Raupe. Die Larven ernähren sich von deren Körper. Sobald sie herangewachsen sind, kommen sie hervor und verpuppen sich in kleinen, länglichen gelben Kokons rings um den Körper der verendeten Raupe. Im Volksmund werden diese Kokons als „Raupeneier" bezeichnet und aus Unkenntnis oft vernichtet. Die Puppen der Schlupfwespe werden ihrerseits nicht selten von kleinen schmarotzenden Wespen befallen, so daß anstelle der Schlupfwespe eine völlig andere Art aus ihr schlüpft. Hier handelt es sich um einen doppelten Parasitismus (Parasit bei einem Parasiten), die Erscheinung wird als Hyperparasitismus bezeichnet. Verbreitung: Europa, Nordamerika (eingeschleppt).

Familie Cynipidae — Gallwespen

3 Biorhiza pallida — Schwammgallwespe, geschlechtliche Generation 1,7 — 2,8 mm, ungeschlechtliche Generation 3,5 — 6 mm, zeichnet sich nicht nur durch morphologische Vielfalt, sondern auch durch eine komplizierte Entwicklung aus. Sie bildet zwei Arten von Gallen: an den Wurzeln und an den Zweigen von Eichen. Im Winter erscheinen die ungeflügelten Weibchen, die aus den Gallen an dünnen Eichenwurzeln geschlüpft sind. Sie klettern zu den Knospen an den Zweigenden hinauf und legen ihre Eier dort hinein. An diesen Stellen entsteht eine kartoffelförmige, vielfach gekammerte Galle von etwa 4 cm Durchmesser, in der die geschlechtliche Generation entsteht. Aus dieser Galle fliegen im Juni Männchen und Weibchen. Die Männchen haben Flügel, die Weibchen kennt man als geflügelte und ungeflügelte Formen, zwischen denen es noch einige Übergangstypen gibt. Nach der Befruchtung kriecht das Weibchen in die Erde, wo es seine Eier an feinen Eichenwurzeln ablegt. Daran entstehen Gallen, aus denen im folgenden Winter wieder Weibchen schlüpfen. Der gesamte Entwicklungszyklus dauert zwei Jahre. Verbreitung: Europa, Kleinasien, Nordafrika.

4 Cynips quercusfolii — Eichengallwespe, Geschlechtsgeneration, 2,3 — 2,5 mm, ungeschl. Generation 3,4 — 4 mm, lebt auf Eichen. Sie macht sich durch ihre meist kugelrunden Galläpfel auf den Eichenblättern bemerkbar. In der Winterzeit kriechen aus ihnen die Weibchen. Sie legen ihre Eier in Knospen, die sich dadurch in unauffällige, kleine Gallen verwandeln. Sie sind nicht größer als 3 mm. Aus ihnen schlüpfen im Mai bzw. im Juni Männchen und Weibchen. Die Weibchen legen ihre Eier an die Unterseite von Eichenblättern, wo aufs neue Galläpfel entstehen. Verbreitung: Europa, Kleinasien.

5 Cynips longiventris, Geschlechtsgeneration 2 — 2,7 mm, ungeschl. Generation 2,9 — 3,6 mm, lebt auf Eichen. Auffällig sind ihre rotgestreiften Gallen an den Blattunterseiten, aus denen die agame (ungeschlechtliche) Weibchengeneration entsteht. Sie erscheint von November bis März. Diese Weibchen legen ihre Eier in die Knospen ab, wo dann eine bloß 2 mm lange Galle entsteht, in der sich die Entwicklung von Männchen und Weibchen abspielt. Verbreitung: Großteil Europas, Vorderasien. (Am Eichenblatt ist die Galle abgebildet.)

Hautflügler

Familie Cynipidae — Gallwespen

1 Andricus kollari, geschl. Generation 1,7 — 2 mm, ungeschl. Generation 4,8 — 6 mm, lebt auf Eichen. Die Gallen, in denen sich die agamen Weibchen entwickeln, sind kugelförmig und haben einen Durchmesser von 1 — 2 cm oder mehr. Sie sitzen an der Spitze oder an den Seiten junger Zweige, sind hart und glatt und reifen im September/Oktober heran. Sie fallen nicht ab. Die Weibchen schlüpfen im September/Oktober aus und legen ihre Eier in die Knospen der jungen Zweige. In jeder Knospe entstehen mehrere Gallen (nur 2 — 3 mm lang), die im Frühjahr reif werden. Männchen und Weibchen der geschlechtlichen Generation zeigen sich im April/Mai. Verbreitung: Großteil Europas (einschließlich Großbritanniens), Kleinasien, Nordafrika.

2 Andricus lignicola, ungeschl. Generation 4 — 4,5 mm, lebt auf Eichen. Die agamen Weibchen entstehen in harten, 5 — 10 mm großen Gallen. Die Imago schlüpft im Frühling des folgenden Jahres aus. Verbreitung: Ganz Europa, Kleinasien.

3 Andricus fecundator, geschl. Generation 1,5 — 1,9 mm, ungeschl. Generation 4,3 — 4,8 mm, bildet Gallen auf verschiedenen Eichenarten. Die Gallen, aus denen die agamen Weibchen schlüpfen, sind zapfenförmig, sie erreichen eine Länge von rund 2 cm. In den Blättern dieses Zapfens sitzt die braune, runde, ca. 6 — 10 mm lange innere Galle, in der sich die Entwicklung abspielt. Die Weibchen treten im Spätherbst und sehr bald im Frühjahr auf (März) und legen ihre Eier in die Knospen männlicher Blüten. Die hier entstehenden Gallen sind sehr unscheinbar, sie sind nur 2 mm lang. Sie reifen im Laufe des Mai heran, Männchen und Weibchen schlüpfen im Juni aus. Verbreitung: Großteil Europas, Vorderasien.

4 Neuroterus quercusbaccarum, geschl. Generation 2,5 — 2,9 mm, ungeschl. Generation 2,5 — 2,8 mm, bringt ebenfalls zwei Gallentypen an Eichen hervor. Aus den flachen Gallen an der Blattunterseite schlüpfen schon im März Weibchen, die männliche Blüten aufsuchen, um ihre Eier hineinzulegen. Nach kurzer Zeit entstehen hier kugelrunde Gallen mit einem Durchmesser von 5 mm, aus denen im Juni Männchen und Weibchen schlüpfen. Die Weibchen dieser Generation legen ihre Eier auf die Blattunterseite, wo dann scheibenförmige Gallen entstehen. Die Entwicklung dauert ein Jahr. Verbreitung: Europa, Kleinasien, Nordafrika.

5 Diplolepis rosae — Gemeine Rosengallwespe, 3,4 — 6,5 mm, läßt an Rosenzweigen und Blättern die sog. Schlafäpfel entstehen, die nicht aus einer, sondern aus mehreren Gallen bestehen. Aus den Gallen schlüpfen meist nur Weibchen (Männchen sind selten), die ihre Eier in die Knospen legen. In der Regel fliegen aus diesen Gallen auch viele kleine Hautflügler aus, die auf der Rosengallwespe parasitieren, z. B. Brackwespen (Braconidae) und Proctotrupidae u. a. Verbreitung: Großteil Europas.
(Auf Nr. 1, 3, 4, 5 nur die Gallen abgebildet).

Familie Chalcididae — Erzwespen

6 Aphelinus mali — Blutlauszehrwespe, 2 mm, eine sehr nützliche Art, da sie den wichtigsten Parasiten der Blutlaus (*Eriosoma lanigerum*) darstellt. Das Weibchen legt sein Ei in den Blattlauskörper, in dem sich dann die Larve entwickelt und verpuppt. Von der Blutlaus bleibt nur die Körperhülle übrig, aus der sich die fertige Wespe ins Freie nagt. Jährlich entstehen 5 — 8 Generationen. In Nordamerika gehörte sie zu den wichtigsten Faktoren bei der Eindämmung der Blutlaus. Aus diesem Grund wurde sie über die ganze Welt verbreitet, in einigen Gebieten hat sie sich akklimatisiert. Sie wird in Insektarien gezüchtet und zur biologischen Blutlausbekämpfung eingesetzt.

1

2

4

3

5

6

2 ♀

Hautflügler

Familie Scoliidae — *Dolchwespen*

1 Scolia maculata, 20—40 mm, ist eine der größten Hautflüglerarten in Mitteleuropa. Von warmen Maitagen an fliegt sie auf Blüten. Sie sticht den Menschen nicht. Die Weibchen suchen nach Nashornkäferlarven (*Oryctes nasicornis*), dringen mit Hilfe ihrer Grabfüße zu ihnen vor, betäuben sie und legen auf die Körperoberfläche einer Larve ein einziges Ei. Ihre fleischfressende Larve ernährt sich bis zur Verpuppung von der Käferlarve. Da der Nashornkäfer immer seltener wird, gehen auch diese schönen Dolchwespen zurück. Verbreitung: West- und Südeuropa, Mitteleuropa, Klein- und Vorderasien (Syrien, Israel, Iran).

2 Scolia quadripunctata, 10—18 mm, hat am Hinterleib in der Regel 4 gelbe Flecken, einige Exemplare haben nur zwei, andere 6, 8 oder sogar 10. Sie fliegt von Ende Juni bis August auf Blüten und ernährt sich von Nektar. Ihre Larven entwickeln sich an den Larven von Blatthornkäfern (Gattungen *Epicometis, Cetonia, Anisoplia* u. a.). Verbreitung: Europa (fehlt im Norden), Kaukasus, Transkaukasien, Vorderasien, Iran, Nordafrika (Ägypten, Algerien).

Familie Mutillidae — *Spinnenameisen*

3 Smicromyrne rufipes, 4—6 mm, zeichnet sich (wie ihre verwandten Arten auch) durch starken Geschlechtsdimorphismus aus. Das Weibchen ist stets flügellos und läuft in sandigem Gelände über den Boden. Das Männchen ist mit zwei Hautflügelpaaren ausgestattet und hält sich in Blüten auf. Es handelt sich um eine häufige Art. deren Larven sich in Grabwespen- (Sphecidae) und Wegwespenlarven (Pompilidae) entwickeln. Verbreitung: Paläarktische Region.

4 Mutilla europaea, 10—15 mm, gehört zu den größten mitteleuropäischen Spinnenameisenarten. Man erkennt sie an den bläulichen Vordergliedern des Hinterleibs, auf denen keine Flecken sitzen. Die Larven entwickeln sich in Hummelnestern. Verbreitung: Großteil der paläarktischen Region.

Familie Chrysididae — *Goldwespen*

5 Chrysis cyanea, 3,5—8 mm, gehört zu den sehr häufigen Arten. Sie fliegt ab Mai in zwei Generationen. Sie läßt sich an Gebäudewänden, Zäunen usw. nieder. Ihre Larven entwickeln sich in den Larven von Erdbienen, Grabwespen (Sphecidae), Pillenwespen (Eumenidae) u. a. Verbreitung: Großteil Europas, bis in den Norden (Finnland), Kaukasus, Kleinasien, Sibirien.

6 Chrysis nitidula, 7—13 mm, fliegt von Juni bis August vom Tiefland bis ins Gebirge hinein. Oft sitzt sie an den sonnenbeschienenen Wänden von Ställen, Schuppen o. ä. Ihre Larven entwickeln sich in den Larven großer Wespen (Gattung *Odynerus*) und Bienenarten (Gattung *Osmia*). Verbreitung: Europa (Mitteleuropa, Südteil Skandinaviens, Westeuropa), Mittelasien, Sibirien.

7 Chrysis ignita — Feuergoldwespe, 7—10 mm, zeichnet sich durch große Variabilität von Körperform und Färbung aus. Der Vorderkörper ist blaugrün bis blau, der Hinterleib golden, rotgolden oder purpurn. Fliegt in den Sommermonaten und läßt sich gern auf den weißen Dolden von Möhrengewächsen nieder, auch an den Hauswänden. Ihre Larven entwickeln sich in einer ganzen Reihe von Wespen und Bienen (Familie Eumenidae, Vespidae, Sphecidae, Apidae). Verbreitung: Großteil der paläarktischen Region, kommt in Mitteleuropa stellenweise häufig vor.

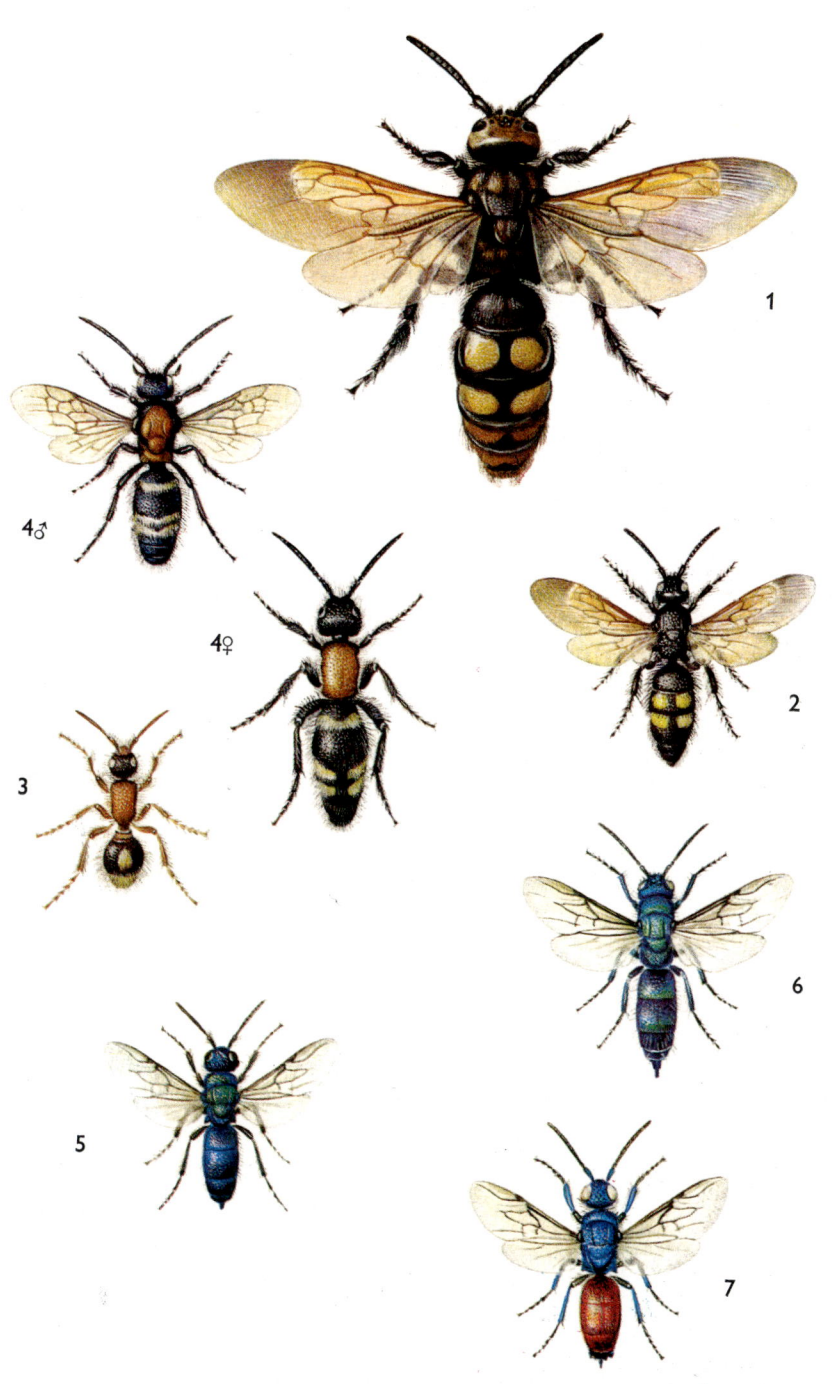

Hautflügler

Familie Formicidae — Ameisen

1 Polyergus rufescens — Amazonenameise, 6—10 mm, ist für die Überfälle ihrer Arbeiterinnen auf andere Ameisenvölker bekannt. Die Arbeiterinnen — „Amazonen" — überfallen die Nester verschiedener anderer Ameisen, z. B. der Art *Formica fusca* und rauben dort Larven und Puppen, die sie in ihr Nest schleppen und aus ihnen „Sklaven" machen. Im Nest der Amazonenameisen sind diese Sklaven in einer mehrfachen Überzahl vorhanden. Die Königinnen sind selbst nicht in der Lage, ein Nest zu gründen, sie dringen daher in den Bau einer anderen Ameise ein, töten dort die Königin und beherrschen nun das betreffende Volk. Die Amazonen sind derartig auf den Kampf spezialisiert, daß sie sich nicht einmal allein ernähren können und sich von den Sklaven füttern lassen müssen. Sie leben auf trockenen, sonnigen Plätzen. Verbreitung: Mittel- und Südeuropa, Südskandinavien.

2 Lasius fuliginosus — Glänzendschwarze Holzameise, 3—5 mm, baut in hohlen Bäumen (meist in Birken, Linden, Pappeln, Eichen) sog. Kartonnester, deren Form mit einem Badeschwamm verglichen werden kann. Darin züchtet sie sogar Pilze. Von diesem Nest gehen in der Regel gut unterhaltene Straßen aus. Verbreitung: Nord-, Mittel- und Südeuropa, Asien (Indien), Nordamerika.

3 Lasius flavus, 2—9 mm, baut hügelartige Lehmnester von etwa 30 cm Höhe, siedelt aber auch unter Steinen und nicht selten in der Gesellschaft anderer Arten. Sie liebt feuchtere Biotope, oft kommt sie auf Wiesen vor. Verbreitung: Ganz Europa.

4 Lasius niger — Wegameise, 4—10 mm, gehört zu unseren häufigsten Ameisen. Sie nistet unter Steinen; findet sie nicht genügend, so baut sie über dem unterirdischen Nest ein kleines Lehmhügelchen, das von vielen Gängen durchzogen ist. Verbreitung: Ganz Europa, Indien.

5 Formica rufa — Rote Waldameise, 6—11 mm, lebt in Wäldern, wo sie über ihrem unterirdischen Nest große Ameisenhaufen aus Nadeln, Zweigen und Moos errichtet. Wie bei den meisten Ameisen lassen sich auch hier drei Kasten feststellen: Arbeiterinnen, Männchen und Weibchen (Königinnen). Ein befruchtetes Weibchen gründet nie allein ein neues Nest. Es dringt entweder zu Tieren der eigenen Art ein oder in ein Nest einer verwandten, versklavten Ameisenart (*Formica fusca*). Ist ein Nest ohne Weibchen, wird die ankommende Königin aufgenommen. Findet sie im Nest bereits eine Königin vor, so tötet sie diese in der Regel und nimmt ihre Stelle ein. Im Nest der Art *Formica fusca* entsteht so nach und nach eine doppelte Bevölkerung: Die ursprünglichen Tiere, die keine eigene Königin haben und sich also nicht vermehren können, sowie die Tiere der Roten Waldameise, die hier zur Welt gekommen sind und langsam die ursprünglichen Bewohner verdrängen. Diese Art ist für die Forstwirtschaft bei der Liquidierung vieler Schädlingslarven von großer Bedeutung, deswegen steht sie in der BRD und in einigen anderen Ländern unter Naturschutz. Verbreitung: Europa (mit Ausnahme des Südens), Kaukasus, Sibirien, Nordamerika.

6 Camponotus ligniperda — Roßameise, 7—14 mm, nistet in alten Baumstümpfen und in lebendem Nadelholz, vor allem in Fichten. Sie nagt ihre Kammern entlang der Jahresringen heraus. Die Königin (♀) legt das Nest ohne Hilfe einer anderen Ameisenart an. Diese Art kommt hauptsächlich in Niederungen vor. Verbreitung: Nord- und Mitteleuropa.

Brauns. S. 133   → 3 Rassen : Camponotus herculeaneus her lea

Familie Myrmicidae — Ameisen

" ligni

7 Myrmica rubida, 5—9 mm (Arbeiterin) gehört zu den größten Arten dieser Familie. Sie bewohnt Vorgebirgs-und Gebirgslandschaften, wo sie in der Erde, häufig unter Steinen siedelt. Die Imago erscheint von Mai bis August. Ein Stich dieser Ameise ist recht schmerzhaft. Verbreitung: Paläarktische Region.

C.   R.   vagus

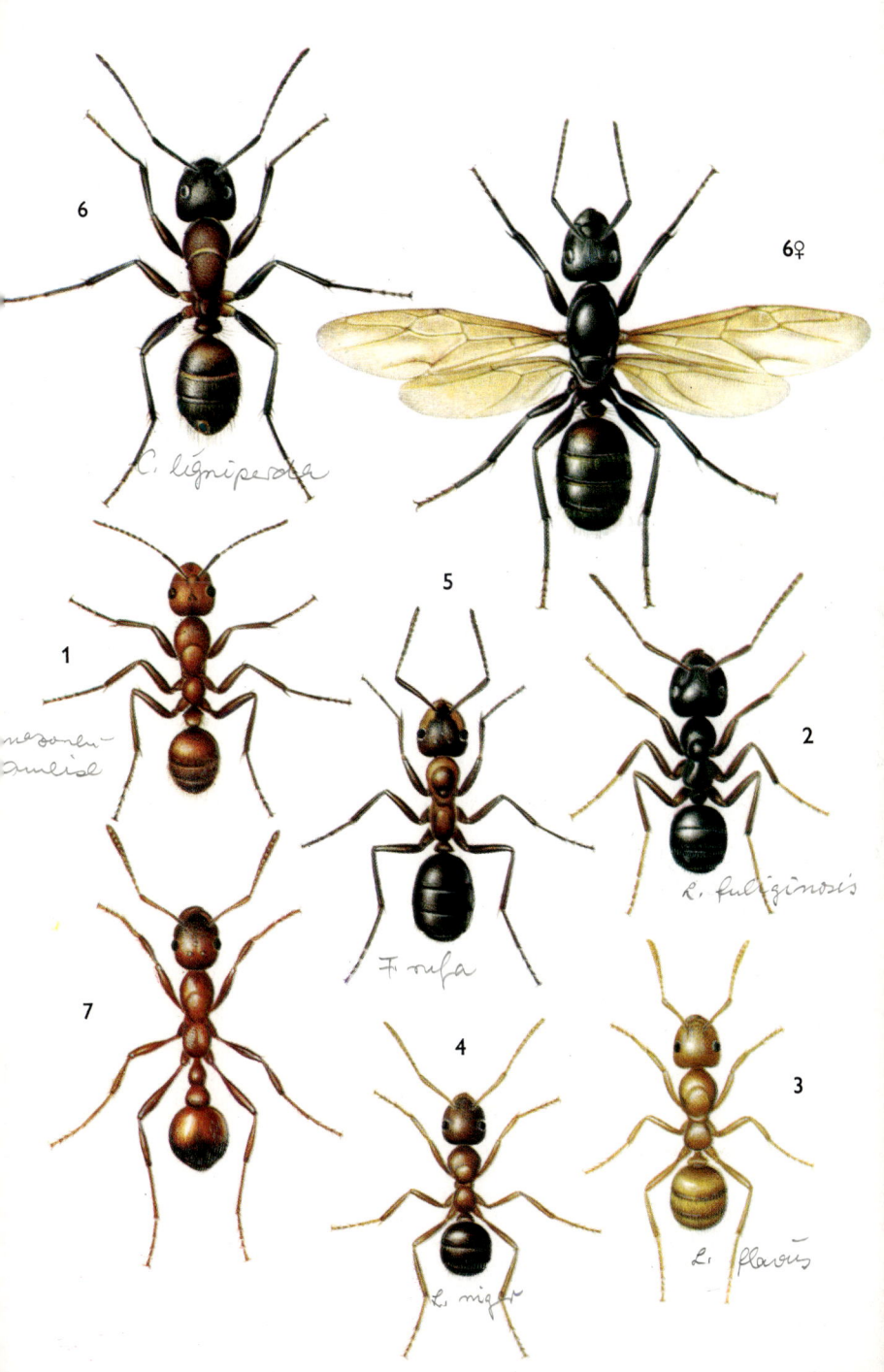

6 — C. ligniperda

6♀

5

1 — mesonotum — Amiel

2 — L. fuliginosis

F. rufa

7

4 — L. niger

3 — L. flavus

Familie Pompilidae — Wegwespen

1 Auplopus carbonarius, 5,5 — 10 mm, sitzt im Juni/Juli auf dem Laub von Brombeeren, Wein, Hainbuchen und auf Dolden. Das Weibchen baut zum Schutz seiner Nachkommen einzelne Zellen aus Lehm, von denen es fünf bis sechs nebeneinander klebt. Manchmal befestigt es sie auf Steinen, auch unter Rinde oder in anderen Verstecken. Ihre Larven versorgt es mit Spinnen, die es betäubt und denen es die Beine abbeißt. Verbreitung: Europa, Nordafrika.

2 Cryptochilus affinis, 9 — 15 mm, kommt im Juni/Juli ziemlich häufig auf den Blütenständen verschiedener Doldenpflanzen vor. Die Weibchen jagen dort als Nahrung für ihre Larven verschiedene Spinnen der Familie Lycosidae. Verbreitung: Europa.

3 Anoplius fuscus, 7 — 20 mm, kommt vor allem im Frühjahr häufig auf weißen Dolden vor. Die Wegwespe sucht dort Spinnen der Gattung *Lycosa,* die sie betäubt ins Nest einbringt. Verbreitung: Ganz Europa.

Familie Sapygidae — Schmarotzerwespen

4 Sapyga clavicornis — Keulenwespe, 8 — 10 mm, hält sich im Mai/Juni auf alten Balken und Lattenzäunen auf, wo Einsiedlerbienen nisten. In deren Nester legt das Weibchen seine Eier. Die geschlüpfte Larve frißt die Bienenlarve und den für diese vorgesehenen Honig. Verbreitung: Europa, Kleinasien, Nordafrika.

Familie Eumenidae — Pillenwespen

5 Eumenes pomiformis, 10 — 16 mm, fällt durch ihren langgestielten Hinterleib und die kurze, kugelige Brust auf. Die gelbe Zeichnung auf dem schwarzen Hinterleib variiert stark. Da diese Art mehrere Generationen im Jahr hervorbringt, sieht man die Imagines vom Frühjahr bis zum September. Das Weibchen mauert für die Entwicklung seiner Larven Lehmtöpfchen mit engem Hals an Steinen, unter Rinde, an Mauern und Strauchpflanzen. Dorthinein trägt es einen Vorrat kleinerer Raupen, die später der Larve als Nahrung dienen. Diese Art wird von vielerlei Parasiten heimgesucht, deshalb kommt es nicht selten vor, daß aus dem Lehmtöpfchen später eine Goldwespe (*Chrysis*) oder ein anderer Hautflügler anstelle einer Pillenwespe schlüpft. Verbreitung: Großteil der paläarktischen Region, Nordamerika.

6 Ancistrocerus antilope, 12 — 15 mm, ist einigen verwandten Arten sehr ähnlich. Die Art kommt im Mai/Juni vor. Das Weibchen baut seine Nester in alten Bauten von Hautflüglern und anderen Insekten. Für seine Larven stellt es den Kleinschmetterlingsraupen nach. Auch in seinem Nest schmarotzt die Feuergoldwespe (*Chrysis ignita*). Verbreitung: Paläarktische und Nearktische Region.

7 Oplomerus spinipes, 9 — 12 mm, sitzt im Mai/Juni oft an Lehmwänden, in denen das Weibchen auch sein Nest baut. In geringer Tiefe höhlt es eine Kammer aus; die Lehmteilchen befördert es hinaus und klebt sie aneinander, bis rings um die Öffnung ein röhrenförmiger Eingang entsteht. Das Ei hängt das Weibchen an einer Faser an der Nestdecke auf. Für die zukünftige Larve bringt es mehrere Rüsselkäferlarven (Gattung *Phytonomus*) ein. Wie andere Arten auch, wird diese Wespe parasitiert, vor allem von Goldwespen (Chrysididae). Verbreitung: Ganz Europa, Kleinasien, Sibirien, Nordafrika.

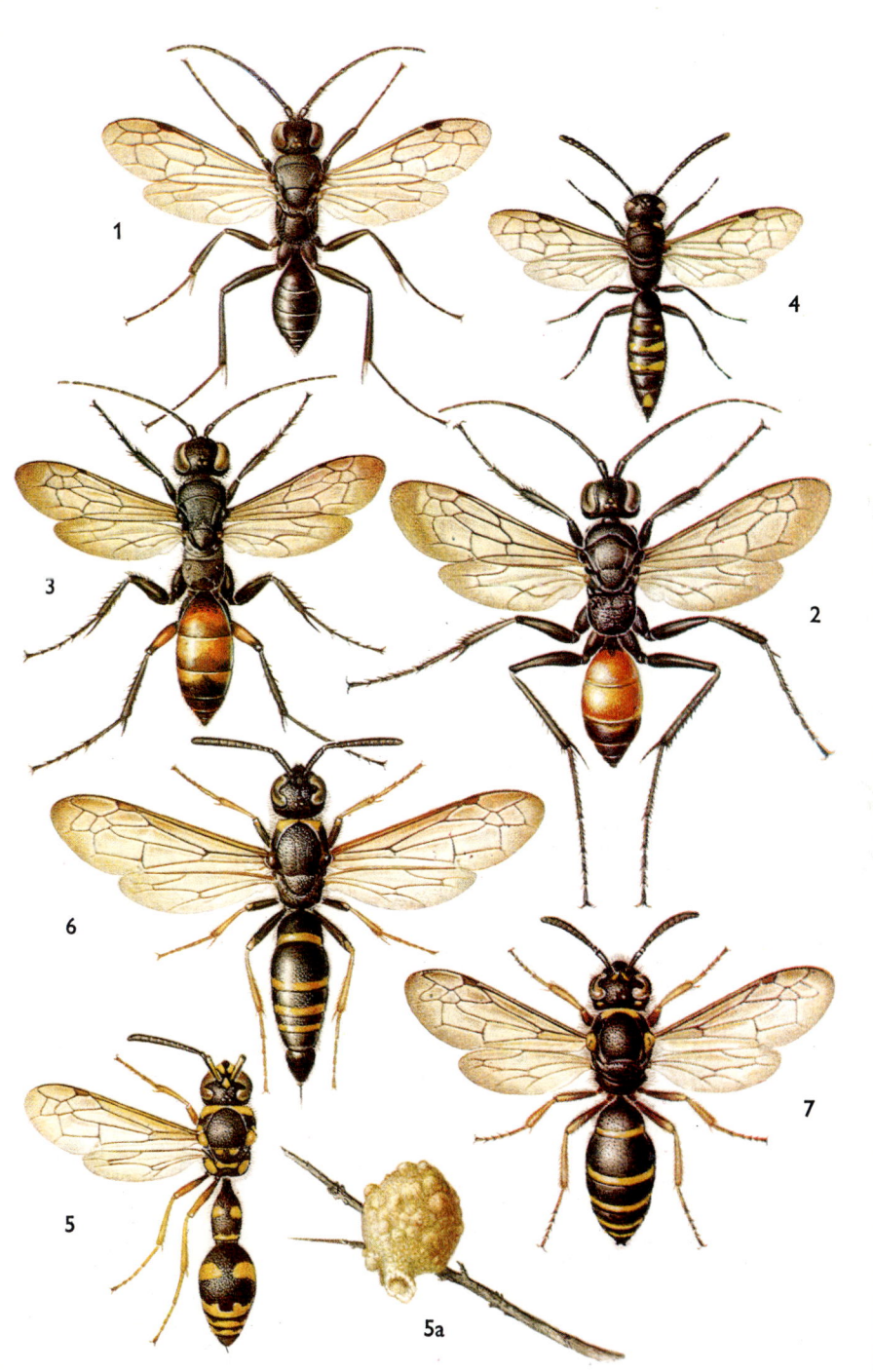

Aculeata Stechwespen, - immer
-Unterordnung der Hautflügler mit Wehrstachel

Hautflügler

Familie Vespidae — Soziale Faltenwespen

1 Vespa crabro — Hornisse, 19—35 mm, ist die größte Art dieser Familie und siedelt in großen Nestern, die sie sich meist in hohlen Bäumen, manchmal auch im Boden anlegt. Eine überwinternde Königin beginnt im Frühjahr mit dem Nestbau. Aus papierartiger Masse stellt sie die ersten Zellen her, legt ihre Eier ab und erstellt auch gleichzeitig die Grundlagen für die Nesthülle aus Papier. Innerhalb von fünf bis sieben Wochen nach der ersten Eiablage haben sich im Nest die ersten jungen Arbeiterinnen entwickelt, die außer dem Eierlegen alle Pflichten des Muttertieres übernehmen. Sie bauen weitere Papierwaben, füttern die Larven und halten das Nest sauber. In einem Nest befinden sich meist fünf bis acht solcher Waben, in großen Nestern können es bis zu zwölf sein. Sie sind stets nach unten gerichtet, die einzelnen Waben sind durch Papierverbindungen miteinander verbunden. Ein mittelgroßes Hornissennest besteht aus rund 5000 Zellen. Hornissen sind Räuber, die auch große Insekten angreifen (Bienen, Wespen u. a.). Im Spätsommer erscheinen junge Männchen und Weibchen im Nest, sie beteiligen sich nicht am Bau. Im Herbst sterben die alte Königin, die Arbeiterinnen und die Männchen. Den Winter überstehen nur junge befruchtete Weibchen, die nach der Überwinterung ihrerseits neue Nester gründen. Verbreitung: Ganz Europa, paläarktischer Teil Asiens, Nordafrika, Nordamerika.

2 Dolichovespula sylvestris — Waldwespe, 11—18 mm, baut ihr Nest im Halbdunkel: in Hohlräumen, unter Wurzeln, so daß es nur teilweise sichtbar ist. Es mißt knapp 10 cm im Durchmesser und enthält zwei bis vier Waben. Verbreitung: Europa (außer den südlichsten Teilen), paläarktischer Teil Asiens, Nordamerika.

3 Dolichovespula saxonica — Sächsische Wespe, 11—17 mm, baut ihre kugelförmigen, grauen Nester manchmal auf Ästen im Wald, häufiger jedoch in menschlichen Behausungen, auf Dachböden und unter Holzdächern. Das Nest mißt 10—15 cm im Durchmesser und besteht aus zwei bis vier Waben. Die Wespe ist nicht angriffslustig. Verbreitung: Paläarktische und nearktische Region.

4 Paravespula rufa — Rote Wespe, 10—20 mm, baut unterirdische Nester von der Größe eines kleinen Balles. Es hat drei bis fünf Waben und einige hundert Zellen. Verbreitung: Großer Teil Europas, Westsibirien, Nordamerika.

5 Paravespula germanica — Deutsche Wespe, 10—19 mm, gehört zu den Arten, die ein typisches Erdnest anlegen. Die Begründerin des Staates benutzt zum Eindringen in die Erde meist den Bau eines Säugers (Maulwurf, Maus u. a.) und legt eine kleine Höhlung mit den ersten Zellen an. Den Bau des Nestes führen dann die Arbeiterinnen aus, die die vorhandene Höhle erweitern, dabei tragen sie Erdbröckchen und Steinchen mit ihren Kiefern hinaus. Ein fertiges Nest hat einen Durchmesser von 20—30 cm, im Herbst beherbergt es rund 3000 Tiere. Die Wespen sind (wie die verwandten Arten) Räuber, die Fliegen, Raupen usw. jagen und damit ihre Jungen füttern. Sie selbst fliegen gern auf süße Stoffe, sammeln Nektar und suchen im Herbst süße Früchte auf. Verbreitung: Paläarktische und nearktische Region.

6 Paravespula vulgaris — Gemeine Wespe, 11—20 mm, ähnelt der Deutschen Wespe, hat aber auf dem Clypeus anstelle von drei schwarzen Flecken nur einen Längsstreifen. Sie baut gleichfalls Erdnester, doch von kleineren Abmessungen als die vorige Art. Verbreitung: Großteil der paläarktischen Region (mehr in den kühleren Teilen), Nordamerika.

7 Polistes nimpha — Feldwespe, 12—12,5 mm, baut nur einfache Nester aus einer Wabe mit wenigen Zellen, die sie mit einem Stiel an Pflanzen befestigt. Es hat keinen Papierschutz. Südlich der Alpen ist sie in Häusern zu finden. Verbreitung: Europa (fehlt im Norden), paläarktischer Teil Asiens, Nordafrika.

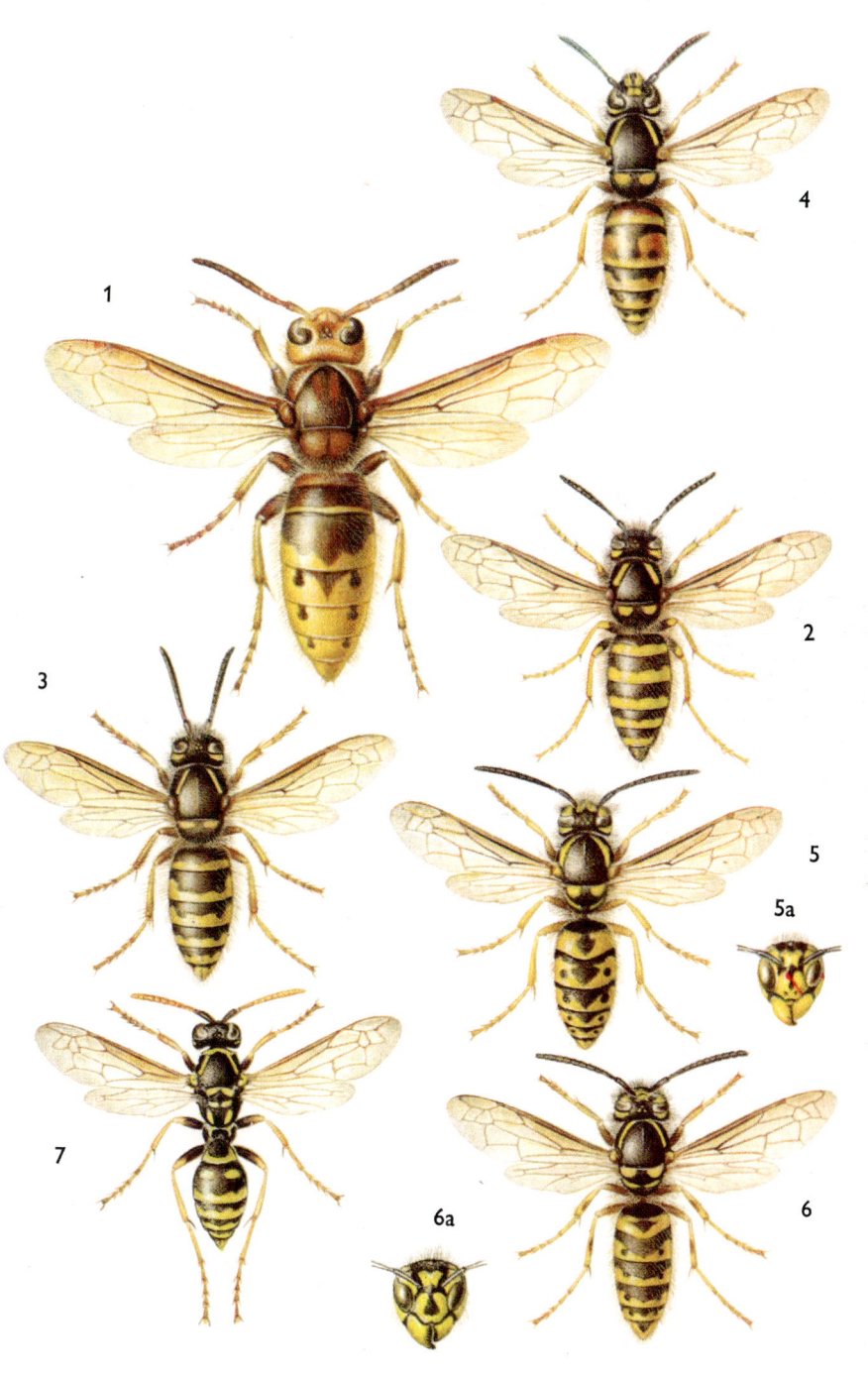

Familie Sphecidae — Grabwespen

1 Ectemnius dives, 7 — 11,5 mm, gehört zu den häufigen Gästen aufgeblühter Dolden von Möhrengewächsen, um die sie im Juni/Juli fliegt. Auch auf dem Laub junger Eichen zeigt sie sich; sie nistet in alten Balken. Das Weibchen versorgt das Nest mit kleineren Fliegen, die es vorher lähmt und die den Larven als Nahrung dienen. Verbreitung: Großer Teil der paläarktischen Region, Nordamerika.

2 Crabro cribrarius, 11 — 17 mm, zeigt sich im Juli/August häufig auf blühenden Doldengewächsen. Das Weibchen baut ein Nest in morschem Holz und in der Erde. Wie die vorhergehende Art jagt es für die künftigen Larven verschiedene Fliegen. Verbreitung: Großteil der paläarktischen Region.

3 Trypoxylon figulus — Töpferwespe, 5,5 — 12,5 mm, fliegt von Mai bis Juli. Sie nistet in den Dächern von Bauernhäusern oder in Brombeerranken. Das Nest besteht aus mehreren Kämmerchen, die untereinander durch Trennwände aus Lehm abgeteilt sind. Als Nahrung für die künftigen Larven fängt das Weibchen verschiedene Spinnenarten, die es paralysiert. Bis zum Herbst wachsen die Larven heran und verpuppen sich in einem zarten Kokon. Verbreitung: Großteil Europas, gemäßigtes Asien, Nordafrika.

4 Larra anathema, 10 — 25 mm, eine seltene, wärmeliebende Art, fliegt im Juli/August. Das Weibchen baut ein Nest in der Erde, in das es als Nahrung für die Larven vor allem Maulwurfsgrillen- und andere Geradflüglerlarven trägt. Verbreitung: Südeuropa (bis zur Slowakei), Kleinasien, Nordafrika.

5 Gorytes laevis, 7 — 9,5 mm, hält sich im Sommer auf blühenden Doldenpflanzen auf, kommt stellenweise zahlreich vor. Das Weibchen baut sein Nest in Sandboden. Der Larve dienen Imago und Larven von vielen Zikadenarten (Cicadina) als Nahrung. Verbreitung: Europa, Asien (bis Turkestan).

6 Bembicinus tridens, 7 — 11 mm, gehört zu den besonders wärmeliebenden Arten und kommt stellenweise häufig vor. Sie bewohnt trockene und sandige Standorte mit karger Vegetation. Das Weibchen baut ein Nest in der Erde und versorgt seine Larven ständig mit frischer Nahrung, die aus verschiedenen Gleichflüglerarten (Homoptera) besteht. Verbreitung: Süd und Mitteleuropa, Klein- und Mittelasien, Nordafrika.

7 Bembix rostrata — Kreiselwespe, 17 — 24 mm, zeichnet sich durch ihren besonders robusten Körper aus. Sie fliegt im Juli und August vor allem an sandigen Standorten mit vielen Blüten. In der Regel findet man immer mehrere Exemplare beieinander. Das Weibchen gräbt ein Sandboden ein Nest flach unter der Erdoberfläche. Für seine Larven erlegt es zweiflügelige Insekten (Diptera), sehr oft Schwebfliegen (Syrphidae). Die Larven sind sehr gefräßig und verbrauchen große Nahrungsmengen, bis zu mehreren Dutzend Beuteinsekten in der Woche. Verbreitung: Europa (reicht im Norden bis Südskandinavien), Kleinasien, Westteil Mittelasiens, Nordafrika.

½ Nobel-Preis für N. Tinbergen: "Orientierung verhalten"

Hautflügler

♀♀ leben Symbiose in Antennen mit einer Streptomycarten.
+ Antibiotiken gg. Pilze (Puppenstadium !)

prof E.Spann (Würzburg → Regensburg)

Nachweis durch fun-Saguaezen

→ Martin Kaltenpott → Dissertation

s Driesen

Familie Sphecidae — Grabwespen

1 Philanthus triangulum — Bienenwolf, 12 — 18 mm, fällt durch den großen Kopf mit den kurzen, in der Mitte verdickten Fühlern auf. Er liebt die Wärme und hält sich vorwiegend an Standorten mit Steppencharakter auf, an denen das Weibchen ein Nest baut. Dabei bedient es sich seiner Vorderbeine und Oberkiefer, in denen es ziemlich große Sandkörner wegträgt. Es höhlt einen 20 — 100 cm langen Gang aus, von dem Seitengänge abzweigen, die in einer „Zelle" enden. Im Durchschnitt hat ein Nest 5 — 7 solcher Zellen, in denen sich die Larven entwickeln. Die Nahrung der Larven besteht ausschließlich aus Honigbienen (*Apis mellifera*). Der Bienenwolf überfällt sie auf Blüten, lähmt sie und umschlingt seine Beute mit allen Beinpaaren, um sie ins Nest davonzuschleppen. Aus den erlegten Bienen saugt er den Honig, und wenn er nicht nistet, läßt er die toten Körper an Ort und Stelle zurück. Zur Entwicklung einer männlichen Larve genügen zwei Bienen, die weiblichen Larven brauchen eine mehr. Um die Nachkommenschaft eines Weibchens aufzuziehen, sind rund zwanzig Bienen nötig. Die ausgewachsene Larve umspinnt sich in ihrer Zelle, so daß ein flaschenförmiges Gebilde mit engem Hals zustande kommt. Mit diesem Hals ist es waagerecht an der Zellenwand befestigt, so daß es nirgends den Boden berührt. Diese Vorkehrung dient zum Schutz gegen Feuchtigkeit und Schimmelbildung. Einem 10 — 11monatigen Ruhestadium folgt eine nur kurze Puppenzeit. Verbreitung: Großer Teil der paläarktischen Region (außer dem Norden).

2 Cerceris arenaria — Sandknotenwespe, 8 — 17 mm, gehört zu den größten der rund dreißig mitteleuropäischen Arten. Sie hält sich in den Sommermonaten auf Sandböden auf. Als Nahrung für die Larven jagt das Weibchen Rüsselkäfer (Curculionidae). Verbreitung: Großteil Europas.

3 Sphex maxillosus, 16 — 27 mm, hält sich gern auf den Blüten von Feldthymian (*Thymus*) auf. Sie nistet an sandigen Waldrändern, dort hebt das Weibchen ein Nest in geringer Tiefe aus. Als Nahrung für die Larven jagt es verschiedene Geradflüglerarten (Orthoptera). Verbreitung: Süd- und Mitteleuropa, Klein- und Vorderasien (Iran), Afghanistan, Nordafrika.

4 Ammophila sabulosa, 16 — 28 mm, kommt von Juni bis Oktober an sandigen Stellen vor und sitzt auf verschiedenen Blüten. Das Weibchen legt ein Sandnest für die kommende Generation an, das es zunächst aushebt, dann dessen Schlupfloch sorgfältig verdeckt, um auf Raupenjagd zu gehen. Es lähmt ein Tier, schleppt es ins Nest und legt ein Ei darauf, anschließend wird das Nest gewöhnlich mit einem Steinchen oder einem anderen Gegenstand verschlossen, den es mit den Kiefern aufnimmt, um damit den Eingang zu verstopfen. Verbreitung: Großteil der paläarktischen Region.

5 Podalonia hirsuta, 12 — 22 mm, lebt im Juni/Juli an sandigen Standorten. Ins Nest bringt sie gelähmte Raupen ein, auf die sie ihre Eier legt. Verbreitung: Großteil der paläarktischen Region, stellenweise häufig.

6 Sceliphron destillatorium — Mauerspinnentöter, 15 — 30 mm, lebt im Juli und August und baut ein Nest aus Mörtel, dessen Kammern mit gelähmten Spinnen gefüllt werden. In jedem Kämmerchen entwickelt sich eine Larve. Verbreitung: Europa (hauptsächlich im Süden), Mittelasien, Iran u. a.

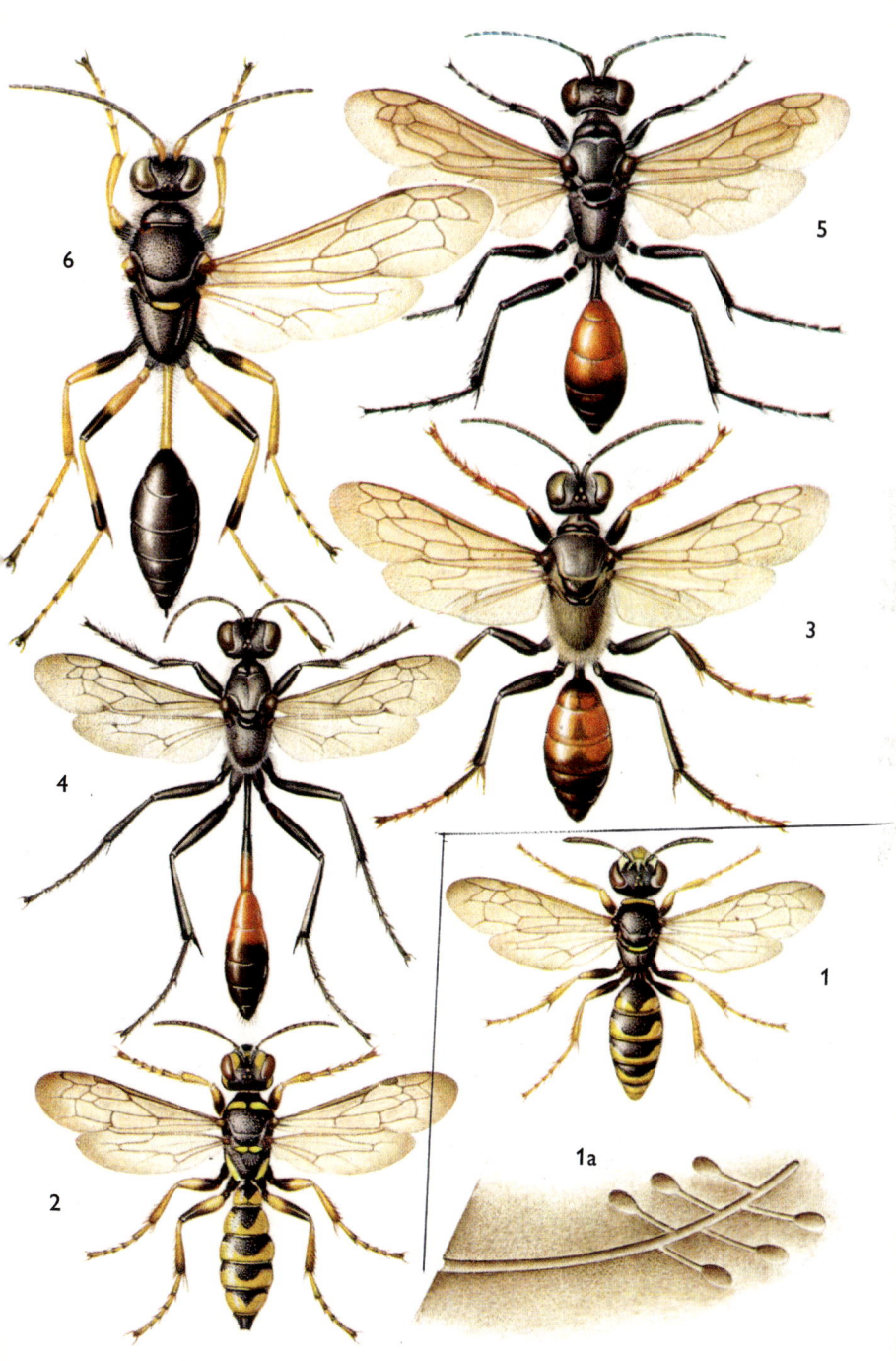

Überfamilie Apoidea — Bienen

1 Colletes daviesanus — Seidenbiene, 8—11 mm, zeigt sich im Juli/August auf den Blüten-ständen von Korbblütlern, kommt auch oft auf Schafgarbe und Rainfarn vor. Das Weib-chen baut sein Nest an lehmigen Hängen, die Innenwände überzieht es mit einer besonde-ren Masse, die es aus seinen Mandibulardrüsen ausscheidet. Das Material erhärtet schnell, und die Wände erhalten einen seidigen Schimmer. Mit demselben Stoff wird auch der Nesteingang verschlossen. Verbreitung: Europa, Sibirien.

2 Prosopis annulata — Maskenbiene, 6—7 mm, besitzt in der mitteleuropäischen Fauna noch eine ganze Reihe verwandter und sehr ähnlicher Arten, die sehr schwer zu bestimmen sind. Die Imago fliegt im Juni/Juli und zeigt sich häufig auf erblühten Dolden von Möh-rengewächsen, auf Schafgarbe u. a. Sie nistet in alten Balken. Verbreitung: Mittel- und Nordeuropa.

3 Andrena tibialis — Sand- oder Erdbiene, 13—15 mm, gehört in eine Gattung, von der allein in Europa 150 Arten vertreten sind, die einander sehr gleichen. Im Jahr entstehen in der Regel zwei Generationen. Die erste fliegt im April/Mai vor allem auf den Blüten von Stachelbeergewächsen (*Ribes*), Weidenkätzchen (*Salix*) oder Löwenzahnblüten (*Taraxacum*). Die zweite Generation, die etwas kleiner ist, kommt häufig auf Himbeersträuchern (*Rubus*) und Kreuzblütlern (Cruciferae) vor. Das Weibchen baut ein traubenförmiges Erdnest. An-stelle der eigenen Nachkommenschaft schlüpfen in ihm gelegentlich parasitierende Wespen-bienen der Gattung *Nomada* aus, die keine eigenen Nester haben. Verbreitung: Ganz Europa.

4 Panurgus calcaratus — Trugbiene, 8—9 mm, kommt im Juli/August oft sehr zahlreich auf verschiedenen Korbblütlerarten vor, vor allem auf Habichtskraut, Löwenzahn u. a. Sie durchkriecht die einzelnen Blütenstände derart, daß sie ganz mit gelbem Blütenstaub be-deckt ist. Oft nistet sie gesellig. Verbreitung: Ganz Europa.

5 Halictus quadricinctus — Schmalbiene, 15—16 mm, ist die größte Vertreterin dieser Gattung in unserer Fauna. Die Imago schlüpft im Herbst und erscheint gesellig auf den Blüten. Nach der Kopulation sterben die Männchen, nur die Weibchen überwintern in verschiedenen Verstecken. Im Frühjahr kehren sie wieder auf die Blüten zurück. In Lehm-wänden legen sie verhältnismäßig weitläufige Nester an, die aus einem Gang bestehen, um den herum Zellen angeordnet sind. Das Nest ähnelt einer Wabe. Verbreitung: Europa.

6 Sphecodes gibbus — Kuckucksbiene, 7—13 mm, gleicht in ihrer Form und in der roten Färbung des Hinterleibs etwa 50 weiteren verwandten Arten in Europa. Die Imago schlüpft im Herbst. Die Männchen sterben nach der Kopulation vor Wintereintritt, die befruchteten Weibchen überwintern. Im April/Mai suchen sie die Blütenstände des Löwenzahns und Weidenkätzchen auf. Ähnlich wie ihre verwandten Arten schmarotzen sie in den Nestern von Schmalbienen (Gattung *Halictus*). Verbreitung: Europa.

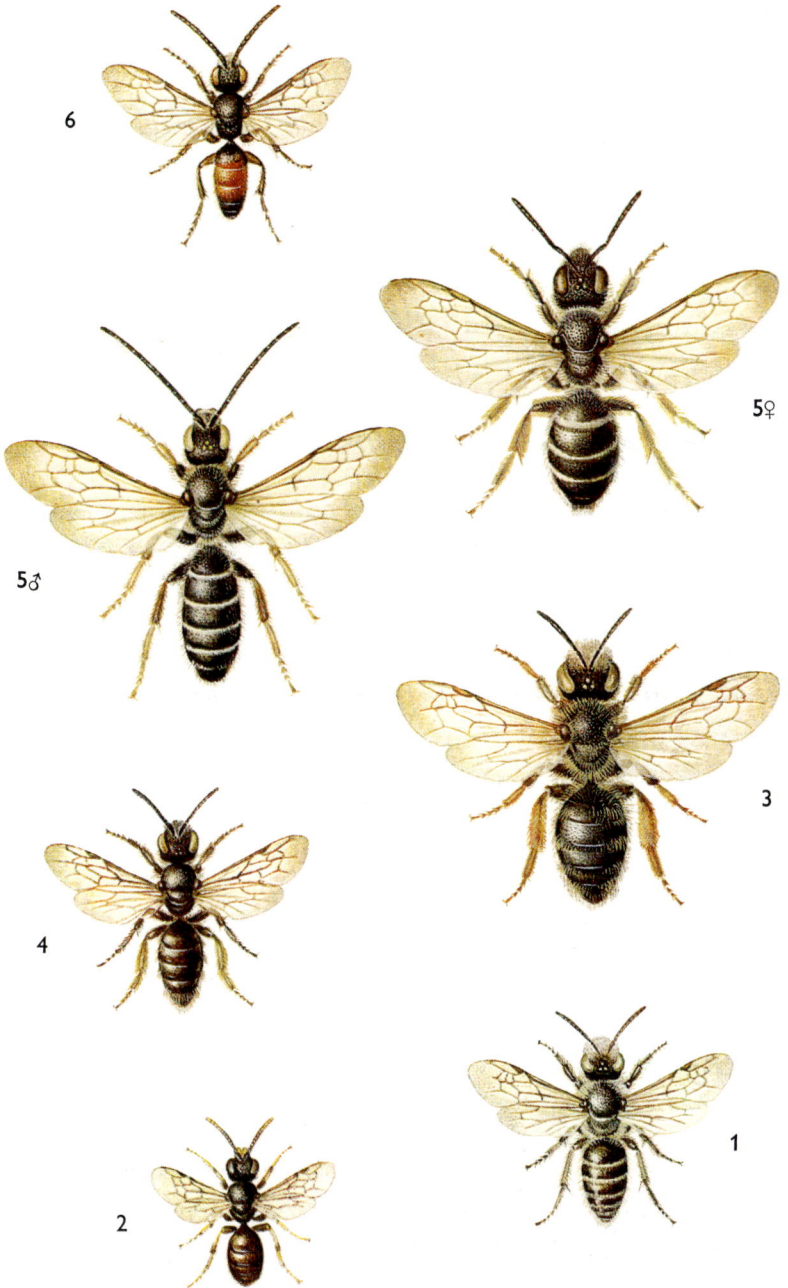

Hautflügler

Überfamilie Apoidea — Bienen

1 Melitta leporina, 11—13 mm, gehört zu den häufigsten Arten der Gattung. Sie fliegt im Juli/August am liebsten auf Klee- und Luzernenblüten. Ihr Nest besteht aus einer geringen Anzahl unterirdischer Zellen, die mit zusammengepreßten Pollen angefüllt sind. Darauf liegt das Ei. Die ausgewachsene Larve spinnt einen Kokon. Verbreitung: Mittel- und Nordeuropa.

2 Dasypoda hirtipes — Hosenbiene, 13—15 mm, fliegt im Juli/August auf Habichtskraut, Knautie usw. Das Weibchen legt sein unterirdisches Nest in einer Tiefe bis zu 60 cm an. In jeder Zelle macht es eine Pollenkugel, die drei Stützen hat, damit sie nicht von Schimmel befallen wird. Auf dieser Pollenkugel liegt das Ei. Die Larve überwintert. Verbreitung: Fast die ganze paläarktische Region.

3 Megachile centuncularis — Blattschneiderbiene, 9—12 mm, kommt von Juni bis August vor. Zum Nestbau benutzt sie Hohlräume im Boden oder in Pflanzenstengeln. Die Zellen polstert sie mit Rosenblattstückchen aus, die sie mit ihren Kiefern abschneidet und in die Höhle trägt. Die Larve ernährt sich von den Honigvorräten, die das Weibchen eingetragen hat. Verbreitung: Mittel- und Nordeuropa.

4 Osmia rufa — Mauerbiene, 8—12 mm, schlüpft schon im Herbst, kommt aber erst im Frühjahr aus ihrem Versteck. Im März/April sitzt sie auf Weidenkätzchen, Veilchen, Lungenkraut und anderen Frühlingsblüten. Ihr Nest legt sie in verschiedenen Ritzen an, auch in Dächern. Als Baumaterial dient speichelgetränkter Lehm. Verbreitung: Süd- und Mitteleuropa, Transkaukasien.

5 Anthidium punctatum — Wollbiene, 8—9 mm, fliegt im Juni/Juli. Nistet im Boden. Verbreitung: Mitteleuropa, Südskandinavien, Sibirien.

6 Anthophora plagiata, 13—15 mm, nistet gern gesellig in lehmigen Hängen. Zum Nest führt eine abwärts geneigte Schlupfröhre, die aus Lehm gebaut ist. Zur Zeit nimmt die Art rapide ab. Verbreitung: Mitteleuropa.

7 Eucera longicornis — Langhornbiene, 14—16 mm, fliegt im Mai auf Ochsenzunge und Wicke, nistet im Boden. Verbreitung: Ganz Europa.

8 Xylocopa violacea — Holzbiene, 21—24 mm, gehört zu unseren größten Bienen. Die Imago schlüpft im Herbst und überwintert; im Frühjahr legen die Weibchen in alten Stämmen und Ästen ein interessantes Nest für ihre Nachkommen an. Durch einen kurzen Gang dringen sie ins Holzinnere vor, dann nagen sie einen 15—30 cm langen vertikalen Gang, in dem etwa 15 Kammern angelegt werden. Jede Kammer wird mit einem Pollenvorrat versehen, dann wird ein Ei hineingelegt und die Kammer durch eine aus Holzspänen zusammengeklebte Trennwand abgeteilt. Die Larven verzehren die Vorräte in ihrer Kammer und verpuppen sich anschließend. Die Imago, die zuerst schlüpft, nagt sich durch die Seitenwand ins Freie. Ist die Wand zu dick, wartet sie ab, bis sich die anderen Imagines in den vor ihr liegenden Kammern entwickelt haben, dann kriechen die Tiere hintereinander durch den Gang ins Freie, den das Muttertier angelegt hat. Es ist bemerkenswert, daß die Weibchen auch aus einer Entfernung von mehreren Kilometern zu ihrem Nest zurückkehren. Verbreitung: Südeuropa, Südgebiete Mitteleuropas, (Rhein- und Lahntal u. a., Südslowakei).

9 Ceratina cyanea, 6—7 mm, fliegt Blüten an. Die Imago überwintert in Brombeerranken (*Rubus*). Im Frühling des folgenden Jahres nagt das Weibchen in einer trockenen Ranke einen Gang mit mehreren Kammern, die mit Pollen versorgt werden, und legt seine Eier hinein. Verbreitung: Fast ganz Europa mit Ausnahme des hohen Nordens.

Hautflügler

Überfamilie Apoidea — Bienen

1 Bombus pomorum, ♀ 20—24 mm, nistet in der Erde. Die überwinternde Königin fliegt im Mai auf Schlüsselblumen, Taubnesseln, Ziest usw., die Männchen zeigen sich im Herbst besonders häufig auf Kleefeldern. Diese Art kommt bis zu einer Höhe von 1900 m vor. Ihr Nest ist zahlenmäßig nicht groß (nur einige Dutzend Exemplare). Verbreitung: Mitteleuropa, Sibirien.

2 Bombus silvarum — Waldhummel, ♀ 18—20 mm, fliegt meist in niederen und mittleren Lagen. Die Weibchen zeigen sich im Mai auf Taubnesseln, die Männchen im Herbst auf Doldenblütlern, auch auf Knautie. Das Weibchen legt sein Nest über der Erde an, oft in Vogelnestern oder in Säugetierbehausungen. Verbreitung: Ganz Europa, fehlt in Nordskandinavien.

3 Bombus muscorum, ♀ 20—25 mm, gehört zu den seltenen Arten. Die Weibchen fliegen im Mai auf Taubnesseln und Günsel, die Männchen im Herbst auf Kleefeldern. Sie baut zahlenmäßig schwache überirdische Nester. Verbreitung: Europa, Nordasien.

4 Bombus lapidarius — Steinhummel, ♀ 20—25 mm, die häufigste und bekannteste unserer Hummeln. Die Weibchen fliegen schon ab April und suchen eine geeignete Stelle zur Nestgründung. Sie bauen unterirdisch, oft im Gestein, auch in Mauerrissen von Gebäuden und zwischen Ziegeln. In einem Staat leben etwa 100—300 Exemplare. In ihrem Nest entwickelt sich auch die Schmarotzerhummel (*Psithyrus rupestris*). Verbreitung: Eurasien.

5 Bombus terrestris — Erdhummel ♀ 24—28 mm, hat um Brust und Hinterleib braungelbe Streifen. Die Weibchen fliegen im April aus ihren Winterverstecken und besuchen Weidenkätzchen. Sie legen ihr Nest tief im Boden an, meist benutzen sie dazu verlassene Mauselöcher. Ihr Nest ist ziemlich groß (200—300 Exemplare). Verbreitung: Europa, Klein- und Nordasien, Nordafrika.

6 Bombus lucorum, ♀ 20—24 mm, der vorhergehenden Art sehr ähnlich, früher wurden beide für eine einzige Art gehalten. Gehört zu den häufigen Arten. Die Weibchen fliegen im April aus. Verbreitung: Europa, Nordasien.

7 Psithyrus rupestris — Schmarotzerhummel, bis zu 25 mm, den großen Hummeln sehr ähnlich, hat aber wesentlich dunklere Flügel und am dritten Beinpaar keine Sammeleinrichtung. Auch kommen bei ihr keine Arbeiterinnen vor. Die Imago erscheint im Spätsommer, die Männchen sterben nach der Kopulation, die Weibchen überwintern. Ihre Eier legt sie in die Nester von Stein- und Waldhummeln, wo auch die Entwicklung verläuft. Verbreitung: Europa, paläarktischer Teil Asiens.

8 Apis mellifera — Honigbiene, gehört zu den bekanntesten Insekten. Sie lebt in Staaten, an deren Spitze die eierlegende Königin steht. Den zahlenmäßig größten Teil stellen die Arbeiterinnen, im Verlauf ihres verhältnismäßig kurzen Lebens übernehmen sie verschiedene Funktionen (Pollen- und Nektarsammeln, Fütterung, Reinigung des Stocks usw.). Von Mai bis August treten im Stock die Männchen (Drohnen) auf, die aus unbefruchteten Eiern schlüpfen. Der ganze Schwarm überwintert. Die Honigbiene wird als Haustier angesehen, obwohl sie nie gezähmt wurde (Schwärmen, Verlassen des Stockes). Sie produziert Honig und Wachs. Verbreitung: Über die ganze Welt.

8 Honigbiene

2 Wald h.

Schmarotzer h. ♂

7

5 Erd- hummel B. terrestris
⚥
♀

6 B. lucorum

4 Steinh.

1

3

Köcherfliegen

Ordnung Trichoptera — Köcherfliegen
Familie Rhyacophilidae

1 **Rhyacophila vulgaris**, 7 — 9 mm, Spannweite 24 — 32 mm, eine häufige Art, die im Spätsommer und Herbst auftritt (August — Oktober). Die Larven leben in schnell fließenden Gewässern. Sie kriechen auf Steinen umher, wobei sie sich mit den Fußkrallen festhalten. Um nicht von der Strömung mitgerissen zu werden, scheiden sie eine Schutzfaser aus. Nur zur Verpuppung klebt sich die ausgewachsene Larve aus feinen Steinchen einen Köcher zusammen, in dem sie sich unter Wasser verpuppt. Verbreitung: Ganz Europa mit Ausnahme des hohen Nordens.

Familie Philopotamidae

2 **Philopotamus variegatus**, 7 — 9 mm, Spannweite 21 — 29 mm, fliegt von Juni bis August in Gebirgs- und Gebirgsvorlandschaften zwischen 600 und 1500 m Höhe. Die Larven leben oft zu mehreren Tieren in Röhrchen zusammen. Die ausgewachsene Larve ist etwa 20 mm lang. Verbreitung: Ganz Europa.

Familie Polycentropidae

3 **Polycentropus flavomaculatus**, 3,5 — 6 mm, Spannweite 13 — 21 mm, kommt im Juli/August an den Ufern von stehenden Gewässern und Bächen vor, oft sitzt sie auf Baumstämmen. Die Larven bewohnen Gebirgsbäche, in Niederungen nur schnell fließende Gewässer. Sie sitzen auf Steinen und Pflanzen, wobei sie sich ca. 12 mm lange Köcher bauen. Verbreitung: Europa, Sibirien.

Familie Hydropsychidae — Wassermotten

4 **Hydropsyche angustipennis**, 6 — 10 mm, Spannweite 18 — 21 mm, fliegt von Mai bis August, läßt sich nur sehr schwer von einigen ähnlichen Arten unterscheiden. Die Larven leben in Bächen mit starker Strömung. Zwischen den Steinen spannen sie trichterförmige Netze, in denen sie ihre Beute, meist kleinere Insektenlarven, fangen. Verbreitung: Fast ganz Europa, Kleinasien.

Familie Leptoceridae

5 **Leptocerus cinereus**, 7 — 7,5 mm, Spannweite 20 — 24 mm, fliegt von Juni bis Mitte Oktober an langsam fließenden und stehenden Gewässern. Sie kommt am häufigsten in Niederungen vor. Die Larven leben in langsam fließenden Gewässern und stellen Köcher her. Verbreitung: Paläarktische und nearktische Region.

Familie Phryganeidae — Frühlingsfliegen

6 **Phryganea grandis** — Große Köcherfliege, 15 — 21 mm, Spannweite 40 — 60 mm, gehört zu den großen Vertretern dieser Familie. Sie lebt vom Tiefland bis ins Hochgebirge, kommt aber in den tieferen Lagen häufiger vor. Die Imago erscheint von Mai bis August an stehenden Gewässern. Tagsüber sitzt sie auf Baumrinde, nachts fliegt sie. Die Larven leben in stehenden Gewässern und stellen sich Köcher aus Pflanzenteilchen her, die sie spiralförmig aneinanderkleben. Der Köcher erreicht eine Länge von 40 mm. Die Larve hält sich auf Wasserpflanzen auf, wo sie Insektenlarven nachstellt. Verbreitung: Paläarktische Region.

Familie Limnophilidae — Köcherjungfern

7 **Limnophilus griseus**, 6,5 — 12 mm, Spannweite 19 — 30 mm, kommt von Mai bis November, sogar noch bis in den Dezember hinein an fließenden Gewässern vor. Die Larven leben in Teichen und stellen sich Köcher aus Pflanzenteilchen her. Verbreitung: Europa (Mittel-, Nord- und Osteuropa, Grönland, Island), Kaukasus, Kleinasien, Sibirien.

Schmetterlinge

Ordnung Lepidoptera — Schmetterlinge[*]
Familie Micropterygidae — Urmotten

1 Micropteryx calthella, 4—4,5 mm, gehört zu den häufigsten Arten dieser seltsamen Schmetterlingsfamilie, die den Köcherfliegen (Trichoptera) am nächsten stehen. Die kleinen mottenähnlichen Falter haben kauende Mundwerkzeuge und sammeln als Nahrung Blütenstaub. Sie fliegen im Juni tagsüber und kommen häufig auf Hahnenfußgewächsen vor (Ranunculaceae). Verbreitung: Europa (außer im Norden).

Familie Hepialidae — Wurzelbohrer

2 Hepialus humuli — Hopfenspinner, 20—35 mm, erscheint von Juni bis August auf feuchten Wiesen, in Wäldern und Parks. Männchen und Weibchen unterscheiden sich in Größe und Flügelfärbung. Tagsüber verbergen sich die Schmetterlinge in Pflanzen, meist fliegen sie in warmen Juninächten. Die Weibchen legen ihre Eier im Flug. Die Raupe durchläuft zwölf Entwicklungsstadien. Sie ernährt sich von Wurzeln (Löwenzahn, Huflattich, Sauerampfer, Hopfen u. a.), überwintert (oft zweimal) und verpuppt sich erst dann in der Erde. Verbreitung: Großer Teil der paläarktischen Region (nach Norden bis zum Polarkreis), Mittlerer Osten.

3 Hepialus hecta — Heidekraut-Wurzelbohrer, 10—15 mm, fliegt meist im Juni und Juli, manchmal auch noch Anfang August auf feuchten Wiesen, an Waldrändern und in Heidegebieten. Die Raupe ernährt sich von Adlerfarn-, Primel-, Heidekraut- und Sauerampferwurzeln. Verbreitung: Eurasien.

Familie Adelidae — Langhornmotten

4 Adela degeerella, 7—8 mm, bemerkenswert wegen ihrer Fühlerlänge, die beim Männchen besonders auffällig ist. Sie fliegt im Frühling um Pflanzen und im Unterholz, der Flug ist langsam und ruckartig, er wird oft mit dem Tanz der Eintagsfliegen verglichen. Verbreitung: Europa, Transkaukasien (Armenien), Kleinasien.

Familie Cossidae — Holzbohrer

5 Zeuzera pyrina — Blausieb, 18—35 mm, erscheint von Juni bis August an Waldrändern, in Obstgärten, Alleen und Parks. Das Männchen ist im ganzen kleiner (Flügelspannweite etwa 40—50 mm) als das Weibchen (60—70 mm), seine Fühler sind zur Hälfte gefiedert, die des Weibchens fadenförmig. Das Weibchen legt einige hundert Eier in Rindenspalten ab. Die Raupen dringen allmählich in die jungen und alten Zweige sowie in den Stamm der Wirtspflanze ein. Meist sind das Apfel- und Birnbäume, Eschen, Birken, Ulmen, Ahorn und andere Laubbäume. Die Larven überwintern ein- bis zweimal. Verbreitung: Süd- und Mitteleuropa, gemäßigte Zonen in Asien (China, Japan), Nordafrika, Nordamerika.

6 Cossus cossus — Weidenbohrer, 30—41 mm, erscheint von Mai bis September von Niederungen bis ins Gebirge hinein (1500 m). Er fliegt nur in der Nacht, tagsüber schmiegt er sich an die Baumrinde. Das Weibchen legt einige hundert Eier in Gruppen von 15—50 Stück in Rindenspalten absterbender Bäume. Als Wirtspflanzen dienen hauptsächlich Obstbäume und Waldlaubhölzer. Die Raupen kriechen zunächst in den Bast, später dringen sie tief ins Holz vor. Sie sind rot und in ausgewachsenem Zustand fast 10 cm lang. Einen vom Weidenbohrer befallenen Baum erkennt man an dem rötlichen Mulm und an dem spezifischen Geruch dieser Raupen. Sie überwintern zweimal. Verbreitung: Großteil der paläarktischen Region.

---

[*] Die Größenangaben in dieser Ordnung geben die Länge eines Vorderflügels an.

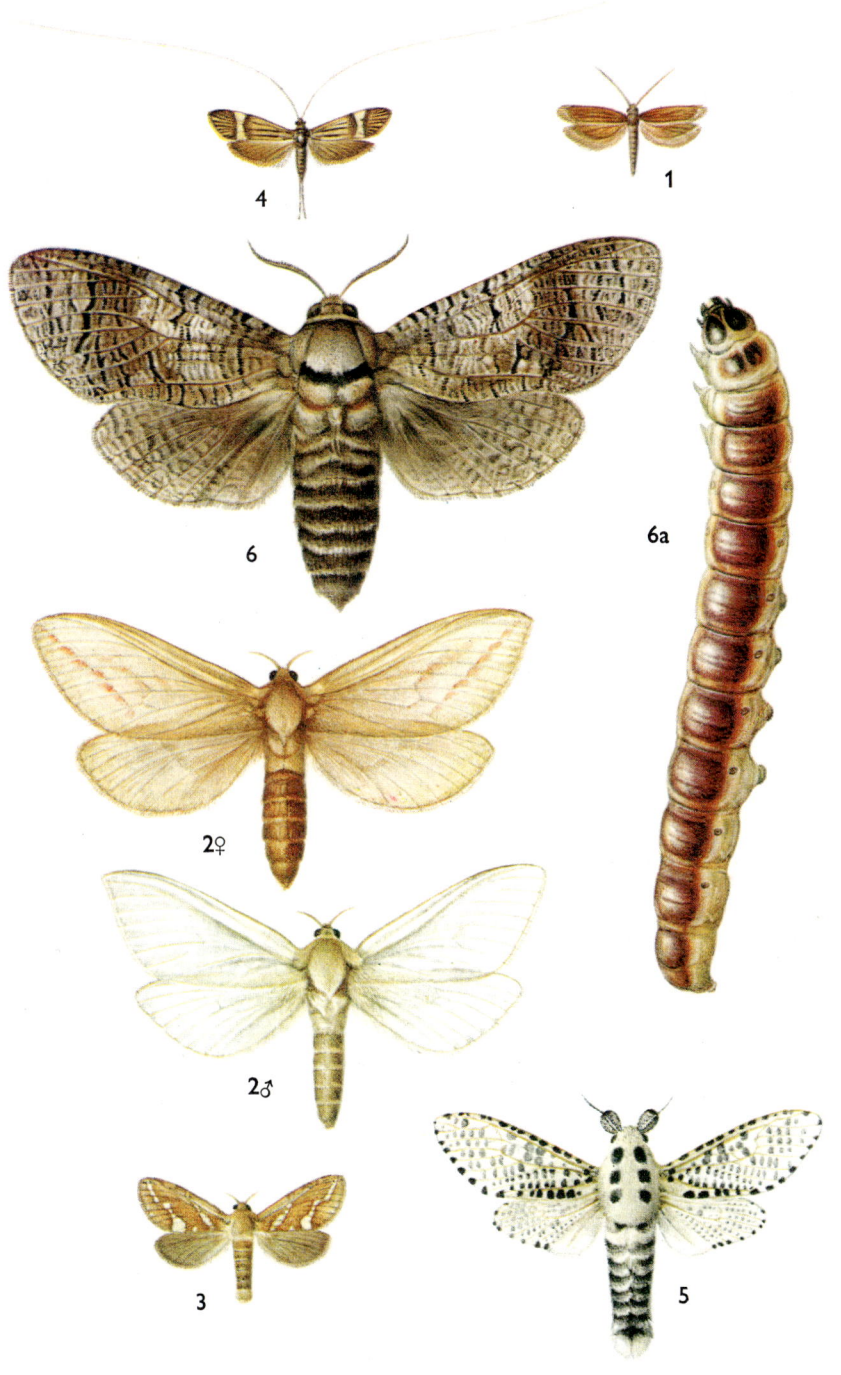

4

1

6

6a

2♀

2♂

3

5

Schmetterlinge

Familie Zygaenidae — Widderchen

1 Polymorpha ephialtes — Veränderliches Widderchen, 14—16 mm, fliegt im Juli und August an Waldrändern, auf Lichtungen und anderen sonnigen Stellen. Es weist große Neigung zu farblichen Variationen auf, deshalb konnten viele Farbformen beschrieben werden, die nach ihrer Färbung und der Fleckenzahl auf den Vorderflügeln benannt sind. Rotweiße und gelbweiße Fleckenkombinationen wechseln miteinander ab. Als Nährpflanzen dienen meist Kronenwicke, Klee oder Feldthymian. Verbreitung: von West- und Mitteleuropa nach Osten bis Sibirien.

2 Zygaena filipendulae — Erdeichel-Widderchen, 14—18 mm, tritt im Sommer (Juli, August) sehr zahlreich auf durchsonnten Hängen, Lichtungen, Wiesen und an Rainen auf, wo es gern auf Blüten sitzt. Es kommt vom Tiefland bis in Gebirgslagen vor. Seine gelben, schwarzgefleckten Raupen leben auf Schmetterlingsblütlern, sie überwintern und verpuppen sich im Juni. In seinem recht ausgedehnten Verbreitungsgebiet (fast ganz Europa, Transkaukasien, Kanarische Inseln) hat sich eine Reihe von Farbformen und geographischen Rassen (Subspecies) herausgebildet, z. B. in Deutschland die ssp. *germanica,* die im Gebirge lebt.

3 Agrumenia carniolica — Esparsetten-Widderchen, 12—15 mm, fliegt von Juni bis August an sonnigen Stellen, am liebsten da, wo das Gelände eine Kalksteinunterlage aufweist. Seine Färbung und auch die Anzahl der Flecken auf den Vorderflügeln schwankt; diese Art bildet eine Reihe Farbformen aus. Die Raupen zeigen sich ab August auf dem Gemeinen Hornklee (*Lotus corniculatus*) und auf der Esparsette (*Onobrychis sativa*). Sie überwintern und verpuppen sich auf der Erdoberfläche in einem Kokon. Verbreitung: Europa (im Nordosten bis nach Litauen, kommt nicht in Großbritannien vor), Transkaukasien (Armenien), Kleinasien, Iran.

4 Procris statices — Grünwidderchen, 11—14 mm, kommt von Mai bis August häufig auf feuchten Wiesen, an Waldrändern und in Steppen zwischen Niederungen und Gebirgen (1000 m) vor. Seine Raupen ernähren sich von Sauerampfer. Verbreitung: Nordteil Südeuropas bis Südskandinavien.

Familie Psychidae — Sackspinner

5 Apterona crenulella, eine sehr interessante Art, die zwei Formen hervorbringt: eine ist zweigeschlechtlich und lebt im Süden (Italien), die andere, *helix,* ist eine parthenogenetische Form und über den Großteil Europas und Westasiens verbreitet. Die Raupen dieses Schmetterlings ernähren sich von allerlei Pflanzen und stellen gedrehte Behälter her, die an Schneckenhäuser erinnern. Sie sitzen auf Gräsern und Baumstämmen.

6 Pachythelia unicolor, 12—14 mm, gehört zu den in Wäldern, Gärten, auf Wiesen häufigen Arten. Seine Raupe stellt einen verhältnismäßig großen, etwa 3—4 cm langen Sack her. Verbreitung: Großteil der paläarktischen Region.

Familie Tineidae — Echte Motten

7 Trichophaga tapetzella — Tapetenmotte, 6—8 mm, ist ein unangenehmer Schädling. Ihre Raupen leben in Textilien und zerfressen sie. Verbreitung: Über die ganze Welt.

8 Tineola bisselliella — Kleidermotte, 4—8 mm, ist der bekannteste in Wohnungen vorkommende Schmetterling. Er fliegt im Frühjahr aus. Das Weibchen legt seine Eier in Wollstoffe, Pelze, Kleidungsstücke ab. Verbreitung: Kosmopolit.

Schmetterlinge

Familie Lyonetiidae — Langhornminiermotten

1 Lyonetia clerkella — Schlangenminiermotte, 3 – 4 mm, fliegt im Tiefland und Gebirge (in den Alpen bis zu 2000 m hoch) in jährlich drei Generationen. Die Schmetterlinge der dritten Generation überwintern in Rindenspalten, im Moos usw. Die Weibchen legen ihre Eier einzeln ins weiche Pflanzengewebe. Die Raupe schlüpft nach ein bis zwei Wochen, sie stellt im Blatt schlangenartig gewundene Gänge her, in deren Mitte ihre schwarzen Exkremente liegen. Die ausgewachsene Raupe verläßt ihren Gang und verpuppt sich auf dem Blatt. In manchen Gegenden werden sie zu Schädlingen. Ihre Nährpflanzen sind vor allem Obstbäume, aber auch Schlehen, Birken u. a. Verbreitung: Großteil der paläarktischen Region.

Familie Gracillariidae

2 Lithocolletis blancardella, 2 – 5 mm, aus der Gattung Miniermotten, bringt in Mittel- und Westeuropa zwei Generationen hervor, im Mittelmeerraum sogar drei bis vier. Die Weibchen legen ihre Eier einzeln auf die Blattunterseite verschiedener Laubhölzer, wie z. B. Eberesche, Weißdorn, Apfel, Birne u. a. Die junge Raupe bohrt sich in das Gewebe und bildet dort eine flache Mine. Die Raupe der zweiten Generation überwintert. Verbreitung: Europa, Sibirien, Japan, Nordamerika (eingeschleppt).

Familie Sesiidae — Glasflügler

3 Aegeria apiformis, Hornissenschwärmer, 15 – 20 mm, ähnelt mit seinen gelbschwarzen Streifen einer Wespe, fliegt in der prallen Sonne von Mai bis Juli vor allem in Pappelalleen oder an pappelbestandenen Bachufern. Die jungen Raupen nähren sich von Pappeln. Das erste Jahr verbringen sie unter der Rinde, das zweite im Stamm dicht über dem Boden und in den Wurzeln. Sie verpuppen sich in einem Kokon in der Rinde. Verbreitung: Von Westeuropa bis Sibirien, Kleinasien, Nordamerika (eingeschleppt).

4 Synanthedon myopaeformis, 8 – 9 mm, fliegt von Mai bis Juli in Obstgärten. Die Raupen leben in alten, kranken Bäumen (in Äpfeln, Eberesche, Birnen usw.) und verpuppen sich unter der Rinde. Verbreitung: West- und Mitteleuropa, Balkan, Kleinasien.

Familie Yponomeutidae — Gespinstmotten

5 Yponomeuta padellus — Apfelbaumgespinstmotte, 9 – 10 mm, fliegt im Juni und Juli. Im Juli legen die Weibchen ihre Eier in kleinen Gruppen auf Apfel-, Weißdorn- und Pflaumenzweige und bedecken sie anschließend mit einer Schutzschicht. Die Raupen schlüpfen im Herbst und überwintern gesellig unter einer Art Schutzschild. Im Frühjahr fressen sie die Knospen leer und ziehen dann weiter auf die Blätter, die sie umspinnen. Sie leben in Nestern, wo sie sich auch verpuppen. Verbreitung: Über die ganze paläarktische Region.

Familie Coleophoridae — Sackträgermotten

6 Coleophora laricella — Lärchenminiermotte, 4 – 5 mm, zeigt sich im Mai/Juni in Lärchenbeständen. Verbreitung: Mittel- und Nordeuropa.

Familie Gelechiidae — Palpenmotten

7 Scrobipalpa ocellatellum, 5 – 6 mm, fliegt schon im April. Ihre Raupen leben auf der wilden Rübe (*Beta maritima*) und auf kultivierten Arten wie Mangold (*Beta vulgaris*), wo sie Schaden anrichten. Verbreitung: Großteil Europas, Klein- und Vorderasien, Nordafrika.

Familie Cochylidae

8 Eupoecilia ambiguella — Einbindiger Traubenwickler, 7 – 8 mm, besitzt stark polyphage Raupen, die sich u. a. auch von Weinreben ernähren. Verbreitung: Großteil Europas, Asien (China, Japan usw.).

Schmetterlinge

Familie Tortricidae — Wickler

1 Pandemis heparana, 8—11 mm, tritt jährlich in zwei Generationen auf. Die erste erscheint im Juni/Juli, die zweite Ende August/September. Sie fliegen in der Dämmerung aus. Das Weibchen legt die Eier gruppenweise auf Blätter ab. Die ausgewachsene Raupe ist grün, etwa 2,5 cm lang. Sie lebt auf Laubbäumen und auf Wald- und Gartensträuchern, die Raupe der 2. Generation überwintert. Verbreitung: Ganz Europa, Mittlerer Osten, Sibirien, China, Japan.

2 Archips crataegana, 8—11 mm, fliegt von Juni bis August. Bekannter als der Schmetterling sind seine gelben Eihäufchen; die Weibchen kleben bis zu dreißig Eier in die Spalten verschiedener Bäume. Sie sind mit einer weißlichen Schutzschicht überzogen. Die Eier überwintern. Im Frühjahr schlüpfen die Raupen, sie ernähren sich zunächst von Knospen, später auch von Blättern, die sie zigarettenartig zusammenrollen. Verbreitung: Großteil Europas, Kleinasien, Sibirien, Japan.

3 Epiblema tedella — Fichtennestwickler, 5—6 mm, fliegt von Mai bis Juli in Fichtenwäldern. Die Weibchen legen ihre Eier auf die Nadeln, in denen die Raupen minieren. Sie leben gesellig und bauen aus den Fichtennadeln eine Art Nest, in das sie auch Exkremente einbringen. Vor Wintereintritt verlassen die Raupen das Nest, überwintern und verpuppen sich mit beginnendem Frühling im Nadellaub. Verbreitung: Europa (außer dem Süden).

4 Laspeyresia pomonella — Apfelwickler, 7—9 mm, bringt für gewöhnlich ein bis zwei Generationen hervor, manchmal auch noch mehr. Die Raupen befressen Früchte (Äpfel, Birnen). Sie sind rosafarben und etwa 2 cm lang. Sind sie ausgewachsen, verlassen sie die Frucht und überwintern meist in Rissen und anderen Verstecken. In Apfelanbaugebieten können sie Schäden verursachen. Verbreitung: Über die ganze Welt.

5 Tortrix viridana — Eichenwickler, 9—11 mm, fliegt von Juni bis August, die Lebensdauer eines einzelnen Tieres beträgt aber nur eine Woche. Er hält sich in Eichenkronen auf. Das Weibchen legt die Eier in Zweiergruppen auf dünne Zweige ab. Die Eier überwintern, und zu Frühlingsanfang schlüpfen die Raupen, die zuerst die halbgeöffneten Knospen aufsuchen und sich später auch von Laub ernähren. Sie suchen Eichen und andere Pflanzen heim (Holunder — *Sambucus,* Geißblatt — *Lonicera*). Die älteren Raupen biegen Blätter zusammen und verspinnen die Ränder. Bei stärkerer Vermehrung, vor allem in ungünstigeren Jahren, können sie zu unliebsamen Schädlingen werden. Verbreitung: Großteil Europas, Kleinasien.

Familie Alucitidae — Geistchen

6 Orneodes desmodactyla, läßt sich leicht in diese artenarme Familie einordnen, man erkennt die Art an den 24 „Federchen", zu denen die beiden Flügelpaare umgebildet sind. Der Schmetterling fliegt von Juni bis August. Die Raupen ernähren sich von Ziestblüten (*Stachys recta, S. silvatica* u. a.). Verbreitung: Von Südeuropa bis in die Südgebiete Mitteleuropas.

Familie Pyralidae — Zünsler

7 Ephestia kuehniella — Mehlmotte, 10—12 mm, kommt in Lagerräumen und Haushalten vor, da sich ihre Raupen im Mehl entwickeln. Der Schmetterling stammt wahrscheinlich aus Indien, heute ist er über die ganze Welt verbreitet.

8 Pyralis farinalis — Mehlzünsler, 8—12 mm, gehört zu den Mehlschädlingen, seine Raupen leben im Mehl. Er ist überall zahlreich vertreten. Verbreitung: Fast die ganze Welt.

1

2

5

4

3

7

8

6

Schmetterlinge

Familie Crambidae

1 Crambus myellus, 11 — 12 mm. Der Schmetterling fliegt im Juni/Juli vor allem in höheren Lagen. Seine Raupen halten sich unter Moos auf. Verbreitung: Mittel- und Nordeuropa (Alpen, Karpaten).

Familie Pterophoridae — Federmotten

2 Pterophorus hieracii, 9 mm, dokumentiert seine Familienzugehörigkeit nicht nur durch die gespaltenen Flügel, sondern in erster Linie durch seine außerordentlich langen Beine. Die Imago fliegt von Juni bis August. Die Raupen zeigen sich im Mai/Juni mit Vorliebe auf dem Dolden-Habichtskraut (*Hieracium umbellatum*), an dessen Stengeln und Blättern sie sich verpuppen. Verbreitung: Großteil Europas (im Norden bis nach Finnland und Litauen), Transkaukasien.

3 Pterophorus monodactylus, 12 mm, eine häufige Art. Ihre Raupen fressen Blüten und Blätter der Ackerwinde, sind aber auch auf Melde, Gänsefuß und Zaunwinde anzutreffen. Die Imago überwintert. Verbreitung: Europa, Kleinasien, Nordamerika.

Familie Hesperiidae — Dickkopffalter

4 Ochlodes venata, 14 — 17 mm, ist dem Kommafleck (*Hesperia comma*) sehr ähnlich. Die Geschlechter unterscheiden sich farblich. Die Schmetterlinge fliegen vom Juni bis August, in Südeuropa in zwei Generationen. Die Raupen entwickeln sich ab dem Sommer, und nach dem Überwintern verwandeln sie sich in Puppen. Die häufigsten Wirtspflanzen der Raupen sind Wiesenhafer (*Avena pratensis*), Rispengras (*Poa*), Schwingel (*Festuca*) u. a. Verbreitung: Eurasien. In Nordeuropa reicht die Art bis zu 64° der nördlichen Breite.

5 Pyrgus malvae — Kleiner Malvendickkopf, 10 — 11 mm, fliegt in zwei Generationen, in der Zeit von April bis August. Am häufigsten zeigt sich der Schmetterling auf Lichtungen an Waldrändern und Feldwegen von den Niederungen bis ins Gebirge. Die Raupen befressen Himbeersträucher, Erdbeerpflanzen, Kriechendes Fingerkraut (*Potentilla reptans*) u. a. Sie halten sich in zusammengerollten Blättern verborgen. Verbreitung: Europa (vom Balkan bis Südskandinavien), Asien.

6 Carterocephalus palaemon — Brauner Laubwiesendickkopf, 13 — 14 mm, erscheint im Mai/Juni mit Vorliebe an feuchten Waldrändern, auf feuchten Wiesen und an Wegen, wo genug Blüten vorhanden sind, auf denen er sich niederlassen kann. Die Raupen zeigen sich ab Juli und nach der Überwinterung bis Mai auf verschiedenen Pflanzen, am liebsten aber auf Spitzwegerich (*Plantago lanceolatum*), auf der Gemeinen Quecke (*Agropyrum repens*), Trespe (*Bromus*) u. a. Verbreitung: In einigen europäischen Gebieten häufig, in anderen seltener (in Nord- und Nordwesteuropa), Asien (bis zum Amur), Nordamerika.

7 Erynnis tages — Grauer Dickkopf, 13 — 14 mm, bringt in einem Jahr zwei Generationen hervor: die erste von April bis Juni, die zweite im Juli/August. Auf durchsonnten Wegen, Lichtungen und in Gärten ist er zahlreich anzutreffen. Seine Raupen leben auf Gemeinem Hornklee (*Lotus corniculatus*), Bunter Kronwicke (*Coronilla varia*), Feld-Mannstreu (*Eryngium campestre*) und anderen Pflanzen. Sie überwintern. Verbreitung: Europa, Nordasien.

4

6

7

5

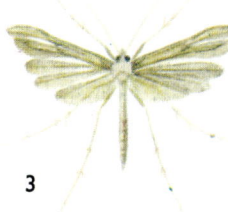

3

1

2

Raupen mit Nackengabel (Osmeterium):
Drüsenschläuche (aus falk-bar) → Abw.: ?

Familie Papilionidae — Ritterfalter

C 7/95   Hakerf. Ei   an Schafgarbe, Dinkel

1 Papilio machaon — <u>Schwalbenschwanz,</u> 34—45 mm, fliegt in zwei Generationen (April—Mai, Juli—August), im Süden sogar noch in einer dritten (September—Oktober). Er kommt vor bis ins Hochgebirge (Alpen 2000 m). In Hügellandschaften fliegen die Schmetterlinge mit <u>Vorliebe auf Doldenblütlern,</u> die Raupen leben auf Fenchel, Kümmel, wilder Möhre u. a., im Nahen Osten auf Citruspflanzen. Verbreitung: Fast über ganz Europa mit Ausnahme des Nordens, in der gemäßigten Zone Asiens, Nordamerika. In einigen europäischen Ländern ist er selten (Großbritannien), in den letzten zwei Jahrzehnten verschwand er langsam auch von solchen Stellen, an denen er zu den zahlreichen Arten zählte.

2 Iphiclides podalirius — Segelfalter, 35—45 mm, fliegt von Mai bis Anfang Juli manchmal auch noch in einer zweiten Generation im Juli/August. Am häufigsten ist er auf sonnigen, warmen Hängen in Kalksteinhügelgebieten. Die Raupen entwickeln sich auf Schlehen, Weißdorn, Obstbäumen usw. Sie verpuppen sich bis zum Winter, die Puppe überwintert. Verbreitung: Europa, Transkaukasien, Kleinasien, Iran, Westchina. Die Nordgrenze seiner Verbreitung liegt in Europa etwa auf dem 51. Breitengrad. Steht unter Naturschutz (BRD, ČSSR).

3 Zerynthia polyxena — Osterluzeifalter, 22—30 mm, kommt nur stellenweise von Ende April bis Mai vor. Er fliegt sehr schwerfällig und nur dicht über dem Boden. Schon ab Mai leben seine Raupen auf verschiedenen Osterluzeigewächsen (*Aristolochia rotunda, A. pistolochia, A. clematidis, A. sicula*); ihre Entwicklung dauert ungefähr vier bis fünf Wochen. Anschließend verpuppen sie sich und überwintern in diesem Stadium. Der Osterluzeifalter gehört zu den wärmeliebenden Arten mit einem nicht besonders großen Verbreitungsgebiet. In Südosteuropa ist er allgemein bekannt, die Nordgrenze seiner Verbreitung verläuft durch Österreich und den Südteil der Tschechoslowakei. Er lebt auf dem Balkan (einschl. Griechenland) und in einigen Gebieten Kleinasiens.

4 Parnassius apollo — Apollo, 34—50 mm, ein langsamer und schwerfälliger Flieger, der Berghänge, Wiesen und Täler bewohnt; meist sitzt er auf Disteln. Er fliegt von Juni bis August. Die Raupe befrißt Weiße Fetthenne, sie überwintert und verpuppt sich erst im Frühjahr. Aus seinem ganzen Verbreitungsgebiet sind einige hundert Formen beschrieben worden. Mancherorts, wie z. B. in Böhmen, ist er heute ausgestorben. Verbreitung: Von den Pyrenäen über Alpen, Karpaten, Kaukasus bis zum Altai. In einigen Ländern (BRD, DDR, ČSSR) steht er unter Naturschutz.

5 Parnassius mnemosyne — Schwarzer Apollo, 27—32 mm, fliegt von Mai bis Juni dicht über dem Boden; er sitzt auf Pflanzen an Gebirgsbächen, auf Wiesen und an Waldwegen. Er hält sich sowohl in den Niederungen als auch in den Bergen bis zu 1500 m Höhe auf. Die Raupen entwickeln sich auf dem Lerchensporn (Gattung *Corydalis*). Innerhalb seines Verbreitungsgebiets hat sich eine Reihe von geographischen Rassen ausgebildet. So ist aus den Bayerischen Alpen die dunkle Rasse *Parnassius mnemosyne hartmanni* bekannt. Verbreitung: Von den Pyrenäen über Mitteleuropa nach Norden bis Norwegen, nach Osten bis in den Kaukasus und Mittelasien. Der Schmetterling wird heute immer seltener, er steht deswegen in einigen Ländern (ČSSR, BRD, DDR) unter Naturschutz.

Schmetterlinge

Familie Pieridae — Weißlinge

1 Pieris brassicae — Großer Kohlweißling, 29—34 mm, bringt in Mitteleuropa zwei bis drei, im Süden sogar bis zu fünf Generationen hervor. Der Schmetterling tritt oft gesellig auf. Das Weibchen legt seine Eier auf Kreuzblütlerblätter ab — auf Kohl, Blumenkohl, Weißkohl, Rettich usw. Vor der Verpuppung verlassen die Raupen die Pflanze und suchen einen Unterschlupf auf. In größerer Anzahl werden sie zu Schädlingen. Die Puppe überwintert. Verbreitung: Fast über die ganze paläarktische Region.

2 Pieris rapae — Kleiner Kohlweißling, 20—26 mm, bringt zwei bis drei aufeinander folgende Generationen hervor, so daß er von Frühlingsbeginn bis in den Herbst anzutreffen ist. Seine Raupen leben in erster Linie auf Kreuzblütlern und werden bei stärkerem Auftreten schädlich. Die Puppe überwintert. Einer der häufigsten Schmetterlinge. Verbreitung: Von Westeuropa bis Japan, Nordafrika. Nordamerika (eingeschleppt), Australien (eingeschleppt).

3 Pieris napi — Rapsweißling, 20—25 mm, fliegt in zwei Generationen auf Feldern, in Gärten, an Waldrändern usw. Verbreitung: Europa, gemäßigte Zone Asiens, Nordafrika, Nordamerika.

4 Aporia crataegi — Baumweißling, 32—35 mm, fliegt von Mai bis Juli. Gehörte früher zu den Obstbaumschädlingen, wird aber heute überall immer seltener. In einigen Ländern ist er in den letzten Jahren ausgestorben (Großbritannien). Die Raupen entwickeln sich auf Obstbäumen. Verbreitung: Großteil Europas, in der gemäßigten Zone Asiens bis nach Korea und Japan, Nordafrika.

5 Anthocharis cardamines — Aurorafalter, 21—25 mm, erscheint zwischen April und Juni von Niederungen bis ins Gebirge an Waldrändern, auf Lichtungen, Wiesen, an Feldwegen und in Gärten. Das Männchen zeichnet sich durch einen großen orangefarbenen Fleck auf den Vorderflügeln aus. Das Weibchen legt seine Eier meist auf die Unterseite von Kreuzblütlerblättern, die den Raupen als Nahrung dienen. Meist sind es Wiesenschaumkraut, Brillenschötchen (*Biscutella*), Rauke (*Sisymbrium*), Turmkraut (*Turittis*), Knoblauchsrauke (*Alliaria*) u. a. Verbreitung: Europa, gemäßigte Zone in Asien, Japan.

6 Colias croceus — Wandergelbling, 22—28 mm. Die Grenze seiner Verbreitung in Europa wird vom Alpenbogen bestimmt, nördlich davon kommt er nur auf seinen Wanderzügen vor. Die Schmetterlinge fliegen im April/Mai nach Mitteleuropa und suchen mit Vorliebe Wicken- und Kleefelder auf, die neben anderen Schmetterlingsblütlern die Hauptnahrung der Raupen darstellen. Im Sommer folgen zwei bis drei Generationen aufeinander. Im Herbst kehrt ein Teil der Schmetterlinge nach dem Süden zurück. In Mitteleuropa verbleibende Exemplare, auch Raupen, gehen im Winter zugrunde. Verbreitung: Europa, Klein- und Vorderasien (Iran), Nordafrika, Kanarische Inseln, Madeira.

7 Gonepteryx rhamni — Zitronenfalter, 27—30 mm, gehört zu den ersten Schmetterlingen, die im Frühjahr aus ihren Winterverstecken hervorkommen. Das Männchen ist leuchtend gelb, das Weibchen weißlich mit einem Stich ins Grüne. Die Raupen entwickeln sich auf dem Faulbaum (*Rhamnus frangula*) im Juni/Juli. Noch im Sommer schlüpfen die Schmetterlinge aus der Puppe, nach ein paar Tagen Flug fallen sie in den Sommerschlaf. Danach fliegen sie erst wieder im Herbst aus und überwintern dann. Verbreitung: Europa, Klein- und Vorderasien, Ostsibirien, Nordafrika.

4

5

6

1♀

♂

1♂

7♀

2♀

3♂

Schmetterlinge

Familie Lycaenidae — Bläulinge

1 Thecla quercusia — Eichenzipfelfalter, 17—18 mm, fliegt im Juli/August in Eichenkronen. Aus den überwinternden Eiern schlüpfen im späten Frühjahr Raupen, die am zahlreichsten im Juni auf Eichenlaub zu finden sind. Verbreitung: In zwei geographischen Rassen von Nordafrika (Marokko, Algerien) bis Südskandinavien.

2 Strymonidia w-album — Weißes W, 16—18 mm. Die Bezeichnung dieses Schmetterlings stammt von der Zeichnung auf der Hinterflügelunterseite, die wie ein weißes W aussieht. Der Schmetterling hält sich von Juni bis August in Hügelgebieten an steinigen oder felsigen Stellen auf, doch ist sein Vorkommen nicht häufig. Die Eier überwintern, im Mai/Juni erscheinen die Raupen, die sich vorwiegend von Ulmenlaub ernähren. Verbreitung: Europa (von den Pyrenäen und Italien bis zu den Südteilen Skandinaviens).

3 Callophrys rubi — Brombeerzipfelfalter, 15—17 mm, Oberseite farblich unauffällig, Flügelunterseite grün. Er bewohnt trockene Stellen — Heide, trockene Kiefernwälder usw. Dort fliegt er schon ab März/April, nachdem er aus der überwinternden Puppe geschlüpft ist. In wärmeren Gebieten (Nordafrika) erscheint noch eine zweite, gewöhnlich unvollständige Generation in den Monaten Juli/August. Der Schmetterling kommt im Gebirge bis zu 1800 m Höhe vor. Seine Raupen treten von Mai bis zum Spätsommer auf und sind polyphag. Verbreitung: Von Nordafrika bis in den hohen Norden Skandinaviens.

4 Lycaena phlaeas — Kleiner Feuerfalter, 14—16 mm, bewohnt Waldränder, Felder, Gärten und Parks in Städten. Er kommt bis in einer Höhe von 2000 m vor. Je nach Biotop treten zwei und mehr Generationen jährlich auf. Die Raupen halten sich meist auf Sauerampfer (*Rumex acetosella* und *R. acetosa*) auf, auch auf Gemeinem Dost (*Origanum vulgare*). Innerhalb seines großen Verbreitungsgebietes (von Nordafrika bis in den äußersten Norden Europas) gibt es verschiedene geographische Rassen und Farbformen.

5 Heodes virgaureae — Dukatenfalter (♂ + ♀), 18—20 mm, tritt von Juni bis August in nur einer Generation auf. Er fliegt in der Ebene und im Gebirge bis zu einer Höhe von 2400 m. Am liebsten sucht er Waldränder und Wiesen auf. Die Raupen schlüpfen im April aus den überwinternden Eiern, sie ernähren sich vom Kleinen und Wiesensauerampfer (*Rumex acetosa, R. acetosella*). Verbreitung: Großteil Europas (fehlt auf den Britischen Inseln und in Süditalien), Klein- und Mittelasien, Fernost.

6 Heodes tityrus — Schwefelvögelchen, 15—17 mm, fliegt in zwei, im Süden noch teilweise in einer dritten Generation. Auf Wiesen und Feldern ist er zahlreich anzutreffen, er steigt bis ins Gebirge auf (in den Alpen bis rund 2000 m). Die Raupe lebt auf Sauerampferarten und auf Besenginster. Verbreitung: Großteil Europas (kommt in Großbritannien, Südspanien und im fennoskandischen Raum nicht vor), Kleinasien.

7 Heodes alciphron — Sauerampferfeuchthalden-Goldfalter, 18—20 mm, kommt in Vorgebirgs- und Gebirgsgegenden an Bachrändern und Waldwegen vor. Ziemlich seltene Art. Verbreitung: Europa (fehlt auf den Britischen Inseln, in einem Teil Westeuropas und in Fennoskandien).

Schmetterlinge

Familie Lycaenidae — Bläulinge ~~ies~~ _in NSG. C für Feuchtwiesen_
~~Maculinea nausithous~~ — in NSG. C für Feuchtwiesen

1 Maculinea arion — Thymianheiden-Bläuling, 18—23 mm, fliegt im Juni/Juli auf steppenartigen Wiesen, Wiesen mit Buschbestand und an sonnigen Waldrändern. Er gehört zu den größten Arten der ganzen Familie. Seine Raupen entwickeln sich zuerst auf dem Feldthymian (*Thymus*), später in Ameisenhaufen. Verbreitung: Von Westeuropa über Sibirien bis nach China.

2 Lycaeides argyrognomon, 10—16 mm. Der Schmetterling fliegt in zwei Generationen (Mai—Juni, Juli—August), gehört aber nicht zu den häufigen Arten. In einigen Gebieten kommt er überhaupt nicht vor. Er fliegt um Waldränder und Gebüsche, wo die Nährpflanze seiner Raupen, die bunte Kronwicke (*Coronilla varia*) wächst. Die Raupen schlüpfen schon bald im Frühling aus den überwinternden Eiern. Verbreitung: In relativ kleinen, unzusammenhängenden Gebieten Mitteleuropas und Italiens; in Frankreich, Skandinavien und auf dem Balkan nur stellenweise.

3 Aricia agestis — Heidenwiesenbräunling, 13—14 mm, hat in Mitteleuropa zwei, in Südeuropa drei Generationen jährlich. Er fliegt an trockenen Stellen. Verbreitung: Von West- und Südeuropa über ganz Mitteleuropa, kommt nicht auf der Pyrenäenhalbinsel und in Nordeuropa vor.

4 Cyaniris semiargus — Dunkelbläuling (♂ + ♀), 16—18 mm, gehört in Hügellandschaften zu den häufigen Arten an Waldwegen und trockenen Hängen. Er steigt auch in die Gebirgsregion auf, in den Alpen bis zu 2500 m, bringt ein bis zwei Generationen jährlich hervor. Seine Raupen leben meist auf Pflanzen der Gattungen Klee (*Trifolium*), Steinklee (*Melilotus*), Wundklee (*Anthyllis*), Ginster (*Genista*) u. ä. Sie überwintern und verpuppen sich erst im Frühling. Verbreitung: Von Nordafrika (Marokko) bis in die südlichen Teile Nordeuropas, gemäßigtes Asien, Mongolei.

5 Agrodiaetus damon — Esparsettenbläuling, 17—19 mm, fliegt im Juli/August mit Vorliebe in Hügellandschaften mit Kalksteinuntergrund. Ab September befressen die Raupen Esparsette (*Onobrychis sativa*), nach der Überwinterung verpuppen sie sich gegen Frühlingsausgang. Verbreitung: Nur stellenweise (Spanien, Frankreich, Mitteleuropa, Dalmatien usw.).

6 Lysandra coridon — Steppenheidebläuling, 17—20 mm, Männchen und Weibchen zeichnen sich durch auffallende Farbunterschiede aus. Der Schmetterling hält sich gern in Steppengebieten mit Kalksteinuntergrund auf, häufig auch an Bahndämmen, Feldwegen usw. Er kommt bis zu 2000 m hoch vor und fliegt jährlich in einer Generation im Juli/August. Hauptnahrung der Raupen sind Hufeisenklee (*Hippocrepis commosa*), Kronwicke (*Coronilla varia*) und andere Wickengewächse (Viciaceae). Verbreitung: Von den Pyrenäen über den Südteil Großbritanniens, West- und Mitteleuropa, berührt Italien und teilweise auch den Balkan. Kommt nicht in Skandinavien vor.

7 Polyommatus icarus — Hauhechel-Bläuling, 14—18 mm, gehört bei uns zu den sehr häufigen Bläulingen. Das Weibchen trägt am Rand seiner braunen Flügel farbige Punkte. Je nach geographischer Lage des Standortes treten jährlich eine bis drei Generationen auf. Steigt von der Ebene bis ins Hochgebirge auf (in Mitteleuropa sogar über 2000 m). Die Raupen überwintern, sie ernähren sich von Klee (*Trifolium*), Hauhechel (*Ononis*) und Ginster (*Genista*). Verbreitung: Ganz Europa, Nordafrika, gemäßigtes Asien.

Familie Nymphalidae — Fleckenfalter

1 Apatura iris — Großer Schillerfalter, 35—40 mm, kommt von Juni bis August in Wäldern vor. Die Weibchen fliegen in Kronenhöhe, die Männchen sitzen oft in Grüppchen auf Waldwegen, wo sie Wasser saugen. Auch Pferde- und Rinderexkremente suchen sie auf. Die Raupen leben auf verschiedenen Weidenarten, gelegentlich auch auf Espen; sie überwintern. Verbreitung: Von Westeuropa über die gemäßigte Zone Asiens bis Japan. Fehlt jedoch in Südeuropa und Skandinavien. Fliegt bisweilen nach Finnland.

2 Limenitis reducta, 26—31 mm, liebt sonnige Hänge. Im Süden bilden sich jährlich drei Generationen, nach Norden nimmt die Anzahl der Generationen ab. In Mitteleuropa, an der Nordgrenze seiner Verbreitung, tritt nur noch eine Generation im Jahr auf. Die Raupen erscheinen ab Juli und nach der Überwinterung bis Mai auf Geißblatt (*Lonicera*). Verbreitung: Vor allem Südeuropa, Transkaukasien (Armenien), Vorderasien (Iran).

3 Clossiana euphrosyne — Veilchen-Perlmutterfalter, 21—25 mm, über Tiefland und Berge verbreitet, bringt je nach den klimatischen Bedingungen der Gegend ein bis zwei Generationen hervor. Er zeigt sich auf Waldwiesen und Wegen, am Waldrand, auf buschbestandenen Hängen und Lichtungen. Die Raupen ernähren sich von verschiedenen Veilchenarten (*Viola*). Sie überwintern. Verbreitung: Großteil Europas (fehlt auf den Mittelmeerinseln), in Asien bis zum Amur, Kamtschatka.

4 Fabriciana adippe — Feuriger Waldhügelland-Perlmutterfalter, 29—34 mm, sucht oft mit verwandten Perlmutterfalterarten blühende Disteln auf Lichtungen, Rodungen und an Waldwegen auf. Im ganzen ähnelt seine Färbung den anderen Perlmutterfaltern. An der Flügelunterseite kann man ihn verläßlich bestimmen: Dort trägt er zwei Reihen perlmuttfarbener Flecken, zwischen ihnen kreisförmige bräunliche Flecken mit Perlmuttzentrum. Auch an der Flügelbasis sitzen Perlmuttflecken. Die Schmetterlinge fliegen von Juni bis August. Bei dieser Art überwintern die ganz jungen Raupen oder solche, die zwar schon entwickelt, aber noch in der Eihülle eingeschlossen sind. Als Nahrung dienen ihnen verschiedene Veilchenarten (*Viola*), auf denen sie sich vom beginnenden Frühjahr bis zum Juni aufhalten. Verbreitung: Ganz Europa (mit Ausnahme des hohen Nordens), die gemäßigte Zone Asiens und Japan.

5 Argynnis paphia — Kaisermantel oder Silberstich, 33—39 mm, ist hauptsächlich auf Lichtungen, an Wegrändern und am Waldrand anzutreffen. Die Schmetterlinge fliegen meist im Juli/August und besuchen gern verschiedene Disteln, Brombeersträucher usw. Die Raupen ernähren sich von den Blättern verschiedener Veilchen (*Viola*). Die Weibchen legen ihre Eier aber nicht nur auf Veilchen, sondern noch häufiger in Spiralen an Baumstämmen ab. Verbreitung: Fast ganz Europa bis in die hohen Norden hinauf (Südnorwegen, Schweden, Finnland), gemäßigte Zone Asiens (bis Japan), Nordafrika (Algerien).

Schmetterlinge

Familie Nymphalidae — Fleckenfalter

1 Vanessa cardui — Distelfalter, 27—31 mm, fliegt im Zickzack über trockene Felder und Wiesen. Er gehört zu den Wanderfaltern, die schon ab April/Mai aus dem Süden nach Mitteleuropa geflogen kommen. Die Nachkommen dieser Generation kehren im Herbst meist wieder in den Süden zurück. Die Raupen leben mit Vorliebe auf Brennesseln, Disteln und Huflattichblättern. Verbreitung: Fast über die ganze Welt.

2 Vanessa atalanta — Admiral, 27—30 mm, ist auch, wie der vorhergenannte Schmetterling, kein echter Bewohner Mitteleuropas. Er fliegt im Frühjahr aus dem Süden ein und gründet eine neue Generation, die im Sommer und Herbst auf Wiesen, in Gärten, an Waldrändern und auf Lichtungen anzutreffen ist. Er sitzt gern auf Baumstümpfen und verletzten Stämmen, aus denen Saft austritt. Auch an überreifem Obst saugt er gerne. Zwar suchen die Schmetterlinge auch nördlich der Alpen Winterverstecke auf, doch kommen die meisten um. Die Raupen fressen die Blätter von Brennesseln. Verbreitung: Ganz Europa, Kleinasien, Iran, Nordafrika, Nordamerika, Neuseeland (vermutlich eingeschleppt).

3 Nymphalis antiopa — Trauermantel, 35—45 mm, verläßt schon zu Frühjahrsbeginn seine Winterverstecke. Meist hält er sich in Wassernähe, an sonnigen Waldrändern, Waldwegen und Lichtungen vom Tiefland bis ins Gebirge hinein auf. Seine Raupen zeigen sich im Juni/Juli auf Birken, Espen, Pappeln, Weiden usw. Sie verpuppen sich bald, und die Imago erscheint im Hochsommer bzw. im Herbst; sie überwintert. Verbreitung: Großteil Europas, gemäßigte Zone Asiens, Nordamerika.

4 Nymphalis polychloros — Großer Fuchs, 29—33 mm, galt früher als Schädling in Gärten, heute ist er in vielen Gegenden bereits selten. Er zeigt sich im Frühjahr (überwinternde Exemplare) und dann wieder im Juli, bis er in seinen Winterverstecken verschwindet. Südlich der Alpen bringt er zwei, sonst nur eine Generation hervor. Die Raupen leben auf verschiedenen Laubbäumen (Pappeln, Weiden, Ulmen, Obstbäume, vor allem Birne, Kirsche, Apfel). Verbreitung: Großteil Europas.

5 Aglais urticae — Kleiner Fuchs, 23—28 mm, fliegt bereits im März aus seinem Winterquartier. Er lebt auf Lichtungen, am Waldrand, auf Wiesen und Feldern vom Tiefland bis ins Hochgebirge (3000 m). Die Raupe lebt von Mai bis Juli auf Brennesseln. Die neue Schmetterlingsgeneration erscheint bald darauf vom Sommer bis in den Herbst. Die Imago überwintert. Verbreitung: Von Westeuropa bis Japan.

6 Inachis io — Tagpfauenauge, 27—35 mm, sucht schon in den ersten Frühlingstagen Blüten auf. Nach der Überwinterung leben die alten Tiere bis Mai, ab Juli fliegt die nächste Generation. Die Raupe frißt Brennesselblätter. Die Schmetterlinge fliegen an verschiedenen Biotopen vom Tiefland bis ins Gebirge hinein. Verbreitung: Europa, gemäßigte Zone Asiens bis Japan.

7 Polygonia c-album — C-Falter, 22—25 mm, hat seinen Namen von der weißen Zeichnung auf der Unterseite seiner Hinterflügel, die wie der Buchstabe C aussieht. Die Schmetterlinge überwintern und legen im Frühjahr ihre Eier. Die Raupen entwickeln sich im Mai/Juni auf Brennesseln, schwarzen und roten Johannisbeeren, auf Hopfen usw. Die Imagines dieser Generation fliegen im Juni/Juli. Oft kommt noch eine unvollständige zweite Generation vor. Verbreitung: Eurasien, Nordafrika.

Schmetterlinge

Familie Satyridae — Augenfalter

1 Melanargia galathea — Damenbrett, 23—28 mm, die Fleckenform auf den Flügeln dieses Schmetterlings und seine Gesamtfärbung variieren stark. Manche Exemplare sind weißlich, andere gelblich. Von Juni bis August kommen sie häufig vor, sie zeigen sich auf buschbestandenen Hängen, an Waldwegen und -rändern und an Bahndämmen. Besonders im Hügelland sind sie sehr häufig, doch fliegen sie auch in Gebirgslagen (bis ca. 1700 m, in Afrika sogar noch höher). Die Raupen ernähren sich von verschiedenen Gräsern, wie z. B. vom Gemeinen Knäuelgras (*Dactylis glomerata*), Aufrechter Trespe (*Bromus erectus*), Honiggras (*Holcus*), Lieschgras (*Phleum*) u. a. Die Raupen überwintern. Verbreitung: Großteil Europas (fehlt in Skandinavien), Transkaukasien, Iran, Nordafrika.

2 Erebia medusa — Frischwiesen-Schwärzling, 23—24 mm, ist von Niederungen bis ins Gebirge verbreitet. Am zahlreichsten fliegt er im Mai und Juni, in größeren Höhen auch noch im Juli, meist auf Wiesen und Waldlichtungen. Die Raupen ernähren sich von Gräsern, sie überwintern. Verbreitung: Europa (außer dem Norden, Großbritannien, der Pyrenäenhalbinsel und dem größten Teil Italiens).

3 Erebia epiphron — Borstgras-Bergmohr, 17—19 mm, ist ein Überbleibsel der eiszeitlichen Schmetterlingsfauna. Er kommt nur im Hochgebirge vor (Alpen, Hohe Tatra, Karpaten), dort bis zu 3000 m Höhe. Sein Flug ist langsam, er sitzt gern auf Pflanzen. Die Raupen ernähren sich von Gräsern (Rasenschmiele — *Deschampsia caespitosa* u. a.), überwintern und verpuppen sich im Juli. Diese Art bildet in ihrem Verbreitungsgebiet mehrere geographische Rassen aus.

4 Maniola jurtina, 22—28 mm, fliegt von Juni bis August überall vom Tiefland bis ins Hochgebirge. Die Raupen fressen Gräser. Verbreitung: Von Nordafrika bis zum Süden Nordeuropas, Ural, Kleinasien, Iran.

5 Coenonympha pamphilus — Kleiner Heufalter, 14—16 mm, bringt zwei, auch drei Generationen hervor, zeigt sich daher im Süden schon ab April, weiter nördlich ab Mai bis in den Herbst. Er fliegt überall, auch in Stadtnähe, vom Tiefland bis ins Gebirge (1800 m) langsam von Blüte zu Blüte. Seine Raupen ernähren sich von verschiedenen Gräsern. Verbreitung: Ganz Europa bis in den Hohen Norden, Klein- und Vorderasien (Irak, Iran), Nordafrika.

6 Pararge aegeria — Waldbrettspiel, 22—25 mm, bringt in tieferen Lagen zwei Generationen jährlich hervor, in höheren nur eine. Er fliegt ruckartig nur über kurze Strecken, besonders an Waldrändern, auf kleinen Lichtungen, auf Schneisen und an Wegrändern. Seine Raupen leben auf Gräsern, wie Quecken, Knäuelgras, Rispengras u. a. Sowohl Raupen als auch Puppen überwintern. Verbreitung: Europa, Klein-, Vorder- und Mittelasien, Nordafrika.

7 Dira maera — Braunauge, 20—29 mm, fliegt in nördlicheren Breiten im Juni/Juli, im Süden in zwei Generationen (Mai-Juni, August-September) auf Waldwiesen und Lichtungen. Meist kommt er zahlreich vor, er geht auch ins Hochgebirge (bis 2000 m hoch). Die Raupen leben auf verschiedenen Waldgräsern, sie überwintern. Verbreitung: Europa (auch im Norden, fehlt aber in Großbritannien und verschiedenen Mittelmeerinseln), Klein-, Vorder- und Mittelasien, Himalaja, Nordafrika.

Familie Lasiocampidae — Glucken

1 Malacosoma neustria — Ringelspinner, 13—20 mm, taucht von Ende Juni bis Mitte August in Laubwäldern, Obstgärten und Obstbaumalleen auf. Den Raupen dient vor allem Obstbaum- und Eichenlaub als Nahrung. Das Weibchen legt seine Eier in dichten Ringen um dünne Zweige, die Eier überwintern. Die Raupen treten im Mai und Juni auf, sie verpuppen sich in einem Kokon zwischen Blättern oder auf einem Blatt. Hin und wieder werden sie als Schädlinge angeführt. Verbreitung: Paläarktische Region (außer dem nördlichen Teil).

2 Eriogaster lanestris — Wollafter, 15—22 mm, fliegt im März/April auf sonnigen Hängen und Lichtungen mit reichem Birkenbestand. Das Weibchen ist größer als das Männchen und hat am Hinterleib ein Büschel grauer Haare. Die Raupen entwickeln sich meist auf Birkengebüsch, auf Schlehen, Weidenbüschen usw. Sie leben gesellig in einem großen Nest, das sie sich spinnen, und verpuppen sich in einem festen Kokon in der Erde oder an der Oberfläche. Die Puppe überwintert, manchmal sogar mehrmals. Verbreitung: Mittel- und Nordeuropa, nördlicher Teil Südeuropas, Sibirien.

3 Lasiocampa quercus — Eichenspinner, 26—37 mm, bringt mehrere Formen hervor, die sich in Färbung und Lebensweise unterscheiden. Außerdem ist die Größe beider Geschlechter unterschiedlich. In unseren Breiten fliegen die Schmetterlinge hauptsächlich im Juli/August in Eichen- und Laubmischwäldern sowie auf heidebestandenen Flächen. Die Raupe ernährt sich von Eichenlaub, Birken- und Heidelbeerblättern usw. Je nach den Umständen überwintern Raupen und Puppen ein- bis zweimal. Verbreitung: Mittel- und Südeuropa, Kleinasien, Transkaukasien, Sibirien.

4 Macrothylatia rubi — Brombeerspinner, 24—33 mm, fliegt von Mai bis Juli auf Wiesen, Moor- und Heideflächen. Die Raupe ernährt sich von kleineren Pflanzen, häufig von Brombeer- und Himbeerblättern. Bis zum Winter wächst sie heran, sie überwintert. Im Frühjahr verpuppt sie sich auf der Erdoberfläche in einem grauen Kokon. Verbreitung: Großteil Europas, Kleinasien.

5 Gastropacha quercifolia — Kupferglucke, 27—43 mm, tritt in einer ganzen Reihe von Farbvariationen auf. Im Juli und Anfang August fliegt der Schmetterling abends in Obst- und Ziergärten, in Hainen und auf Heideflächen. Tagsüber bleibt er in einem Versteck, die Vorderflügel dachförmig über dem Körper zusammengelegt, die Hinterflügel seitlich darunter hervorschauend. Die Raupe lebt auf Obstbäumen, Haselsträuchern, Weiden usw. Sie überwintert und verpuppt sich im Frühjahr in einem grauschwarzen Kokon in der Baumrinde und in Astgabeln. Da der Schmetterling früher als Schädling galt, ist er an einigen Stellen völlig ausgerottet worden. Verbreitung: Europa, Kleinasien, China, Japan.

6 Dendrolimus pini — Kiefernspinner, 25—36 mm, variiert in seiner Färbung von ganz dunkel bis hell. Er fliegt von Juni bis August in trockenen Kiefernwäldern und in Mischwäldern mit Kiefernbestand, da ihre Nadeln die Hauptnahrung der Raupen darstellen. Die Raupe überwintert ein- bis zweimal und verpuppt sich in einem Kokon auf Astgabeln oder am Stamm. Verbreitung: Großteil Europas, China, Japan.

Schmetterlinge

Familie Lemoniidae

1 Lemonia dumi — Wiesenspinner, 25—29 mm, ist ein Spätsommer- und Herbstschmetterling (August-November). Das Weibchen ist im ganzen etwas heller als das Männchen. Die Schmetterlinge zeigen sich in Niederungen und Hügellandschaften meist an Waldrändern und auf Wiesen. Aus den weißlichen, dunkel gesprenkelten Eiern schlüpfen dunkelbraune Raupen, die im Mai/Juni auf Korbblütlern leben, vor allem auf Löwenzahn und verschiedenen Habichtskrautarten. Sie verpuppen sich entweder unter Laub oder im Erdreich. Verbreitung: Von der Balkanhalbinsel bis Südschweden und Finnland, Ural.

Familie Saturniidae — Pfauenspinner

2 Saturnia pyri — Großes Nachtpfauenauge, 60—72 mm, der größte europäische Schmetterling. Das Männchen unterscheidet sich vom Weibchen vor allem durch die gekämmten Fühler. Die Schmetterlinge fliegen in Mainächten und suchen Weinberge, Obstgärten und Parks auf. Tagsüber halten sie sich auf Stämmen, an Zäunen, im Gras usw. verborgen. Die Raupe lebt vor allem auf Birnen-, Apfel-, Mirabellen- und anderen Obstbäumen sowie auf Ahorn. Gegen Sommerausgang erreicht sie eine Länge von etwa 12 cm, ist hellgrün und trägt eine Vielzahl Warzen mit hellblauen Spitzen. Fühlt sie sich bedroht, stößt sie wahrnehmbare Geräusche aus. Sie verpuppt sich in einem sehr festen Kokon auf Bäumen, in Astgabeln, manchmal auch zu ebener Erde. Die Puppe überwintert, manchmal sogar zweimal. Verbreitung: Hauptsächlich Südeuropa, Klein- und Vorderasien (Iran). Die Nordgrenze seiner Verbreitung verläuft annähernd durch Mitteleuropa. Schmetterlingssammler setzen große Nachtpfauenaugen manchmal in freier Natur aus.

3 Eudia pavonia — Kleines Nachtpfauenauge, 28—40 mm, das Männchen unterscheidet sich nicht nur durch gekämmte Fühler, sondern auch in der Färbung vom Weibchen. Seine Hinterflügel haben einen gelbbraunen Ton, dagegen haben alle vier Flügel des Weibchens annähernd die gleiche Grundfarbe. Die Schmetterlinge sieht man schon ab April an Waldrändern und auf Lichtungen. Die Männchen fliegen gewandt, gelegentlich auch an sonnigen Tagen, die Weibchen sitzen meist auf Zweigen. Der Schmetterling kommt vom Tiefland bis in die Hochgebirgsregion (etwa 2000 m Höhe) vor. Aus den Eiern schlüpfen schwarze Raupen, die in der ersten Zeit gesellig leben. Später ändert sich ihre Farbe ins Grünliche, und sie suchen einzeln ihre Nährpflanzen, Schlehen, Rosen, Heidelbeeren, Himbeeren und auch Weiden auf. Sie verpuppen sich in einem braunen Kokon. Gelegentlich kommt es zu Kreuzungen zwischen dieser Art und der oben genannten sowie anderen verwandten Arten. Verbreitung: Großteil der paläarktischen Region.

Familie Syssphingidae

4 Aglia tau — Nagelfleck, 27—42 mm, sein Artname rührt von der weißen Zeichnung in den dunklen Augen auf den Flügeln her, die an den griechischen Buchstaben „Tau" erinnert. Das Männchen ist kleiner, und seine gelbbraune Färbung ist intensiver als die des Weibchens. Die Schmetterlinge fliegen in Laubwäldern, häufig in Buchenbeständen von Ende März bis Mai. Auch in Hochgebirgslagen finden sie sich (Alpen, Hohe Tatra). Die Raupe ernährt sich von Buchen-, Birken-, Linden-, Erlen-, Eichen- und anderen Laubbaumblättern. Die Puppe überwintert. Das Hauptverbreitungsgebiet des Schmetterlings erstreckt sich über Mitteleuropa.

Schmetterlinge

Familie Endromididae — Birkenspinner

1 Endromis versicolora — Birkenspinner, 25—39 mm, erscheint im zeitigen Frühjahr, manchmal schon Mitte Februar/März. Er fliegt in lichten Wäldern mit Birken und anderen Laubhölzern (Linden, Erlen), die den Raupen Nahrung bieten. Die Weibchen sitzen auf Zweigen in den Baumkronen, die Männchen fliegen an sonnigen Tagen. Die Raupe verpuppt sich in einem schwarzen Kokon auf der Erde, die Puppe überwintert. Verbreitung: Europa (außer im Süden), Sibirien.

Familie Drepanidae — Sichelflügler

2 Drepana falcataria — Sichelspinner, 16—18 mm, bringt ein bis zwei Generationen hervor, unter besonders günstigen Bedingungen auch noch eine dritte, allerdings unvollständige. Er bewohnt von April bis August Laubwäldchen, Bachränder, Heideflächen und Lichtungen. Die Raupen ernähren sich von Birken- und Erlenlaub, die Puppe überwintert. Verbreitung: Großteil Europas.

Familie Thyatiridae — Wollrückenspinner

3 Thyatira batis — Roseneule, 18—19 mm, fliegt nach Sonnenuntergang auf Lichtungen, Schneisen, an Waldrändern, in Gärten und Parks. Sie kommt von Mai bis Anfang Juli vor, manchmal noch in einer unvollständigen zweiten Generation. Nährpflanzen der Raupen sind Himbeer- und Brombeersträucher. Die Puppe überwintert. Verbreitung: Großer Teil Europas, Transkaukasien, Sibirien, Japan, Nordindien.

Familie Geometridae — Spanner

4 Brephos parthenias — Großes Jungfernkind, 18—19 mm, fliegt von Anfang März tagsüber in Birkenwäldern, auf Lichtungen, an Wegrändern usw. Seine Raupen leben meist auf Birken, die Puppe überwintert. Verbreitung: Mittel- und Nordeuropa, Sibirien.

5 Hipparchus papilionaria — Grünes Blatt, 21—29 mm, lebt von Juni bis August an den Rändern von Birken- oder Laubmischwäldern. Die Raupe frißt Blätter von Birken, Haselsträuchern, Linden, Buchen, Erlen. Die Raupe überwintert. Verbreitung: Mittel- und Nordeuropa, Kleinasien, Sibirien, Japan.

6 Calothysania amata — Ampferspanner, 14—17 mm, fliegt meistens in zwei Generationen (Mai-Oktober) in feuchten Wäldern, Gebüschen an Wasserrändern, an Waldrändern u. ä. Er findet sich auch in Parks, Gärten, sogar in Häusern. Die Raupen ernähren sich von verschiedenen Ampfer- und Knöterricharten, sie überwintern. Verbreitung: Paläarktische Region, kommt aber nicht in Nordeuropa vor.

7 Scopula ornata, 11—12 mm, zeigt sich in großer Zahl von Mai bis September in zwei Generationen an trockenen Stellen. Nährpflanzen der Raupen sind z. B. Feldthymian, Dost, Ehrenpreis, Schafgarbe, Sauerampfer u. a. Die Raupe überwintert. Verbreitung: Europa (außer dem Norden), Klein- und Mittelasien, Amur, Nordafrika.

8 Sterrha aversata, 14—15 mm, sehr variabel. Häufiger als die typische Form mit dem dunklen Streifen auf den Flügeln kommt die hier abgebildete Form *spoliata* vor. Die Schmetterlinge fliegen in zwei Generationen von Mai bis September in lichten Wäldern, auf Lichtungen usw. Die Raupen überwintern. Verbreitung: Großteil Europas (fehlt im Norden und in einigen Gebieten Spaniens), Transkaukasien, Klein- und Vorderasien.

Schmetterlinge

Familie Geometridae — Spanner

1 Anaitis plagiata — Grauspanner, 18—23 mm, gehört zu den großen und häufigen Spannerarten, kommt in zwei Generationen vor (Mai—Oktober), hält sich am liebsten an trockenen, warmen Hängen, Waldrändern und in Steppengebieten auf. Die Raupe befrißt Johanniskraut (*Hypericum perforatum*), sie überwintert. Verbreitung: Großteil der paläarktischen Region, fehlt in Nordeuropa.

2 Operophthera brumata — Kleiner Frostspanner, 16—18 mm, ist bekannt für stark ausgebildeten Geschlechtsdimorphismus. Das Männchen hat normal entwickelte Flügel, das Weibchen statt dessen nur Flügelstummel, mit denen es nicht fliegen kann. Die Männchen fliegen ab Mitte Oktober bis Dezember am Spätnachmittag. Sie kommen nicht nur an Waldrändern vor, sondern sind häufig auch in Obstgärten und Parks. Nährpflanzen der Raupen sind vor allem Obst- und andere Laubbäume. Die Eier überwintern. Verbreitung: Mittel- und Nordeuropa (fehlt im Süden), Transkaukasien, Amur.

3 Calocalpe undulata — Wellenlinienspanner, 17—18 mm, trägt eine sehr auffällige Zeichnung auf beiden Flügelpaaren. Fliegt von Juni bis August in feuchten Wäldern, an Waldrändern, auf Lichtungen, in Parks und in Gärten. Die Raupen ernähren sich mit Vorliebe von Salweiden, Erlen, Heidelbeeren, Espen, die Puppe überwintert. Verbreitung: Nord- und Mitteleuropa, gemäßigte Zone Asiens, Nordamerika.

4 Cidaria ocellata, 13—14 mm, fliegt in zwei Generationen (Mai—Juni, Juli—August) auf Wiesen, Heideflächen, an Waldrändern und in Gärten. Die Raupen fressen Labkraut (*Galium*). Sie wachsen bis zum Herbst heran und spinnen sich ein, erst nach der Überwinterung verpuppen sie sich. Verbreitung: Großteil Europas, Kleinasien.

5 Cidaria luctuata, 14—15 mm, bringt in einem Jahr zwei Generationen hervor (Mai—Juni, Juli—August). Meist zeigt er sich an Waldrändern, auf Ufergebüsch, Lichtungen usw. Die Raupen ernähren sich von Weidenröschenblättern (*Epilobium*), sie überwintern. Verbreitung: Mittel- und Nordosteuropa (fehlt in der Norddeutschen Tiefebene), Sibirien, Mittelasien, Nordamerika.

6 Abraxas grossulariata — Stachelbeerspanner, Harlekin, 17—21 mm, weist eine farblich sehr variable Flügelzeichnung auf. Er lebt in Gärten, Parks und an Waldrändern, fliegt von Juni bis August. Die Raupen fressen Laub von Stachelbeeren, Johannisbeeren, Traubenkirschen, Schlehen, Weiden, Haselsträuchern und anderen. Sie überwintern und verpuppen sich im Juni des folgenden Jahres. Dieser Schmetterling wurde früher als Schädling betrachtet, ist aber heute vielfach aus Gebieten, in denen er früher zahlreich auftrat, gänzlich verschwunden. Verbreitung: Großteil Europas, Westasien u. a.

7 Lomaspilis marginata — Schwarzfleckenspanner, 12—14 mm, trägt eine recht variable Zeichnung. Kommt entweder in nur einer oder auch noch einer zweiten Teilgeneration von April bis August vor. Sein Biotop sind Erlenufergebüsche, Waldränder, tiefliegende Wiesen, Heideflächen, Parks und Gärten. Nährpflanzen der Raupen sind Salweiden (auch andere Weidenarten), Espen, Birken, Haselsträucher u. a. Die Puppe überwintert. Verbreitung: Großteil Europas, Mittelasien, Südostsibirien.

1

2

6

3

5

7

4

Schmetterlinge

Familie Geometridae — Spanner

1 Ennomos erosaria, 16 — 21 mm, kommt von Juni bis September in Laubwäldern (hauptsächlich Eichenwäldern) und Gärten vor. Die Raupen ernähren sich von Eichen-, Buchen-, Birken- und Lindenlaub. Die Eier überwintern. Verbreitung: Mittel-, Südwest- und Osteuropa, Transkaukasien.

2 Urapteryx sambucaria — Holunderspanner, 27 — 30 mm, tritt vereinzelt im Juni/Juli an Waldrändern, Ufern, in Parks und in Gärten auf. Die Raupe ernährt sich vom Laub des Schwarzen Holunders (*Sambucus nigra*), Efeus, Erlen, Schlehen und anderer Pflanzen. Sie überwintert und verpuppt sich im Juni des folgenden Jahres. Verbreitung: Mittel- und Südeuropa, Transkaukasien, Japan.

3 Opisthograptis luteolata — Gelbspanner, 19 — 22 mm, fliegt in der Regel in einer Generation von Mai bis Juni. In günstigen Jahren erscheint auch noch eine zweite Generation (f. *aestiva*), deren Tiere kleiner sind und eine sattere gelbe Färbung haben. Der Biotop dieser Art sind lichte Wälder, Rodungen, Parks und Gärten. Die Raupe ernährt sich hauptsächlich von Weißdorn, Weiden-, Hasel- und Obstbaumblättern. Die Puppe überwintert. Verbreitung: Europa, West- und Mittelasien, Nordafrika.

4 Erannis defoliaria — Großer Frostspanner, 22 — 26 mm, lebt in Wäldern und Gärten, wo seine Raupen früher zu den Schädlingen zählten. Die Schmetterlinge erscheinen erst ab Ende September und fliegen bis Anfang Dezember. Den Raupen dient das Laub verschiedener Bäume und Sträucher als Nahrung. Die Eier überwintern. Verbreitung: Von Norditalien bis Südskandinavien, Transkaukasien.

5 Biston betularia — Birkenspanner, 21 — 32 mm, kommt in mehreren Formen vor, von denen die dunkelflüglige f. *carbonaria* am bekanntesten ist. Sie fliegt in Mai- und Juninächten, tagsüber sitzt der Schmetterling auf Baumstämmen. Die Raupe frißt Blätter verschiedener Gehölze (Eiche, Pappel, Ulme, Schlehe, Birne, Rose u. a.). Verbreitung: Europa, Transkaukasien, Sibirien, Japan.

6 Boarmia repandata, 21 — 25 mm, fliegt von Ende Mai bis August vor allem in Wäldern, Buschsteppen und Gärten. Die Raupen leben auf Laub- und Nadelhölzern sowie auf zahlreichen kleineren Gewächsen. Sie überwintern. Verbreitung: Europa, Mittelasien.

7 Ematurga atomaria — Heidespanner, 14 — 17 mm, bringt in höheren Lagen eine, in niedrigeren zum Teil noch eine zweite Generation hervor. Er fliegt auf Heideflächen, Waldwiesen und in Hainen, kommt gelegentlich zahlreich vor. Seine Raupen fressen Heidekraut, Wicken, Beifuß und andere Gewächse. Verbreitung: Europa, Klein-, Vorder- und Mittelasien, Sibirien.

8 Bupalus piniarius — Kiefernspanner, 19 — 22 mm, kommt oft zahlreich in Kiefern- und Nadelmischwäldern vor, fliegt von Ende April bis Ende Juli. Die Raupe frißt Nadeln ab, wodurch sie stellenweise Schaden anrichtet. Die Puppen überwintern. Verbreitung: Mittel- und Nordeuropa, Transkaukasien, Sibirien.

9 Chiasma clathrata, 11 — 15 mm, hat normalerweise gelblich-weiße Flügel, die aber auch sattgelb oder ganz weiß sein können. Fliegt auf Wiesen, an Wald- und Wegrändern. Die Raupen ernähren sich von Klee, die Puppen überwintern. Verbreitung: Europa, West- und Mittelasien, Sibirien, Japan.

Schmetterlinge

Familie Sphingidae — Schwärmer

1 Smerinthus ocellata — Abendpfauenauge, 33—44 mm, fliegt von Mai bis Juli während der späten Nachtstunden bis in die Morgendämmerung. Tritt in feuchten Wäldern, Parks, Gärten und an Flußufern vom Tiefland bis ins Gebirge (in den Alpen bis 2000 m) auf. Tagsüber sitzt der Schmetterling auf Ästen und Stämmen, bei Gefahr spreizt er die Hinterflügel mit großen, augenförmigen Flecken. In Mitteleuropa tritt meist nur eine Generation auf, im Süden kommt noch eine zweite hinzu, die bis Oktober fliegt. Hauptnährpflanzen der Raupen: verschiedene Weidenarten, Pappeln, Linden, Traubenkirschen, Schlehen und einige Obstbäume. Die Raupen wachsen bis zum Herbst heran und verpuppen sich im Erdreich. Die Puppe überwintert. Verbreitung: Europa, Transkaukasien, Kleinasien.

2 Marumba quercus — Eichenschwärmer, 45—55 mm, gehört zu den südlichen Arten. Fliegt ab Mai, im Norden erst ab Juni in Eichenwäldern. Tagsüber ruht er in Kronen niedriger Bäume oder in Gebüschen aus. Das Weibchen legt über hundert grüne Eier einzeln auf Eichenblätter ab. Spätestens nach zwei Wochen schlüpfen die Raupen, die Eichen- (*Quercus*) und Stechpalmenblätter (*Ilex*) befressen. Sie wachsen langsam und bleiben etwa sieben Wochen auf ihren Nährpflanzen. Die ausgewachsenen Raupen ändern ihre Färbung und kriechen zur Verpuppung unters Laub oder flach in den Boden, die Puppe überwintert. Verbreitung: Süd- und Westeuropa, in Mitteleuropa in Österreich und der Tschechoslowakei (wo die Nordgrenze ihrer Verbreitung verläuft), fliegt auch nach Deutschland. Transkaukasien, Klein- und Vorderasien.

3 Mimas tiliae — Lindenschwärmer, 30—40 mm, gehört zu den häufigen Schwärmerarten, er ist sowohl in Färbung als auch in seiner Größe recht variabel. In Mitteleuropa zeigt sich meist nur eine Generation (von April bis Juli), im Süden noch eine zweite (August—Oktober). Er fliegt abends in Lindenalleen, Parks (sucht gern Ligusterbüsche auf), auch an Waldrändern bis ins Gebirge. Das Weibchen legt eine größere Anzahl grünlicher Eier einzeln auf die Blattunterseiten in Baumkronen, am häufigsten in Linden, aber auch in Ulmen, Erlen, Birken, Ahorn, Eschen, Roßkastanien, Eichen, Nußbäumen. Nach ein bis zwei Wochen schlüpfen die Raupen, die sich hoch in den Ästen aufhalten. Nach dem Heranwachsen verkriechen sie sich zur Verpuppung flach in den Boden. Dazu stellen sie sich einen Kokon aus Lehm her. Die Puppe überwintert. Verbreitung: Großteil der paläarktischen Region.

4 Acherontia atropos — Totenkopf, 45—60 mm, ist allgemein wegen seiner eigenartigen Brustzeichnung bekannt, die man mit einem Totenkopf vergleichen kann. Er ist ein wärmeliebender Wanderschmetterling, der zu Sommeranfang aus dem Süden, d. h. aus dem tropischen Afrika, nach Europa einfliegt. Die Weibchen legen ihre Eier auf Kartoffelkraut und andere Nachtschattengewächse (Solanaceae). Die ausgewachsene Raupe kriecht im Herbst in den Boden, wo sie sich einen großen Kokon aus Erde herstellt, um sich darin zu verpuppen. Überleben die Puppen den Winter, schlüpfen aus ihnen im Frühling die Schmetterlinge. Die Weibchen sind in unseren Breiten jedoch nicht vermehrungsfähig. Verbreitung: Äthiopische Region und Madagaskar; fliegt nach Mitteleuropa ein, nach Transkaukasien, Iran.

Schmetterlinge

Familie Sphingidae — Schwärmer

1 Hyloicus pinastri — Kiefernschwärmer, 33—45 mm, lebt meist in Kiefernwäldern. Tagsüber sitzen die Schmetterlinge auf den Kiefernstämmen. Durch seine Färbung paßt er sich derart der Borke, auf der er sitzt, an, daß er kaum zu sehen ist. Dieser Schmetterling ist sehr variabel. Einige Exemplare haben auf den Flügeln deutlich sichtbare dunkle Flecken, andere haben dunklere Flügel, so daß die Zeichnung verschwindet. Diese dunklen, sog. melanistischen Formen kommen oft in der Nähe von Großstädten vor. Die Weibchen legen ihre Eier einzeln oder gruppenweise auf Kiefernnadeln ab, die später den Raupen als Nahrung dienen. Die ausgewachsenen Raupen verpuppen sich in unmittelbarer Nähe der Stämme. Verbreitung: Fast über das ganze gemäßigte Eurasien, in Europa fehlt er nur im Norden und in Irland.

2 Celerio galii — Labkrautschwärmer, 32—35 mm, fliegt abends die Blüten von Leinkraut, Winde, Weidenröschen und anderen Pflanzen auf Waldlichtungen an. Bei ihrer Nahrungssuche sind die Raupen nicht wählerisch, sie finden sich auch oft auf Labkraut, das sie mit den Blüten abfressen. Frisch geschlüpfte Raupen sind schwarz, erst später verfärben sie sich und werden grün oder grauschwarz. Das Vorhandensein von ovalen gelblichen Flecken an den Seiten läßt sie den Raupen der Schwärmerart *Celerio euphorbiae* ähnlich erscheinen, die haben aber doppelte Seitenflecken, und ihr Hinterleibsdorn ist am Ende schwarz. Dabei ist interessant, daß es gelungen ist, beide Arten miteinander zu kreuzen. Die Kreuzung aus Labkrautschwärmer-Männchen und dem Weibchen des *Celerio euphorbiae* wird Hybr. *galiphorbiae* genannt, die aus *euphorbiae*-Männchen und Labkrautschwärmer-Weibchen Hybr. *kindervateri*. Verbreitung: Gemäßigte Zone Eurasiens, fliegt auch nach Irland ein.

3 Chaerocampa alecto, 37—43 mm, gehört zu den tropischen und subtropischen Arten, die jährlich mehrere Generationen hervorbringen. In Europa zeigt er sich nur im Süden. Seine mächtigen grünen Raupen mit auffallenden ovalen Augen an den Körperseiten ernähren sich von Weinrebenlaub.

4 Celerio lineata ssp. livornica — Linienschwärmer, 37—41 mm, eine wärmeliebende südliche Art. Seine Raupen fressen vor allem Weinblätter, aber auch Weidenröschen, Labkraut oder Sauerampfer. Verbreitung: Die Nominatform *Celerio lineata* kommt in Nordamerika vor, die Unterart *livornica* bewohnt Südeuropa und Südasien. Sie fliegt auch nach Mitteleuropa ein, aber selten. Etwas zahlreicher kommt sie in Großbritannien und Irland vor.

5 Daphnis nerii — Oleanderschwärmer, 47—56 mm, gehört ohne Zweifel zu den schönsten Arten der ganzen Familie. Seine Raupen erkennt man sehr leicht an den zwei großen „Augen" im ersten Körperdrittel. Ihre Nährpflanze ist der Oleander (*Nerium oleander*). Dieser herrliche Schwärmer ist in den Tropen Afrikas und Asiens sowie in den Subtropen Süd- und Südosteuropas beheimatet. Von dort begibt er sich auf weite Flüge, so daß er nicht nur bis Mitteleuropa, sondern sogar bis in den hohen Norden (Finnland, Schweden) vordringt. Auch die Britischen Inseln und Irland fliegt er an.

Familie Sphingidae — Schwärmer

1 Sphinx ligustri — Ligusterschwärmer, 44—50 mm, fliegt in der Dämmerung von Mai bis Juli. Tagsüber sitzt er an Baumrinde geschmiegt, an Zäunen usw. In Ruhe hält er die Flügel dachförmig zusammengelegt. Diese Art kommt auch heute noch zahlreich in Großstadtparks, vor allem in der Nähe von Fliederbüschen vor. Das Weibchen legt seine hellgrünen Eier einzeln auf die Blätter verschiedener Pflanzen wie Flieder, Liguster, Schneebeere und Schneeball, Pfaffenhütchen, Holunder. Nach etwa 10 Tagen schlüpft die Raupe, die sich an der Blattunterseite aufhält. In Ruhestellung hebt sie den Vorderkörper wie eine Sphinx (daher der wissenschaftliche Name *Sphinx* für die Gattung). Vor Wintereintritt kriecht sie in die Erde, um sich dort zu verpuppen, die Puppen überwintern. Verbreitung: Fast ganz Europa (fehlt in Irland), großer Teil der gemäßigten Zone Asiens.

2 Deilephila elpenor — Mittlerer Weinschwärmer, 25—32 mm, kommt von Mai bis August vor, fliegt spät abends und in der Nacht. Er sucht die Blüten von Flieder, Geißblatt, Petunien, Natternkopf, Seifenkraut und anderen Gewächsen auf, um aus ihnen im Flug Nektar zu saugen. Die Weibchen legen ihre Eier einzeln an die Blattunterseite ihrer Nährpflanzen, d. h. auf Weidenröschen, Labkraut, Geißblatt, Weinrebe, Springkraut u. a. Die Raupen tragen am Vorderteil ihres Körpers eine Warnzeichnung, sie verpuppen sich in der Erde. Verbreitung: Großteil der paläarktischen Region.

3 Proserpinus proserpina — Nachtkerzenschwärmer, 19—24 mm, gehört bereits zu den selteneren Schmetterlingen; an vielen Fundorten ist er in den letzten Jahren ausgestorben. Die Imago fliegt im Mai/Juni nach Sonnenuntergang die Blüten von Weidenröschen, Nachtkerze, Natternkopf und anderen Gewächsen an, um aus ihnen Nektar zu saugen. Aus den glänzendgrünen, verhältnismäßig kleinen Eiern schlüpfen nach etwa 10 Tagen Raupen, die sich vor allem von Weidenröschen (*Epilobium*), Nachtkerzen (*Oenothera*) und *Lithrum* ernähren. Vor dem Verpuppen kriechen sie flach unter die Erdoberfläche, die Puppen überwintern. Verbreitung: Mittel- und Südeuropa, Umgebung des Kaspischen Meeres.

4 Macroglossum stellatarum — Taubenschwanz, 21—24 mm, gehört zu den Wanderfaltern, die im Mai nach Europa einfliegen. Sie sind ausgezeichnete Flieger, und man trifft sie nicht selten in Städten, Parks und Gärten an, bei bewölktem Wetter ebenso wie bei sonnigem. Die Raupen entwickeln sich meist auf Labkraut, Waldmeister und Vogelmiere. Verbreitung: Über die ganze paläarktische Region mit Ausnahme des Hohen Nordens.

5 Hemaris tityus — Skabiosenschwärmer, 19—21 mm, unterscheidet sich von den übrigen großen Schwärmern vor allem durch die durchsichtigen Flügel. Der Schmetterling fliegt tagsüber, hauptsächlich in den Mittagsstunden, auf Wiesen, Lichtungen und Rainen an Blüten, aus denen er im Flug Nektar saugt. In einem Jahr bringt er ein bis zwei Generationen hervor. Das Weibchen legt seine hellgrünen Eier einzeln ab. Nährpflanzen sind vor allem Knautien und Skabiosen. Verbreitung: Ganz Europa mit Ausnahme des Nordens.

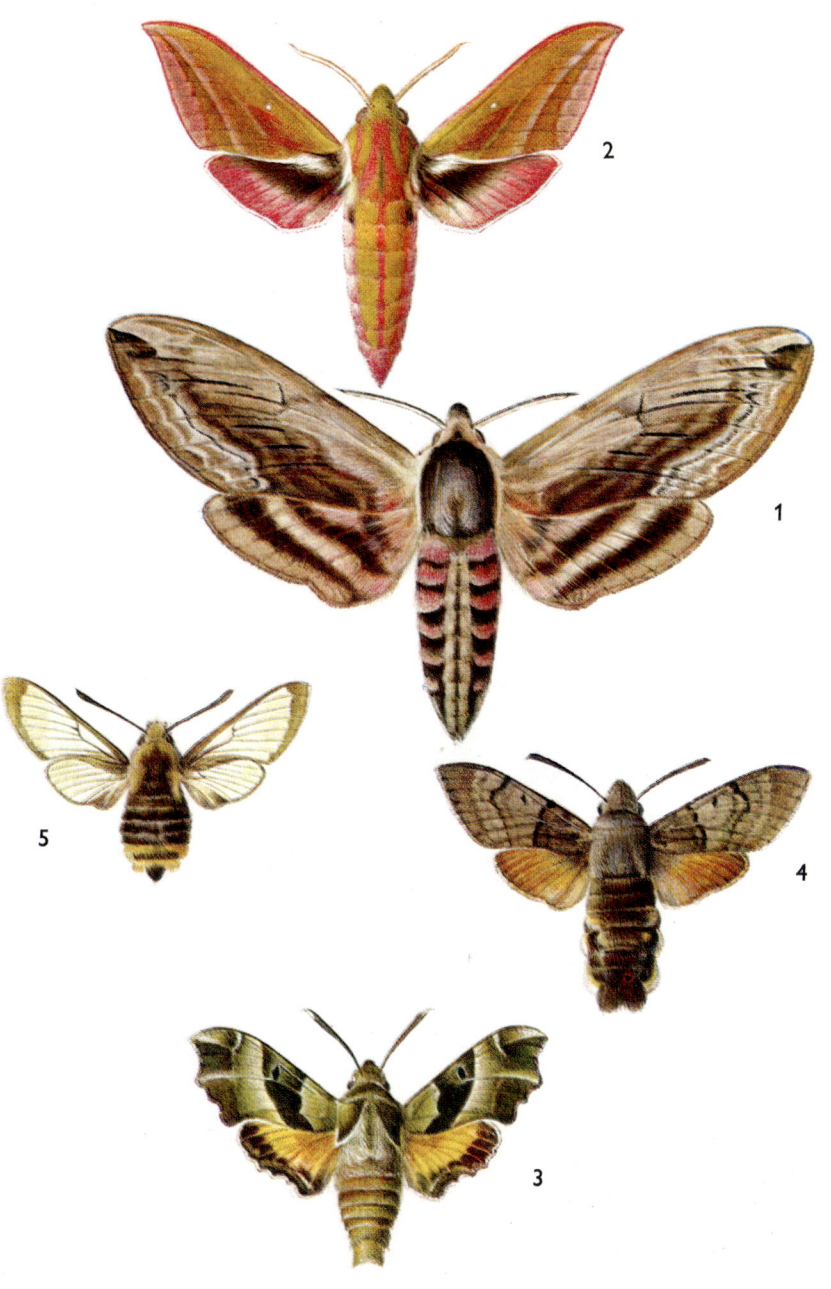

Schmetterlinge

Familie Notodontidae — Zahnspinner

1 Cerura vinula — Großer Gabelschwanz, 28—36 mm, fliegt von Ende April bis Anfang Juli auf Wiesen, an Bächen, in verlassenen Steinbrüchen und in Parks. In Form und Farbe ist die Raupe sehr auffällig, sie ernährt sich von Weiden-, Pappel- und Espenblättern. Sie verpuppt sich in einem festen Kokon, den sie aus Holzspänen zusammenklebt. Die Puppe überwintert. Verbreitung: Europa, Klein- und Mittelasien, Sibirien, Japan, Nordafrika.

2 Ptilophora plumigera — Frostspinner, 18—20 mm, fliegt von Ende Oktober bis Ende November vor allem in Laubwäldern und Parks. Die Raupen schlüpfen im Mai aus den überwinternden Eiern und ernähren sich von den Blättern des Feld- und Bergahorns (*Acer campestre* und *Acer pseudoplatanus*), seltener von Buchenblättern. Verbreitung: Europa (von Norditalien bis Südskandinavien), Nordasien, Japan.

3 Phalera bucephala — Mondvogel, 24—32 mm, leicht kenntlich an der eigenartigen Färbung. Der ähnlich gefärbte *P. bucephaloides* hat am Vorderflügelende einen größeren helleren Fleck, dazu einen weiteren rundlichen gelben Fleck im Vorderteil des Flügels. Fliegt von Mai bis Juli an Bachrändern, in feuchten Wäldern und in Parks. Im Süden treten zwei Generationen auf. Die Raupen kommen im Juli/August auf Weiden, Pappeln, Birken, Erlen, Eichen und anderen Laubbäumen vor. Sie verpuppen sich in der Erde, die Puppen überwintern. Verbreitung: Großteil Europas (fehlt im Hohen Norden), Kleinasien, Sibirien, Nordostafrika.

4 Peridea anceps — Eichenzahnspinner, 25—35 mm, fliegt von Ende April bis Ende Mai in Eichenwäldern, besonders an sonnigen Hängen. Die Raupe frißt Eichenlaub, die Puppe überwintert. Verbreitung: Europa (von Mittelitalien bis Skandinavien), Transkaukasien, Amur.

Familie Thaumetopoeidae — Prozessionsspinner

5 Thaumetopoea processionea — Eichenprozessionsspinner, 13—18 mm, ein Eichenwaldbewohner. Die Schmetterlinge fliegen hauptsächlich im Juli/August. Das Weibchen legt seine Eier in großen Paketen ab und bedeckt sie mit Härchen, um sie vor Feinden und Kälte zu schützen. Aus den überwinternden Eiern schlüpfen im Mai Raupen, die auf den Zweigen Nester spinnen, in denen sie sich aufhalten. Nachts verlassen sie ihre Nester und kriechen in dichten Reihen auf Stämmen und Ästen entlang zu ihrer Nahrung, dem Eichenlaub. In ihren Nestern, die auch Larvenhäute und Exkremente enthalten, verpuppen sich die Raupen in einem Kokon. Die Raupen werden gelegentlich zu Schädlingen. Verbreitung: Mittel- und Südeuropa (fehlt stellenweise völlig: in Südbayern, im Nordteil der Norddeutschen Tiefebene), Kleinasien.

6 Thaumetopoea pinivora — Kiefernprozessionsspinner, 17—19 mm, bewohnt trockene Kiefernwälder, in denen er während der Monate Juli und August fliegt. Die Weibchen legen ihre Eier an die Nadeln schwächlicher und kränkelnder Bäume. Die Raupen fressen Nadellaub und bewohnen Nester, die sie sich in den Zweigen spinnen. Sie verpuppen sich unter der Erde. Die Puppe überwintert, manchmal ein- bis zweimal. Gelegentlicher Schädling. Verbreitung: Nord- und Mitteleuropa, stellenweise zahlreich (Brandenburg, Lausitz).

Schmetterlinge

Familie Lymantriidae — Trägspinner

1 Dasychira pudibunda — Streckfuß, Rotschwanz, 21 — 29 mm, fliegt nachts von April bis Juni in Laubwäldern und Parks. Das Weibchen legt immer einige Dutzend Eier auf einmal an die Stämme. Nährpflanzen der Raupen sind meist Buchen, Eichen, Birken, manchmal auch Rosen, Birnen, Weiden, Ulmen u. a. Im Herbst verpuppt sich die Raupe in einem Gespinst unter trockenen Blättern, die Puppe überwintert. Verbreitung: Europa (hauptsächlich Mittel- und Westeuropa, gegen Süden wird er seltener), Transkaukasien, Mittelasien, Westsibirien.

2 Orgyia recens — Bürstenbinder, Schlehenspinner, 11 — 15 mm, zeichnet sich durch Geschlechtsdimorphismus aus: Das Weibchen ist gedrungen und hat nur winzige Flügelstummel, das Männchen besitzt normale Flügel. Von Juni bis Oktober treten in der Regel zwei bis drei Generationen auf. Die Eier überwintern. Die Raupen fressen die Blätter verschiedener Laubbäume und Sträucher, z. B. von Eichen, Buchen, Weiden, Obstbäumen. Sie verpuppen sich in einem feinen Kokon. Verbreitung: Europa (West-, Mittel- und Nordeuropa), Transkaukasien, Sibirien, Nordchina, Japan.

3 Euproctis chrysorrhoea — Goldafter, 17 — 22 mm, hat meist weiße Flügel, einige Exemplare tragen aber auf den Vorderflügeln schwarze Punkte. Die Schmetterlinge zeigen sich von Juni bis September in Obstgärten, Alleen und Laubwäldern. Das Weibchen legt seine Eier auf Zweige und Blätter und bedeckt sie mit einer Schicht goldschimmernder Härchen. Nährpflanzen der Raupen sind Obstbäume und verschiedene andere Laubbäume, z. B. Eichen. Die Raupen leben anfangs gesellig in Nestern, die sie sich spinnen und überwintern auch darin. Sie verpuppen sich in einem dünnen eiförmigen Kokon. Verbreitung: Europa, Kaukasus, Transkaukasien, Kleinasien, Nordafrika.

4 Leucoma salicis — Pappelspinner, 22 — 26 mm, fliegt am zahlreichsten im Juli um Pappelbestände an Bachrändern, Straßen, in Parks usw. Die Raupen fressen Pappel- und Weidenblätter, sie überwintern. Verbreitung: Europa (von Skandinavien bis Italien), Klein- und Mittelasien, Sibirien, Nordafrika.

5 Lymantria monacha — Nonne, 19 — 27 mm, farblich stark variierend. Die Imago erscheint von Juni bis September; die Weibchen sitzen auf der Rinde, die Männchen fliegen. Sie kommen hauptsächlich in Nadelwäldern, aber auch in Laubholzbeständen vor. Das Weibchen legt nach und nach 100 — 400 Eier in kleinen Gruppen unter Rindenschuppen. Die Eier überwintern, die Raupen schlüpfen schon im April. Sie sind berüchtigt für ungeheure Verwüstungen, die sie vor allem in Fichtenmonokulturen angerichtet haben. Heute sind solche Erscheinungen jedoch selten. Verbreitung: Europa (vom Westen über Mitteleuropa bis in den Osten), Transkaukasien, Sibirien, Japan.

6 Lymantria dispar — Schwammspinner, 18 — 36 mm, zeichnet sich wie die vorige Art durch Geschlechtsdimorphismus aus. Fliegt im Juli/August in Laubwäldern und Gärten. Das Weibchen legt seine Eier auf einmal ab und bedeckt sie mit einer Haarschicht. Dieses Gebilde erinnert an einen Baumpilz. Die Raupen sind polyphag, sie ernähren sich vom Laub verschiedener Laub- und Nadelhölzer, gelegentlich richten sie Schaden an. Verbreitung: Großteil Europas, Transkaukasien, Klein-, Vorder- und Mittelasien, Sibirien, China, Japan, Nordafrika.

1869 aus Frankreich nach Massachusetts (und wild Küste in Seiden raupen zucht zu optimieren) eingeschleppt (Leopold Trouvelot)

Schmetterlinge

Familie Arctiidae — Bärenspinner

1 Coscinia cribraria — Siebbär, 15—21 mm, fliegt von Juni bis August auf Heideflächen oder Lichtungen in Kiefernbeständen. Die Raupen schlüpfen im Herbst aus, sie ernähren sich von verschiedenen Pflanzen, wie z. B. Wegerich, Löwenzahn, Heidekraut. Sie überwintern und verpuppen sich im Frühjahr. Verbreitung: Europa, Nordasien.

2 Rhyparia purpurata — Purpurbär, 20—26 mm, kommt im Juni/Juli auf feuchten Waldwiesen vor, wo seine Raupen verschiedene krautige und holzige Pflanzen aufsuchen, z. B. Labkraut, Heidekraut, Besenginster, Schlehen, Birken. Die Raupe überwintert und verpuppt sich im Frühjahr. Verbreitung: Großer Teil Europas (im Westen seltener), Nordasien, Japan.

3 Arctia caja — Brauner Bär, 26—37 mm, gehört zu den bekanntesten Arten. Er zeigt große Variabilität in der Flügelzeichnung. Sitzt tagsüber auf Stämmen und Pflanzen, an Mauern usw. Dabei sind die Hinterflügel verdeckt, die Vorderflügel verschmelzen durch ihre Färbung mit der Umgebung. Fliegt im Juli/August, im Süden kommt zum Teil noch eine zweite Generation vor. Die haarige, am Körpervorderteil mit rostfarbenen Haaren bedeckte Raupe ernährt sich von verschiedenen Pflanzenarten, z. B. von Himbeeren, Heidelbeeren, Schlehen, Heidekraut u. a. Die Raupe überwintert. Im folgenden Jahr verpuppt sie sich auf dem Boden in einem Kokon. Verbreitung: Ganz Europa, Klein- und Vorderasien, Sibirien, Japan, Pamir.

4 Arctia villica — Schwarzer Bär, 28—32 mm, bewohnt mit Vorliebe durchsonnte Hänge mit steppenartigem Charakter, Waldsteppen und Gartenanlagen in Städten. Fliegt im Juni/Juli, seine Raupe frißt an Taubnesseln, Löwenzahn, Schafgarbe und überwintert. Sie verpuppt sich auf der Erde. Verbreitung: Europa (verschwindet in der heutigen Zeit in einigen Gegenden, z. B. Thüringen), Vorderasien.

5 Panaxia dominula — Spanische Fahne, 21—27 mm, fliegt von Mai bis Juli tagsüber auf Waldwiesen und an Wasserläufen. Sie kommt bis ins Hochgebirge (Alpen, Hohe Tatra) hinein vor. Ihre Raupen ernähren sich von Taubnesseln, Brennnesseln, Hahnenfuß, Vergißmeinnicht und einer Reihe anderer Gewächse. Sie überwintern und verpuppen sich auf der Erde. Verbreitung: Europa (fehlt in Holland, Irland, Schottland), einige Teile Asiens.

6 Panaxia quadripunctaria — Russischer Bär, 26—30 mm, fliegt am häufigsten in den Augusttagen. Liebt Steinbrüche und Felstäler, vor allem Biotope mit Kalksteinuntergrund sowie Wasserränder, die mit Gemeinem Dost bewachsen sind. Die Raupen erscheinen im September und ernähren sich zunächst von kleineren Pflanzen wie Taub- und Brennessel, nach der Überwinterung gehen sie an Hasel- und Himbeersträucher. Verbreitung: Große Teile Europas (der Norden ausgenommen), Klein- und Vorderasien (Iran), Westasien.

7 Thyria jacobaeae — Jakobskrautbär, 18—21 mm, kommt von Mai bis Juli in feuchten Tälern, Steinbrüchen und an Waldrändern vor. Seine Raupen leben von Juli bis September auf Jakobskreuzkraut (*Senecio jacobaea*), in Gebirgslagen auf Pestwurz- und Huflattichblättern an Wasserläufen. Vor Wintereintritt verpuppen sie sich, die Puppen überwintern in einem dünnen Kokon im Erdreich oder an der Oberfläche. Verbreitung: Europa, Westasien (bis zum Altai).

Familie Noctuidae — Eulen

1 Scotia segetum — Saateule, 16—21 mm, zählt zu den häufigsten Schmetterlingsarten. Das Weibchen hat Borstenfühler, das Männchen gekämmte Fühler. Ein bis zwei Generationen (südlich der Juliisotherme von 20°) fliegen vor allem in Feldern und Gärten. Die Schmetterlinge der ersten Generation tauchen im Mai/Juni, die der zweiten vom August bis Oktober auf, manchmal sogar bis November. Tagsüber halten sie sich versteckt, nachts fliegen sie Blüten an. Das Weibchen legt einige hundert Eier auf Gänsefuß, Melde, Wegerich usw. ab. Die Raupen kann man auf etwa fünfzig Pflanzenarten finden. Die fast ausgewachsenen Raupen verbergen sich tagsüber im Erdreich, wo sie feine Würzelchen abfressen, nachts kriechen sie ins Freie auf die Pflanze und befressen die Blätter. Da sie auch manchmal die Blätter von Kulturpflanzen befallen (z. B. Zuckerrübe, Mais, Sonnenblume, Gemüse) können sie Schäden verursachen. Die Raupe überwintert. Verbreitung: Europa (einschließlich Norden), Asien (fehlt in Sibirien), Afrika, Nordamerika.

2 Scotia exclamationis — Gemeine Graseule, 17—19 mm, neigt zur Bildung schwarzer (melanistischer) Formen. Der Flügelfleck hat die Form eines Ausrufungszeichens. Der Schmetterling kommt in einer oder zwei Generationen vor, ähnlich wie die Saateule. Verbreitung: Europa, Sibirien bis China, Nordafrika.

3 Amathes c-nigrum — Schwarzes C, 19—21 mm, trägt seinen Namen nach der Zeichnung auf dem Vorderflügel, die wie ein schwarzer Buchstabe C aussieht. In Mitteleuropa treten zwei, im Norden nur eine und im Süden drei Generationen auf. Die Raupen entwickeln sich an den verschiedensten Pflanzen; sie befallen auch Mais, Klee, einige Gemüsearten. Ausgewachsene Raupen kriechen zur Verpuppung in die Erde. Verbreitung: Europa, Iran, Sibirien, Japan, Indien, Nordamerika.

4 Eurois occulta — Große Heidelbeereule, 24—30 mm, gehört zu den selteneren Arten. Sie fliegt von Juni bis August in Mooren und Kiefernwäldern, wo Heidel- und Preißelbeeren, die Nährpflanzen der Raupen, wachsen. Die Raupe überwintert. Verbreitung: Mittel- und Nordeuropa, im Norden Südeuropas, über Sibirien bis Korea, Nordamerika.

5 Noctua pronuba — Hausmutter, 26—29 mm, bringt in kühleren Gebieten eine, in wärmeren zwei bis drei Generationen jährlich hervor. Tagsüber halten sich die Schmetterlinge versteckt, nachts fliegen sie. Mit Vorliebe leben sie in Parks und Gärten. Die Raupe frißt an den Blättern von Primeln, Veilchen und Gräsern (einschließlich Getreide und Unkraut). Sie überwintert. Verbreitung: Paläarktische Region (außer dem Hohen Norden).

6 Mamestra brassicae — Kohleule, 19—23 mm, lebt in Mitteleuropa in zwei Generationen jährlich. Sie fliegt nachts, häufig auf Gemüsefeldern und in Gärten. Die polyphage Raupe lebt oft auf Gemüsepflanzen, Rüben, Salat, Erbsen, Sonnenblumen usw. Die Puppe überwintert. Verbreitung: Eurasien.

7 Mythimna conigera — Schilfgraseule, 17—18 mm, fliegt von Juni bis August auf Blüten, die Raupe ernährt sich von Gräsern und kleinen Pflanzen. Verbreitung: Europa, Transkaukasien, Sibirien, Japan, Indien.

8 Cucullia argentea — Silbermönch, 16—18 mm, fliegt von Mai bis Juli auf Sandböden. Die Raupen leben auf Beifuß (*Artemisia*). Verbreitung: Hauptsächlich Mitteleuropa, nach Osten bis zum Altai und Amur.

Schmetterlinge

Familie Noctuidae — Eulen

1 Cirrhia togata — Weidengelbeule, 16—17 mm, kommt von Juli bis Oktober an Waldrändern, in verlassenen Steinbrüchen, an Ufern und in Gärten vor. Ihre Eier überwintern, die Raupen schlüpfen im März, fressen zuerst Salweidenkätzchen, später halten sie sich auf kleineren Pflanzen auf. Verbreitung: Europa (von Mittelitalien bis Südskandinavien), Ural, Altai, Japan, Nordamerika.

2 Apatele psi — Pfeileule, 16—21 mm, zeigt sich in ein bis zwei Generationen fast überall. Nährpflanzen der Raupen sind vor allem Weiden, Pappeln, Linden, Birken, Ulmen, Haselsträucher, Kirschen, Birnen u. a. Die Puppe überwintert. Verbreitung: Europa (außer dem Norden), Transkaukasien, Klein-, Vorder- und Ostasien.

3 Mormo maura — Schwarzes Ordensband, 33—35 mm, tritt am zahlreichsten im Juli/August in grasbestandenen Tälern, nach Möglichkeit in Wassernähe auf. Die Raupen leben auf Löwenzahn, Sauerampfer, Taubnessel und auf den Blättern verschiedener Sträucher. Sie überwintern. Verbreitung: Europa (von der Norddeutschen Tiefebene bis nach Süden), Vorderasien.

4 Apamea monoglypha — Graswurzeleule, 22—26 mm, kommt von Juni bis September auf Waldlichtungen, Schneisen und Heideflächen vor, in der Nähe von Gewässern und oft auch in Häusern. Die Raupe frißt an den Wurzeln verschiedener Grasarten (Gattungen *Dactylis, Bromus, Calamagrostis* u. a); sie überwintert. Verbreitung: Europa (fehlt im Norden und Süden), Vorderasien, Sibirien.

5 Staurophora celsia — Malachiteule, 20—22 mm, fliegt von Ende August bis Anfang Oktober in lichten Kiefernwäldern und an Heiderändern. Die Raupen leben an den Wurzeln verschiedener Gräser (*Deschampsia caespitosa, Calamagrostis epigeios* u. a.). Die Eier überwintern. Verbreitung: Mittel- und Nordeuropa, Ostsibirien, Amur.

6 Panolis flammea — Forleule, 16—17 mm, schlüpft im April aus der überwinternden Puppe. Die Schmetterlinge fliegen im Kiefern- und Fichtenhochwald. Die Weibchen legen ihre Eier in Reihen auf einjährige Nadeln ab. Die Raupen schlüpfen schon eine Woche nach der Eiablage (je nach Temperaturverhältnissen auch später) und befressen die Nadeln seitlich, an der Spitze beginnend. Die ausgewachsene Raupe läßt sich an einer Faser hinunter oder kriecht am Baum hinab. Sie verpuppt sich unter der Streu. In einigen Gegenden gilt sie als Schädling. Verbreitung: Europa (von Mittelitalien bis in die Nordgebiete Skandinaviens), über Asien bis nach Japan.

7 Earias chlorana — Wicklergrüneulchen 9—11 mm, kommt in zwei Generationen (Mai—Juni, Juli—August) auf Wiesen und im Weidenufergebüsch vor, in Gärten und in Parks. Das Weibchen legt seine Eier auf die Spitzen von Weidenzweigen. Die Raupen verspinnen die obersten Blätter und halten sich darunter verborgen. Herangewachsen, verlassen sie dieses Versteck und verpuppen sich auf Zweigen oder Blättern. Die Puppe überwintert. Verbreitung: Europa (vom Nordteil Südeuropas bis zum Süden Skandinaviens), Sibirien.

8 Colocasia coryli — Haseleule, 17—19 mm, bildet in der Regel nur eine Generation im April/Mai, manchmal fliegt auch noch eine zweite im Juli/August. Sie kommt in Laubwäldern, in Gärten und Parks zahlreich vor. Die Raupen fressen an Blättern von Eichen, Buchen, Linden, Birken, Haselsträuchern u. a., die Puppe überwintert. Verbreitung: Europa (von Norditalien bis Skandinavien), Transkaukasien, Ostasien.

Schmetterlinge

Familie Noctuidae — Eulen

1 Plusia gamma — Gammaeule, 20 mm, ist nach der Zeichnung auf den Vorderflügeln benannt, die wie der griechische Buchstabe Gamma aussieht. Die Schmetterlinge fliegen von April bis November häufig auf Feldern, Wiesen und in Gärten. Im Frühling und Sommer kommen viele Vertreter dieser Art vom Süden und Südosten. Ihre Nachkommen (eine, manchmal auch zwei Generationen) kehren im Sommer und Herbst wieder nach den Süden zurück. Die Raupen leben auf über 100 verschiedenen Pflanzenarten (z. B. Klee, Taubnesseln, Kohl, Erbsen, Wicken, Sonnenblumen). Meist überwintert die Art im Raupenstadium. Bei starker Vermehrung können sie Schäden verursachen. Verbreitung: Paläarktische, äthiopische und orientalische Region.

2 Ectypa glyphica — Braune Tageule, 13—14 mm, fliegt ab Ende April meist in zwei Generationen, die dicht aufeinanderfolgen. Die Schmetterlinge treten bis Ende August auf, ihre Färbung ist sehr variabel. Auf Wiesen, Lichtungen und an Waldrändern kommen sie zahlreich vor, ihre Raupen bevorzugen Kleeblätter (*Trifolium*) als Nahrung. Die Puppen überwintern. Verbreitung: Europa (außer dem Polargebiet), Klein- und Mittelasien, Amur, Japan.

3 Catocala fraxini — Blaues Ordensband, 40—48 mm, gehört zu den größten Nachtfaltern. Fliegt von Ende Juli bis Mitte Oktober in bewaldeten Tälern, an den Rändern von Laubwäldern, an Ufern. Die Raupe ernährt sich am liebsten von Pappelblättern, die Eier überwintern. Verbreitung: Europa (vom Nordteil Südeuropas bis Südskandinavien), Transkaukasien, Amur, Nordamerika.

4 Astiodes sponsa — Großes Eichenkarmin, 30—33 mm, trägt rot und dunkel gestreifte Hinterflügel. Es fliegt von Ende Juli bis Mitte September hauptsächlich in Eichenwäldern, aber bisweilen auch in Gärten und Parks. Die Raupen fressen Eichenlaub. Die Eier überwintern. Verbreitung: Ganz Europa.

5 Ephesia fulminea — Gelbes Ordensband, 23—25 mm, gehört zu den Schmetterlingen, deren Zahl in den letzten Jahren ständig zurückgeht. Kommt von Juni bis August an durchsonnten Hängen, Waldrändern und in Gärten vor. Die Raupen ernähren sich von Schlehen, Traubenkirsch-, Pflaumenblättern u. a. Die Eier überwintern. Verbreitung: Europa (fehlt in Großbritannien und im Süden), Ural, Ussuri, Japan.

6 Scoliopteryx libatrix — Zimteule, 19—24 mm, zeigt sich in der Nähe von schilfbestandenen Ufern, an Waldrändern, in Gärten und Parks. Sie fliegt in zwei Generationen. Die Schmetterlinge der ersten leben im Juni/Juli, die der zweiten fliegen bis August, überwintern und leben im nächsten Jahr bis in den Juni. Zum Überwintern verkriechen sich die Schmetterlinge gern in Kellern, Höhlen und hohlen Bäumen. Die Raupe ernährt sich von Weiden- und Pappelblättern. Verbreitung: Europa (nicht im Norden und Süden), Kleinasien, Sibirien bis Korea und Japan, Nordamerika.

7 Hypena proboscidalis — Zünslereule, 18—20 mm, fliegt in einer oder auch zwei Generationen von Mai bis September an Waldrändern, auf Lichtungen und Schneisen, an Ufern, im Schilf, in Gärten und in der Nähe menschlicher Behausungen. Die Raupen halten sich auf Brennesseln, Ziest, Hopfen usw. auf, sie überwintern. Verbreitung: Großteil Europas, Klein- und Mittelasien, Ostsibirien.

Ordnung Mecoptera — Schnabelfliegen
Familie Panorpidae — Skorpionsfliegen

1 Panorpa communis — Gemeine Skorpionsfliege, 20 mm, Spannweite 25—30 mm, kommt von Frühling bis Herbst zahlreich im Unterholz und an Bachrändern vor. Das Männchen läßt sich leicht an den bräunlichen zangenförmigen Gonopodien am Hinterleib vom Weibchen unterscheiden. Imago und Larven sind räuberisch, sie ernähren sich von kleineren Insekten und Larven. Verbreitung: Europa.

Familie Bittacidae — Mückenhafte

2 Bittacus italicus, Spannweite 35—40 mm, verrät seine Zugehörigkeit zu den Schnabelfliegen durch seine längliche, in einen bräunlichen Rüssel ausgezogene Kopfform. Die Länge seiner Beine und die Körperform ähnelt eher den Schnaken. Tagsüber hält er sich in der Vegetation verborgen, mit Eintritt der Dämmerung fliegt er an Wasserläufen und auf Wiesen. Verbreitung: Europa.

Ordnung Diptera — Zweiflügler   Unterordnung: Nematocera — Mücken
Familie Tipulidae — Schnaken oder Stelzmücken

3 Tipula oleracea — Kohlschnake, 15—23 mm, fliegt in zwei Generationen (April—Mai, August—September). Das Weibchen legt nach und nach 700—1000 Eier in den Boden, mit Vorliebe auf Feldern mit Schmetterlingsblütlern. Die Larven ernähren sich von Wurzeln und verpuppen sich auch im Boden. Die Larven der zweiten Generation überwintern. Verbreitung: Europa (im Westen häufiger als im Osten), Nordafrika (Marokko).

Familie Culicidae — Stechmücken

4 Culex pipiens — Gemeine Stechmücke, 3,4—5 mm, tritt jährlich in drei bis vier Generationen auf. Die Weibchen überwintern in Kellern und fliegen bald im Frühling aus. Obwohl sie hauptsächlich Vogelblut saugen, werden sie auch den Menschen durch Stiche lästig. Die Männchen stechen nicht. Ihre Larven leben in Wasserbehältern in der Nähe menschlicher Behausungen (auch in Gärten). Auch die Puppe lebt im Wasser. Verbreitung: Fast über die ganze Welt.

Familie Chironomidae — Zuckmücken

5 Chironomus plumosus, 10—12 mm, ähnelt einer Mücke, sticht aber nicht. Fliegt in Schwärmen um stehende Gewässer, in denen sich seine Larven und Puppen entwickeln. Die Larven sind etwa 25 mm lang und blutrot gefärbt. Sie dienen als Fischfutter, Angler verwenden sie als Köder. Verbreitung: West-, Mittel- und Nordeuropa.

Familie Simuliidae — Kriebelmücken

6 Simulium equinum, 2,2—3,5 mm, fliegt in großer Anzahl von März bis September in Bachnähe. Besonders an heißen Tagen und vor Gewittern setzen sich die Weibchen auf Menschen und Tiere, um Blut zu saugen. Die Männchen schwärmen in der Dämmerung über dem Wasser. Verbreitung: Europa, Nordafrika.

Familie Bibionidae — Haarmücken

7 Bibio marci — Märzfliege, 10—13 mm, gehört zu den häufigsten und bekanntesten Arten. Im März/April tritt sie auf; ihre Larven leben in der Erde und fressen an den Wurzeln. Oft kommen sie in Gärten vor. Verbreitung: Europa.

Familie Cecidomyiidae — Gallmücken

8 Mikiola fagi — Große Buchenblattgallmücke, 4—5 mm, ist in der Hauptsache durch die kegelförmigen, 4—12 mm langen Gallen ihrer Larven bekannt, die oft in Gruppen auf der Blattoberseite von Buchen sitzen. Die Imago schlüpft Ende März aus. Verbreitung: Europa.

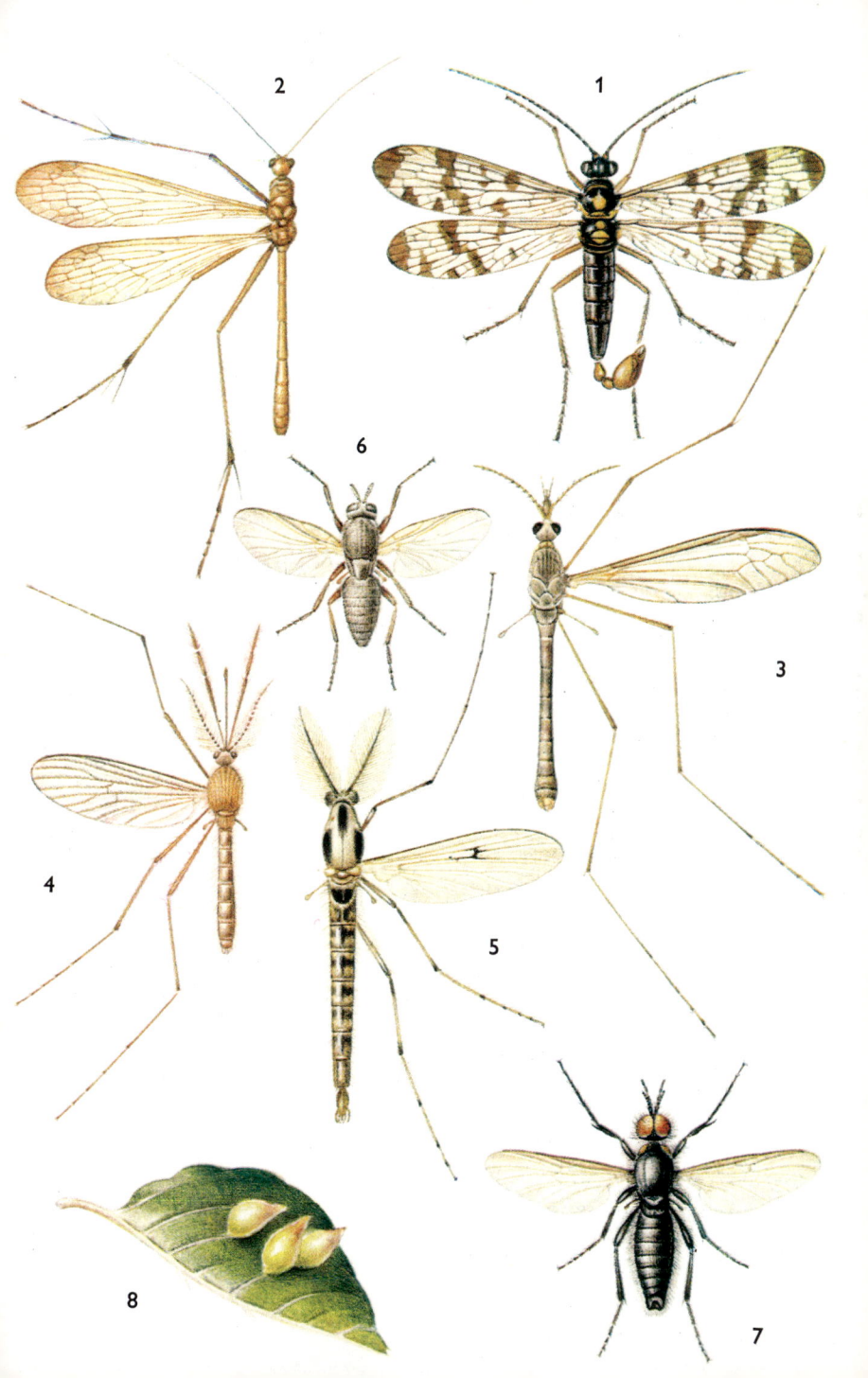

Zweiflügler

Unterordnung Brachycera — Fliegen
Familie Stratiomyidae — Waffenfliegen

1 Stratiomys chamaeleon — Chamäleonfliege, 14—15,5 mm, sitzt auf den Dolden von Möhren und anderen Gewächsen auf feuchten Wiesen und Wegrändern. Sie lebt im Gebirgsvorland und im Hochgebirge (2000 m). Das Weibchen legt seine Eier auf die Blattunterseite von Wasserpflanzen. Die Larven leben im Wasser, sie sind räuberisch. Verbreitung: Mittel- und Südeuropa, Transkaukasien, Sibirien.

2 Chloromyia formosa, 6,5—9 mm, kommt von Mai bis Juli sehr häufig auf Blüten und Büschen vor, sucht gern feuchte Stellen auf. Die Larven sind saprophag, leben in verwesenden Stoffen und sind z. B. im Kompost sehr zahlreich. Verbreitung: Europa, Nordafrika.

Familie Tabanidae — Bremsen

3 Tabanus bovinus — Rinderbremse, 19—24 mm, ist in Wäldern und auf Wiesen von Frühjahr bis Herbst sehr häufig, kommt von Niederungen bis ins Hochgebirge vor (Alpen 2000 m). Die Weibchen ernähren sich von Säugetierblut und fallen manchmal in großer Zahl Rinder und Pferde auf der Weide an. Die Männchen ernähren sich von süßen Blütensäften. Verbreitung: Ganz Europa, Sibirien, Nordafrika.

4 Haematopota pluvialis, 8—12 mm, wird im Sommer zu einem lästigen und in großer Zahl auftretenden Quälgeist für Warmblütler, auch für den Menschen. Kommt von Mai bis in den Spätherbst in Wäldern und an Wegen vor. Bei aufkommendem Gewitter besonders zudringlich. Geht bis ins Hochgebirge (Alpen, über 2000 m). Verbreitung: Über die ganze paläarktische Region.

5 Chrysops caecutiens, 7,5—11 mm, ist im Sommer und besonders an feuchteren Stellen zu finden. Die Weibchen saugen Blut von Rindern, Pferden und Menschen. Verbreitung: Ganz Europa, Sibirien.

Familie Rhagionidae — Schnepfenfliegen

6 Rhagio scolopaceus, 13—18 mm, kommt von Mai bis August in Wäldern auf Stämmen und gefälltem Holz vor. Sie sitzt in einer für sie charakteristischen Haltung: die Beine gespreizt und den Vorderkörper erhoben. Dabei sieht sie einer Schnabelfliege recht ähnlich. Die Larven sind Räuber, sie ernähren sich von verschiedenen Insekten. Sie leben im Holz und in der Erde. Verbreitung: ganz Europa.

Familie Therevidae — Stilettfliegen

7 Thereva plebeja, 8—12 mm, kommt von Mai bis September auf Waldlichtungen und in Gärten vor. Steigt bis ins Hochgebirge auf (Alpen, etwa 2500 m). Die länglichen weißen Larven sind räuberisch, sie leben in der Streu und stellen den Larven verschiedener anderer Insekten nach. Verbreitung: Europa, Sibirien, Nordafrika.

Familie Scenopinidae — Fensterfliegen

8 Scenopinus fenestralis, 3—6 mm, zeigt sich im Juni/Juli sehr häufig in Häusern an Fensterscheiben. Ihre Larven sind saprophag (fressen verwesende Stoffe). Verbreitung: Europa, Nordafrika, Nordamerika, östlicher Teil Indiens.

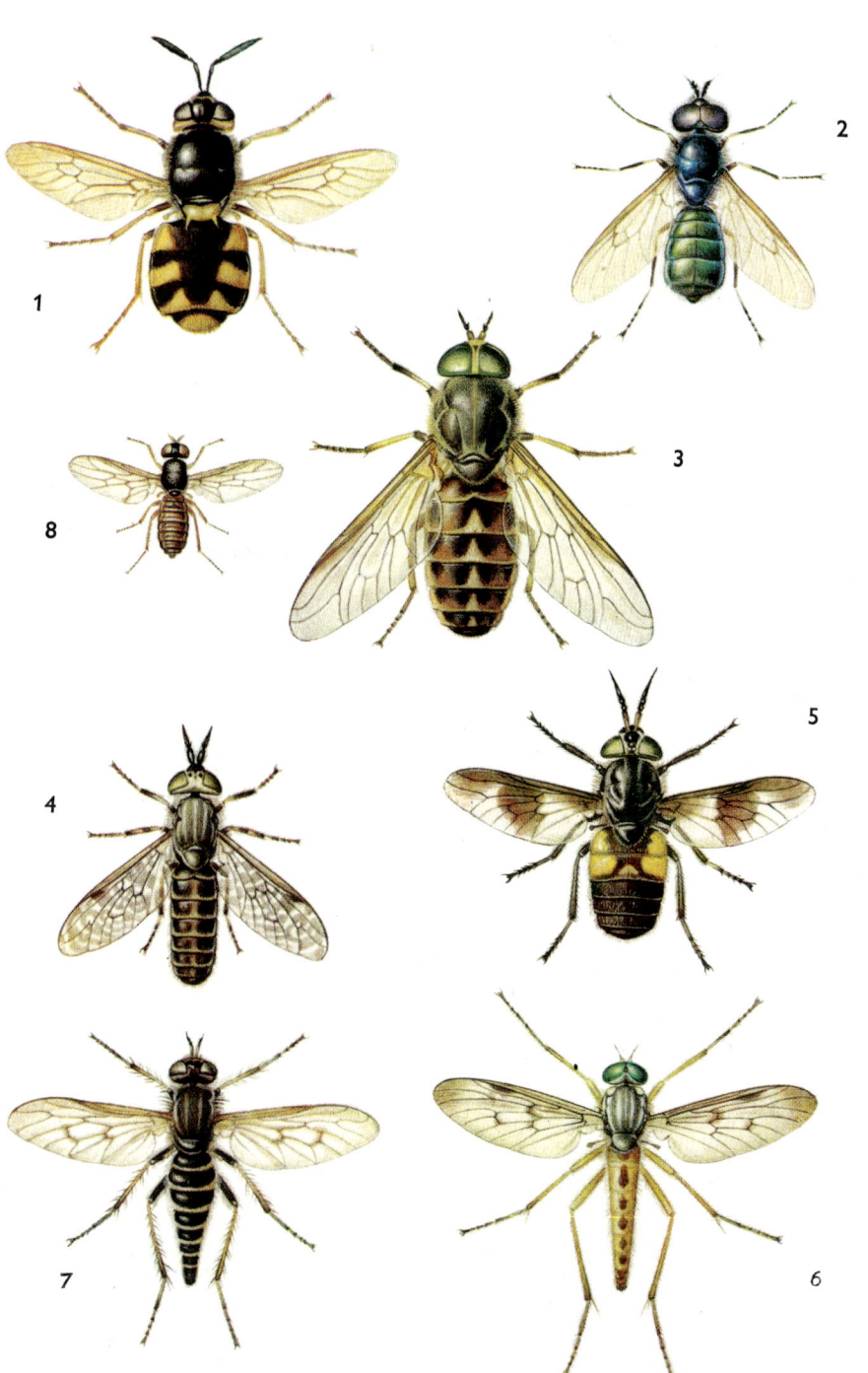

Zweiflügler

Familie Asilidae — Raubfliegen

1 Asilus crabroniformis — Hornissenjagdfliege, 16—30 mm, lebt räuberisch wie die anderen Raubfliegenarten. Zeigt sich von Juni bis September auf Waldlichtungen und Feldern. Gern sitzt sie auf gefälltem Holz und lauert auf ihre Opfer. Ihre Nahrung besteht aus Fliegen, Heuschrecken und auch Hautflüglern (z. B. Wespen); sie stößt ihren Rüssel in die gefangene Beute und saugt sie aus. Verbreitung: Europa, Asien, Nordafrika.

2 Laphria flava — Mordfliege, 16—25 mm, eine der bekanntesten Arten aus dieser Familie. Sie tritt vom Frühjahr bis in den Herbst auf, am häufigsten jedoch im Juni/Juli. Zusammen mit verwandten Arten sitzt sie im Wald auf Klafterholz, an Pflanzen bevorzugt sie Weidenröschen (*Epilobium*) und wartet dort auf Beute: Käfer, Hautflügler, Zweiflügler, Wanzen und andere Insektenarten. Sie kommt bis ins Hochgebirge vor (Alpen, über 2000 m). Verbreitung: Ganz Europa.

3 Neoitamus cyanurus, 11—17 mm, fliegt von Mai bis August in Kiefern- oder Birkenwäldern, auch auf Weiden ist sie anzutreffen. Sie jagt alle möglichen Insekten, oft sogar sehr große Schmetterlinge, Libellen, Zweiflügler, Käfer usw. Verbreitung: Über ganz Europa.

Familie Bombyliidae — Wollschweber

4 Bombylius major, 8—12 mm, gehört zu den ausgezeichneten Fliegern. In der Gesamtform erinnert er etwas an ein kleines Hummelmännchen. Im Frühling, April/Mai, fliegt er auf Blumen und taucht seinen ungewöhnlich langen Rüssel hinein, um Nektar zu saugen. Die Larven entwickeln sich in den Nestern einiger Erdbienenarten (aus den Gattungen *Andrena, Coletes*). Verbreitung: Europa, Japan, Nordafrika, Nordamerika.

5 Villa hottentotta, 12—16 mm, kommt im Juli/August häufig auf Blüten vor, hält sich vorwiegend an sonnigen Standorten auf. Die Larve parasitiert auf den Raupen verschiedener Schmetterlingsarten (z. B. der Gattungen *Mamestra, Agrotis, Panolis* u. a. der Familie Eulen—Noctuidae). Verbreitung: Europa, Nordafrika.

Familie Empididae — Tanzfliegen

6 Empis lividia, 8—9 mm, hat am inneren Augenrand einen gut sichtbaren Einschnitt (Erkennungszeichen für die ganze Familie). Der lange Rüssel ist senkrecht abwärts geneigt. Die Imago fliegt in großen Schwärmen, man sagt, sie „tanzt" (daher die Bezeichnung „Tanzfliegen"). Das Männchen bringt dem Weibchen vor der Kopulation ein Beutetier, meist eine Fliege, die das Weibchen dann aussaugt. Die Larven sind räuberisch und leben im Boden. Verbreitung: Großteil Europas.

Familie Dolichopodidae

7 Dolichopus ungulatus, 4,8—7 mm, hält sich sowohl an trockenen, als auch an feuchten Standorten auf. Kommt von Juni bis August häufig vor. Verbreitung: Europa (von Italien bis Nordskandinavien).

Familie Syrphidae — Schwebfliegen

1 Eristalis tenax — Schlammfliege, 15—19 mm, gehört zu den häufigsten Schwebfliegenarten, sie erinnert etwas an eine Biene. Die Imago fliegt von April bis Oktober und sitzt gern auf Blüten. Die Larven leben in Misthaufen und Jauchegruben, auch zählen sie zu den häufigen Bewohnern ländlicher Aborte ohne Wasserspülung. Die Larve ist grau und walzenförmig, sie hat am Körperende ein 2—3 cm langes Röhrchen, durch das sie atmet. Verbreitung: Über die ganze Welt.

2 Myiatropa florea, 12—16 mm, ist von Frühjahr bis Herbst auf verschiedenen Blüten ein häufiger Gast. Auf der Brust trägt sie eine Zeichnung, die an den „Totenkopf" auf der Brust des Totenkopfschwärmers erinnert. Verbreitung: Großteil der paläarktischen Region.

3 Volucella pellucens, 15—16 mm, hat am Schildchenrand (Scutellum) einen Kranz dunkler Haare. Die Imago besucht ab April bis in den Oktober hinein Blüten. Ihre Entwicklung vollzieht sich in den Nestern der Gemeinen Wespe (*Paravespula vulgaris*) und *P. germanica*. Das Weibchen fliegt ins Wespennest und legt seine Eier auf die kugelige Wabe ab, die Larve dringt ein und lebt als Ektoparasit (auf der Körperoberfläche) der Wespenlarve. Später durchbohrt sie die Zellwand und frißt tote Wespen auf dem Boden des Nests. Im Winter verkriecht sich die Larve in die Erde, im Frühjahr erfolgt die Verpuppung. Verbreitung: Europa, Sibirien bis Japan.

4 Pipiza quadrimaculata, 6—8 mm, gehört zu den kleineren Arten, die sich von April bis Mai häufig auf Blüten einfinden. Verbreitung: Europa, Nordamerika.

5 Cheilosia illustrata, 9 mm, lebt auf Doldenblütlern. Verbreitung: Ganz Europa.

6 Scaeva pyrastri, 14—19 mm, fliegt von Mai bis Oktober auf blühenden Möhrengewächsen bis ins Hochgebirge. Verbreitung: Europa, Nord- und Westasien, Nordafrika, Nordamerika.

7 Epistrophe balteata, 11—12 mm, gehört zu den häufigsten Arten bei uns. Fliegt an Waldwegen, in Gärten und Parks. Das Tierchen „hängt" gleichsam in der Luft, fliegt plötzlich ein Stück weiter, um danach wieder an den alten Platz zurückzukehren. Verbreitung: Europa, Asien, Nordafrika, Australien.

8 Baccha elongata, 7—11 mm, ist auffallend dünn mit einem keulenförmig erweiterten Hinterleibsende. Die Imago findet sich schon im April auf Blüten und Büschen ein und hält sich dort bis Oktober auf. Die Larve jagt Blattläuse. Verbreitung: Ganz Europa.

9 Sericomyia borealis, 16—18 mm, kommt von Mai bis September vor, sucht gern Feldthymian (*Thymus*) auf. Die Larven bevorzugen feuchte Wiesen. Verbreitung: Großteil Europas, Japan, Nordamerika.

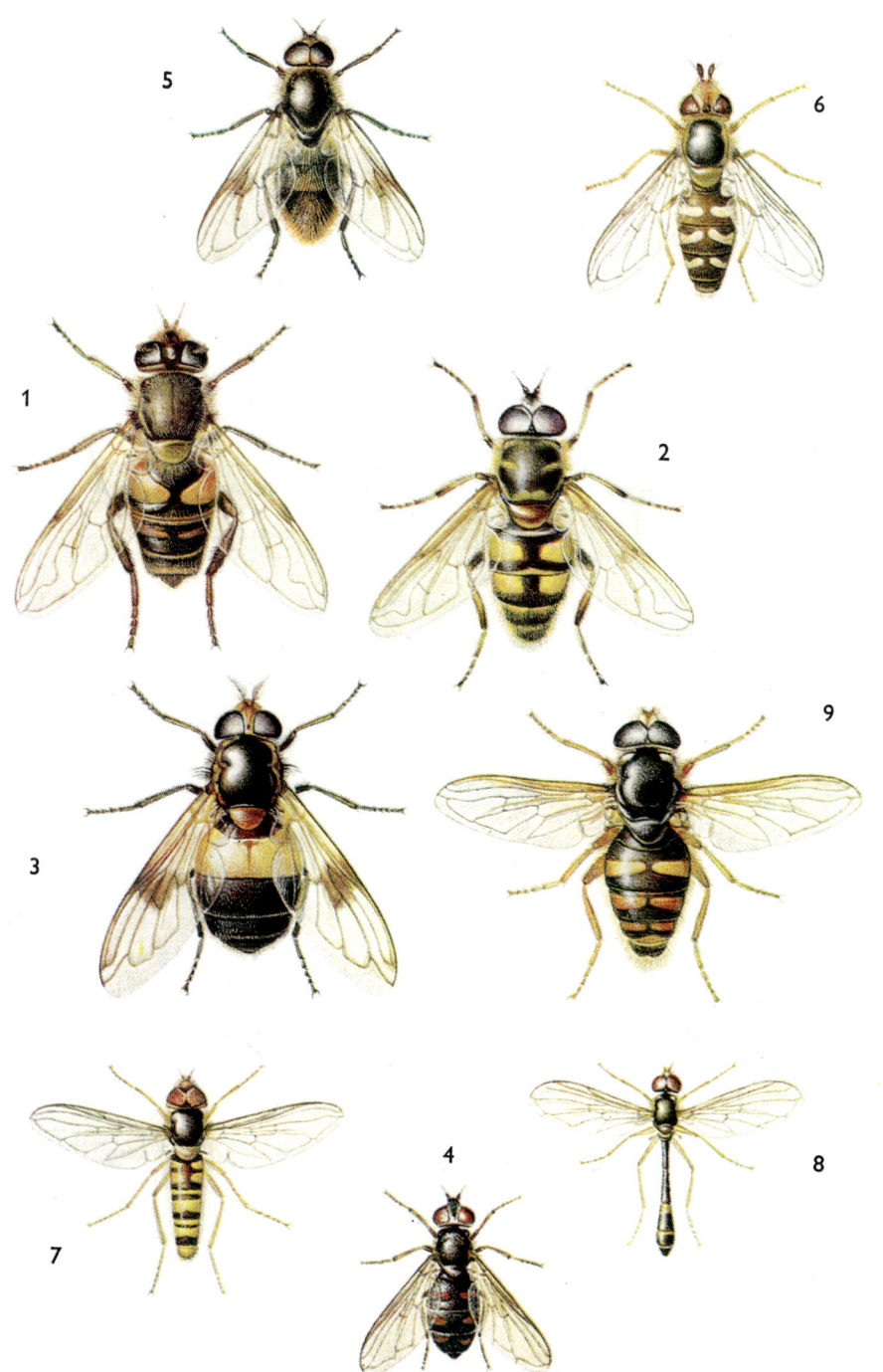

Zweiflügler

Familie Conopidae — Dickkopffliegen

1 Sicus ferrugineus, 9 — 13 mm, gehört zu den mittelgroßen Zweiflüglerarten, ist überall häufig. Die Larven entwickeln sich in den Nestern verschiedener Hummelarten, z. B. der Steinhummel (*Bombus lapidarius*) oder der Erdhummel (*Bombus terrestris*). Verbreitung: Paläarktische Region.

Familie Psilidae — Nacktfliegen

2 Psila rosae — Möhrenfliege, 4,5 — 6 mm, bringt im Laufe des Jahres zwei Generationen hervor. Die Imago erscheint in der zweiten Maihälfte (aus der überwinternden Puppe) und dann wieder im August. Das Weibchen legt seine Eier in Wurzelnähe von Möhren, Petersilie und Sellerie in den Boden. Die Larven dringen in die Wurzeln ein und nagen sich unter der Außenhaut einen Gang zur Spitze. Die jüngeren Pflanzen gehen ein, die Wurzeln älterer Pflanzen faulen und werden bitter. Die Puppen überwintern. Verbreitung: Europa, Vorderasien (Syrien), Nordafrika (Algerien), Nordamerika.

Familie Trypetidae — Fruchtfliegen

3 Ceratitis capitata — Mittelmeerfruchtfliege, 4,5 — 6,5 mm, gehört zu den ernstzunehmenden Obstschädlingen. Im Laufe eines Jahres entstehen 2 — 7 und mehr Generationen. Das Weibchen legt seine Eier in Früchte (Apfelsinen, Pfirsiche, Mirabellen, Birnen, auch in Tomaten, Paprika u. a.). Die länglichen weißen Larven ernähren sich vom Fruchtfleisch und rufen Fäulnis hervor. Das befallene Obst fällt vorzeitig ab. Verbreitung: Mit dem Obstanbau fast über die ganze Welt verschleppt, vor allem in den Tropen und Subtropen. In Europa besonders im Mittelmeerraum ein wichtiger Schädling, tritt auch in Österreich, Ungarn, der Schweiz und Großbritannien auf.

4 Rhagoletis cerasi — Kirschenfliege, 3,5 — 4 mm, zeigt sich am häufigsten im Mai/Juni, mancherorts noch im Juli. Das Weibchen legt mit einem kurzen Legeapparat seine Eier in Kirschen. Die Larve beißt sich allmählich bis zum Kern durch. Die ausgewachsene Larve (sog. „Kirschenwurm") ist etwa 6 mm lang; sie verläßt die Frucht und bohrt sich flach unter die Erdoberfläche ein. Sie überwintert als Puppe. Verbreitung: Großteil Europas (fehlt in Großbritannien), Kaukasus.

Familie Piophilidae — Käsefliegen

5 Piophila casei — Käsefliege, 2,5 — 4 mm, gehört zu den Schädlingen in Lebensmittellagern und -vorräten. Die Larve lebt in Käse, Fleisch und Exkrementen. Sie kann über 20 cm hoch und ebenso weit springen. Verbreitung: Fast über die ganze Welt.

Familie Lonchaeidae — Lanzenfliegen

6 Lonchaea chorea, 3 — 5 mm, hat in lebendem Zustand gestreifte Augen. Fliegt vom Frühjahr bis in den Herbst. Die Larven entwickeln sich im Mist und unter verwesender Rinde. Verbreitung: Europa.

Familie Braulidae — Bienenläuse

7 Braula coeca — Bienenlaus, 1 — 1,5 mm, ist flügellos und ähnelt einer Laus. Sie lebt auf Bienen, mit Vorliebe auf der Königin und schmarotzt an der Bienennahrung; Blut saugt sie nicht. Oft findet sich an einer einzigen Biene eine größere Anzahl dieser Insekten. Die Entwicklung spielt sich im Bienenstock ab. Verbreitung: Fast über die ganze Welt.

Familie Drosophilidae — Taufliegen

8 Drosophila melanogaster, 2 mm, kommt in Haushaltungen, auf Feldern und in Gärten vor, hauptsächlich in der Nähe von Obst und Obstsäften. Verbreitung: Kosmopolit.

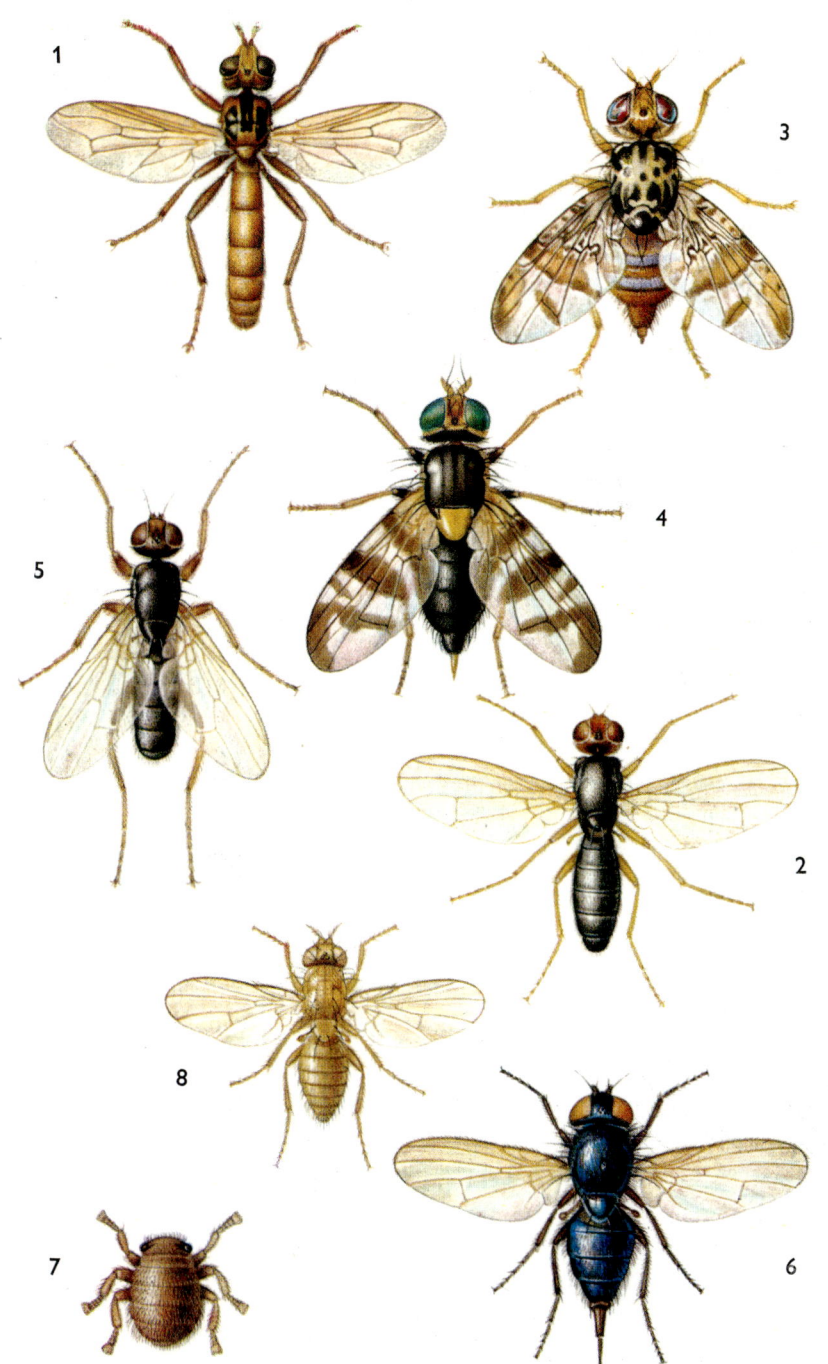

Zweiflügler

Familie Chloropidae — Halmfliegen

1 Chlorops pumilionis — Gelbe Halmfliege, 2,5 — 3,5 mm, sammelt auf Pflanzen Nektar und Honigtau. Fliegt schwerfällig und nur über kurze Entfernungen, bildet zwei Generationen im Jahr. Das Weibchen legt seine Eier auf die Blätter von Quecken und Getreide (Weizen, Gerste). Die Larve verursacht Mißbildung des Halmoberteils, dringt auch in die Ähre ein (besonders bei der Gerste). Die Larven der Frühjahrsgeneration können Getreideschäden anrichten, die Larven vom Herbst sind bedeutungslos. Verbreitung: Eurasien, Nordamerika.

2 Oscinella frit — Fritfliege, 1,5 — 2 mm, ist ein bekannter und verbreiteter Schädling aller Getreidearten, vor allem von Gerste und Hafer. Die Imago erscheint im Mai auf Feldern. Im Laufe eines Jahres entstehen mehrere Generationen. Die Imago der zweiten Generation ist kleiner und heller. Verbreitung: Europa, Sibirien, Nordamerika.

Familie Anthomyiidae — Blumenfliegen

3 Delia brassicae — Kohlfliege, 5,5 — 7,5 mm, schlüpft im Frühjahr aus der überwinternden Puppe, sie fliegt im April/Mai. Das Weibchen legt seine Eier in Grüppchen auf den Boden oder auf verschiedene wilde oder kultivierte Kreuzblütler (Blumenkohl, Weiß- und Grünkohl, Rettich u. a.). Die Larven kriechen in die Erde und fressen an den Wurzeln. Schließlich verpuppen sie sich in ihrer Wirtspflanze. Schädling, der zwei bis drei Generationen hervorbringt. Verbreitung: Europa, Nordamerika.

Familie Scatophagidae — Kotfliegen

4 Scatophaga stercoraria — Gelbe Dungfliege, 9 — 11 mm, ist bis in die Hochgebirgsregion verbreitet (in den Alpen bis 3000 m hoch). Mit Frühjahrsbeginn fliegt sie auf Kot-, Mist- und Abfallhaufen herum und stellt kleineren Insekten nach, die sich dort aufhalten. Verbreitung: Paläarktische und nearktische Region.

5 Amaurosoma flavipes, 4 — 5 mm, fliegt im Frühjahr. Das Weibchen legt seine Eier auf die höchsten Blätter von Lieschgräsern. Die Larven dringen in die noch geschlossenen Ähren ein und fressen an ihnen. Sie verpuppen sich in der Erde, die Puppe überwintert. Die Larven sind zitronengelb und etwa 8 mm lang. Verbreitung: Mittel - und Nordeuropa.

Familie Muscidae — Echte Fliegen

6 Musca domestica — Große Stubenfliege, 7 — 9 mm, (erscheint oft als verkümmerte Form), verläßt ihr Winterversteck schon im März. Hält sich in Menschennähe auf (synanthrope Art), sticht nicht. Das Weibchen legt insgesamt etwa 150 Eier auf verwesende Stoffe tierischen oder pflanzlichen Ursprungs (Exkremente, Fleisch usw.). Vor der Verpuppung verkriechen sich die Larven meist in die Erde. Lästige Art, die unter europäischen Bedingungen bis zu fünf Generationen im Jahr hervorbringt. Verbreitung: Kosmopolit.

7 Stomoxys calcitrans — Wadenstecher, 5,5 — 7 mm, bringt im Jahr mehrere Generationen hervor, im Süden löst eine die andere ab. Die Fliege lebt hauptsächlich auf dem Land, weniger in Städten. Sie ernährt sich vom Blut verschiedener Säugetiere, auch von Menschenblut. Die Stiche schmerzen empfindlich. Das Weibchen legt seine Eier in Exkremente ab. Verbreitung: Über die ganze Welt.

8 Fannia canicularis — Kleine Stubenfliege, 5 — 7 mm, gehört zu den sehr häufigen Arten. Kommt vom Frühling bis zum Winter vor, meist in menschlichen Behausungen. Umschwirrt Lampen. Verbreitung: Kosmopolit.

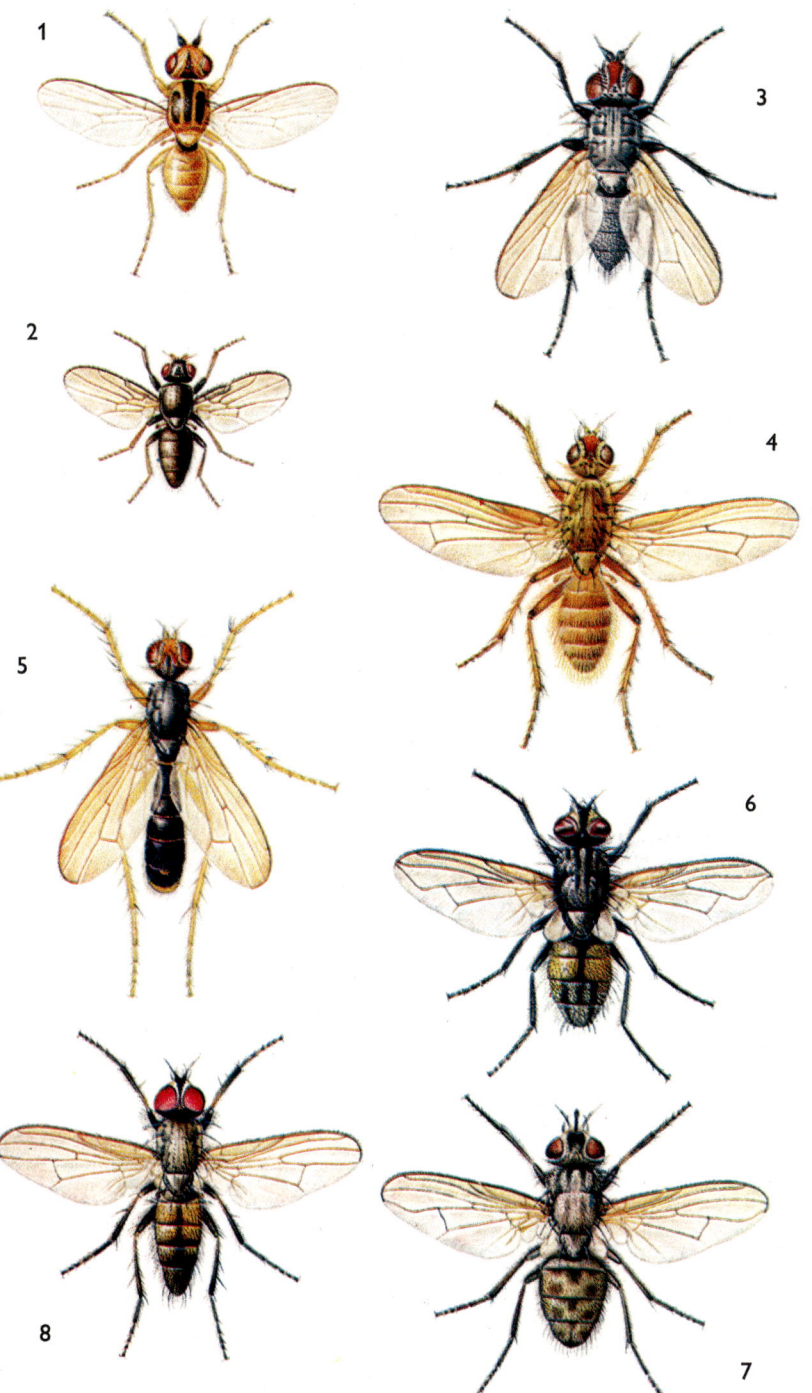

Familie Gasterophilidae — Magendasseln

1 Gasterophilus intestinalis, 12—15 mm, ein bekannter Pferde- und Eselparasit. Das Weibchen zeichnet sich durch große Fruchtbarkeit aus und legt einige hundert Eier in das Fell des Wirtstieres, vor allem auf dessen vordere Körperteile. Die Larve bleibt lange in der Eihülle und schlüpft erst aus, wenn diese Hülle auf die Zunge des Wirtstieres gelangt. Sie bleibt dann ein paar Tage auf der Zunge und vollzieht ihre weitere Entwicklung im Tiermagen, wo sie heranwächst. Mit den Exkrementen verläßt sie den Tierkörper wieder und verpuppt sich darin oder in der Erde. Verbreitung: Kosmopolit.

Familie Hippoboscidae — Lausfliegen

2 Hippobosca equina — Pferdelausfliege, 7—8 mm, hat einen dorsoventral abgeflachten Körper. Sie hält sich meist auf Rindern, gelegentlich auch auf Pferden und Hunden auf. Sie ernährt sich vom Blut und setzt sich an solchen Stellen fest, von denen sie das befallene Tier nicht entfernen kann. Verbreitung: Kosmopolit.

3 Lipoptena cervi — Hirschlausfliege, 5,2—5,8 mm, kommt vor allem im Herbst auf Hirschen, Rehen, Dachsen oder Wildschweinen vor und fällt auch den Menschen an. Nach dem Ausschlüpfen hat die Imago zwei Flügel (6 mm lang), die aber abbrechen, sobald das Tier einen Wirt gefunden hat. Ernährt sich von Blut. Verbreitung: Paläarktische Region.

4 Melophagus ovinus — Schaflaus, 5—6,2 mm, besitzt weder Flügel noch Schwingkölbchen. Lästiger Schafparasit. Verbreitung: Kosmopolit.

Familie Nycteribiidae — Fledermauslausfliegen

5 Nycteribia biarticulata — Fledermauslausfliege, 2,8 mm, flügellos. Lebt verhältnismäßig häufig auf verschiedenen Fledermäusen, z. B. den Gattungen *Plecotus, Myotis, Rhinolophus* u. a. Verbreitung: Europa, Kleinasien, Nordafrika.

Familie Calliphoridae — Schmeißfliegen

6 Calliphora vicina, 6—13 mm, kommt sehr häufig in der Nähe des Menschen vor, wo sie auf verwesenden organischen Stoffen sitzt. Das Weibchen legt in die toten Organismen durchschnittlich 600 Eier ab. Schon in sehr kurzer Zeit schlüpfen die Larven, die in das Aas eindringen. Verbreitung: In den meisten Faunenregionen.

7 Lucilia caesar — Kaisergoldfliege, 6—11 mm, ist auffällig durch ihre metallisch glänzende Färbung, die mitteleuropäische Fauna kennt noch einige ähnlich gefärbte Arten. Wie alle anderen Schmeißfliegen ist auch sie ein manchmal allzu häufiger Gast in menschlichen Behausungen und ihrer unmittelbaren Nähe. Sie sitzt oft in großer Anzahl auf Exkrementen, Kadavern und faulenden Stoffen. In verwesende tierische Stoffe legt das Weibchen seine Eier. Verbreitung: Großteil der paläarktischen Region.

8 Sarcophaga carnaria — Graue Fleischfliege, 13—15 mm, zahlreich und häufig in menschlicher Nähe. Setzt sich auf Blüten und auf Exkremente. Die Weibchen suchen nach Fleisch und anderen Nahrungsresten, um ihre Eier hineinzulegen. Die Art ist besonders in südlichen Ländern unangenehm. Verbreitung: Europa, Afrika.

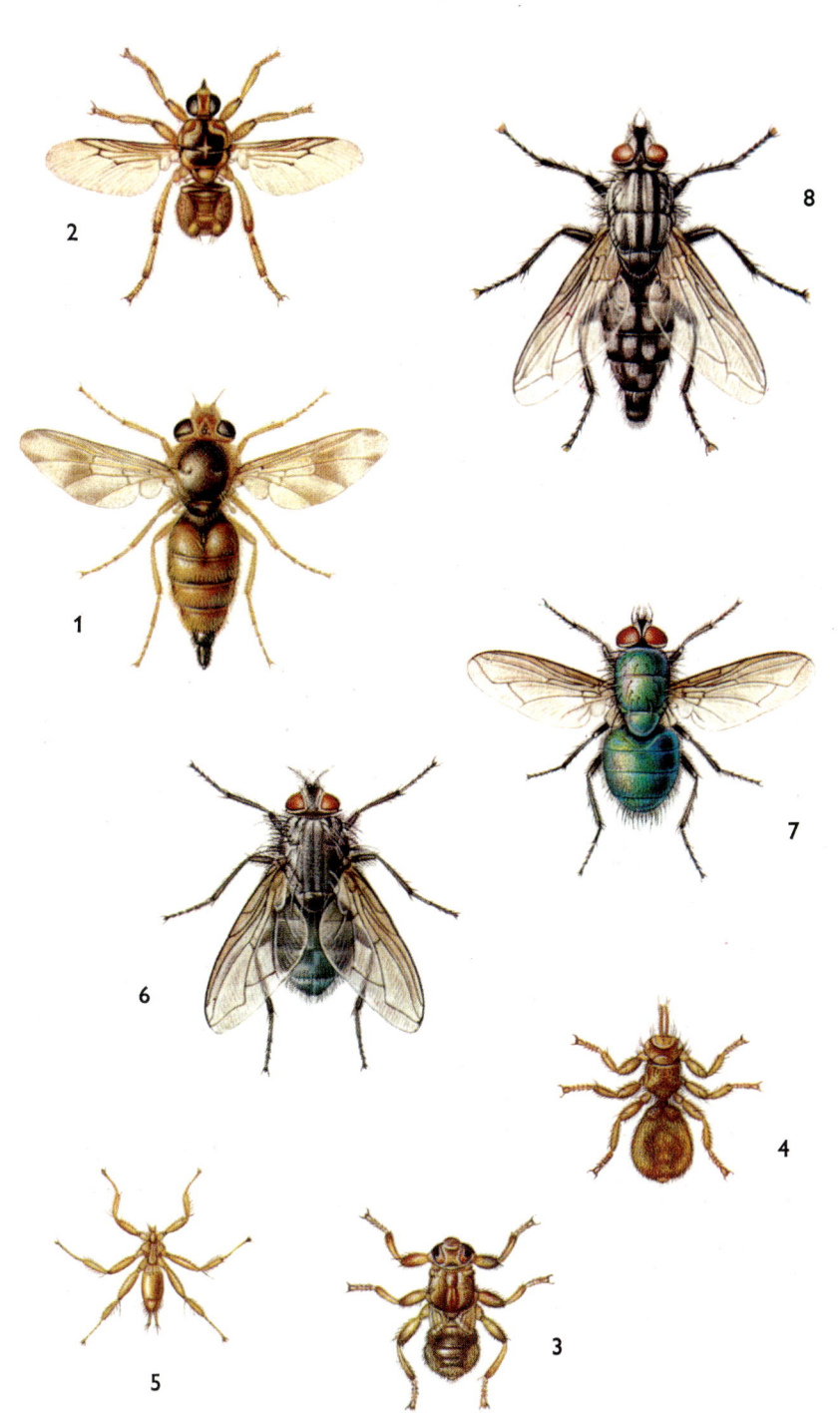

Familie Tachinidae — Raupenfliegen

1 Phryxe vulgaris, 5 — 8 mm, eine der vielen Arten dieser Familie, die sich an der Reduzierung vieler Schädlingsarten in Land- und Forstwirtschaft beteiligen. Die Imago erscheint von Mai bis Oktober auf Doldenblüten. Die Larven entwickeln sich in vielen großen Raupen von Tag- und Nachtfaltern, stark behaarte Raupen werden nur selten parasitiert. Bisher sind 70 Wirtsarten festgestellt worden. Verbreitung: Ganz Eurasien.

2 Tachina grossa, 15 — 20 mm, gehört zu den größten Arten. Erscheint im ganzen Verbreitungsgebiet im Juli und August, aber meist vereinzelt. Die Larven entwickeln sich in den Raupen verschieden großer Schmetterlinge (z. B. *Hyloicus pinastri, Dendrolimus pini, Lasiocampa quercus,* vor allem aber *Macrothylacia rubi*). Verbreitung: Eurasien.

3 Tachina fera, 11 — 14 mm, hat einen größtenteils gelb gefärbten Hinterleib. Hält sich in den Sommermonaten oft auf dem Feldthymian (*Thymus*) auf. Die Larven parasitieren vor allem die Raupen von Noctuiden. Verbreitung: Von Europa bis Japan, Nordafrika.

Familie Oestridae — Biesfliegen

4 Oestrus ovis — Schafbremse, 10 — 12 mm, tritt überall da auf, wo Schafe gezüchtet werden. Das Weibchen legt die bereits geschlüpften Larven dem Schaf in die Nüstern. Die Larven dringen zunächst in die Nasen-, später in die Stirnhöhle vor. Ihre Anwesenheit reizt die Schleimhäute, die Schafe niesen viel und magern ab. Die Larven ernähren sich von Schleim, sind sie ausgewachsen (22 — 28 mm), lassen sie sich durch Niesen wieder aus der Nasenhöhle entfernen und verpuppen sich im Boden. Verbreitung: Kosmopolit.

Familie Hypodermatidae — Hautdasselfliegen

5 Hypoderma bovis — Große Rinderdasselfliege, 13 — 15 mm, ist der Schrecken weidender Rinder, die bei Annäherung des Weibchens unruhig werden und manchmal panikartig fliehen. Das Weibchen legt seine Eier ins Fell des Rindes, meist in die hinteren Körperpartien (vor allem an die Beine). Die Larven bohren sich durch die Haut in den Körper. Es wurde festgestellt, daß ihr Vorkommen auf Stieren sehr viel häufiger ist als auf Kühen. Die Larve ist oval und ungefähr 30 mm lang. Verbreitung: Paläarktische Region, Nordamerika.

Ordnung Siphonaptera — Flöhe
Familie Pulicidae

6 Pulex irritans — Menschenfloh, 2 — 3,5 mm, zeigt sich meist im Spätsommer. Er lebt auf Menschen, Haustieren und frei lebenden Tieren (Katze, Hund, Wolf, Dachs u. a.). Ernährt sich von Blut. Der seitlich abgeplattete Körper erlaubt ihm die Bewegung im Fell seines Wirts. Er kann gut springen. Man nimmt an, daß dieser lästige Schmarotzer ursprünglich vom Hund auf den Menschen übergegangen ist. Das Weibchen legt ungefähr 400 Eier an verstaubten Stellen oder in Säugetierbauten ab, ihre Entwicklung geht sehr rasch vonstatten. Verbreitung: Kosmopolit.

Familie — Hystrichopsyllidae

7 Hystrichopsylla talpae — Maulwurffloh, 3,5 — 6 mm, ist der größte Floh in der europäischen Fauna. Er lebt auf verschiedenen Säugetieren (Maulwürfen, Spitzmäusen und Mäusen) und in ihren Nestern. Er ist aber nicht häufig und an tiefere Lagen gebunden (vor allem da, wo holzige Pflanzen vorkommen). In den Nestern der Tiere kommt er das ganze Jahr über vor. Verbreitung: Europa (von Großbritannien bis Sibirien), Kaukasus.

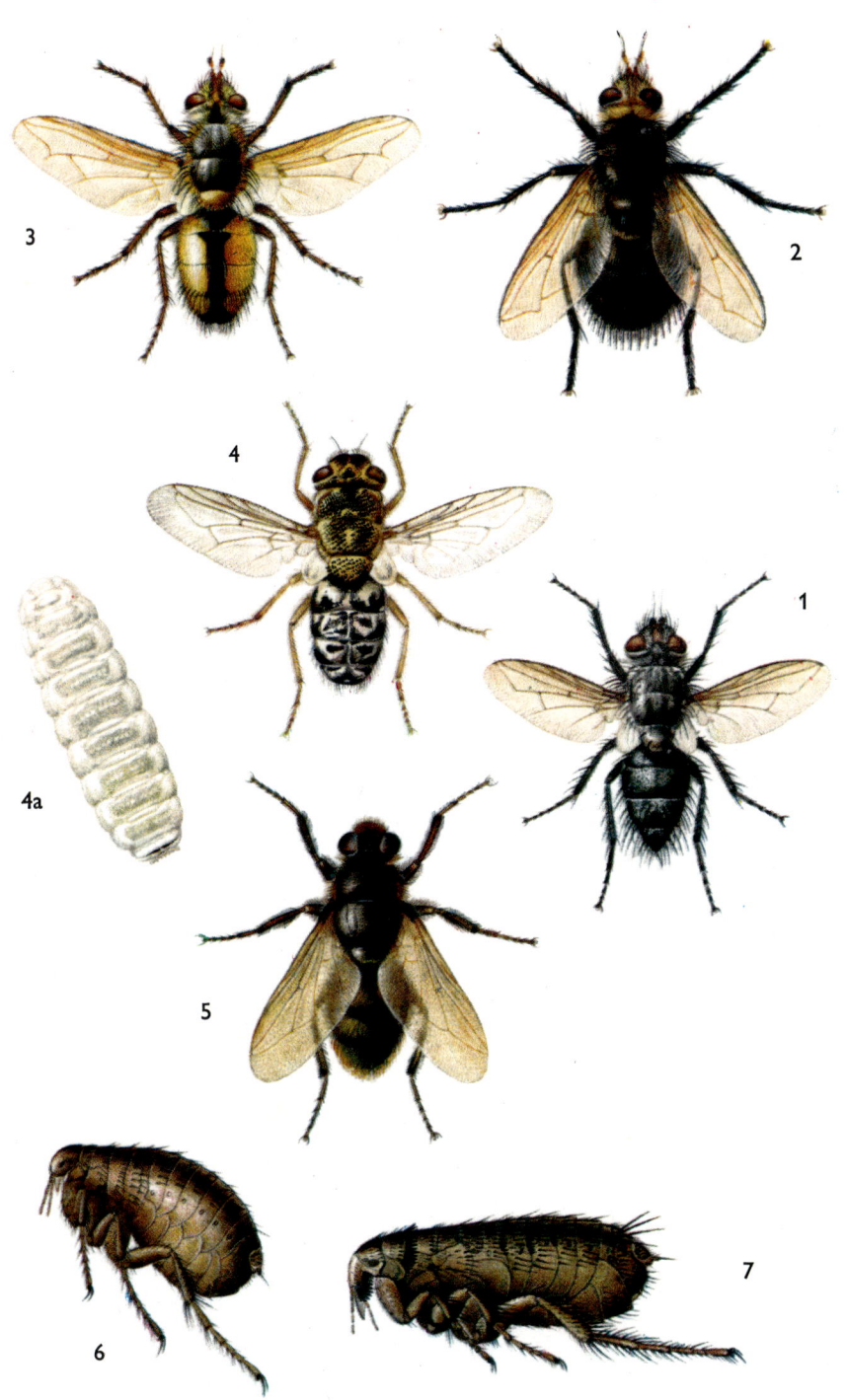

Register